Veröffentlichungen
der Vereinigung der Deutschen Staatsrechtslehrer
Heft 58

Rudolf Dolzer und Michael Sachs

Das parlamentarische Regierungssystem und der Bundesrat – Entwicklungsstand und Reformbedarf

---

Thomas Würtenberger, Herbert Haller und Eibe Riedel

Rechtliche Optimierungsgebote oder Rahmensetzungen für das Verwaltungshandeln?

Berichte und Diskussionen
auf der Tagung der Vereinigung der Deutschen Staatsrechtslehrer
in Potsdam vom 7. bis 10. Oktober 1998

1999

Walter de Gruyter · Berlin · New York

Redaktion: Prof. Dr. Rüdiger Breuer (Bonn)

∞ Gedruckt auf säurefreiem Papier,
das die US-ANSI-Norm über Haltbarkeit erfüllt.

Die Deutsche Bibliothek – CIP-Einheitsaufnahme

Das parlamentarische Regierungssystem und der Bundesrat – Entwicklungsstand und Reformbedarf / Rudolf Dolzer und Michael Sachs. Rechtliche Optimierungsgebote oder Rahmensetzungen für das Verwaltungshandeln? / Thomas Würtenberger, Herbert Haller und Eibe Riedel. Berichte und Diskussionen auf der Tagung der Vereinigung der Deutschen Staatsrechtslehrer in Potsdam vom 7. bis 10. Oktober 1998. [Red.: Rüdiger Breuer]. – Berlin ; New York : de Gruyter, 1999
(Veröffentlichungen der Vereinigung der Deutschen Staatsrechtslehrer ; H. 58)
ISBN 3-11-016586-4

Printed in Germany
Konvertierung: Dörlemann Satz GmbH, 49448 Lemförde
Druck und Bindung: WB-Druck GmbH & Co., 87669 Rieden

Printed in Germany

Inhalt

* Anmerkung der Redaktion: Leider konnte dieser Bericht nicht in dem Tagungsband erscheinen, da der 2. Berichterstatter sich außerstande erklärt hat, die schriftliche Fassung seines Referats für die Drucklegung fertigzustellen.

Jahrestagung 1998

Vom 7. bis 10. Oktober 1998 hielt die Vereinigung der Deutschen Staatsrechtslehrer in der 1991 gegründeten Universität Potsdam ihre Jahrestagung ab, an der einschließlich Begleitung und Gäste über 400 Personen teilnahmen - eine bisher nicht erreichte Zahl. Während der Mitgliederversammlung gedachte die Vereinigung ihrer seit der Osnabrücker Tagung verstorbenen Mitglieder *Hans-Peter Ipsen*, der seit 1989 Ehrenvorsitzender war, und *Hartmut Krüger*. Die Vereinigung wird das Andenken der Verstorbenen in Ehren halten. Der Vorsitzende hieß 23 neue Mitglieder willkommen, die sich kurz vorstellten. Damit zählt die Vereinigung jetzt 446 Mitglieder. Am ersten Abend fand im Schloß Bellevue, Berlin, ein Empfang durch den Bundespräsidenten, unser Mitglied *Roman Herzog*, statt, der am Donnerstag vormittag an den Beratungen teilnahm.

Als ersten Beratungsgegenstand hat der Vorstand zum wiederholten Male das parlamentarische Regierungssystem ausgewählt. Über Parlament und Regierung im modernen Staat sprachen 1957 *Ernst Friesenhahn* und *Josef Partsch*. 1974 hieß das Thema: „Das parlamentarische Regierungssystem des Grundgesetzes: Anlage - Erfahrungen - Zukunftseignung"; die Berichte lieferten *Thomas Oppermann* und *Hans Meyer*. Nach 24 Jahren wurde nun erneut das parlamentarische Regierungssystem aufgegriffen, freilich unter dem vor den Septemberwahlen besonders aktuellen Aspekt des Bundesrates, dessen Zustimmungskompetenz sich im Laufe der Zeit immer mehr ausgeweitet hat. Außer dem aktuellen Anlaß ergab sich, daß 1998 für das Thema ein dreifaches Gedenkjahr ist: Vor 50 Jahren, im Herbst 1948, trat der Parlamentarische Rat zusammen, dem wir unser parlamentarisches Regierungssystem und den Bundesrat verdanken. Vor 80 Jahren, im Oktober 1918, wurde noch im Rahmen der Reichsverfassung von 1871 durch verfassungsänderndes Gesetz eine Parlamentarisierung der Reichsregierung versucht. Vor 150 Jahren, 1848, fanden in der Frankfurter Paulskirche die Verfassungsberatungen der Deutschen Nationalversammlung statt, die den Versuch unternommen hat, eine deutsche Verfassung auf demokratischem Wege zu etablieren.

Der zweite Beratungsgegenstand „Rechtliche Optimierungsgebote oder Rahmensetzungen für das Verwaltungshandeln" steht in deutlich erkennbarer Kontinuität zu früheren Beratungen über Verwaltungsverantwortung und Verwaltungsgerichtsbarkeit (1975), Verwaltungsverfahren und Verwaltungseffizienz (1982) und den Verwaltungsvorbehalt (1984). Es wurde erneut geprüft, wieweit das Gesetz das Verwaltungshandeln steuern kann und soll und – von der Gerichtsbarkeit aus gesehen – welches Ausmaß die Kontrolle der Verwaltung haben soll. Die Vorträge zum zweiten Beratungsgegenstand stellten insoweit eine Premiere dar, als nicht nur österreichisches und schweizerisches Recht sowie EG-Verwaltungsrecht vergleichend herangezogen wurden, sondern der dritte Berichterstatter sich auf Anregung des Vorstandes der Thematik vom englischen und französischen Recht her zuwandte.

Der Gesprächskreis Verwaltungslehre tagte am Mittwoch, dem 7. Oktober 1998. Die Herren *F. Kirchhof* und *Trzaskalik* referierten über haushalts- und staatsschuldenrechtliche Probleme neuer Finanzierungsmodelle im Bereich der öffentlichen Verwaltung. Zum neuen Vorsitzenden des Gesprächskreises wurde Herr *Bull* gewählt.

Eine Gruppe von Mitgliedern traf sich am selben Tag zur Bildung eines Arbeitskreises „Europäisches Verfassungsrecht". Herr *E. Klein* wurde zum Vorsitzenden, Herr *Pernice* zu seinem Stellvertreter gewählt. Die Mitgliederversammlung bestätigte einstimmig die Gründung dieses Arbeitskreises, der in Zukunft gleichzeitig mit dem Arbeitskreis „Verwaltungslehre" am Mittwoch vor der Mitgliederversammlung tagen wird. Der Arbeitskreis soll inhaltlich auf drei Problemkreise ausgerichtet sein:

- die Rechtsvergleichung mit Schwerpunkt im europäischen Bereich,
- die Entwicklung von Standards eines gemeineuropäischen Verfassungsrechts
  und
- die Untersuchung der Wechselwirkungen zwischen den einzelnen nationalen öffentlich-rechtlichen Systemen und dem europäischen Recht.

Am Donnerstag abend fand ein Empfang durch den Ministerpräsidenten des Landes Brandenburg, Herrn Dr. *Manfred Stolpe*, und den Rektor der Universität Potsdam, unser Mitglied *Wolfgang Loschelder*, in den Räumen des Hauptgebäudes der Juristischen Fakultät und der Wirtschafts- und Sozialwissenschaftlichen Fakultät statt. Der gesellige Abend am Freitag stimmte durch eine Fontane-Lesung die Teilnehmer ein auf den Ausflug am Samstag in die Fontane-Stadt Neuruppin und nach Wustrau.

Die Vereinigung schuldet vor allem *Michael Nierhaus*, dem Dekan der Fakultät und kooptierten Vorstandsmitglied, und seinen Mitarbeitern tiefen Dank für die vorzügliche Vorbereitung und die höchsten Standards der Verwaltungspraxis genügende Organisation der Tagung. Frau *Klein* und Frau *Loschelder* haben mit dem interessanten Begleitprogramm den Teilnehmern die Baulichkeiten und die Geschichte Potsdams erschlossen, wofür ihnen der herzliche Dank der Vereinigung gilt.

C.S.

Erster Beratungsgegenstand:

Das parlamentarische Regierungssystem und der Bundesrat – Entwicklungsstand und Reformbedarf*

1. Bericht von Prof. Dr. Dr. *Rudolf Dolzer*, Bonn

Inhalt

* Für wertvolle Hinweise danke ich Herrn Dr. Thomas Buß, LL.M. (British Columbia).

I. Einleitung

Wie die Eule der Minerva ihren Flug erst in der Dämmerung beginnt, so behandelt die Staatsrechtslehrertagung das Verhältnis zwischen Bundesrat und parlamentarischem System erst nach den Wahlen zum 14. Deutschen Bundestag. Nach acht Jahren unterschiedlicher Mehrheiten hat der Ausgang dieser Wahl die zunehmende Spannung zwischen Bundestag und Bundesrat vorerst beseitigt, der politische Gleichklang ist wiederhergestellt.

Man mag diese terminliche Situation im Lichte des heutigen Themas der Aktualität wegen bedauern; im Grunde genommen ist es aber ein Glücksfall, daß sich die Vereinigung unserem Thema in einer Atmosphäre sine ira et studio zuwenden kann. Institutionelle Fragen eignen sich im Rechtsstaat von ihrem Wesen her nicht für einen politisch bezogenen Disput; die Betrachtung aus der Distanz von der angeblichen oder wirklichen Krise kommt der nüchternen Sachbezogenheit zugute, die in den vergangenen Monaten nicht alle Beiträge zum Thema geprägt hat. Im übrigen: die Chancen für eine Reform, soweit sie notwendig ist, bestehen allenfalls dann, wenn sich nicht eine der großen Gruppierungen unmittelbar als Verlierer einer Änderung betrachten muß. Unter diesen Gesichtspunkten eignet sich der heutige Zeitpunkt also durchaus für die Erörterung des Themas. Dieses ist durch den Ausgang der Wahl auch nicht etwa obsolet geworden: In den fünfzig Jahren nach Verabschiedung des Grundgesetzes gab es rund zwanzig Jahre unterschiedliche politische Mehrheiten im Bundestag und Bundesrat[1]; mit einer solchen Konstellation ist daher auch durchaus in Zukunft zu rechnen.[2]

Was die Art und Weise der Betrachtung unseres Themas angeht, so läßt sich dieses sowohl aus der Sicht des Bundesrats als auch aus der Perspektive des parlamentarischen Regierungssystems beleuchten. Im folgenden soll das Augenmerk zunächst auf den Bundesrat gerichtet werden, weil sich Veränderungen nach 1949 in erster Linie aus der kontinuierlichen Fortentwicklung des Bundesrats ergeben haben.

Diese Fortentwicklung steht ihrerseits in engstem Zusammenhang mit dem Stand des Föderalismus. Wie in einem Brennpunkt spiegelt sich die Gestalt des Föderalismus im Verfassungsorgan Bundesrat. Von Anfang an ließ sich der Bundesrat nur mit einem gewissen Zwang in die allgemeinen Kategorien des modernen Verfassungsstaats einordnen.[3] Im Schnittpunkt

---

[1] Von 1969 bis 1982 und von 1990 bis 1998.

[2] S.a. *Christof Gramm* Gewaltenverschiebung im Bundesstaat, Habilitationsvortrag vor der Rechtswissenschaftlichen Fakultät der Universität Freiburg am 15. Juli 1998 (erscheint im AöR), der von einem „latenten Dauerproblem" spricht.

[3] *Klaus Stern* Das Staatsrecht der Bundesrepublik Deutschland, Bd. II, 1980, § 27 II 1.

zwischen Bund und Ländern, Föderalismus und Parlamentarismus, Legislative und Exekutive, Parteienstaat und bürokratischem Sachverstand ist der Bundesrat Teil all dieser Kräfte und Prinzipien und ist zugleich den hinter ihnen liegenden Schubkräften ausgesetzt. Diese Mittlerfunktion des Bundesrats in seiner deutschen Gestalt bringt es mit sich, daß Änderungen in der Konstitution, der Arbeitsweise oder der Effizienz innerhalb eines der angesprochenen Bereiche Rückwirkungen auch auf andere Beziehungsfelder zur Folge haben; über den Bundesrat sind auch Föderalismus und parlamentarisches Regierungssystem aneinander gekoppelt.

Daß der Bundesrat in seiner Binnenkonstruktion in der Verfassung Bismarcks, in der Weimarer Zeit und im Grundgesetz immer dieselbe Gestalt behalten hat, wird man als eine, vielleicht *die* deutsche Besonderheit oder Merkwürdigkeit im Rechtsvergleich des Bundesstaats ansehen müssen; unbeschadet der unveränderten äußeren Gestalt haben sich aber Aufgaben und Arbeitsweise des Bundesrats jeweils mit dem Wandel des Föderalismus, mit der Fortentwicklung des Parlamentarismus und damit auch mit dem Aufstieg des Parteiwesens kontinuierlich angepaßt und verändert.

Der heutige Stand des Verhältnisses zwischen Bundesrat und dem parlamentarischen Regierungssystem reflektiert dieses dreipolige Kräftefeld des Föderalismus, des Parlamentarismus und des Parteiwesens; zu verstehen ist der Bundesrat heute nur auf dem Hintergrund der historischen Entwicklung dieses Beziehungsgeflechts. Hier kann nicht im einzelnen auf den jeweiligen Stand und die Entwicklung der föderalistischen Finanzbeziehungen eingegangen werden. Zu Recht hat schon *Max Weber* darauf hingewiesen, daß die Finanzbeziehungen das Herzstück des Föderalismus sind[4]; auch heute kreist die Debatte in erster Linie um das Geld. Mit diesem Hinweis soll freilich nicht der häufig unterstellten Identifikation der föderalistischen Finanzverfassung mit der föderalistischen Gesamtordnung das Wort geredet werden. Den Ausgangspunkt stellt auch im Hinblick auf einen möglichen Reformbedarf die materielle Kompetenzordnung dar. Nur zusammen mit den Aufgaben des Bundesrats spiegeln die Finanzregelungen das Wesen des Bundesstaats wider.

II. Entwicklungsgeschichte

Lassen Sie mich vor diesem Hintergrund fünf Phasen der Entwicklungsgeschichte des Verhältnisses zwischen Bundesrat und Parlamentarismus seit 1871 aufzeigen.

---

[4] *Max Weber* Deutschlands künftige Staatsform, 1919, 37.

1. Die erste Phase der Beziehungen zwischen Bundesrat und parlamentarischem Regierungssystem nach 1871 spiegelt sich am schärfsten wider in einer Passage aus *Bismarcks* „Gedanken und Erinnerungen", in der er betont, daß aus seiner Sicht das Schicksal des Reichs letztlich ausschließlich von den fürstischen Dynastien geprägt wurde: „Niemals (...) bin ich in Zweifeln gewesen, daß der Schlüssel zur deutschen Politik bei den Fürsten und Dynastien lag und nicht bei der Publicistik in Parlament und Presse oder bei der Barrikade."[5] Um diesen Gedanken herum hat *Bismarck* seine Verfassung zuerst des Norddeutschen Bundes und dann des Kaiserreichs konstruiert. Im Vordergrund stand für ihn das bündisch-dynastische Element; der Parlamentarismus sollte so weit – und nur so weit – reichen, wie es dieses Konzept zuließ.[6]

2. In der zweiten Phase, der Weimarer Zeit, war nach Abschaffung der Monarchie das demokratische Element gestärkt, die bündische Dimension geschwächt hervorgegangen. Immerhin blieb der Reichsrat als Institution in der Nachfolge des Bundesrats grundsätzlich erhalten. Bemerkenswert war, daß zum Ende der Weimarer Zeit hin die bis dahin gängige Homogenität von Reich und Ländern gelegentlich brüchig wurde, und der Reichsrat auch in allgemeinen Fragen der Politik nicht durchgehend der Linie des Reichstags folgte.[7]

3. Bei den Beratungen zum Grundgesetz stand das Verhältnis des Bundesrats zum parlamentarischen System in doppeltem Gewand zur Debatte. Einig war man sich sehr frühzeitig, daß auf Bundesebene ein Or-

---

[5] *Otto von Bismarck* Gedanken und Erinnerungen, Erster Bd. (Ausgabe 1913) 316.

[6] Vgl. *Ludwig Dambitsch* Die Verfassung des Deutschen Reiches, 1910, 394 ff.; s. a. *Stefan Oeter* Integration und Subsidiarität im deutschen Bundesstaatsrecht, 1998, 32 ff.; vgl. auch *Peter Graf Kielmansegg* Vom Bundestag zum Bundesrat, in: Bundesrat (Hrsg.), Vierzig Jahre Bundesrat, 1989, 43 ff.; *Rudolf Vierhaus* Historische Grundlagen des Bundesrats. Politische Einheit und Staatenvielfalt in der deutschen Verfassungsgeschichte, in: Bundesrat (Hrsg.), Vierzig Jahre Bundesrat, 1989, 21 ff.

[7] Eine Liste der Gesetze, die Gegenstand von Meinungsverschiedenheiten zwischen Reichstag und Reichsrat waren, und eine Übersicht über die Fälle, in denen der Reichsrat Einspruch eingelegt hat, sowie das Ergebnis des Einspruchsverfahrens liefert *Fritz Poetzsch-Heffter* Vom Staatsleben unter der Weimarer Verfassung (vom 1. Januar 1920 bis 31. Dezember 1924), JöR, Bd. XIII/1925, 217 ff.; II. Teil (vom 1. Januar 1925 bis 31. Dezember 1928), JöR, Bd. 17/1929, 118 ff.; III. (letzter) Teil (vom 1. Januar 1929 bis 31. Januar 1933), JöR, Bd. 21/1933/34, 190 ff. (in Zusammenarbeit mit *Carl-Hermann Ule*, *Karl Dernedde* und *Joachim Brennert*); vgl. auch *Carl Bilfinger* Der Streit um das Panzerschiff A und die Reichsverfassung, AöR 55 (1929) 416 ff.

gan die Länder – „das Element Land"[8], wie man damals gesagt hat – zu vertreten habe.[9] Viel schwieriger waren die Einzelheiten zu lösen. Insbesondere ging es zum einen um die Kreation des Organs entweder durch das Landesvolk im Sinne einer Senatslösung, durch das Landesparlament im Sinne der Repräsentationslösung oder durch die Landesregierungen im Sinne der Bundesratslösung. Zum anderen war die Frage vordringlich, ob das neue Organ gleichberechtigt zu dem Bundestag zu entwerfen war, oder ob es nur in wenigen, nämlich die Länder besonders betreffenden Teilbereichen gleichberechtigt mit dem Bundestag tätig werden sollte.

Der berühmte Handstreich im Bonner Königshof zwischen dem bayrischen Ministerpräsidenten *Ehard* und dem nordrhein-westfälischen SPD-Justizminister *Menzel* hat diese beiden Kernfragen in einem Kompromiß gelöst.[10] Die bayrische CSU setzte sich insoweit durch, als ihr Wille zur gouvernementalen Ausrichtung des Bundesrats im Grundgesetz zum Tragen kam; gegen eine Senatslösung wurde ausdrücklich ins Feld geführt, daß sie zu einer Politisierung des Bundesrats und damit zu einer funktionswidrigen Verdopplung der Grundlage der Willensbildung in den beiden Häusern führen müßte. Konzeptionell im Einklang mit dieser Grundentscheidung zur Hervorhebung der gouvernementalen Dimension des „Elements Land" stand durchaus das zweite Element des Kompromisses: dem Element Land wurde keine umfassende politische Leitungsfunktion wie dem Bundestag zugestanden. Ein Zustimmungsrecht sollte dem Bundesrat nur in jenen Ausnahmefällen zugestanden werden, in denen „das Element Land" besonders betroffen war.

In der Begründung dieser Doppelentscheidung wurde auf die Unterschiedlichkeit der Arbeitsweise von Landesregierungen und Bundesrat einerseits und Bundestag andererseits verwiesen. So wurde hervorgehoben, daß die Regierung anders als eine Partei „von dem objektiven Gesetz ihrer Stelle geprägt sei" und daß die Mitglieder der Regierung „in Distanz zur Tagespolitik" die politischen Gesamtkräfte des Landes zum Ausdruck bringen.[11] Auf derselben Linie lag die Begründung, daß der Bundesrat gegenüber lau-

---

[8] Begriff bei *Carlo Schmid* Verfassungskonvent auf Herrenchiemsee, Plenarsitzungen, Protokoll des Zweiten Sitzungstages, abgedruckt in: Deutscher Bundestag/Bundesarchiv (Hrsg.), Der Parlamentarische Rat 1948–1949, Akten und Protokolle, Bd. 2: Der Verfassungskonvent auf Herrenchiemsee, 1981, 69.

[9] *Matthias Heger* Deutscher Bundesrat und Schweizer Ständerat, 1990, 52; *Gerhard Lehmbruch* Parteienwettbewerb im Bundesstaat, 2. Aufl. 1998, 77 ff.; *Rudolf Morsey* Die Entstehung des Bundesrates im Parlamentarischen Rat, in: Bundesrat (Hrsg.), Der Bundesrat als Verfassungsorgan und politische Kraft, 1974, 66 f.

[10] Hierzu *Rudolf Morsey* (o. Fn. 9) 70 ff.

[11] Dazu *Gerhard Lehmbruch* (o. Fn. 9) 78.

fender Parteipolitik im Bundestag „eine höhere Objektivität" gewährleiste und daß historisch gesehen auch die Vorläufer des Bundesrats seit 1871 „vom Willen absoluter Sachlichkeit bestimmte Arbeit geleistet haben".

Man mag die damit akzentuierte Kontrastierung von sachorientierter Politik und Parteipolitik heute als politisch naiv einordnen; sie liegt aber eindeutig dem historischen Willen des Verfassungsgebers zugrunde. Eine andere Sache ist, daß in der Verfassung keine Prozeduren oder Vorkehrungen dafür getroffen sind, daß dieses Ideal auch in Wirklichkeit gewährleistet werden kann. Im ganzen blieb der Dualismus des Parlamentarischen Rats ein offener Dualismus in dem Sinne, daß er in Art. 74 GG die künftige bundesstaatliche Kompetenzverteilung weitgehend offen ließ; offen blieb auch, in welcher Weise und in welcher Richtung die Länder ihre Rechtsmacht im Bundesrat ausüben wollten. Übrigens wurde die Frage einer Divergenz der Mehrheitsverhältnisse im Bundesrat und Bundestag 1949 nicht näher erörtert.

4. Als weitere Phasen und Stationen auf dem Weg zur heutigen Verfassungsrealität seien hier zwei Vorgänge aus dem Jahre 1975 und 1997 hervorgehoben, die in sich politisch bedeutungslos waren, die aber schlaglichtartig die graduellen systembezogenen Entwicklungen seit 1949 kennzeichnen. Im Oktober 1975 trat der Ministerpräsident von Rheinland-Pfalz im Bundestag auf, als ein Abkommen mit Polen verhandelt wurde. Als erster Redner betonte er ausdrücklich: „Ich stehe hier aus eigenem Recht und spreche für meine Freunde von der CDU/CSU Deutschlands."[12] Diese Einführung brachte ihm eine leichte Rüge der Präsidentin des Bundestags ein; von Seiten der SPD wurde die Streichung der gesamten Rede aus dem Sitzungsprotokoll verlangt mit der Begründung, daß es rechtswidrig sei, wenn das Rederecht im Bundestag gemäß Art. 43 GG von einem Parteiführer und nicht von einem Mitglied der Landesregierung in Anspruch genommen werde. In der Zwischenzeit hatten sich seit 1949 im Verhältnis zwischen Bundesrat und Bundestag eine Reihe von Veränderungen ergeben. Der offen duale Föderalismus des Jahres 1949 hatte sich rasch zum unitarischen Bundesstaat hin entwickelt, wie ihn *Konrad Hesse* 1962 erstmals pointiert beschrieben hat[13]; im Bereich der Finanzverfassung hatte die Konzeption der grundsätzlich getrennten Haushalte aus dem Jahre 1949 einem zunehmend zwischen Bund und Ländern vermischten System weichen müssen.

---

[12] Verhandlungen des Deutschen Bundestages, 7. Wahlperiode, Stenographische Berichte, Bd. 95, 1975, 13945; dazu auch *Gerhard Lehmbruch* (o. Fn. 9) 150.

[13] *Konrad Hesse* Der unitarische Bundesstaat, 1962.

Im Bundesrat hatte seit 1969 erstmals eine politisch nicht mit dem Bundestag konforme Mehrheit Platz genommen; eine Mehrheit, die nach Auffassung vieler Beobachter den Bundesrat auch als Forum ihrer bundespolitischen Konzeption ansah, auch wenn sie keine Obstruktion um der Obstruktion willen betrieb.[14]

5. Als letzten Orientierungspunkt für den neuesten Stand sei hier noch auf einen in der Öffentlichkeit unbeachteten Vorgang vom November 1997 im Zusammenhang mit der damals laufenden Haushaltsdebatte verwiesen. Die SPD hatte sich zwischenzeitlich offen darauf festgelegt, die von ihr geführten Länder und ihre Repräsentanten im Bundesrat weitgehend in die Regie ihrer Bundestagsarbeit zu integrieren. Wie öffentlich berichtet, hatte dementsprechend die Partei als solche beim niedersächsischen Ministerpräsidenten anfragen lassen, ob er von seinem Recht als Mitglied des Bundesrats Gebrauch machen und das Wirtschaftskonzept der SPD im Bundestag vortragen wolle.[15] Die öffentliche Kundgabe der bundespolitisch parteibezogenen Sicht der Aufgaben des Bundesrats wird hier nicht mehr als Problem empfunden, die institutionelle Sicht des Bundesrats ist kein Hinderungsgrund mehr für ein solches Verständnis. In der Willensbildung des Bundesrats stand oder steht nicht mehr das einzelne Land, sondern die bundespolitisch orientierte Mehrheitsbildung und der Bezug zur politischen Gesamtleitung des Bundes im Vordergrund. Schon in den sechziger Jahren war das Element Land im unitarisch geprägten Bundesrat durch die stärkere Rolle des Bundes zu Gunsten einer Verbundsbezogenheit geschwächt worden[16]; diese Entwicklung erreichte jetzt ein neues Stadium in der Ausrichtung der Willensbildung an den Mehrheitsverhältnissen. Der neue Föderalismus und mit ihm die Arbeitsweise des Bundesrats folgen dem Leitbild einer mehrheitsbezogenen Verbundsbeteiligung.

---

[14] Dazu *Hans H. Klein* Parteipolitik im Bundesrat?, DÖV 1971, 325; *Friedrich Karl Fromme* Die beiden „Kammern" im Widerstreit, ZRP 1976, 201 (203 ff.); *Gerhard Lehmbruch* (o. Fn. 9) 143 ff.; *Bernhard Vogel* Machtkontrolle und Machtbalance – Zur Rolle des Bundesrates, in: Res Publica, Studien zum Verfassungswesen, 1977, 384 (386); s. zur parteipolitischen Auseinandersetzung um den damaligen Mißbrauchs- und Obstruktionsvorwurf auch *Peter Schindler* Mißbrauch des Bundesrates? Dokumentation einer aktuellen Auseinandersetzung, ZParl 1974, 157.

[15] Süddeutsche Zeitung v. 25 1997, 6; *Gerhard Lehmbruch* (o. Fn. 9) 150 f.

[16] *Fritz W. Scharpf* Der Bundesrat und die Kooperation auf der „dritten Ebene", in: Bundesrat (Hrsg.), Vierzig Jahre Bundesrat, 1989, 129, Fn. 32. Kritisch frühzeitig *J. A. Frowein* Bemerkungen zu den Bezeichnungen des Bundesrates zu Bundestag, Bundesregierung und Bundespräsident, in: Bundesrat (Hrsg.), Der Bundesrat als Verfassungsorgan und politische Kraft, 1974, 119 f.

III. Verfassungsrecht und Verfassungsrealität des Föderalismus der mehrheitsbezogenen Verbundsbeteiligung

Welches waren nun aus rechtlicher und rechtstatsächlicher Sicht die Bestimmungsfaktoren, welche die Entwicklung des ursprünglichen Bundesrats als Ausdruck des „Element Lands" hin zur Realität dieser mehrheitsbezogenen Verbundsbeteiligung erlaubt oder gefördert haben? Die Frage einer möglichen Reform fordert hier den Blick auf die Ursachen der Entwicklung.

1. Zum einen begünstigt die funktionale Kompetenzaufteilung, wie sie dem Grundgesetz von Beginn an zu Grunde liegt, die Schaffung und Entwicklung von Mechanismen zum Zusammenwirken. Die funktionale Aufteilung gehört ebenso zum deutschen Erbgut wie der Föderalismus selber; wer ihre Änderung fordert, muß sich der Radikalität seines Vorschlags bewußt sein. Damit ist keineswegs gesagt, daß unser Grundgesetz jene wohl mehr tausend Gremien der Kooperation fordert, wie sie sich nach und nach im föderalen Gefüge entwickelt haben.[17] Richtig ist aber, daß die materielle Aufteilung der Kompetenzen etwa in den USA längst nicht einen Abstimmungsbedarf in diesem weiten Umfang begründen oder sich dafür auch nur eignen würde.[18]

2. Im übrigen findet unser heutiger Verbundsföderalismus eine wesentliche Grundlage auch schon im Grundgesetz von 1949 dadurch, daß in Art. 72 GG und 106 GG das Ziel der Einheitlichkeit bzw. der Gleichwertigkeit der Lebensverhältnisse im Bundesgebiet ausdrücklich bezeichnet ist, auch wenn dies indirekt im Kontext der Beschränkung der Bundeskompetenzen geschieht. Zu dieser normativen Lage kommt hinzu, daß auch das rechtliche Schrifttum seit langer Zeit fast ritualhaft festhält, daß die Industrie- und Wohlstandsgesellschaft unausweichlich eine Egalisierung auch im föderativen Kontext begünstigt oder gar voraussetzt.[19]

3. Einen dritten Kernpunkt der Verbundsbeteiligung – gerade für seinen Bezug zum Parlamentarismus – stellt unverändert das Verhältnis zwischen

---

[17] *Fritz Ossenbühl* Föderalismus nach 40 Jahren Grundgesetz, DVBl. 1989, 1230 (1234); vgl. auch schon *Paul Feuchte* Die bundesstaatliche Zusammenarbeit in der Verfassungswirklichkeit der Bundesrepublik Deutschland, ÄöR, 98. Bd. (1973) 473ff.

[18] S. etwa *Roland Sturm* Föderalismus in Deutschland und in den USA – Tendenzen der Angleichung, ZParl 1997, 335 (341), nach dessen Einschätzung „ein Föderalismus nach deutschem Muster aus amerikanischer Sicht ein Koloß an Staatlichkeit und deshalb nicht konsensfähig" wäre.

[19] In diese Richtung etwa schon *Konrad Hesse* (o. Fn. 13), 1962, 14 und 21; krit. gegenüber dieser Schlußfolgerung *Gerhard Lehmbruch* (o. Fn. 9) 106ff.

Einspruchsgesetzen und Zustimmungsgesetzen dar. Der historische Verfassungsgeber war vom Einspruch als Normalität, von der Zustimmung als Ausnahme ausgegangen; dem entspricht es, daß es in Art. 50 GG heißt, daß die Länder in den Angelegenheiten „mitwirken", nicht, daß sie gleichberechtigt entscheiden. Gewichtet man die Gesetze nach politisch bedeutsamen Vorhaben einerseits und eher technischen andererseits, so liegt der Anteil der Zustimmungsgesetze im eher politischen Bereich in der auslaufenden Legislaturperiode bei 90%, im allgemeinen eher bei 60%.[20] Demnach hat sich das Verhältnis von Zustimmung und Einspruch ins Gegenteil dessen verkehrt, was 1949 auf den Weg gebracht werden sollte.

Die Gründe für diese Entwicklung sind bekannt. Etwa die Hälfte aller Änderungen des Grundgesetzes seit 1949 betraf Fragen des Föderalismus. Der Katalog der Zustimmungsbereiche ist von etwa dreißig auf etwa sechzig Positionen verdoppelt worden.[21] Hierher gehört auch, daß der Bundestag selbst immer wieder die Zustimmungspflicht nach Art. 84 GG dadurch auslöst, daß er das Vollzugsverfahren und die Einrichtung der Behörden regelt; nach der Rechtsprechung des Bundesverfassungsgerichts, auf die noch einzugehen ist, wird dadurch das gesamte Gesetz zustimmungspflichtig.

4. Zu den rechtlichen Faktoren des verbundsbeteiligten Föderalismus gehört ferner auch die Standortbestimmung des Bundesrats in der Willensbildung auf Bundesebene. Obliegt es dem Bundesrat, die Interessen des Bundes, die Interessen der einzelnen Länder oder der Ländermehrheit oder aber auch die Interessen in der Definition der jeweiligen Bundesparteien zu artikulieren? Die Formulierung des Art. 50 GG, wonach „die Länder" an der Willensbildung des Bundes mitwirken, könnte Anlaß zu der Vermutung geben, daß im Bundesrat die spezifischen Landesinteressen zum Ausdruck gebracht werden. Hier könnte es um den Sachverstand und um die Erfahrung aus dem Vollzug der Gesetze durch die Länder gehen, aber auch um die besonderen Anliegen des einzelnen Landes: Schleswig-Holstein könnte sich in erster Linie um den Tourismus, Bayern um die Vermarktung des Bieres oder neuerdings der Biotechnologie kümmern. Dennoch ist zu Recht unstreitig, daß der Bundesrat ein Organ des Bundes ist und als solches auch den Aufgaben und Interessen des Bundes verpflichtet ist.

---

[20] *Dieter Grimm* Die Zustimmung des Bundesrats im Gesetzgebungsverfahren, in: Wolfgang Hoffmann-Riem (Hrsg.), Sozialwissenschaften im Öffentlichen Recht, 1981, 112 (113); *Georg-Berndt Oschatz* Eröffnungsrede zum Symposium „40 Jahre Bundesrat", in: Bundesrat (Hrsg.), Vierzig Jahre Bundesrat, 1989, 19 sowie *ders.* Zur Entscheidungsfähigkeit im Bundesstaat (unveröffentlichtes Manuskript).

[21] *Christof Gramm* (o. Fn. 2), aaO.

Die gegenläufige Auffassung müßte von einer verfassungsrechtlichen Differenzierung von Bundes- und Landesinteressen ausgehen, die im Bundesstaat allenfalls in Ausnahmefällen durchzuhalten wäre. Rechtlich faßbare Maßstäbe zur Abgenzung denkbarer separater Interessensphären wären kaum zu entwickeln. Die insbesondere in den 70er Jahren gestellte Frage, ob die Orientierung der Willensbildung im Bundesrat an den Interessen und dem Programm politischer Parteien verfassungsrechtlich zu beanstanden ist, haben schon damals nur wenige Autoren bejaht.[22] In der Tat wäre die Prämisse einer notwendigen Differenzierung zwischen objektivem Wohl und Parteiprogramm dem Grundgesetz fremd. Auch insoweit bleibt es also dabei, daß sich die Vorstellungen und Erwartungen der Mütter und Väter der Verfassung nicht decken mit der heutigen Verfassungswirklichkeit, daß sich jedoch die Praxis in dem Rahmen bewegt, den der Text der Verfassung vorgibt.

5. Eine rechtlich nicht auflösbare Sondersituation ergibt sich insoweit im Finanzbereich, der für die wichtigsten Steuern die Zustimmung des Bundesrats vorsieht; eigenartigerweise gilt dies nach Art. 105 Abs. 3 GG auch für Steuern im Bereich der Ertragshoheit des Bundes. Die Vorstellungen der Ländermehrheit stehen im Finanzbereich oft schroff dem Willen und den Zielen des Bundes gegenüber. Insoweit verlieren hier auch die allgemeinen abstrakten Kategorien von Bundesinteresse, von Sachverstand und von Parteiinteresse ihren Bezugspunkt. Man mag dies im Sinne eines dualen Konzepts des Föderalismus begrüßen und darauf hinweisen, daß die gegenseitige Austarierung der Interessen im Verhandlungsweg ja ein Charakteristikum des Bundesstaats darstellen soll. Im Lichte der Praxis stellt sich gleichwohl die Frage, in welcher Weise der Bund das Gesamtwohl im Steuer- und Finanzbereich sichern kann; wer etwa das Vorgehen der Länder im Bundesrat bei den Verhandlungen zum Solidarpakt 1995 vor Augen hat, kann auf diese Frage nicht ohne weiteres antworten. Insoweit besteht Anlaß, über die Finanzverfassung nachzudenken.

6. Zum Verfassungsrecht und zur Verfassungsrealität des Verbundsföderalismus gehört ferner der Blick auf die rechtlich postulierte Eigenstaatlichkeit der Länder. Der sog. Kompensationsmechanismus hat seit

---

[22] So etwa *Theodor Maunz* Die Rechtstellung der Mandatsträger im Bundesrat, in: Bundesrat (Hrsg.), Der Bundesrat als Verfassungsorgan und politische Kraft, 1974, 209f.; *Hans Schneider* Fünf Jahre Grundgesetz, NJW 1954, 937 (940): „vom Standpunkt der föderalistischen Zielsetzung aus illegitim"; s. aber später *ders.* Gesetzgebung, 2. Aufl. 1991; § 6 Rdn. 147f.

1949 gleichsam im Sinne eines Systems kommunizierender Röhren[23] als Grundlage für das Tauschgeschäft „Länderkompetenz gegen korrespondierende Erweiterung der Zustimmungsrechte des Bundesrats" gedient. Begreift man Eigenstaatlichkeit aber als Ausdruck autonomer politischer Gestaltung im parlamentarisch-demokratischen Verfahren, so war dieses Tauschgeschäft für die Länder immer ein Verlustgeschäft. Der Kompensationsbegriff suggeriert eine föderalistische Äquivalenz, die in Wirklichkeit gerade fehlt; er sollte deshalb fallen gelassen werden.

Wieviel oder eher wie wenig Mut zur Eigenstaatlichkeit heute in den Ländern – jedenfalls in den meisten Ländern – noch vorhanden ist, läßt sich schwer dartun. Eine Reihe von neueren Berichten über die Spannbreite und den Aktivitätspegel von Landesparlamenten muß insoweit eher Anlaß zur Sorge geben.[24] Hierher gehört auch die Bereitschaft zur Koordinierung zwischen den Ländern. Am schärfsten und am ausdrücklichsten stellen sich die damit verbundenen allgemeinen Fragen im Hochschulwesen. Das Wirken der KMK und der auch den Bund einbeziehenden Behörden ist hier allseits bekannt. Der rote Faden ist seit Jahrzehnten die Einstimmigkeit, der kleinste gemeinsame Nenner, der Mut nicht zur Innovation, sondern zum Status quo trotz evidenter Defizite. Dominant war der Wunsch nach Einheitlichkeit, nicht nach Vielfalt oder Wettbewerb. Föderalistische Rücksichtnahme geriet zur Chiffre für Immobilität und Rückschritt.

7. Die Verdünnung der Eigenstaatlichkeit zeigt sich auch in der Finanzverfassung unseres Bundesstaats. Diese ist geprägt vom Ausgleichsgedanken, von der Gleichwertigkeit oder auch Einheitlichkeit der Lebensverhältnisse, vom Automatismus des Ausgleichs und der Folgenlosigkeit landespolitischer Entscheidungen.[25] Der Wirkungszusammenhang zwischen politischer Entscheidung, ihrem Ziel, der Finanzierung und der steuerlichen Belastung ist aufgehoben und entzieht sich der Disposition des Wählers. So läßt sich heute von einem System nivellierend-

---

[23] *Peter Lerche* Aktuelle föderalistische Verfassungsfragen, 1968, 39.

[24] S. etwa *Walter Döring* Positionspapier des baden-württembergischen Landesvorsitzenden und F.D.P.-Präsidiumsmitglieds zu: „Wie die Krise des Föderalismus überwunden werden kann", S. 3: „Die Länder (...) denaturieren zu Verwaltungseinheiten von Landkreisqualität"; vgl. auch *Wilfried Erbguth* Erosion der Ländereigenstaatlichkeit, in: Jörn Ipsen/Hans-Werner Rengeling u.a. (Hrsg.), Verfassungsrecht im Wandel, FS zum 180jährigen Bestehen der Carl Heymanns Verlag KG, 1995, 549ff.

[25] *Josef Isensee* Idee und Gestalt des Föderalismus im Grundgesetz, in: Isensee/Kirchhof (Hrsg.), Handbuch des Staatsrechts der Bundesrepublik Deutschland, Bd. IV: Finanzverfassung – Bundesstaatiche Ordnung, 1990, § 98 Rdn. 148 – 150.

solidarischer Unverantwortung sprechen. Der Föderalismus hat sich dem Wettbewerb und dem Markt insoweit jedenfalls verschlossen und bedarf dringlich der Öffnung. Gleichwohl sei aber auch davor gewarnt, dieses Extrem durch das Leitbild eines strikt kompetitiven Föderalismus zu ersetzen. Der Begriff des kompetitiven Föderalismus greift im rechtlich verfaßten Bundesstaat deutscher Tradition zu kurz; es geht um Vielfalt und Reichtum, aber auch um das Maß der Einheit und – nach der Wiedervereinigung – um das Stiften der Einheit. Der Begriff des kompetitiven Föderalismus sollte deshalb zugunsten eines differenzierteren Leitbilds der solidarischen Eigenverantlichkeit aufgegeben werden.

8. Die Bilanz der bundesstaatlichen Entwicklung der vergangenen Jahre ist im ganzen durchaus ambivalent. Für das Gelingen der Wiedervereinigung war der Föderalismus ein Glücksfall. Die Verfassungsreform 1994 hat zwar auch eine Stärkung der Länder zum Ziel gehabt. Zu Recht hat sich jedoch weitgehend die Meinung durchgesetzt, daß es sich dabei um einen allenfalls halbherzigen Ansatz zur Revitalisierung der Eigenstaatlichkeit der Länder gehandelt hat[26]; der reformatorische Elan hat lediglich gereicht zur Einführung der Erforderlichkeit anstelle des Bedürfnisses in Art. 72 GG und zur Regelung des Art. 125a GG, wonach den Ländern neue Kompetenzen zuwachsen, falls der Bund dem zustimmen sollte.[27] Es bleibt dabei, daß die Kompetenzen der Länder an der unteren Grenze des Bestandes liegen, der rechtlich noch vom Begriff der Eigenstaatlichkeit gedeckt ist. Gleichzeitig wird kaum jemand daran zweifeln, daß langfristig ein Föderalismus nicht überlebensfähig wäre, wenn den Gliedstaaten an der Basis keine nennenswerte politische Substanz mehr bleibt. Sollte dies einmal eintreten, so wäre wahr geworden, daß die Alliierten nach 1945 zwar dringend den Föderalismus forderten[28], die terri-

---

[26] S. etwa *Stefan Oeter* (o. Fn. 6) 371; *Edzard Schmidt-Jortzig* Herausforderungen für den Föderalismus in Deutschland, DÖV 1998, 746 (748); s. zur Arbeit und zum Schlußbericht der Gemeinsamen Verfassungskommission zu dem Themenkreis „Bund und Länder" *Michael Kloepfer* Verfassungsänderung statt Verfassungsreform, 2. Aufl. 1996 (unter Mitarbeit von *Matthias Lang*) 100ff. sowie *Rüdiger Sannwald* Die Reform der Gesetzgebungskompetenzen nach den Beschlüssen der Gemeinsamen Verfassungskommission von Bundestag und Bundesrat, DÖV 1994, 629.

[27] Zu den möglichen Gegenständen einer solchen Kompetenzverschiebung s. den Gesetzesantrag der Länder Bayern, Baden-Württemberg und Hessen v. 21. 1. 1998: „Entwurf eines Gesetzes zur Umsetzung des Artikels 125a Abs. 2 des Grundgesetzes", BR-Drucks. 77/98.

[28] Entsprechende Forderungen finden sich im Londoner Deutschland-Kommuniqué v. 7. 6. 1948 sowie in den Frankfurter Dokumenten v. 1. 7. 1948, in Auszügen abgedruckt in: *Ernst Rudolf Huber* Quellen zum Staatsrecht der Neuzeit, Bd. 2, 1951, 196ff.; s. zu den Plä-

toriale Gliederung Deutschlands durch die Besatzungsmächte aber seine Wurzeln zerstört hätten.

9. Alle die bisher skizzierten Änderungen weg vom historischen Willen des ursprünglichen Verfassungsgebers waren punktuell gewollt. Keine der genannten Reformen bzw. Elemente der Praxis stand im Widerspruch zum Grundgesetz. In ihrer Summe freilich haben die genannten Modifikationen eine Rechtslage geschaffen, deren Gesamtwirkung die Gestalt des deutschen Föderalismus nicht nur marginal, sondern auch in seinem Wesen verändert hat, verändert in Richtung auf die mehrheitsorientierte Verbundsbeteiligung. An die Stelle der Gliedstaatlichkeit als Basis des Bundesstaats ist in ihrer praktischen Bedeutung weitgehend der Verbund der Länder und deren Verbund mit dem Bund getreten; an die Stelle dezentraler Autonomie ist in weitem Umfang die Beteiligung an der Willensbildung auf Bundesebene getreten. An die Stelle landesbezogener autonomer Entscheidung im Bundesrat tritt zunehmend die Orientierung an der Mehrheit. Dieser Sprung hat sich als Summe der Änderungen ergeben, seine qualitativen Implikationen sind jedoch nicht reflektiert oder gewollt worden; eine entsprechende Entscheidung zugunsten des veränderten Konzepts ist erkennbar nirgendwo getroffen worden, weder vom Bund noch von den Ländern.

Betroffen von den Veränderungen in der Statik zwischen Bund und Ländern ist in erster Linie auch das parlamentarische System, in welches der Bundesrat als unitarischer Teil der föderalistischen Ordnung eingebunden ist.

IV. Der Bundesrat und das parlamentarische Regierungssystem im mehrheitsbestimmten Verbundsföderalismus: Zuordnungen und Friktionen

Demokratie und Föderalismus sind grundsätzlich als komplementäre Bauprinzipien des Grundgesetzes zu verstehen. Der demokratische Bundesstaat stellt sich unter dem Grundgesetz als gemischte Verfassung dar, die systemgewollt auf unterschiedlichen, wenn auch nicht gegenläufigen Bauprinzipien beruht. Der Widerspruch ist zwar nicht Kern dieser Staatsform, aber er ist doch integraler Bestandteil. Im Verhältnis zum parlamentarischen Regierungssystem schafft der Bundesrat damit ein gewisses Maß an Offenheit und Unbestimmtheit. Sind aber Wandelbarkeit und

---

nen der Alliierten auch *Wilhelm Grewe* Antinomien des Föderalismus, 1948, 9ff. sowie *Werner Weber* Die Frage der gesamtdeutschen Verfassung, 1950, 18ff.

Prozeß Charakteristika des Föderalismus[29], so ergibt sich damit strukturell auch ein rechtlich nicht präzise eingrenzbarer Schwebezustand zwischen Parlamentarismus und dem Verhältnis zum Bundesrat. Schwankungen in diesem Verhältnis sind also systemimmanent zwar nicht gezielt oder gewollt, aber doch in Kauf genommen.

Zu Recht aber hat das Bundesverfassungsgericht frühzeitig darauf hingewiesen, daß Föderalismus und Demokratie sich zwar gegenseitig ergänzen, gleichwohl aber nicht beliebig zuzuordnen sind[30]; Widersprüchlichkeiten sind auch hier zu ertragen, aber nur bis zur Grenze der Funktionsfähigkeit des Systems. Schlägt die systemgewollte Dualität und Friktion um in die systemwidrige Obstruktion, so ist eine Reform angesagt. Die verfassungsrechtliche Analyse muß sich freilich davor hüten, systemwidrige Obstruktion zu verwechseln mit der Präferenz für inhaltliche politische Positionen; die polarisierte Art der Diskussion um den Bundesrat in den 70er Jahren gibt ebenso Anlaß zu dieser Bemerkung wie einzelne Untertöne der neueren Debatte.

In der konkreten heutigen Situation kommt es darauf an, nicht so sehr über ein allgemein theoretisches Verhältnis zwischen Föderalismus und Demokratie nachzudenken, als über das parlamentarische System des Grundgesetzes in seinen Bezügen zum mehrheitsbestimmten Föderalismus der Verbundsbeteiligung in der Form, wie er sich heute im Falle unterschiedlicher Mehrheiten von Bundestag und Bundesrat darstellt. Idealtypisch ergeben sich eine Reihe von Aspekten, die den Parlamentarismus direkt oder indirekt berühren. Eine Reihe von Punkten kommt ins Blickfeld.

1. Der Föderalismus der Verbundsbeteiligung verschiebt die politische Handlungsebene von den Ländern auf den Bund; die politische Substanz der Länder wird geschwächt. Föderalismus bedeutet danach in erster Linie Mitsprache auf Bundesebene mittels des Bundesrats, der politisch wahlweise Bundesinteressen, spezielle Länderinteressen und je nach politischem Willen auch Parteiinteressen wahrnehmen kann.

2. In diesem Verbund auf Bundesebene werden Entscheidungen nicht mehr durch *ein* Land, sondern durch die Mehrheit der Länder getroffen. Im Grundsatz beschneidet also dieses System das Recht auf Eigenart, Ei-

---

[29] *Josef Isensee* (o. Fn. 25), § 98 Rdn. 11.

[30] S. BVerfGE 1, 14 (50): „In gewissem Umfange widerstreiten sich in der Stellung des Gliedstaates im Bundesstaat das föderalistische und das demokratische Prinzip. Der Ausgleich zwischen ihnen kann nur gefunden werden, wenn beide gewisse Einschränkungen erleiden."

gensinn und Vielfalt. Die Entscheidungen im Bundesrat sind zunehmend bundesbezogen, Landesinteressen treten eher zurück.

3. Zentraler Teil des Kompromisses im Parlamentarischen Rat war, daß der Bundesrat – anders als Bayern wollte[31] – nicht die Macht einer zweiten gleichberechtigten Kammer oder einer Nebenregierung erhalten sollte; in der Verbundsbeteiligung wird dieser Ausgangspunkt im Falle unterschiedlicher Mehrheiten verlassen.

4. Auf Bundesebene hatte der Parlamentarische Rat die politische Gesamtleitung in die Hand von Bundestag und Bundesregierung gelegt. Aus dieser verfassungsrechtlich geordneten Zweierbeziehung entsteht im heutigen System der Verbundsbeteiligung eine Dreierbeziehung, in welcher dem Bundesrat zunehmend ein dem Bundestag gleichberechtigtes Gewicht zukommt. Dadurch verlieren Mechanismen des parlamentarischen Systems an Gewicht, ja an Sinnhaftigkeit. Das Grundgesetz geht davon aus, daß beim Bundeskanzler die Fäden der politischen Gesamtleitung zusammenlaufen, solange er das Vertrauen des Bundestags besitzt. Die Stellung des Bundesrats in einem System der Verbundsbeteiligung setzt diese rechtliche Austarierung der politischen Gesamtleitung insoweit außer Kraft, als darin die Gesamtleitung mit dem Bundesrat geteilt werden muß. Die Vertrauensfrage des Kanzlers richtet sich nur an den Bundestag, und auch das konstruktive Mißtrauensvotum hat keinen Bezug zum Bundesrat.

5. Die für die Demokratie konstitutive Funktion der Wahlen besteht darin, daß diese zur Ausübung der Macht legitimieren sollen, während der Legislaturperiode soll die Mehrheit gemäß ihrem Programm und ihren Grundvorstellungen im Rahmen der Verfassung verbindliche Entscheidungen treffen können.[32] Im Föderalismus der mehrheitsbezogenen Verbundsbeteiligung wird diese Zuteilung der Macht in Frage gestellt. Macht wird in diesem Rahmen nur verteilt im Kontext eines Kräftefelds, das sich aus Faktoren der Bundestagswahl und der Summe der Landtagswahlen in ihrer sich jeweils ändernden Zusammensetzung ergibt.

---

[31] Eingehend zur Haltung Bayerns *Max Schulze-Vorberg* „Von der Centralisation kein Heil", Wie es zum Bundesrat kam, in: Rudolf Hrbek (Hrsg.), Miterlebt – Mitgestaltet, Der Bundesrat im Rückblick, 1989, 65 ff.

[32] Vgl. *Hans-Peter Schneider* Das parlamentarische System, in: Ernst Benda/Werner Maihofer/Hans-Jochen Vogel (Hrsg.), Handbuch des Verfassungsrechts der Bundesrepublik Deutschland, 2. Aufl. 1994, 537 (551 ff.).

6. Der Föderalismus der Verbundsbeteiligung gerät in Gefahr, das für den modernen Parlamentarismus zentrale Wechselspiel der Rollen von Mehrheit und Opposition im Bundestag zu verwischen.[33] Geht die Opposition im Bundestag davon aus, daß ein Vorhaben an der Mehrheit im Bundesrat scheitern kann oder scheitern wird, so kann sich je nach Umständen ergeben, daß die Formulierung klarer Alternativen zu Gunsten der Suche nach kompromißfähigen Positionen zurücktritt. Jedenfalls gilt dies, wenn sich Opposition im Bundestag und Mehrheit im Bundesrat gegenseitig abstimmen. Die Bedeutung des Vermittlungsausschusses wird erhöht, falls die Entscheidung nicht ohnehin – wie zunehmend in der Praxis – in den informellen Bereich ad hoc eingesetzter Runden verlegt wird; daß es dabei mangels Öffentlichkeit und Transparenz zu einem weiteren Funktionsverlust des Parlamentarismus kommen kann, liegt auf der Hand.

7. Darüber hinaus besteht die Gefahr, daß sich der Bundesrat mehrheitlich in seinem Selbstverständnis an der Rolle der Opposition ausrichtet, während ihm nach dem Willen des historischen Verfassungsgebers in erster Linie eine funktionsorientierte Teilhabe an der Macht zukommen sollte. Oft wird dabei übersehen, daß sich eine Funktionsverschiebung nicht nur durch Absprache zwischen der Opposition im Bundestag und der Mehrheit im Bundesrat ergeben kann. Auch Absprachen zwischen der Regierung, der Bundestagsmehrheit und einer konformen Bundesratsmehrheit können ihrerseits den Bundesrat daran hindern, im Sinne des ursprünglichen Grundgesetzes seine Aufgabe wahrzunehmen. Hier zeigt sich also, daß der mehrheitsbezogene Verbundsföderalismus im Hinblick auf die Arbeitsweise des Bundesrats auch in Zeiten identischer Mehrheiten keineswegs problemfrei ist.

8. Die Verschiebung der Funktion des Bundesrats seit 1949 wirft auch eigenartige Fragen in Bezug auf die Gewaltenteilung auf. Sind die Mitglieder des Bundesrats rechtlich auch Teil der Legislative auf Bundesebene, so sind sie gleichwohl in erster Linie Mitglieder der Exekutive der Länder; nach der Art ihrer Ernennung und nach dem Schwerpunkt ihrer Tätigkeit sind sie mehr der Exekutive als der Legislative zuzurechnen. Nimmt also die Bedeutung des Bundesrats zu, so vermehrt sich damit zugleich der Einfluß der Exekutive auf die politische Gesamtleitung; im Falle einer Gleichrangigkeit von Bundesrat und Bundestag käme es zu einer entsprechend gleichen Gewichtung von Exekutive und Legis-

---

[33] Zu dieser Frage auch *Hartmut Maurer* Der Bundesrat im Verfassungsgefüge der Bundesrepublik Deutschland, in: FS Günther Winkler, 1997, 631 ff.

lative. Auch bei der gebotenen Ablehnung eines Gewaltenmonismus droht eine solche Verschiebung der Gewalten in Widerspruch zu treten zu dem Grundsatz des prinzipiellen Vorrangs der Legislative gegenüber der Exekutive, wie sie der Gewaltenteilung des Grundgesetzes zu Grunde liegt.[34]

Lenkt man den Blick auf die Landesebene, so ergibt sich dort im übrigen dasselbe Bild. Es ist immer wieder hervorgehoben worden, daß sich der Kompetenzzuwachs des Bundesrats auf Landesebene als Kompetenzverlust der Landtage darstellt.[35] Daß sich dadurch der schleichende Prozeß der Depossedierung der Landtage fortsetzt, ist angesichts der gleichzeitigen Gefährdung der Länderinteressen durch die Integration auf europäischer Ebene besonders bedenklich.

Das System der Gewaltenteilung ist indes vom Föderalismus der Verbundsbeteiligung noch auf einer weiteren Ebene betroffen. Im Vergleich zum 1949 intendierten dualistischen Konzept des Föderalismus führt die Verbundsbeteiligung zu einer Stärkung der Bundeskompetenz und Potenzierung der Macht auf Bundesebene; aus der ursprünglichen Teilung der Kompetenz zwischen Bund und Ländern entsteht zunehmend eine einzige Gewalt, die freilich jetzt von mehr Organen zur gesamten Hand wahrgenommen wird. Sachnähe und Subsidiarität, zwei wesentliche Posten aus dem Tugendkatalog des Föderalismus, verlieren an Bedeutung; dasselbe gilt für den Schutz der Freiheit, den der Föderalismus durch die Beschränkung der Macht fördern soll.

Betroffen ist die Stärkung der Vielfalt; tangiert ist insbesondere auch die erhöhte Problemlösungsfähigkeit im Bundesstaat auf Grund der gegenseitigen Lernfähigkeit der autonom entscheidenden Länder[36], die ihrerseits dem Bund zugute kommen kann.

---

[34] Z.B. BVerfGE 33, 303 (345); 34, 165 (192); 40, 237 (249); 41, 251 (260); 45, 400 (417); 47, 46 (78); 49, 89 (90); hierzu kritisch auch *Paul Kirchhof* Der demokratische Rechtsstaat - Die Staatsform der Zugehörigen, in: Isensee/Kirchhof (Hrsg.), Handbuch des Staatsrechts der Bundesrepublik Deutschland, Bd. IX: Die Einheit Deutschlands, 1997, S. 221 Rdn. 40–41.

[35] *Gunter Kisker* Die Beziehungen des Bundesrates zu den Ländern, in: Bundesrat (Hrsg.), Der Bundesrat als Verfassungsorgan und politische Kraft, 1974, 151 (158ff.); *Hans H. Klein* Die Legitimation des Bundesrates und sein Verhältnis zu Landesparlamenten und Landesregierungen, in: Bundesrat (Hrsg.), Vierzig Jahre Bundesrat, 1989, 95 (107); *Gerhard Konow* Zur Funktionsfähigkeit der bundesstaatlichen Verfassungsordnung, DÖV 1970, 22 (25); *Walter Leisner* Schwächung der Landesparlamente durch grundgesetzlichen Föderalismus, DÖV 1968, 389; *Edzard Schmidt-Jortzig* (o. Fn. 25), aaO.; *Rupert Scholz* Landesparlamente und Bundesrat, in: FS C. Carstens, Teil II, 1984, 832ff.

[36] Die Lernfähigkeit der Länder wird besonders betont in: Reformkommission Soziale Marktwirtschft, Reform der Finanzverfassung, 1998, 3f. und 10.

Im ganzen führt die Stärkung des Bundesrats zu einer neuen Art der Gewaltenfusion sowohl von Bund und Ländern als auch von Exekutive und Legislative; die ursprüngliche Statik der Gewaltenteilung hat insoweit ihre Grundlage partiell verloren.

9. Auf Bundesebene entscheidet nicht mehr die vom Parlament getragene Regierungskoalition, sondern die Regierung zusammen mit der Mehrheit vom Bundestag und Bundesrat; je nach der Zusammensetzung dieser Mehrheit kann eine Zwangsallparteienkoalition entstehen.[37] Ein solches System ist ausgerichtet an dem ausgehandelten Konsens. Wird der Konsens schmaler, so verringern sich die Chancen auf Veränderung des Status quo. In den vergangenen Jahrzehnten war es häufig so, daß der Widerspruch einzelner Länder vom Bund im Wege finanzieller Tauschgeschäfte aus dem Weg geräumt werden konnte. In Zeiten der Konsolidierung der Staatsfinanzen jedoch wird für den Bund der Ausweg der selektiven finanziellen Distribution durch die Notwendigkeit der Umverteilung weitgehend ersetzt. Insoweit stellt sich dann eben die Frage nach der Handlungsfähigkeit eines solchen parlamentarischen Systems. Hier wird Handlungsfähigkeit nicht verwechselt mit einem ziellosen Effizienzkonzept[38]; vielmehr geht es darum, daß Institutionen auch im Verfassungsstaat der Gewaltenteilung so zugeordnet werden, daß das Zusammenspiel der Organe die Erledigung der staatlichen Aufgaben fördert und nicht blockiert oder hindert. Die Eigenart dieser Anfälligkeit zur Blockade im heutigen Föderalismus erweist der Rechtsvergleich.

Ausgangspunkt ist heute in den USA ein föderalistisches Konzept, das dort als „Konkurrenzföderalismus" im Gegensatz zu einem „Kooperationsföderalismus" bezeichnet worden ist. Ein kondominiales Zusammenwirken von Bund und Ländern im Sinne des heutigen deutschen Föderalismus ist dem amerikanischen System fremd.[39] Insbesondere finden

---

[37] *Ernst-Wolfgang Böckenförde* Sozialer Bundesstaat und parlamentarische Demokratie, in: Politik als gelebte Verfassung, FS Friedrich Schäfer, 1980, 182 (191); *Josef Isensee* Am Ende der Demokratie – oder am Anfang?, 1995, 36; *Hartmut Klatt* Parlamentarisches System und bundesstaatliche Ordnung, in: Aus Politik und Zeitgeschichte, 1982, B 31, S. 3 (6, 20); *Gerhard Lehmbruch* (o. Fn. 9) 178; *Albert Oswald* Bundesrat leidet unter Frontenstellung – Plädoyer für eine sinnvolle Arbeitsteilung Bund/Länder, ZParl 1976, 426; *Christian Strolorz* Bedrückende Entwicklungsperspektiven des Föderalismus im vereinigten Deutschland, ZParl. 1997, 311 (317).

[38] Zur Effizienz im Rechtsstaat näher *Jost Pietzcker* Das Verwaltungsverfahren zwischen Verwaltungseffizienz und Rechtsschutzauftrag, VVDStRL 41 (1982) 194ff.

[39] *Roland Sturm* (o. Fn. 8), vgl. auch *Heidrun Abromeit* Der verkappte Einheitsstaat, 1992, S. 19ff.; kritischer in der Bewertung der amerikanischen Bemühungen um eine

wir dort keine bundesstaatliche Parteienstruktur, mittels derer es den nationalen Parteien möglich wäre, über punktuelle Entscheidungen hinaus breiten Einfluß auf die Willensbildung im Senat zu nehmen.

Auch der Blick etwa auf die Schweiz mit ihrer besonderen Ausrichtung auf die Konkordanz unterschiedlicher Interessen und Gruppierungen zeigt, daß der Gefahr einer grundsätzlich unterschiedlichen Position von Nationalversammlung und Bundesrat in der langjährigen Praxis immer wieder durch die Bereitschaft zur Einigung begegnet worden ist.[40] Will man den deutschen Bundesrat im Rechtsvergleich von allen Seiten her kontrastieren, so steht am anderen Ende das englische Westminster-System mit seinem Mehrheitswahlrecht und der Betonung der Souveränität des Parlaments.[41] Eine Blockade der Mehrheit, der vom Volk gewählten Mehrheit jedenfalls, läßt weder das englische Modell zu, noch wird es im Recht der USA oder der Schweiz grundsätzlich als systemkonform angesehen. Für den Bundesrat gilt, daß weder rechtlich noch von einer traditionsgeprägten politischen Kultur her Vorkehrungen gegen ein grundsätzlich unterschiedliches, auf Opposition ausgerichtetes Abstimmungsverhalten bestehen; ausländische Beobachter weisen auf diesen Punkt immer wieder hin.

10. Ein weiterer Punkt betrifft die Verantwortlichkeit als Prinzip des Parlamentarismus. Das Prinzip der Verantwortlichkeit für die jeweils eigene Entscheidung gehört zu den Fundamenten der Demokratie und des Parlamentarismus.[42] In Praxis und Theorie erscheint es uns zu Recht so selbstverständlich, daß es heute kaum mehr im Schrifttum thematisiert

---

Stärkung des Föderalismus in den 80er Jahren aber *Joachim Jens Hesse/Arthur Benz* Die Modernisierung der Staatsorganisation, 1990, 139ff.

[40] *Matthias Heger* (o. Fn. 9) 228ff.

[41] S. dazu *Gerhard Lehmbruch* (o. Fn. 9) 20ff.; *Nevil Johnson* The Majority Principle and Consensus in the British Constitutional Tradition, in: Hans Hattenhauer/Werner Kaltefleiter (Hrsg.), Mehrheitsprinzip, Konsens und Verfassung, 1986, 151ff.

[42] S. etwa BVerfGE 9, 268 (281): „Die demokratische und rechtsstaatliche Herrschaftsordnung des Grundgesetzes setzt erkennbare Verantwortlichkeit im Staat und im besonderen eine verantwortliche Regierung voraus. ‚Die Regierung hat die Aufgabe, in Verantwortlichkeit gegenüber der Volksvertretung und von ihr getragen, der gesamten Staatstätigkeit eine bestimmte Richtung zu geben und für die Einhaltung dieser Linie durch die ihr unterstellten Instanzen zu sorgen' (Erich Kaufmann, Die Grenzen der Verfassungsgerichtsbarkeit, VVDStRL 9 [1952] 7)"; hierzu auch *Ulrich Scheuner* Die Lage des parlamentarischen Regierungssystems in der Bundesrepublik, DÖV 1974, 433, sowie zur Verantwortlichkeit von Parlament und Regierung bei der Staatsleitung *Siegfried Magiera* Parlament und Staatsleitung in der Verfassungsordnung des Grundgesetzes, 1979. S.a. BVerfGE 68, 1 (86), wo sich – im anderen Kontext – der Hinweis auf den Zusammenhang von Verantwortung und Macht findet.

wird. Am meisten wird noch darüber debattiert im europäischen Kontext, dort angesichts des Mangels einer echten parlamentarischen Kontrolle; für den Bundesrat wird hier in der laufenden Debatte weniger ein Problem gesehen.

Der von der Tagespolitik stärker distanzierten Arbeitsweise im Bundesrat, so läßt sich argumentieren, entspricht ein anderes Konzept der Verantwortung, einer Verantwortung, die eben nicht unmittelbar demokratisch, sondern in der Verfassung selbst verankert ist. Auch insoweit bedarf es jedoch der Vergewisserung darüber, ob nicht doch eine Rückbesinnung erforderlich ist. In den Beratungen 1949 wurde davon ausgegangen, daß der Bundestag als zentrales politisches Leitungsorgan dem Volk in regelmäßigen Wahlen verantwortlich ist. An eine Teilung dieser Leitungsfunktion mit dem Bundesrat war nicht gedacht; Zustimmungsgesetze waren ja als Ausnahmen gesehen. Deshalb hat die Frage nach der Verantwortung des Bundesrats auch bei den Beratungen 1949 erkennbar keine Rolle gespielt.

Stellt sich heute indessen das Verhältnis zwischen Bundestag und Bundesrat zunehmend als gleichgewichtig dar, so verschiebt sich die Frage nach der Verantwortung auf eine andere qualitative Ebene. Insbesondere *Ossenbühl* hat zu Recht darauf hingewiesen, daß das Grundgesetz kein rechtlich geartetes Verfahren zur Verfügung stellt, in dem sich der Bundesrat zu verantworten hätte.[43] Bundestag und Bundesregierung können im Wege des Mißtrauensvotums bzw. der Vertrauensfrage eine gegenseitige Kontrolle im politischen Sinne ausüben. Aus diesen, für den Parlamentarismus grundlegenden Bezügen der Verantwortlichkeit ist der Bundesrat ausgeschlossen.

11. Welche Konsequenzen ergeben sich aus diesen Überlegungen zusammenfassend für die Legitimationsbasis des Bundesrats? Nach dem Willen des historischen Verfassungsgebers ist die Legitimation des Bundesrats in erster Linie im „Element Land", in der Landesbezogenheit und im Vollzugssachverstand der Länder zu sehen.[44] Übernimmt der Bundesrat die Rolle der Opposition, so verdoppelt sich das Forum der Opposition unter Zurückdrängung jener Qualifikation des Bundesrats, die nach dem Willen der Mütter und Väter des Grundgesetzes im Vordergrund gestanden hat. Die Dreifachperspektive von Mehrheit im Bundestag, Minderheit im Bundestag und dem eigenständigen Beitrag des Bundesrats

[43] *Fritz Ossenbühl* Die Zustimmung des Bundesrates beim Erlaß von Bundesrecht, AöR 99. Bd. (1974) 369 (409), so auch schon *Werner Weber* Spannungen und Kräfte im westdeutschen Verfassungssystem, 1951, 93.

[44] *Gerhard Lehmbruch* (o. Fn. 9) 77 ff.

wird reduziert auf Mehrheit und Opposition. Die Verschiebung seit 1949 ist offenkundig. 1949 war der Bundesratslösung gerade deswegen der Vorzug gegeben worden, weil eine Verdoppelung in der Arbeitsweise und der Funktionsteilung vermieden werden sollte.

V. Reformbedarf

1. Die hier vorgelegte Bilanz der Verbundsbeteiligung sowohl im Kontext des Föderalismus als auch des Parlamentarismus hat sich auf Fragen, auf Probleme und Defizite konzentriert. Ausgeblendet blieben bewußt die positiv zu bewertenden Aspekte, welche immer wieder den Trend zur Verbundsbeteiligung gestärkt haben; die Rede ist natürlich primär von der Einheitlichkeit der Lebensverhältnisse und von der integrativen Kraft der Verbundsbeteiligung, vom Schutz der Minderheit.[45] Der heutige Bundesrat findet seine Rechtfertigung – meist unausgesprochen – im Wunsch nach mehr Einheitlichkeit, die aus der gemeinsamen Willensbildung von Bundesrat und Bundestag entsteht. Wer über Reformen nachdenkt und solche anstrebt, muß sich über diesen Sachverhalt im klaren sein; er muß zeigen, daß die Bürger und die sie repräsentierenden Gruppen und Institutionen bereit sind, den Preis geringerer Einheitlichkeit für eine Zurückdrängung der Verbundsbeteiligung zu zahlen.[46] Jedenfalls hilft ein Lamentieren über den heutigen Bundesrat nichts, so lange nicht Klarheit besteht über die Gründe für sein Entstehen und den Preis seiner Reform.

2. Im Grundsatz finden sich heute nur wenig Stimmen, die den Status quo verteidigen. Gleichzeitig besteht durchaus keine Einigkeit über Art und Umfang notwendiger Reformen; die Debatte um die föderalistische Finanzverfassung belegt dies.[47]

3. Vorab sei hier bei der Erörterung des Reformbedarfs auf jene Grundposition eingegangen, welche große Teile der Wissenschaft und

---

[45] *Hans-Peter Schneider* (o. Fn. 32) 537 (561).

[46] I.d.S. *Roman Herzog* 50 Jahre „Rittersturz"-Konferenz – Sternstunde des Föderalismus, Ansprache des Bundespräsidenten am 8. Juli 1998 in Koblenz, Bulletin des Presse- und Informationsamts der Bundesregierung, Nr. 51, 657 (658): „Wer den Föderalismus ernst nimmt, muß auch den Mut haben, Unterschiedlichkeiten zuzulassen."

[47] S. etwa die Vorschläge der Konferenz der Präsidentinnen und Präsidenten der deutschen Länderparlamente am 24. September 1991 zur Reform der Finanzverfassung, Niedersächsischer Landtag, Zwölfte Wahlperiode, Drucks. 12/2797, sowie die Vorschläge der Reformkommission Soziale Marktwirtschaft: Reform der Finanzverfassung, 1998.

der Praxis lange Zeit beherrscht hat und dies auch heute noch tut. Es geht um den Appell an die politischen Kräfte, den Bundesrat wieder wie 1949 vorgesehen als Forum für die Interessen des einzelnen Landes zu nutzen, Parteipolitik zurückzustellen und den administrativen Sachverstand in den Vordergrund zu rücken.[48] Im Schrifttum zeigt sich diese Betrachtungsweise in der Vergangenheit immer wieder in unterschiedlichen Varianten salvatorischer Klauseln: der Bundesrat sei ein fester und konstruktiver Teil der bundesstaatlichen Organisation, doch dürfe er seine Macht nicht im Sinne einer Opposition zum Bundestag mißbrauchen.[49] Die entscheidende Frage ist aber, ob diese Perspektive realistisch und speziell im Rahmen der mehrheitsbezogenen Verbundsbeteiligung überhaupt systemkonform ist. Wenn die exekutiv in die Parteienstaatlichkeit eingebundenen Mitglieder des Bundesrats das von der Verfassung eingerichtete und angebotene Instrumentarium nutzen, so mag man sich politisch darüber je nach der eigenen Präferenz freuen oder ärgern. Verwundert sollte man jedenfalls bei Kenntnis des Verfassungsrechts und des von den Parteien getragenen Parlamentarismus nicht sein; die „Handlungslogik" aus der Sicht der Mitglieder des Bundesrats führt hier zu Zwängen, denen in der Praxis mit dem schlichten Hinweis auf die verfassungstheoretische institutionelle Einordnung des Bundesrats kaum begegnet werden kann.[50] Es ist ehrlicher und produktiver, auf Grund dieser Sichtweise zu diskutieren, als das bestehende System in der irrealen Hoffnung auf eine Umkehr der Verhaltensweisen zu verteidigen.

4. Speziell für den Bereich der Wissenschaft erscheint eine Neubetrachtung der Theorie des Föderalismus, seines Tugendkatalogs erforderlich. Die geschriebenen Lehrbücher und Abhandlungen sind in sich schlüssig, soweit sie einen idealtypisch-dualistisch konzipierten Bundesstaat im Auge haben. Sie greifen aber oft zu kurz, soweit es um eine Erfassung des heutigen realen Verbundsbetätigungsföderalismus geht. Hier droht deswegen die Gefahr, daß ein real nicht existierender Föderalismus und auch ein nicht existierender Bundesrat analysiert und gewürdigt wird. Insbesondere wird es auch um eine neue Sicht der Gewaltenteilung als einer Grundlage des Föderalismus gehen müssen. Die Gewaltentei-

---

[48] *Gerhard Lehmbruch* (o. Fn. 9) 77ff.

[49] Etwa *Dieter Wyduckel* Der Bundesrat als Zweite Kammer, DÖV 1989, 181 (191): „verfassungsrechtliche Mißbrauchsgrenze".

[50] *Wolfgang Knies* Der Bundesrat: Zusammensetzung und Aufgaben, DÖV 1977, 575 (579), nennt es eine „Illusion anzunehmen, die politische Willensbildung im Bundesrat könne von parteipolitischer Einflußnahme und Formierung freigehalten werden".

lung ist in den 60er Jahren in den Vordergrund der Föderalismusdebatte gerückt, weil das Thema der regionalen Vielfalt empirisch nicht mehr tragfähig erschien.[51] Freilich war diese Sicht damals nicht nur auf der deskriptiven Ebene angelegt; der Föderalismus wurde auch im Sinne einer tugendorientierten Sicht in die Gewaltenteilung eingebettet. Im Lichte des heutigen Standes des Föderalismus bedarf diese theoretische Betrachtung der Revision. Der heutige Föderalismus der Verbundsbeteiligung stützt das Prinzip der Gewaltenteilung nicht, vielmehr vermischt er Gewalten und potenziert die Bundesgewalt.

5. Der zweite Rechtsprechung und Wissenschaft angehende mögliche Bereich eines Neubeginns könnte die Einheitsthese des Bundesverfassungsgerichts aus dem Jahre 1958[52] betreffen; danach bedarf ein Gesetz als Ganzes der Zustimmung, auch wenn nur eine einzelne Norm des Gesetzes zustimmungspflichtig ist. Man mag die Entscheidung des Gerichts aus damaliger Sicht für richtig halten oder nicht. Jedenfalls aus heutiger Sicht ist zu unterstreichen, daß die Tendenz des Bundes zur Regelung von Verfahren im Sinne des Art. 84 GG im Zusammenwirken mit der Einheitsthese zu Lasten der Entscheidungsfreiheit des Bundestags eine Systemverschiebung herbeigeführt hat.[53] In der späteren Entscheidung zur Zustimmungsbedürftigkeit der Änderung eines zustimmungsbedürftigen Gesetzes hat die Mehrheit genau richtig auf die Frage der Systemgerechtigkeit abgestellt.[54] Freilich muß man sich darüber im Klaren sein,

[51] Besonders deutlich *Konrad Hesse* (o. Fn. 13) 12: „Die Individualität der deutschen Länder, die ‚ganze Irrationalität ihrer geschichtlich-politischen Eigenart' und mit ihr die sachliche Differenziertheit des Gesamtkörpers sind bis auf wenige Reste dahin"; auch die Mehrheit der Enquête-Kommission „Verfassungsreform", BT-Drs. 7/5924, 96, hat in erster Linie die Bedeutung der gewaltenhemmenden Funktion des Bundesrates hervorgehoben.

[52] BVerfGE 8, 274 (295).

[53] Gegen die Einheitsthese etwa *Dieter Grimm* (o. Fn. 20) 117ff.; *Wolf-Rüdiger Schenke* Gesetzgebung zwischen Parlamentarismus und Föderalismus, in: Parlamentsrecht und Parlamentspraxis in der Bundesrepublik Deutschland, 1989, 1493f.; *Michael Schweitzer* Die Zustimmung des Bundesrates zu Gesetzen, Der Staat 1976, 169 (173ff.); Enquête-Kommission „Verfassungsreform", Sondervotum *Heinsen, Rietdorf, Böckenförde*, BT-Drs. 7/5924, 104f.; krit. auch *Fritz Ossenbühl* (o. Fn. 43) 395ff.; *Klaus Lange* Die Legitimationskrise des Bundesrates, in: FS E. Stein, 1983, 181 (196f.).

[54] BVerfGE 37, 363 (383): „Wäre die Auffassung des Bundesrates richtig [Zustimmungsbedürftigkeit von allen Gesetzen, die ein mit Zustimmung des Bundesrats ergangenes Bundesgesetz förmlich ändern, Anm. des Verf.], so müßte eine erhebliche Verschiebung der Gewichte zwischen dem die Interessen vertretenden Bundesrat einerseits und dem Bundestag und der Bundesregierung andererseits im Bereich des Gesetzgebungsverfah-

daß auch eine Verabschiedung der Einheitsthese die Entscheidungsfreiheit des Bundestags nur begrenzt erweitern würde.

6. Ich komme zu einem weiteren Punkt, der Frage der Verantwortlichkeit als Rechtsprinzip des demokratischen Verfassungsstaats. Oben wurde erörtert, daß die Wirkungsweise der Verbundsbeteiligung in weitem Maße das Prinzip der zurechenbaren Verantwortlichkeit außer Kraft setzt; der Zusammenhang zwischen Entscheidungsträger, Entscheidung und Verantwortung verliert seine Transparenz und seine grundlegende Funktion im parlamentarischen System.[55]

An diesem Punkt erscheint der Rechtsvergleich durchaus sinnvoll. Im englischen Westminster-Modell ist Verantwortlichkeit das bewegende Moment im Zentrum des Parlamentarismus; der Begriff des „responsible government" prägt und charakterisiert das Fundament des Systems.[56] Auf der anderen Seite hat der Supreme Court der Vereinigten Staaten auch der dortigen Präsidialdemokratie Grenzen für das Zerreißen von Zuständigkeit, Entscheidung und Verantwortlichkeit aufgezeigt und diese Rechtsprechung unter den Begriff der „accountability" gestellt[57], am besten wohl übersetzt mit der Verantwortlichkeit für das eigene Tun. Den Gliedstaaten dürfen danach vom Bund keine Aufgaben übertragen werden, die nicht in ihrer Entscheidungsmacht und ihrer Verantwortlichkeit liegen.

---

rens insofern die Folge sein, als das Zustimmungsgesetz dann die Regel wäre und das Einspruchsgesetz die Ausnahme (...). Die Zahl der Zustimmungsgesetze würde sich erheglich vermehren. Dies aber widerspräche der Gesamtkonzeption des Grundgesetzes, die von einer Gleichgewichtigkeit zwischen allen am Gesetzgebungsverfahren beteiligten Verfassungsorganen ausgeht."

[55] S. etwa *Friedrich Halstenberg* Bundesstaatliche Entwicklung und Bundesrat, in: Bundesrat (Hrsg.), Der Bundesrat als Verfassungsorgan und politische Kraft, 1974, 127 (139f.); *Edzard Schmidt-Jortzig* (o. Fn. 26), aaO.; das Prinzip der Verantwortlichkeit bildet auch das Kernstück der Regierungserklärung des Bayrischen Ministerpräsidenten *Edmund Stoiber* im Bayrischen Landtag am 4. Februar 1998.

[56] *Ulrich Scheuner* Verantwortung und Kontrolle in der demokratischen Verfassungsordnung, in: FS Gebhard Müller zum 70. Geburtstag, 1970, 379 (389); s.a. *Suzanne S. Schüttemeyer/Roland Sturm* Wozu Zweite Kammern? Zur Repräsentation und Funktionalität Zweiter Kammern in westlichen Demokratien, ZParl 1992, 517 (526).

[57] S. Printz v. United States, 117 S. Ct. 2365 (1997); hierzu *Vicki C. Jackson* Federalism and the Use and Limits of Law: Printz and Principle?, Harvard Law Review (1998) 2181 (2200ff.), zu diesem Fragenkreis im Kontext der Schweizer Verfassung neuerdings *Bernhard Ewenzeller*, Kollegialität und politische Verantwortlichkeit im Schweizerischen Konkordanzsystem, Schweizerisches Zentralblatt für Staats- und Verwaltungsrecht 100. Jg. (1999), 145.

Obwohl der Föderalismus in den USA von der Sachmaterie und nicht wie in der Bundesrepublik funktional gegliedert ist, lohnt es sich, diesen Topos auch im Rahmen der rechtsstaatlichen Demokratie des Grundgesetzes näher zu betrachten. Ausgangspunkt kann insoweit durchaus die frühe Feststellung des Bundesverfassungsgerichts sein, wonach Föderalismus und Demokratie nicht beliebig zuzuordnen sind. In der Konsequenz dieses verfassungsrechtlichen Befundes liegt es, die Reichweite des Föderalismus und der Demokratie auch in Bezug auf den Bundesrat und das parlamentarische System gegenseitig abzugrenzen und dabei insbesondere auch dem parlamentarischen Grundprinzip der Verantwortlichkeit im Sinne praktischer Konkordanz eigenständige positivrechtliche Bedeutung zuzuweisen.

Die konkrete Ausformung und Anwendung dieses Prinzips kann in unterschiedlichen Bezügen in unterschiedlicher Weise wirksam werden. Im Rahmen der geltenden Verfassung kann sie jedenfalls föderalistischer Vermengung und der Verwischung der Zuständigkeiten Grenzen setzen. Bei der eben erörterten Frage der Einheitsthese etwa könnte dies ebenso der Fall sein wie im Kontext der offenen Frage, welcher Umfang des Finanzausgleichs nach Art. 107 GG noch als angemessen angesehen werden kann.

7. Soweit es um mögliche punktuelle Änderungen des Grundgesetzes zur Stärkung des Föderalismus geht, sei zuerst kurz auf die mögliche Reform des Bundesrats in Richtung auf eine Senatslösung eingegangen. Die Frage wurde 1848, 1919 und 1949 geprüft und jeweils gegen das Senatsprinzip entschieden.

Im System der Verbundsbeteiligung könnten auf den ersten Blick in der Tat gewichtige Argumente für die Senatslösung sprechen. Je stärker nämlich die politische Dimension in der Arbeit des Bundesrats wird, desto stärker wird verfassungstheoretisch das Gewicht der Forderung nach einer unmittelbaren demokratischen Legitimierung. Die Prämisse einer solchen Argumentation freilich besteht in der Akzeptanz der Verbundsbeteiligung und der Wünschbarkeit ihrer Konsolidierung. Wer die Verbundsbeteiligung dagegen zurückhaltend beurteilt, der kann in einer systemgedeckten Politisierung des Bundesrats auf der Grundlage einer Senatslösung keinen verfassungstheoretischen Gewinn sehen.

8. In ähnlicher Weise stellt sich eine mögliche andere Reform des Bundesrats dar, nämlich die Abschaffung des Gebots der einheitlichen Stimmabgabe durch jedes Land. Auch hier läge es in der Logik der an Macht und Mehrheiten orientierten Praxis der Verbundsbeteiligung, dem Pluralismus der Parteien in Koalitionsregierungen den Weg zu öffnen

und die Stimmabgabe auch unterschiedlich für ein Land gemäß der Koalitionslage zuzulassen. Die clausula antiborussica[58] aus der Weimarer Zeit könnte insoweit Vorbild sein. Wenn im Ergebnis hier eine entsprechende Reform gleichwohl abgelehnt wird, so geschieht dies aus denselben Gründen, die gegen eine Senatslösung sprechen, nämlich der Zurückhaltung gegenüber einer Reform, welche die Politisierung des Bundesrats direkt oder indirekt fördert.

9. Der Kern der heute gegebenen Lage im Verhältnis zwischen Bundesrat und dem parlamentarischen System liegt in der Weite der Zustimmungsrechte, welche die heutige Verfassung dem Bundesrat ausdrücklich einräumt. Eine wirkliche Reform des Bundesrats, welche die Strukturen im Verhältnis zum Bundestag ernstlich verändern will, muß diesen Befund zum Gegenstand der Überlegungen machen. Mit anderen Worten: die kontinuierliche Ausweitung der Rechte des Bundesrats steht *rechtlich* im Mittelpunkt der heute gegebenen Strukturen, und der Reformbedarf mißt sich an dieser Lage. Das eigentliche Reformthema heißt, wenn man den Bundesrat in seinem Bezug zum parlamentarischen System ins Blickfeld nimmt, also Reformfähigkeit unseres nach 1945 gewachsenen Föderalismus.

Daß damit ein sehr weites Feld eröffnet ist, wird niemand bezweifeln, der die vielschichtige Entwicklung des Föderalismus seit 1949 im Blick hat. Jede einzelne Änderung des Grundgesetzes hatte gute Gründe. Die enormen sozialen, ökonomischen und politischen Schubkräfte, welche den Trend zum unitarischen Bundesstaat tragen, sind oft erörtert worden. Damit wird deutlich, daß die Änderung der föderalistischen Strukturen und eine korrespondierende Verringerung der Kompetenzen des Bundesrats einen tiefgreifenden Wandel zugunsten der Autonomie der Länder voraussetzen würde.[59] Der erste und unverzichtbare Schritt in diese Richtung wäre eine breite Debatte über die grundlegende Frage, wieviel Gemeinsamkeit in unserem Staat nötig ist und wieviel Unterschiede möglich sind; Art. 74 GG muß auf den Prüfstand. Wo Blockaden durch den Bundesrat nicht mehr akzeptabel erscheinen, bleibt jedenfalls

---

[58] Hierzu etwa *Hans-Uwe Erichsen* Verfassungsrechtsgeschichtliche Prolegomena zur Bestimmung von Standort und Funktion des Bundesrates, in: Bundesrat (Hrsg.), Der Bundesrat als Verfassungsorgan und politische Kraft, 1974, 29f. m.w.N.

[59] Vgl. *Hans-Jürgen Papier* 50 Jahre Bundesstaatlichkeit nach dem Grundgesetz – Entwicklungslinien und Zukunftsperspektiven, Vortrag Herrenchiemsee 1998 in: Bundesrat (Hrsg.), Fünfzig Jahre Herrenchiemseer Verfassungskonvent – Zur Struktur des deutschen Föderalismus (im Erscheinen); dazu auch *Dieter Grimm* Blockade kann nötig sein, in: DIE ZEIT v. 10. 10. 1997.

nur die Rückführung der Kompetenz auf die Länder oder die Streichung des Zustimmungserfordernisses des Bundesrats.

10. Man mag nun der Forderung einer Reform der Verbundsbeteiligung in Anlehnung an ein Wort von *Paul Laband* entgegenhalten, daß Bundesstaaten „nicht erdacht und erfunden" wurden, „sondern gleichsam von selbst entstanden" sind.[60] In diesem Sinne mag man versucht sein zu argumentieren, daß das Prinzip der Verbundsbeteiligung samt seiner institutionellen Verkörperung im Bundesrat Spiegelbild ist der heute bestehenden realen sozialen, wirtschaftlichen und politischen Kräfte und damit weitgehend außerrechtlich vorgegeben. Auf dasselbe Ergebnis läuft es hinaus, wenn man den Standpunkt vertritt, daß unser politisches System damit überfordert wäre, gleichzeitig die dringenden Zukunftsaufgaben anzugehen und eine tiefgreifende institutionelle Reform auf den Weg zu bringen.[61] Eine solche Skepsis gegenüber der Reformfähigkeit unseres Systems mag sich auf das Scheitern vieler früherer Initiativen und Reformvorschläge sowie auch darauf stützen, daß eine Rückkehr zum stärker dualistisch ausgerichteten Bundesstaat schwierige politische Tauschgeschäfte – insbesondere auch im Finanzbereich – erfordern, die kaum durch graduelle Reformen, sondern nur durch einen großen Wurf zu erreichen sind.

Somit bleibt zum Schluß die Frage nach dem Mut zur strukturellen Reform, den der Bundespräsident gerade im föderalistischen Kontext mit bemerkenswertem Nachdruck eingefordert hat.[62] Trifft es zu, wie oft gesagt, daß jede Generation die Pflicht und das Recht hat, sich selbst über ihre Verfassung zu vergewissern, so wäre es schade, wenn der Versuch der Reform erst gar nicht unternommen würde.

11. *Isensee* hat zu Recht betont, daß sich gerade der Bundesstaat jeder Generation *neu begreiflich* machen muß, *wenn* er überleben will.[63] Dies gilt heute insbesondere auch im Blick auf die fortschreitende europäische Integration. Die Schubkräfte der Europäischen Union werden vor dem deutschen Bundesstaat trotz des länderschützenden Art. 23 GG nicht Halt

---

[60] *Paul Laband* Das Staatsrecht des Deutschen Reiches, Bd. I, 5. Aufl. 1911, 234.

[61] *Ernst Benda* Blumenpflücken bei voller Fahrt?, Handelsblatt v. 24. 2. 1998, Nr. 38, 6 (8).

[62] *Roman Herzog* 50 Jahre Verfassungskonvent von Herenchiemsee, Grußwort des Bundespräsidenten in Herrenchiemsee am 9. August 1998, Bulletin des Presse- und Informationsamtes der Bundesregierung Nr. 57, 737f.

[63] *Josef Isensee* (o. Fn. 25), § 98 Rdn. 7; ebenso *Klaus Stern* Föderative Besinnungen, in: Recht als Prozeß und Gefüge, FS Hans Huber zum 80. Geburtstag, 1981, 319 (326), der die Bundesstaatlichkeit unter einem „ständigen Rechtfertigungszwang" stehen sieht.

machen. Zwei aktuelle Beispiele sollen darauf hinweisen. Sobald eine Kulturfrage auf europäischer Ebene behandelt wird, muß das Einstimmigkeitsprinzip der KMK der Mehrheitsregel weichen, und die Praxis zeigt, daß dies dann plötzlich praktikabel wird. Auf der finanziellen Ebene erweist derzeit die Umsetzung des Stabilitätspakts zum Schutz des Euro, daß sich die Länder der europäischen Großwetterlage nicht entziehen können, obwohl sie die Umsetzung bisher immer wieder hinauszögern.

Das Thema „Europäische Union und Föderalismus" in der Vielzahl seiner Facetten lenkt ganz zum Schluß auch noch den Blick auf künftige europäische institutionelle Strukturen.[64] Eignet sich der deutsche Bundesrat in seiner heutigen Struktur und Wirkungsweise als Vorbild, wenn künftig eine europäische Verfassung ernsthaft zur Diskussion stehen sollte? Ist der heutige horizontale Finanzausgleich auch auf europäischer Ebene ein Modell für die Herstellung gleichwertiger oder gar einheitlicher Lebensverhältnisse?

Die Fragen führen hinaus in die Zukunft, aber zugleich zurück in im Grundgesetz niedergelegte Entscheidungen und in die Erfahrungen der vergangenen Jahrzehnte. Eine ernsthafte Debatte um eine Reform des Föderalismus in Deutschland bedarf ebenso wie der Blick auf das zukünftige Europa der grundsätzlichen Rückbesinnung auf die Grundlagen, den Wert und auch auf die Grenzen des Föderalismus. Deutschland kann dazu auf europäischer Ebene im Lichte seiner Verfassungstradition am meisten beitragen. Die deutsche Stimme wird aber im europäischen Konzert nur dann gehört werden, wenn künftig mehr Klarheit als bisher über die Koordinaten des deutschen Föderalismus und auch ihren Bezug zum Parlamentarismus besteht.

---

[64] Hierzu *Katharina Heckel*, Der Förderalismus als Prinzip überstaatlicher Gemeinschaftsbildung, 1998.

Leitsätze des 1. Berichterstatters über:

Das parlamentarische Regierungssystem und der Bundesrat

– Entwicklungsstand und Reformbedarf –

A. Der Bundesrat: Tradition und Wandel

1. Wie der Föderalismus gehört die gliedstaatliche Vertretung auf Bundesebene zum Urgestein deutscher Staatlichkeit.

2. In seiner heutigen organisatorisch-funktionalen Gestalt besteht der Bundesrat – mit Ausnahme der NS-Zeit – seit 1871; sein Verhältnis zum Parlamentarismus ist bis 1919 geprägt durch die Prinzipien der bündischen Dynastie, danach durch die demokratische Grundordnung der Weimarer Verfassung und des Grundgesetzes.

3. Heute erschließt sich das Verhältnis des Bundesrats zum parlamentarischen Regierungssystem insbesondere aus der Gestalt des Föderalismus und aus der Entwicklung des bundesstaatlich ausgerichteten Parteiwesens.

B. Der Bundesrat als unitarisches Organ des Bundesstaats

4. Die funktionale Ausrichtung des deutschen Föderalismus seit 1871 birgt die Notwendigkeit der Zusammenarbeit auf Bundesebene samt der Einbindung des Bundesrats in das Gesetzgebungsverfahren in sich.

5. Die schwierigen Beratungen zum Bundesrat im Parlamentarischen Rat sind im Wege eines Kompromisses abgeschlossen worden: der Bundesrat wurde zwar als exekutivisches Organ in das Gesetzgebungsverfahren eingeordnet, seine Einbeziehung in die politische Gesamtleitung des Bundes aber zurückgewiesen.

6. Die eigenständige Legitimation des Bundesrats neben dem Bundestag wurde 1949 in seiner Verkörperung des „Elements Land" gesehen: Abstand zum politischen Tagesgeschäft, der Wille zur Objektivität und die Ausrichtung der Entscheidung an der Sache wurden als Orientierungspunkte des Bundesrats angesehen; abgelehnt wurde deswegen bewußt die Senatslösung.

7. Von diesem Leitbild des Parlamentarischen Rats haben sich die Realien der Verfassung nach 1949 in wesentlichen Punkten entfernt.

8. Der heutige Bundesrat wird in seiner Funktions- und Arbeitsweise bestimmt durch den hohen Kooperationsbedarf im bundesstaatlichen Gefüge; durch einen auch rechtlich gestützten Trend zur Einheitlichkeit der Lebensverhältnisse; durch einen hohen Anteil der Zustimmungsgesetze; durch die rechtlich abgesicherte Freiheit des Bundesrats zur alternativen Ausrichtung seiner Entscheidungen an Bundesinteressen, an Landesinteressen oder Parteiinteressen; durch eine politische und rechtliche Schwächung der Länderautonomie sowie durch das bundesstaatlich ausgerichtete Parteiwesen.

9. Auf der Grundlage des unitarischen Bundesstaats hat sich in den vergangenen Jahrzehnten ein Föderalismus der mehrheitsbezogenen Verbundsbeteiligung entwickelt. Dieser ist geprägt durch fehlenden Mut und Willen zur gliedstaatlichen Eigenständigkeit, durch die zunehmende Ablösung dezentraler Autonomie, durch weitgehende Rechte der Länder zur Beteiligung an der Willensbildung auf der Bundesebene, durch eine zunehmende Fusion von Bund und Land sowie durch eine Arbeitsweise des Bundesrats, die primär an der politischen Mehrheit im Bundesrat im Gegensatz zur Wahrnehmung spezifischer Landesinteressen ausgerichtet ist.

10. In ihren systembezogenen Auswirkungen insbesondere im Verhältnis zum parlamentarischen System stellt sich die Entwicklung zur mehrheitsbezogenen Verbundsbeteiligung als Folge punktuell bestimmter Reformen und Entwicklungen dar, die in ihrer Summe die Beziehung des Bundesrats zum parlamentarischen System wesentlich verändert haben; eine reflektierte verfassungspolitische Entscheidung für eine neue Form des Bundesstaats ist nirgendwo getroffen worden.

11. Die neuere Entwicklung wird insbesondere in Zeiten unterschiedlicher Mehrheit in Bundestag und Bundesrat nach außen erkennbar. Eine Abstimmung bundesparteipolitischer Ziele mit der Arbeitsweise und den Entscheidungsabläufen im Bundesrat war bereits 1969 – 82 erkennbar; diese Tendenz hat sich 1990 – 1998 verschärft und ist kulminiert im Dissens über eine überfällige Steuerreform.

12. Speziell im Bereich der Finanzverfassung zeigt sich – wiederum unter Einbeziehung des Bundesrats – die reduzierte Eigenstaatlichkeit in einem Verbundssystem der nivellierend-solidarischen Unverantwortung. Statt dessen sollte im Einklang mit den Grundlagen des deutschen Föderalismus das Leitbild der solidarischen Eigenverantwortlichkeit treten; der Begriff des kompetitiven Föderalismus greift in diesem Sinne zu kurz, weil er die Elemente der Einheit und der Solidarität nicht erfaßt.

C. Das parlamentarische Regierungssystem und der Bundesrat im mehrheitsbezogenen Verbundsföderalismus

13. Die politische Handlungsebene ist von den einzelnen Ländern immer mehr auf den Bund verschoben worden; die wichtigste politische verbliebene Substanz der Länder besteht zunehmend in der Beteiligung an der Willensbildung des Bundes.

14. Auf der Bundesebene orientieren sich die Länder an der Mehrheit; die Freiheit auf Eigenart, Eigensinn und Vielfalt der Länder bleibt auf diese Weise ungenutzt.

15. Anders als 1949 beabsichtigt, nähert sich die Stellung des Bundesrats derjenigen einer gleichberechtigten zweiten Kammer. In der politischen Gesamtleitung des Bundes wird auf diesem Wege aus der rechtlich geordneten Zweierbeziehung zwischen Bundesregierung und Parlament eine Dreierbeziehung. Damit wird auch die Stellung des Bundeskanzlers verändert; Vertrauensfrage und konstruktives Mißtrauensvotum verlieren partiell ihre Sinnhaftigkeit, weil sie den Bunderat nicht erreichen.

16. Demokratische Wahlen legitimieren Bundestag und Bundesregierung zur Ausübung von Macht. Der Bundesrat in seiner heutigen Gestalt relativiert dieses Prinzip viel stärker als 1949 vorgesehen.

17. Im Falle unterschiedlicher Mehrheiten in Bundestag und Bundesrat entsteht faktisch eine Zwangskoalition, die Entscheidungen nur im Konsens treffen kann. In Zeiten notwendiger grundsätzlicher Reformen und gleichzeitig verringerten politischen Konsens entsteht daraus die Gefahr der Immobilität.

18. Ein mehrheitsbezogen arbeitender Bundesrat, der sich mit der Minderheit im Bundestag abstimmt, kann das parlamentarische Wechselspiel gefährden, welches auf der Formulierung eindeutiger Alternativen beruht. Der Bundesrat ist konzipiert als eigenständiger Teilhaber der Macht, nicht als Teil der Opposition. Auch die Ausrichtung einer Mehrheit des Bundesrats an der Mehrheit des Bundestags entspricht nicht dem Willen des historischen Verfassungsgebers.

19. Die Rolle des Bundesrats im System mehrheitsbezogener Verbundsbeteiligung wirft besondere Fragen zur Gewaltenteilung auf. Sowohl auf Bundes- als auch auf Landesebene geht die Stärkung des exekutiven Elements im heutigen Föderalismus zu Lasten der gewählten Volksvertreter. Der prinzipielle Vorrang der Legislative wird damit relativiert. Gleichzeitig kommt es zu einer Potenzierung der Macht auf Bundesebene und damit zu einer Schwächung der Gewaltenteilung und einer Schwächung dezentraler Ausrichtung von Entscheidungen.

20. Die Frage der zurechenbaren Verantwortlichkeit des Bundesrats stellt sich im Rahmen mehrheitsbezogener Verbundsbeteiligung und einem hohen Anteil von Zustimmungsgesetzen viel dringlicher als für den Parlamentarischen Rat, der von dem Regelfall des Einspruchsgesetzes und von der tagespolitischen Distanz des Bundesrats ausging.

D. Reformbedarf

21. Zu Recht besteht heute in zunehmendem Maß Einigkeit über einen Reformbedarf des föderativen Systems; keine Einigkeit besteht über die Reformfähigkeit und über Einzelheiten einer Reform.

Zu Unrecht steht bisher die Finanzordnung allein im Mittelpunkt der Debatte; die Reform der Finanzverfassung erfordert vorab einen Konsens über die Verteilung der Aufgaben und über das unverzichtbare Maß an Einheitlichkeit der Lebensverhältnisse bzw. einzelstaatlicher Autonomie.

22. Im Falle einer allgemeinen Annäherung der Arbeitsweisen von Bundestag und Bundesrat sowie einer zunehmenden Parallelisierung ihrer inhaltlichen Ausrichtung stellt sich generell die Frage nach der Legitimationsbasis des Bundesrats.

23. Der oft gehörte Appell an den Bundesrat, seinen politischen Beitrag auf die Wahrung von Landesinteressen zu beschränken, verkennt die Handlungslogik der Akteure im mehrheitsbezogenen Verbundsföderalismus.

24. Die These der Einheit von zustimmungsfreien und zustimmungsbedürftigen Teilen eines Gesetzes bedarf angesichts ihrer Wirkung im Föderalismus der mehrheitsbezogenen Verbundsbeteiligung einer erneuten Überprüfung.

25. Das Prinzip der zurechenbaren Verantwortlichkeit entspricht einer fundamentalen Forderung demokratischer Herrschaft. Die verfassungsrechtliche Dogmatik ist angesichts der Auswirkungen des mehrheitsbezogenen Verbundsföderalismus auf die Wirkungsweise des parlamentarischen Systems gehalten, dieses Prinzip als Begrenzung der Reichweite und der Wirkungsweise bundesstaatlicher Staatsordnung fruchtbar zu machen.

26. Punktuelle Reformen des Grundgesetzes können die Ursache und die Reichweite des heutigen Verbundsföderalismus und seine Wirkung auf das parlamentarische System nicht beseitigen. Sowohl die Einführung der Senatslösung als auch die Abschaffung der einheitlichen Stimmabgabe im Bundesrat würden zwar dem neueren Stand der Arbeitsweise und der Entscheidungsfindung im Bundesrat besser entsprechen als das Bundesratsmodell in seiner heutigen Fassung. Entsprechende Reformen sind trotzdem nicht zu befürworten, weil sie zu einer weiteren Annäherung von Bundesrat und Bundestag führen und damit die Legitimationsbasis des Bundesrats zunehmend in Frage stellen würden.

27. Im Ergebnis zeigt sich, daß das heute – je nach den politischen Umständen – funktionshemmende Verhältnis zwischen Bundesrat und parlamentarischer Regierung systemimmanenter Ausdruck der Realität der mehrheitsbezogenen Verbundsbeteiligung ist. Eine Neuordnung im Verhältnis von Bundesrat und Bundestag kann insoweit deshalb auch nur gelingen, wenn der heutige Föderalismus zugunsten einer größeren Autonomie der Länder gestärkt und korrespondierend der Katalog der Zustimmungsrechte im Bundesrat zurückgeführt werden.

28. Eine tiefgreifende Reform in dieser Richtung hat nur im Falle einer von allen großen Gruppierungen getragenen Neubesinnung auf die Grundwerte des Föderalismus Aussicht auf Erfolg.

29. Eine Neuorientierung in diesem Sinn ist auch Voraussetzung dafür, daß das deutsche Konzept des Föderalismus im Kontext der künftigen Fortentwicklung der Strukturen der Europäischen Union in überzeugender Weise als Vorbild präsentiert werden kann.

Erster Beratungsgegenstand:

Das parlamentarische Regierungssystem und der Bundesrat – Entwicklungsstand und Reformbedarf

2. Bericht von Prof. Dr. *Michael Sachs*, Düsseldorf

Inhalt

Das parlamentarische Regierungssystem hat sich nach dem Krieg bereits zweimal als unerschöpfliches Thema unserer Tagungen erwiesen.[1] Diesmal ist nur sein Verhältnis zum Bundesrat angesprochen, der zum ersten Mal so in den Mittelpunkt gerückt ist. Er verdankt diese späte Aufmerksamkeit dem Umstand, daß ihm im Zuge prinzipieller Systemkritik seit etwa einem Jahr in der Öffentlichkeit die parteipolitisch motivierte „Strangulierung der Parlamentsmehrheit" vorgeworfen wurde, die am „Stillstand der Republik" schuld sei[2]. Damit ist ein dramatischer Grundakkord angeschlagen, dem auch dieser Mitbericht Rechnung zu tragen hat, allerdings mit der gebotenen Distanz. Nachdem die termingerecht durchgeführte Bundestagswahl für die nächste Zeit verhindert, daß Deutschland durch parteipolitische Bundesratsblockade zugrundegerichtet wird, kann das Thema nun mit der nötigen Ruhe behandelt werden.

Dies vorausgeschickt, möchte ich mit einigen grundsätzlichen Überlegungen zur Legitimität des Bundesrats im parlamentarisch-föderalen Verfassungsstaat beginnen, dann Fragen der Struktur und der Aufgaben dieses Verfassungsorgans behandeln und schließlich einige Punkte zu seinem Verfahren ansprechen.

I. Zur Legitimität des Bundesrats im parlamentarisch-föderalen Verfassungsstaat

1. Das parlamentarische Regierungssystem als Element einer komplexeren Gesamtorganisation geteilter Staatsleitung

Zunächst zur allgemeinen Legitimationsproblematik: Das britische Urmodell des parlamentarischen Regierungssystems stammt wie der Bundesrat aus vordemokratischer Zeit; es faßt entgegen den klassischen Theorien von Gewaltenteilung Exekutive und Legislative in der Hand einer politischen Kraft zusammen. Dieser Gewaltenmonismus soll sicherstellen, daß die parlamentarische Regierungsmehrheit auch radikale Änderungen ungehindert durchsetzen kann. Der Gegensatz gerade zum verfassungsrechtlich geordneten Bundesstaat ist kein Zufall, sondern Wesenszug des Modells.[3]

[1] Vgl. VVDStRL 16 (1958) 9ff.; 33 (1975) 7ff. Da die Fußnoten nach den Vorgaben des Vorstandes 20% des Textes nicht überschreiten dürfen, sind die Nachweise minimalistisch gestaltet. Weil deshalb auch die Fülle von Anregungen und Informationen nicht im einzelnen dokumentiert werden kann, die der Referent durch die Gesprächs- und Hilfsbereitschaft der Mitarbeiter vieler Dienststellen des Bundes und der Länder erlangt hat, sei an dieser Stelle dafür ganz allgemein gedankt.

[2] *Leicht* in: Die Zeit v. 18. 7. 1997, bzw. *Grimm* in: Die Zeit v. 10. 10. 1997.

[3] Vgl. etwa *Bagehot* The English Constitution, 1867/1872, Ausgabe: The World's Clas-

Die Frage, ob die Staatsgewalt auch nur auf Zeit einer einzigen politischen Kraft überlassen werden sollte, damit sie ihre Vorstellungen vom Gemeinwohl ungehindert umsetzen kann, oder ob zum Schutze der Freiheit vor Despotismus genau dies verhindert werden muß, ist nicht allgemeingültig zu beantworten. Für Deutschland sollten die historischen Erfahrungen des Jahres 1933 mit seinem ausdrücklich befristeten Ermächtigungsgesetz zur Vorsicht mahnen. Jeder Verfassungsstaat beruht letztlich auf Beschränkungen von Entscheidungsmacht,[4] er will Entscheidungsfähigkeit nicht maximieren – hier ist die Diktatur unerreichbar –, er hat aber sicherzustellen, daß die zur Erfüllung der Staatsaufgaben notwendigen Entscheidungen getroffen werden können.[5] Jede Verfassung steht vor der Aufgabe, insoweit ein richtiges Maß zu finden.

Das Grundgesetz sieht vor, daß der Bundestag als „das Parlament" den Bundeskanzler wählt und ihn mitsamt seiner Regierung auch wieder stürzen kann (Art. 63, 67 GG). Dieses parlamentarische Regierungssystem ist von dem modellhaften Gewaltenmonismus weit entfernt. Wegen des Wahlsystems ist schon die Regierungsmehrheit im Parlament meist nicht homogen, sondern setzt eine Koalition voraus; auch besteht die Möglichkeit von Minderheitsregierungen (originär: Art. 63 Abs. 4 S. 1, 3 GG), die von der Parlamentsmehrheit nicht beliebig, sondern nach Maßgabe des Art. 67 S. 1 GG nur durch konstruktives Mißtrauensvotum abgelöst werden können.

Vor allem bildet das parlamentarische Regierungssystem nur ein Subsystem einer komplexeren Verfassungsorganisation; es steht nicht als wesensprägender Teil für das Ganze der grundgesetzlichen Ordnung. Andere Organe neben Parlament und Regierung, die – wie neben dem Bundesrat etwa der Bundespräsident und das Bundesverfassungsgericht – deren Befugnisse beschränken, sind in dieser Gesamtordnung nicht von vornherein rechtfertigungsbedürftige Fremdkörper. Im Gegenteil, während Gewaltenteilung und Bundesstaatlichkeit der Verfassungsänderung prinzipiell entzogen sind, steht das durch Art. 79 Abs. 3 GG nicht geschützte „parlamentarische Regierungssystem" durchaus zur Disposition[6] und genießt vor anderen Elementen des Grundgesetzes keinen Vorrang.

sics 330, 1928, Reprint 1968, 9ff., auch S. 86ff. für die Machtbeschränkung des Oberhauses; *Wade* in: Dicey, Introduction to the Study of the Law of the Constitution, 10. Aufl. 1959, Nachdruck 1985, LXXVII–LXXXII; auch *Dicey* ebd. 149, 171ff.

[4] Vgl. *Kimminich* VVDStRL 25 (1967) 37f., in Auseinandersetzung mit *Herbert Krüger.*

[5] Vgl etwa *K. Hesse* FS Gebhard Müller, 1970, 141 (148f.).

[6] S. nur *Stern* Das Staatsrecht der Bundesrepublik Deutschland, Bd. I, 2. Aufl. 1984, 174 m.w.N.

2. *Der Bundesrat als föderal legitimiertes Mitwirkungsorgan*

a) *Legitimation des Bundesrats in der grundgesetzlichen Verfassungsordnung*

Zum Bundesstaat gehört zumindest typischerweise auf der gesamtstaatlichen Ebene ein föderatives Mitwirkungsorgan[7]; in Deutschland haben es nur die Machthaber des NS-Staates und der DDR – zusammen mit dem Bundesstaat – abgeschafft. Als föderatives Mitwirkungsorgan hat der Bundesrat eine spezifisch bundesstaatliche Legitimation, neben den Organen des parlamentarischen Systems[8] an der Ausübung der Bundesstaatsgewalt beteiligt zu sein.[9] Eine vom Bundesstaatsvolk abgeleitete demokratische Legitimation hat der Bundesrat nicht und braucht sie im System der gemischten Verfassung[10] auch nicht. Allerdings ist durch die Homogenitätsklausel des Art. 28 Abs. 1 S. 1 GG sichergestellt, daß die für die Länder in den Bundesrat entsandten Regierungsmitglieder eine demokratische Legitimation durch ihr jeweiliges Landesstaatsvolk besitzen.[11]

Eine Parlamentssuprematie gegenüber dem Bundesrat läßt sich aus dem Demokratieprinzip nicht begründen.[12] Die unmittelbare demokratische Legitimation zeichnet das Parlament zwar im Rahmen des parlamentarischen Systems gegenüber der mittelbar bestellten Regierung aus; gegenüber Verfassungsorganen, die ihre Legitimation – wie der Bundesrat (oder etwa das Bundesverfassungsgericht) – primär aus anderen Quellen ableiten, bleibt die Modalität der demokratischen Legitimation prinzipiell ohne Belang. Da sich verschiedene Verfassungsprinzipien, hier: Demokratie und Bundesstaatlichkeit, gegenüber stehen, ist allein entscheidend, wie das Grundgesetz ihnen bei der Ausgestaltung im einzelnen Geltung verschafft. Eine prinzipielle Präponderanz des Demokratieprinzips scheint ausgeschlossen, weil die Ewigkeitsgarantie des Art. 79 Abs. 3 GG gerade das Bundesstaatsprinzip stark pointiert, weil ferner Bundestag und Bundesrat nach Art. 79 Abs. 2 GG gleichberechtigt an allen Verfassungsänderungen beteiligt sind.

---

[7] Für ein vom Bundesstaatsprinzip verlangtes Merkmal *Stern* (Fn. 6) 726 m.w.N., 734; dagegen rechtsvergleichend *Hanf* Bundesstaat ohne Bundesrat?, 1999.

[8] Auch *Gusy* DVBl 1998, 927, betont, daß der Bundesrat außerhalb dieses Systems steht.

[9] Dafür etwa *Stern* (Fn. 6) 737ff., 740 m.w.N.

[10] *Stern* (Fn. 6) 735ff. m.w.N.

[11] Zur demokratischen Legitimation des Bundesrates etwa *Scholz* FS Carstens II, 1984, 842; *H.H. Klein* in: 40 Jahre Bundesrat, 1989, 102f.; abl. etwa *Möllers* in: Aulehner u.a. (Hrsg.), Föderalismus – Auflösung oder Zukunft der Staatlichkeit?, 1997, 102ff.

[12] So aber etwa das Sondervotum des Abg. *F. Schäfer* zum Schlußbericht der Enquête-Kommission Verfassungsreform, BT-Drucks. 7/5924, 109; dagegen nur *Stern* (Fn. 6) 739f. m.w.N.

Auch das demokratische Mehrheitsprinzip kann die Legitimität föderaler Mitentscheidung nicht in Frage stellen.[13] Mehrheit bürgt weder für bessere Einsicht, noch hat sie definitorisch immer Recht. Trotz ihrer Grundlegung in Freiheit und Gleichheit aller bleiben Mehrheitsentscheidungen auf weitere Legitimation durch das Verfahren oder auch nur die Möglichkeit späterer Korrektur angewiesen.[14] Im übrigen ist schon bei Entscheidungssituationen von überschaubarer Komplexität kaum verläßlich sicherzustellen, daß sich der wahre Mehrheitswille durchsetzt.[15] Die Wahl-Mehrheit für die Parteien einer Koalition muß nicht auch für das Regierungsprogramm oder gar seine einzelnen Punkte bestehen. Im Parlament kann es durch die Vorprägung der Abstimmung in den Fraktionen ebenso wie durch Koalitionsabsprachen dazu kommen, daß die Mehrheit der Abgeordneten der Sache nach nicht hinter den gefaßten Beschlüssen steht. Bei Mehrheitswahlrecht muß die Parlamentsmehrheit nicht einmal eine Wählermehrheit hinter sich haben.

Wenn Mehrheitsentscheidungen trotzdem mangels Alternative grundsätzlich als legitim zu akzeptieren sind, so bedeutet das keineswegs, daß der Mehrheitswille sich unbedingt immer durchsetzen *muß*: Wie eine Verfassung der Mehrheitsentscheidung inhaltliche Grenzen ziehen kann, so kann sie weitere formelle Anforderungen aufstellen, namentlich auch die Mitwirkung anderer Organe verlangen, ohne die der Mehrheitswille nicht wirksam werden kann. Die parlamentarische Mehrheit entscheidet nur, soweit das Grundgesetz dies vorsieht.

b) Legitimität der Bundesstaatlichkeit jenseits des positiven Verfassungsrechts

Ob speziell die für den Bundesrat und seine Mitwirkungsrechte maßgebliche bundesstaatliche Legitimation jenseits der Positivität des Grundgesetzes heute noch tragfähig ist, ist eine einseitig vom Gesamtstaat her gestellte,[16] nur aus dieser Perspektive berechtigte Frage. Die bundesstaatliche Gliederung der Bundesrepublik Deutschland hat sich von vornherein[17] vor allem durch die Wirkungen rechtfertigen müssen, die von der

---

[13] So wiederum *F. Schäfer* (Fn. 12).

[14] S. etwa *H. Hofmann/H. Dreier* in: H.-P. Schneider/Zeh (Hrsg.), Parlamentsrecht und Parlamentspraxis, 1989, § 5 Rdn. 49ff.; *Palzer-Rollinger* Zur Legitimität von Mehrheitsentscheidungen, 1995, insbes. 102ff. m.w.N.

[15] Vgl. zu dieser Erkenntnis der social choice - Theorie nur *T. König* StWissStPrax 1997, 142 m.w.N.

[16] Krit. zu dieser verbreiteten Verzerrung die mir schon im Umbruch zur Verfügung gestellte Habilitationsschrift von *Oeter* Integration und Subsidiarität im deutschen Bundesstaatsrecht, 1998.

[17] Die von *K. Hesse* Der unitarische Bundesstaat, 1962, 12ff., diagnostizierten Wand-

Existenz der Länder erwartet wurden, also neben der Dezentralisation namentlich vertikale Gewaltenteilung, dadurch Sicherung individueller Freiheit und Pluralität, Vermehrung demokratischer Mitwirkungsebenen, größere Sachnähe, Experimentiermöglichkeiten, Minderheitenschutz. Die dazu nötige eigenstaatliche Substanz der Länder ist durch die Auszehrung ihrer Kompetenzen durch den Bund und durch Europa gefährdet; sie wird auch durch nivellierende Auswirkungen der Finanzverfassung nicht gestärkt.

Immerhin sind seit 1994 (vielleicht zu wenige) Kompetenzen zurückgegeben, die Anforderungen an die konkurrierende Bundesgesetzgebung verschärft, zumal das Leitbild der einheitlichen Lebensverhältnisse durch die bescheidenere Gleichwertigkeit ersetzt und die Weichen für eine Rückübertragung von Landeskompetenzen gestellt worden (vgl. Art. 72 Abs. 2, 3 und Art. 125a GG). Die europäische Flanke soll nach Art. 23 Abs. 1 Satz 1 GG durch das Subsidiaritätsprinzip und regionale Vertretung im Sinne föderativer Grundsätze abgesichert werden.[18] Über die Stärkung der finanziellen Eigenverantwortung wird unter dem Stichwort des Wettbewerbsföderalismus verstärkt nachgedacht.[19]

Ob solche Gegensteuerung genügt, um den Fortbestand der Bundesstaatlichkeit dauerhaft allein vom kompetenziellen Eigenbereich der Länder her funktional zu rechtfertigen, kann gleichwohl bezweifelt werden. Der Rückgriff auf die klassische Rechtfertigung des Bundesstaates aus landsmannschaftlichen und historisch gewachsenen Eigenheiten der Länder oder ihre kulturstaatliche Bedeutung dürfte ebensowenig ausreichen, auch wenn diese mit dem übernationalen Trend zur Regionalisierung an Bedeutung gewinnen mögen. Der Grund für die hohe Akzeptanz des Föderalismus in der Bevölkerung liegt – nach einer im Auftrag des Bundesrates durchgeführten vertraulichen Allensbacher Erhebung[20] – auch heute weniger in der Freude an Vielfalt, Verschiedenheit und Eigenständigkeit, vielmehr herrscht durchaus das Interesse an möglichst einheitlichen Lebensverhältnissen vor. Doch werden die Länder als die besseren Anwälte der Belange ihrer Bewohner gegenüber der bürgerferneren Bundesebene geschätzt.

---

lungen der bundesstaatlichen Struktur waren 1949 bereits weitgehend vorgegeben; vgl. etwa schon *Grewe* Antinomien des Föderalismus, 1948, 24.

[18] Vgl. dazu etwa *Streinz* in: Sachs (Hrsg.), Grundgesetz, 2. Aufl. 1999, Art. 23 Rdn. 32ff., 37ff.

[19] Für Nachw. s. *Sachs* in: ders. (Fn. 18) Art. 20 Rdn. 58; ferner etwa *Schmidt-Jortzig* DÖV 1998, 746ff.; *Stamm/Merkl* ZRP 1998, 467ff.

[20] Institut für Demoskopie Allensbach, Die Verankerung des föderalen Prinzips in der Bevölkerung, September/November 1995, 2, 14, 25.

Lebt danach die Bundesstaatlichkeit – ganz realitätsnah – im Bewußtsein der Bevölkerung vor allem als Beteiligungsföderalismus, sollten in der Beteiligung der Länder selbst auch maßgebliche Elemente ihrer Legitimation gesehen werden können.[21] Gewiß ist der Verlust eigenständiger Kompetenzen der Länder durch Mitwirkungsrechte auf höherer Ebene nicht unterschiedslos auszugleichen, doch dürfen sie mit Rücksicht auf den Umfang und das Gewicht ihrer Gegenstände auch nicht unterschätzt werden.[22] Nicht umsonst sind gerade die Mitwirkungsrechte wie schon in der US-Verfassung von 1787 (Art. V, letzter Halbsatz) so auch im Grundgesetz (für die Gesetzgebung[23]) Gegenstand der Ewigkeitsgarantie.

3. Legitime Maßstäbe der Bundesratsmitwirkung

Die Beteiligung der Länder an der Bundesstaatsgewalt kompensiert die teilweise Zuordnung der staatlichen Souveränität an den Bund und trägt so dazu bei, in bundesstaatlicher Einbindung die Eigenstaatlichkeit der Länder zu bewahren.[24] Während das Land die Gemeinwohlverantwortung für seinen Bereich mit dem Bund teilt, wird zugleich eine Mitverantwortung jedes Landes für den Gesamtstaat begründet, die im Grundgesetz in vielfacher Weise Ausdruck findet.[25]

Das wichtigste Instrument zur Wahrnehmung dieser Mitverantwortung[26] ist der Bundesrat, der den politischen Willen der Mitgliedstaaten des Bundes umfassend in dessen Willensbildung einbringt. Partikulare

---

[21] So wohl auch (eher resignierend) *Böckenförde* FS F. Schäfer, 1980, 184ff., 193f.; ferner etwa *Boldt* in: Birke/Wentker (Hrsg.), Föderalismus im deutsch-britischen Meinungsstreit, 1993, 43f.

[22] Vgl. hierzu bei unterschiedlicher Bewertung im einzelnen etwa *Lerche* VVDStRL 21 (1964) 70; *ders.* FS Zeidler I, 1987, 566f.; *Friauf* VVDStRL 27 (1969) 32 Fn. 163; *E. Klein* DVBl 1981, 663f.; *Graf Vitzthum* VVDStRL 46 (1988) 45f.

[23] Für den Bezug auf die Gesetzgebung des Bundes s. *Lücke* in: Sachs (Fn. 18) Art. 79 Rdn. 28; jetzt auch *H. Dreier* in: ders. (Hrsg.), Grundgesetz, Bd. II, 1998, Art. 79 III Rdn. 18.

[24] Vgl. in diesem Sinne etwa *Smend* Verfassung und Verfassungsrecht, 1928, 169; nicht ganz eindeutig die *Madison* zugeschriebene Passage zu dieser Frage in: *Hamilton/Madison/Jay* The Federalist, Nr. 62 zu III; abl. etwa *Carl Schmitt* Verfassungslehre, 1928, 388ff.; im Anschluß an *Kelsen* auch *Schäffer* FS Stern, 1997, 228f.

[25] Vgl. etwa Art. 35 Abs. 1, 2 S. 2, Abs. 3 S. 1, Art. 37, Art. 91 Abs. 1 und 2 S. 1 und 3, Art. 93 Abs. 1 Nr. 2 GG (dazu BVerfGE 83, 37 [49]), und nicht zuletzt im Finanzausgleich bis hin zur Beistandspflicht in extremen Haushaltsnotlagen, vgl. BVerfGE 86, 148 (263ff.).

[26] Daneben sind zu nennen Art. 53 a, 54 Abs. 3, Art. 91 a Abs. 3 S. 1, Art. 95 Abs. 2 GG sowie Vereinbarungen im Rahmen des kooperativen Föderalismus.

Interessen des einzelnen Landes[27] dürfen ebenso einfließen wie gemeinsame Sonderinteressen der Länder;[28] sie müssen aber der „gesamtstaatlichen Verantwortung des Bundes", jetzt ausdrücklich angesprochen in Art. 23 Abs. 5 S. 2, Abs. 6 S. 2 GG, untergeordnet werden, die den Bundesrat und seine Mitglieder trifft, weil er Bundesorgan ist,[29] die aber zugleich in der Gesamt(mit)verantwortung der Mitgliedstaaten für den Bund als Gesamtstaat (im Sinne des zweigliedrigen Bundesstaatsaufbaus)[30] wurzelt.[31] Die Gesamtverantwortung des Bundesrates wird dadurch belegt, daß seine Aufgaben nach dem Grundgesetz keineswegs auf Fragen mit speziellem Länderbezug beschränkt sind; so ist er an jedem Gesetzgebungsverfahren beteiligt, hat im Gesetzgebungsnotstand maßgebliche Befugnisse und wählt die Hälfte der Mitglieder des Bundesverfassungsgerichts.

In Ausübung ihrer Gesamtverantwortung im Bundesrat haben die Landesregierungen bundespolitische Entscheidungen nach ihren Vorstellungen zu treffen. Die Überzeugungen der handelnden Personen sind – wie auch sonst bei Trägern von Mandaten oder Regierungsämtern – durch ihre politischen Parteien beeinflußt und dürfen es sein,[32] solange die mit der Übernahme der organschaftlichen Stellung verbundene Verpflichtung auf das Gemeinwohl nicht vernachlässigt wird, dessen Inhalt freilich verschieden verstanden werden kann.[33] Ohnehin ist es de facto nicht so, als könnten die Spitzen der Bundesparteien ihren Ministerpräsidenten ohne weiteres Weisungen erteilen; bei aller programmatischen Dominanz der Bundesebene sind die maßgeblichen Organisationseinheiten der Parteien doch die der Landesebenen,[34] die ja auch die Landtagsfrak-

---

[27] Oft beschworen in den Antrittsreden der Bundesratspräsidenten, vgl. zuletzt etwa *G. Schröder* in der 718. Sitzung v. 7. 11. 1997 mit dem programmatischen Titel „Erst das Land, dann die Partei".

[28] Stark akzentuiert in BVerfGE 37, 363 (379f.);

[29] Für Wahrnehmung nur von Bundesinteressen *H. Meyer* S. 4 der liebenswürdigerweise zur Verfügung gestellten Nachschrift eines Anfang 1998 frei gehaltenen Referats; für völlige Freiheit des Bundesrats bei der Bestimmung seiner Ziele demgegenüber *Herzog* HStR II, 1987, § 45 Rdn. 4.

[30] Dazu nur BVerfGE 13, 54 (77ff.).

[31] Vgl. *Bilfinger* Der Einfluss der Einzelstaaten auf die Bildung des Reichswillens, 1923, 20, 47ff.; daran anschließend *Smend* (Fn. 24) 170f.; vgl. auch (zum „bundesstaatsrechtlichen Grundverhältnis") *Bauer* Die Bundestreue, 1992, 304ff. m.w.N.

[32] Vgl. statt vieler *H.H. Klein* AöR 108 (1983) 358ff.; *Frowein* VVDStRL 31 (1973) 22; *Maurer* FS Winkler, 1997, 633ff.; krit. etwa *Lange* FS Erwin Stein, 1983, 181ff.

[33] Näher *Sachs* in: Stern (Fn. 6) Bd. III/2, 1994, 301ff., 341ff., 348ff. m.w.N.

[34] Vgl. etwa *Poguntke* in: Gabriel/Holtmann (Hrsg.), Handbuch Politisches System der Bundesrepublik Deutschland, 1997, 512f.; abgetan bei *Abromeit* Der verkappte Einheitsstaat, 1992, 130 Nr. 8.

tionen stellen und die Kandidaten für die Bundestagswahl bestimmen (§§ 21, 27 BWahlG). Zudem wirken die führenden Landespolitiker, nicht zuletzt wegen ihrer Rolle im Bundesrat, in einem Gegenstromprinzip maßgeblich auf der Bundesebene ihrer Parteien mit, die so mehrfach föderalisiert ist. Letztlich bleibt den Mitgliedern der Landesregierungen im Rahmen der gemeinsamen Grundüberzeugungen gegenüber ihrer Bundespartei auch mit Rücksicht auf unterschiedliche Koalitionen und authentische Landesinteressen erheblicher Spielraum. Dem entspricht es, daß das zentrale parteipolitische Steuerungsinstrument für den Bundesrat die Koordination zwischen den Landesregierungen mit gleicher parteipolitischer Ausrichtung (A- und B- Länder) ist. Auch im Parteienbundesstaat bleibt die Mitwirkung eines föderalen Organs neben dem parlamentarischen Regierungssystem grundsätzlich legitim.

II. Zur Struktur des Bundesrates

Demgegenüber hat *Ernst Friesenhahn* auf der Berliner Tagung von 1957 die hier verkürzt zitierte These formuliert: „Der Bundesrat ... paßt ... überhaupt nicht in die Struktur einer parlamentarisch-demokratischen Verfassung."[35] Sein damaliger Gewährsmann *Wilhelm Hennis* hat dieses Verdikt noch vor wenigen Wochen bekräftigt und die Bundesratskonstruktion gar als den größten Fehler einer ansonsten ganz guten Verfassung ausgemacht.[36]

1. Das Senatsmodell als Alternative

a) Unvereinbarkeit des Bundesrates mit parlamentarischer Demokratie?

Diese Kritik richtet sich nicht gegen die Existenz eines föderativen Organs überhaupt, sondern gegen die Struktur des Bundesrats, nämlich dagegen, daß er mit Mitgliedern der Landesregierungen besetzt ist. Dieses spezifisch deutsche Modell des föderativen Mitwirkungsorgans geht zurück auf den Bundesrat der Bismarck'schen Verfassung, wurde aber 1919 und 1949 durch Akte volkssouveräner Verfassunggebung zugunsten republikanischer Landesregierungen jeweils neu begründet und hat sich dadurch gegenüber ihrem älteren Vorbild verselbständigt. Eine Ablehnung

[35] VVDStRL Heft 16 (1958) 50 zu Fn. 117 und 72 mit These 13 S. 2; sehr krit. anfangs auch *W. Weber* Spannungen und Kräfte im westdeutschen Verfassungssystem, 3. Aufl 1970, 78ff. (1951).

[36] Die Zeit v. 20. 8. 1998. Für eine konträre Bewertung etwa *Ossenbühl* DVBl 1989, 1235, der dem Verfassunggeber just beim Bundesrat eine goldene Hand attestiert.

aus Ressentiment gegen diese monarchischen Wurzeln ist daher verfehlt. Der Bundesrat von 1871 mag das institutionelle Bollwerk gegen alle auf Parlamentarisierung der Reichsregierung zielenden Bestrebungen gewesen sein.[37] Die These, faktisch habe der Bundesrat noch heute diese Funktion,[38] ist indes kaum nachvollziehbar. Schon in Herrenchiemsee hat man es abgelehnt, den Bundeskanzler auch vom Vertrauen des Bundesrates abhängig zu machen;[39] der Parlamentarische Rat hat selbst eine nachrangige Beteiligung des Bundesrats an der Kanzlerwahl abgelehnt, weil die Verantwortlichkeit des Bundestages nicht durchlöchert werden sollte.[40]

Tatsächlich richtete sich die Entscheidung für das Ratsmodell weder 1919 noch 1949 gegen das parlamentarische Regierungssystem, sondern gegen den mit Recht befürchteten übermächtigen Einfluß der politischen Parteien beim Senatsmodell,[41] das auch sonst kaum Vorteile bietet und dementsprechend auch in der Enquete-Kommission Verfassungsreform keinen Befürworter gefunden hat.[42] Ein Mehr an demokratischer Legitimation gäbe es jedenfalls bei einer Bestellung durch die Landtage, wie sie Art. 67 HChEntw. vorgesehen hatte, nicht, zumal Senatoren kraft ihres freien Mandats der Kontrolle durch das Landesparlament enthoben wären. Von einem Senat die Renaissance der offenen und weiterführenden parlamentarischen Debatte zu erwarten, wäre im Parteienstaat allzu blauäugig. Die Proklamation vorformulierter Parteipositionen hat im Bundestagsplenum ein ausreichendes Forum, das ja auch von Bundesratsmitgliedern entsprechend genutzt wird,[43] ist zudem angesichts der Allgegenwart der Medien auf eine Verdoppelung in einer zweiten Redekammer nicht angewiesen.

Ein neueres Argument lautet, daß bei einem Senatsmodell die Kompetenzabwanderung zum Bunde bei den Landesregierungen mehr Widerstand fände.[44] Doch bleibt offen, was eine Landesregierung gegen ent-

---

[37] Vgl. nur *Oeter* (Fn. 16) 28f., 39f., 50f.

[38] So *Scharpf* in: Blanke/Wollmann (Hrsg.), Die alte Bundesrepublik, 1991, 147.

[39] Die dahingehenden Art. 49 Abs. 1 S. 1 und Abs. 2 S. 2 des Bayerischen Entwurfs eines Grundgesetzes, abgedr. in: Der Parlamentarische Rat 1948–1949, Akten und Protokolle, Bd. 2, 1981, 1ff., fanden keine Mehrheit, vgl. ebd. 550f.

[40] JöR n.F. 1 (1951) 433.

[41] *Anschütz* Die Verfassung des deutschen Reichs, 14. Aufl. 1933, 177f.; JöR n.F. 1 (1951) 380.

[42] Vgl. den Schlußbericht, BT-Drucks. 7/5924, 97.

[43] Krit. etwa *Hans Schneider* FS Kriele, 1997, 591.

[44] Vgl. den Bericht, Teil Eins, der (nordrhein-westfälischen) Kommission „Erhaltung und Fortentwicklung der bundesstaatlichen Ordnung innerhalb der Bundesrepublik Deutschland – auch in einem Vereinten Europa", 1990, 257.

sprechende Grundgesetzänderungen tun könnte, wenn nicht mehr sie, sondern ein von ihr unabhängiger Senat darüber mitzuentscheiden hätte. Im übrigen bleiben solche Überlegungen ebenso spekulativ wie entgegengesetzte Postulate, ein klassischer, dem Bundestag gleichberechtigter Bundesrat hätte den unitarischen Bundesstaat verhindert[45].

b) Bundesstaatliche Beurteilung der Strukturmodelle

Für die Bundesratslösung spricht gerade im deutschen Verbundföderalismus vor allem, daß die Landeskabinette, gestützt auf ihren sachkundigen Regierungsapparat, am ehesten in der Lage sind, die gesamte Bundespolitik aus der Sicht der Länder zu begleiten und zu allen Sachfragen eigenständige Standpunkte für ihre Länder zu formulieren. Haben schon kleine Länder hierbei Schwierigkeiten,[46] wären Senatoren als Einzelpersonen dazu zwangsläufig außer Stande; ihnen bliebe – abgesehen vom Lobbyismus für die Landesklientel – kaum anderes übrig als die Spezialisierung auf je bestimmte Sachbereiche; zumindest im übrigen müßten sie auf die Positionen ihrer Partei zurückgreifen. Ob bei einem Senatsmodell überhaupt noch von einer „Mitwirkung der Länder bei der Gesetzgebung" im Sinne des Art. 79 Abs. 3 GG die Rede sein könnte,[47] mag hier dahinstehen; unverkennbar ist, daß die Position der Länder ohne ersichtlichen Gewinn geschwächt würde.[48]

2. *Mischmodelle*

Immer wieder diskutiert werden schon seit 1919 Mischmodelle, nach denen bei der Gesetzgebungsarbeit im Bundesrat von den Landtagen entsandte Abgeordnete mitwirken sollen.[49] Dahinter stehen Bedenken aus

---

[45] So *Laufer* Stichwort „Bundesrat", in: Andersen/Woyke (Hrsg.), Handwörterbuch des politischen Systems der Bundesrepublik Deutschland, 2. Aufl., 1995, 57f.

[46] So die gesprächsweise mitgeteilte Einschätzung von Beteiligten; *Erbguth* in: Sachs (Fn. 18) Art. 29 Rdn. 20, verlangt für Neugliederung bundespolitisches Leistungsvermögen; den nötigen Zeitaufwand der Gliedstaatsregierungen kritisiert *Jaag* Die Zweite Kammer im Bundesstaat, 1976, 104ff.

[47] Abl. *Reuter* Praxishandbuch Bundesrat, 1991, Art. 50 Rdn. 35; immerhin wurde im Parlamentarischen Rat die einschlägige Formulierung für den Art. 79 erst vorgeschlagen, nachdem die Entscheidung für das Bundesratsmodell praktisch gefallen war, vgl. JöR n.F. 1 (1951) 385 und 584; für die Möglichkeit eines Senats ausdrücklich etwa *H. Dreier* (Fn. 23) Art. 79 III Rdn. 19 m.w.N.; ebenso in der Sache *Lücke* (Fn. 23) Art. 79 Rdn. 28; *Robbers*, ebd. Art. 50 Rdn. 7.

[48] Für den Ständerat der Schweiz wird die mangelnde Bedeutung für die Kantone wegen der fehlenden Instruktionsmöglichkeit beklagt, vgl. *Kägi-Diener* ZSchwR n.F. 117 (1998) II 573, 579; für eine Umgestaltung nach dem Modell des Bundesrates *Seiler* Gewaltenteilung, 1994, 757f.

[49] Vgl. für die WRV *Bilfinger* HdbDStR I, 1930, 547 m.N.; für das GG vgl. JöR n.F.

dem Grundsatz der Gewaltenteilung gegen eine gesetzgebende Körperschaft aus Regierungsmitgliedern, die aber nicht überzeugen können. Der Grundsatz der Gewaltenteilung als solcher bezieht sich von vornherein nur auf ein und dieselbe Ebene der Staatlichkeit; den wesentlichen Anliegen des Grundsatzes[50] wird im übrigen durchaus genügt. Die Begrenzung der Macht der Zentralregierung wird auch – im Parteienstaat strukturell sogar eher – erreicht, wenn ein Gesetzgebungsorgan aus den Regierungen der Gliedstaaten gebildet ist, weil dann die Ministerialbürokratie eine mäßigende Rolle spielen kann.[51] Die Funktionstauglichkeit für die Gesetzgebung allerdings wird primär einer repräsentativen Kammer zuzusprechen sein. Doch muß das föderative Organ ja nicht schlechthin als Gesetzgeber tätig werden, sondern der spezielleren Funktion genügen, neben einem Parlament ergänzend für die Länder an der Gesetzgebung beteiligt zu sein. Hier erweist sich die Mitwirkung der Landesregierungen als in hohem Maße funktionsadäquat, vor allem weil die Bundesgesetze weitgehend von den Ländern auszuführen sind. Zugleich ergeben sich anders nicht zu erreichende gewaltenteilende Effekte, weil die ja zumeist in den Bundesministerien erarbeiteten Entwürfe von den unabhängigen Administrationen der Länder überprüft werden.[52] Der bekannten Gefahr vertikaler Fachbruderschaften muß die politische Führung entgegenwirken, die ohnehin auf beiden Ebenen die Bürokratie zu steuern hat.[53]

3. *Zur Stimmenzahl der Länder im Bundesrat*

Zur Stimmenzahl der Länder im Bundesrat möchte ich zwei Fragen ansprechen.

a) *Abstufung der Stimmenverteilung*

aa) *Modifizierte Orientierung an der Einwohnerzahl*

Das Grundgesetz führt mit seiner zugunsten der kleinen Länder abgestuft bevölkerungsbezogenen Stimmenverteilung im Bundesratsplenum

---

(1951) 386. Zur Diskussion in der Enquête-Kommission Verfassungsreform s. deren Schlußbericht, BT-Drucks. 7/5924, 97f. Kaum praktikabel scheint das neuerdings von der PDS propagierte Mischmodell, vgl. Acht-Punkte-Programm v. 4. 9. 1997 „Parlamentsreform in der Bundesrepublik Deutschland" zu 8., und die erläuternden „Eckpunkte einer Parlamentsreform", ebenfalls zu 8.

[50] S. nur *Sachs* (Fn. 19) Art. 20 Rdn. 81 m.w.N.

[51] Dazu etwa *Wehling* in: Gunlicks (Hrsg.), Föderalismus in der Bewährungsprobe, 1991, 89.

[52] Vgl. etwa *Herzog* (Fn. 29) § 44 Rdn. 44f.; *ders.* in: Merten/Morsey (Hrsg.), 30 Jahre Grundgesetz, 1979, 47f.

[53] Vgl. dazu *Jarass* Politik und Bürokratie als Elemente der Gewaltenteilung, 1975.

historische Vorbilder[54] weiter und findet heute Parallelen bei der EU.[55] Der Kompromiß zwischen unterschiedsloser Behandlung aller Länder (Urbild: USA mit dem Änderungen entzogenen Art. V letzte Klausel der Verfassung 1787) und konsequenter Differenzierung nach dem Bevölkerungsproporz (so die DDR-Verfassung von 1949, Art. 71) ist in keiner Weise zwingend. Das Grundgesetz selbst sieht mehrfach die gleichmäßige Vertretung aller Länder in Bundesorganen vor (Art. 53 a Abs. 1 S. 3, Art. 95 Abs. 2 GG) oder ermöglicht sie zumindest (Art. 91a Abs. 3 S. 1, Art. 77 Abs. 2 S. 2 GG). Die Abstufung beim Bundesrat war aber doch plausibel genug, um die notwendige Zustimmung der Volksvertretungen in den kleinen wie in den großen Ländern zu finden.

Die spätere Kritik richtete sich vor allem dagegen, daß über das so gebildete Organ eine Minderheit der Bevölkerung die im Bundestag repräsentierte Mehrheit an der Durchsetzung ihres Willens hindern kann,[56] was in der Tat denkbar ist. Für die bis zur Bundestagswahl vor wenigen Tagen bestehende Lage traf dies allerdings nicht zu; in den Ländern der seit Anfang 1996 bestehenden rot-grünen Bundesratsmehrheit lebt nämlich auch die Mehrheit der Wahlberechtigten zum Bundestag. Doch wäre unabhängig davon der vorausgesetzte Vorrang des demokratischen Elements im Bundesstaat erst zu beweisen.

Ebensowenig zwingend sind aber auch die Bedenken der – rechnerisch zutreffenden – umgekehrten Rüge, daß es „aufgrund der Ungleichheit unter den Ländern, die bundesstaatlich paradoxe Situation erlaubt, daß die Länder-Minderheit die Länder-Mehrheit überstimmt".[57]

bb) Zur Zahl der Bundesratsmitglieder

An dem grundgesetzlichen Kompromiß ist daher festzuhalten, und zwar auch für die Abstufung der Zahl der Bundesratsmitglieder nach Art. 51 Abs. 2 GG im einzelnen. Die Enquête-Kommission Verfassungsreform hatte insoweit mit Recht die „bloße Ersetzung der Entscheidung des Grundgesetzgebers durch eine andere Wertung abgelehnt."[58] Dabei muß es – vorbehaltlich einer wenig wahrscheinlichen Neugliederung des

---

[54] Vgl. Art. IV, VI Deutsche Bundesakte 1815; § 87 RV 1849; Art. 6 RV 1871; Art. 61 WRV.

[55] Vgl. Art. 190 Abs. 2 EGV n.F., gebilligt von BVerfG NJW 1995, 2216, und Art. 205 Abs. 2 EGV n.F.

[56] Diskutiert von der Enquêtekommission Verfassungsreform, Schlußbericht, BT-Drucks. 7/5924, 100, die im Ergebnis Änderungen, auch die des Sondervotums des Abg. Prof. *Schweitzer*, ebd. 110, ablehnte.

[57] So *Abromeit* (Fn. 34) 130.

[58] Vgl. den Schlußbericht, BT-Drucks. 7/5924, 100.

Bundesgebietes – auch bleiben, nachdem sich die vier großen Länder im Einigungsvertrag eine Sperrminorität gegen Grundgesetzänderungen gesichert haben – immerhin hatten diese Länder bis zum Beitritt des Saarlandes sogar schon einmal die Stimmenmehrheit im Bundesrat.[59]

b) Berücksichtigung der Ausländer als Einwohner nach Art. 51 Abs. 2 GG

Im Rahmen des bestehenden Verteilungsmodells ist neuerdings eine schon in der Weimarer Zeit[60] diskutierte Problematik virulent geworden, daß nämlich bei den für die Stimmenverteilung maßgeblichen „Einwohnern" auch Ausländer mitgezählt werden. Dadurch erhielt Anfang 1996 Hessen eine zusätzliche Bundesratsstimme, die auch noch die parteibezogenen Mehrheitsverhältnisse im Bundesrat maßgeblich beeinflußte.[61] Die Einschätzung, daß solches keinesfalls sein dürfe, verkennt, daß es bei der Stimmenzahl des Landes nicht um gleiche demokratische Repräsentation der Aktivbürger geht,[62] sondern allein um den relativen Einfluß des Landes als solchen. Hierfür ist die Zahl der im Lande lebenden Menschen ein zumindest unbedenklicher Maßstab; denn sie alle sind in die staatliche Gemeinwohlverpflichtung eingeschlossen.[63]

III. Zu den Aufgaben des Bundesrates

1. Zur Mitwirkung bei der Gesetzgebung des Bundes

Von den Aufgaben des Bundesrates hat die Mitwirkung bei der Gesetzgebung des Bundes in ihren verschiedenen Formen die größte Bedeutung.

a) Zur Mitwirkung an Grundgesetzänderungsgesetzen

aa) Ländermitwirkung als bundesstaatliche Notwendigkeit

Die maßgebliche Beteiligung an der verfassungsändernden Gesetzgebung (Art. 79 Abs. 2 GG) ist Ausdruck der Teilhabe der Länder an der Ge-

[59] Ganz andere Kriterien der Stimmenverteilung, etwa aus dem Bereich der Länderfinanzen, vgl. dafür etwa für die WRV *Bilfinger* (Fn. 49) 556f. m.w.N., wären gemessen an der Gesamtheit der Bundesratsaufgaben zu bereichsspezifisch; vgl. aber zu den Konsequenzen einer Bundesratsmehrheit der finanzschwachen Länder, namentlich für Art. 106 Abs. 4, *Herzog* (Fn. 29) § 44 Rdn. 7.

[60] Vgl. nur *Anschütz* (Fn. 41) Art. 61 Anm. 2; *Bilfinger* (Fn. 49) 555f.

[61] Näher *Deecke* Verfassungsrechtliche Anforderungen an die Stimmenverteilung im Bundesrat, 1998.

[62] Dafür *Scholz* in: Maunz/Dürig u.a., Grundgesetz, Art. 51 Rdn. 3 zu b.

[63] Dazu näher *Sachs* (Fn. 33) 357f. m.w.N.

samtverantwortung für die Verfassungsordnung und insoweit kaum verzichtbares Element der Bundesstaatlichkeit; die wegen ihrer Auswirkungen auf die grundgesetzliche Kompetenzverteilung materiell verfassungsändernde Qualität jeder Übertragung von Hoheitsrechten auf die EU[64] legitimiert auch die umfassende Bundesratsbeteiligung nach Art. 23 Abs. 1 S. 2, 3 GG. Neuerungen bei der Grundgesetzänderung[65] dürfen die Mitwirkung der Länder nicht verkürzen, weil diese sonst in den ungenügenden Schranken des Art. 79 Abs. 3 dem kompetenziell unbegrenzten Zugriff der Bundesebene auf ihre gesamten vitalen Interessen ausgesetzt wären.

bb) Beteiligung der Landesparlamente bei Änderung von Gesetzgebungskompetenzen

Zustimmung verdient, auch wenn es weithin zu spät ist, der Vorschlag, (bei Änderungen des Grundgesetzes) zusätzlich die Landesparlamente einzuschalten, wenn es um die Übertragung von Gesetzgebungskompetenzen auf den Bund geht.[66] Dem vielbeklagten Verlust ihrer ureigenen Hauptaufgaben[67] hätten die Landtage wohl entschlossener widerstanden als die Landesregierungen, die ja dabei über den Bundesrat Mitwirkungsmöglichkeiten gewinnen. Entsprechendes gilt im Rahmen der Übertragung von Hoheitsrechten der Länder auf die EU (nach Art. 23 Abs. 1 S. 2 GG).[68] Systematische Bedenken gegen eine Beteiligung von Landesorganen[69] überzeugen nicht. Immerhin muß in den USA jede Verfassungsänderung von drei Vierteln der Staaten ratifiziert werden, und Art. 144 Abs. 1 GG hat die Annahme durch die Volksvertretungen in zwei Dritteln der beteiligten deutschen Länder für die ursprüngliche Verabschiedung des Grundgesetzes verlangt.

---

[64] Vgl. bezogen auf Art. 23 Abs. 1 S. 2 und 3 GG nur *Streinz* (Fn. 18) Art. 23 Rdn. 65f. m.w.N.

[65] Kritik am geltenden Recht etwa bei *Benz* DÖV 1993, 888f.

[66] Dafür namentlich die Entschließung der Konferenz der Präsidenten der deutschen Landesparlamente v. 14. 1. 1983, abgedr. in ZParl 1983, 358. Zu weiteren Modellen s. Bericht (Fn. 44) Teil Zwei, 1990, 66; *Meyer-Teschendorf* DÖV 1994, 771f.

[67] S. etwa *Martin* ZParl 1984, 278ff.; *Eicher* Der Machtverlust der Landesparlamente, 1988.

[68] Vgl. noch zu Art. 24 Abs. 1 GG die Entschließung der Konferenz der Präsidentinnen und Präsidenten der deutschen Landesparlamente zu den Vereinbarungen von Maastricht v. 11. 5. 1992, zu II. 1. „Eigentlich" dafür auch die Enquête-Kommission Verfassungreform, BT-Drucks. 7/5924, 230f.

[69] So Enquête-Kommission Verfassungreform, BT-Drucks. 7/5924, 100f., und die Gemeinsame Verfassungskommission, BT-Drucks. 12/6000, 38f. (für einfache Mehrheit).

b) Zur Mitwirkung an förmlichen Bundesgesetzen

Bei der einfachen förmlichen Gesetzgebung verfolgt das Grundgesetz einen mittleren Weg zwischen der gleichberechtigten Mitbestimmung bei allen Gesetzen nach dem Muster des Bundesrats von 1871 (Art. 5 Abs. 1 RV 1871) und einem stets überwindbaren Einspruchsrecht, das deutlich hinter den oft unterschätzten Möglichkeiten des Reichsrats der Weimarer Verfassung (vor allem Art. 74)[70] zurückbleibt.

aa) Zur Mitwirkung an Einspruchsgesetzen

Bis heute liefert die Mitwirkung des Bundesrates bei Einspruchsgesetzen wenig Zündstoff.

α) Bedeutung des Einspruchs

Zwar ist der Bundesrat auch hier nicht auf eine bloß fachkundig beratende Beteiligung beschränkt, vielmehr muß sein Einspruch mit Kanzlermehrheit zurückgewiesen werden. Doch hat dies nur die Bedeutung eines suspensiven Vetos, solange die (absolute) Regierungsmehrheit des Bundestages geschlossen agiert. Dementsprechend spielt der Einspruch auch praktisch kaum eine Rolle. Bei labilen Mehrheiten im Bundestag oder bei Minderheitsregierungen kann allerdings jeder Einspruch des Bundesrates ausreichen, ein vielleicht ohne Erfüllung der Kanzlermehrheit beschlossenes Gesetz zu verhindern; daher läßt sich die Mitwirkung an Einspruchsgesetzen keineswegs als nur konsultativ abtun.

Einsprüche mit Zweidrittelmehrheit haben bislang praktisch keine Rolle gespielt.[71] Im Falle eines so konzentrierten Widerstandes der Länder werden die verschärften, wenngleich – auch angesichts der Praxis bei Art. 74 Abs. 3 S. 4 WRV[72] – noch nicht einem absoluten Veto gleichzusetzenden[73] Anforderungen für die Zurückweisung des Einspruchs dem Gewicht des föderalen Elements durchaus gerecht.[74] Die recht formal auf perfektionierte Parität zielende Forderung der Kommission Verfassungsreform des Bundesrates, daß in solchen Fällen auch beim Bundestag eine Zweidrittel-*Mitglieder*mehrheit entscheiden müsse,[75] scheint indes nicht zwingend.

---

[70] Zutr. hierzu etwa *Maurer* (Fn. 32) 627.

[71] Vgl. *Kokott* in: BK, Art. 77 Rdn. 84; konträre Erwartungen noch bei *v. Brentano* DÖV 1949, 271.

[72] *Reuter* (Fn. 47) Teil II Rdn. 40 m.w.N.

[73] Zu weitgehend so *H.H. Klein* (Fn. 32) 349.

[74] Anders *Heger* Deutscher Bundesrat und Schweizer Ständerat, 1990, 171 ff.

[75] BR-Drucks. 360/92 Rdn. 41 ff.; abl. die Gemeinsame Verfassungskommission BT-Drucks. 12/6000, 40.

β) *Zur prinzipiellen Beschränkung des Bundesrates auf die Einspruchsmöglichkeit*

Die prinzipielle Beschränkung des Bundesrates auf die Einspruchsmöglichkeit findet nur noch vereinzelt Kritik. Danach wäre die echte, nur vor 1919 bestehende Bundesratslösung zu bevorzugen, bei der alle Bundesgesetze von der Zustimmung des Bundesrates abhängig sind.[76] Für die Weimarer Verfassung ist bei der ersten Tagung dieser Vereinigung die gleichberechtigte Beteiligung des föderalen Elements ausdrücklich, aber ohne Erfolg gefordert worden.[77] Auch der Parlamentarische Rat hat einschlägige Modellalternativen (Art. 104 HChE) durchaus noch ernstlich diskutiert.[78] Heute eine Aufwertung des Bundesrates zu einer gleichberechtigten Zweiten Kammer zu fordern, scheint nicht nur aussichtslos, sondern ist auch aus föderalistischer Perspektive nicht zwingend geboten. Seine Zurücksetzung bei der Gesetzgebung erscheint (auch angesichts seiner sonstigen Befugnisse) als Ausgleich für das Übergewicht der Länder bei der Verwaltung[79] grundsätzlich legitim.

bb) Zur Mitwirkung an Zustimmungsgesetzen

Im Mittelpunkt der Diskussionen stehen natürlich die Zustimmungsgesetze, weil die das parlamentarische Regierungssystem dominierende Mehrheit hier zwingend auf die Übereinstimmung mit dem Bundesrat angewiesen ist. Die Zustimmungsgesetzgebung ist im Grundgesetz als Sonderfall der Bundesgesetzgebung auf die enumerierten Fälle begrenzt, hat sich aber in der Praxis keineswegs als Ausnahme erwiesen. Ihr Anteil lag vielmehr schon in der ersten Legislaturperiode bei über 40% und ist inzwischen bei fast zwei Dritteln aller Bundesgesetze angelangt. Vor allem seit sich erstmalig Ende der 60er Jahre eine deutlich parteipolitisch geprägte Frontstellung zwischen den Mehrheiten in Bundestag und Bundesrat ergeben hatte, die sich in den letzten Jahren mit umgekehrten Vorzeichen wiederholt hat, sind Zweifel laut geworden, ob dadurch nicht die Funktionsfähigkeit des parlamentarischen Systems in Frage gestellt ist.[80]

---

[76] Zu diesen Forderungen *Klatt* APuZ 1982, B 31 17; abl. *Ossenbühl* AöR (1974) 417ff.

[77] So *Bilfinger* VVDStRL 1 (1924) 50ff. und 59 mit LS II 5; nicht ganz so weitgehend *Anschütz* ebd. 29f., 34 mit LS VII. Für Ebenbürtigkeit des Reichsrates bei der Gesetzgebung auch *Triepel* ZfPol Bd. 14 (1924/1925) 218f.

[78] Vgl. JöR n.F. 1 (1951) 568f.

[79] *Oeter* (Fn. 16) 426ff., sieht allerdings auch dies in mehrfacher Weise gefährdet.

[80] Vgl. etwa *Wahl* AöR 103 (1978) 502; *Klatt* (Fn. 76) 20; aus neuerer Zeit *Bürklin* in: Oberreuter (Hrsg.), Parteiensystem am Wendepunkt, 1996, 208f.

α) *Zum Problem einer Blockadepolitik der parlamentarischen Opposition über den Bundesrat*

Ein Bedenken zielt auf die Möglichkeit einer von der parlamentarischen Oppositon über den Bundesrat betriebenen Blockadepolitik.[81] Im Sinne mißbräuchlicher Obstruktion ist dies bisher nur theoretischer Natur: Wie die Statistik zeigt, ist zu allen Zeiten der weitaus größte Teil der Bundesratsbeschlüsse einträchtig gefaßt worden. Das Scheitern eines Gesetzes wegen versagter Zustimmung ist selbst in politisch heftig umkämpften Angelegenheiten – wie zuletzt vor allem bei der Steuerreform – bis heute die seltene Ausnahme geblieben. Gerade in solchen Fällen wird es notwendig umstritten bleiben, ob das Gesetz in der Sache den Nutzen des Volkes gemehrt hätte oder ob gerade sein Scheitern Schaden von ihm gewendet hat.

Strukturell läßt sich zweierlei feststellen: Zum einen trifft die Diagnose der Federalist Papers nach wie vor zu, daß „the facility and excess of lawmaking seem to be the diseases to which our governments are most liable";[82] daher ist es im Zweifel besser, ein Gesetz zu verhindern, als eines zu erlassen. Zum anderen birgt die alleinige Entscheidungsfähigkeit der Parlamentsmehrheit stets das Risiko, daß die Opposition – wie auch jetzt angekündigt – nach dem Mehrheitswechsel die Entscheidungen, die sie nicht blockieren konnte, unter großen Reibungsverlusten rückgängig macht. Die Vorwirkungen dieser Möglichkeit für die Planungssicherheit der Betroffenen liegen wohl auf der Hand.

β) *Zur Einflußnahme des Bundesrates auf den Inhalt der Zustimmungsgesetze*

Praktisch geht es in aller Regel nicht um das Alles- oder Nichts der durchgesetzten Blockade, die den Wählern von beiden Seiten nicht unbegrenzt zugemutet werden kann, sondern darum, daß die Bundesratsmehrheit im Hinblick auf ihre unüberwindliche Veto-Position maßgeblichen Einfluß auf den Inhalt der Zustimmungsgesetze nehmen kann. Insoweit richtet sich die Kritik zum einen gegen die Verwässerung des parlamentarischen Mehrheitsprogramms, zum anderen gegen die Verwischung der Verantwortlichkeiten.[83]

---

[81] Vgl. etwa das Sondervotum *Heinsen/Rietdorf/Böckenförde* BT-Drucks. 7/5924, 104f.; eine Blockade gegen die sozialliberale Koalition verneint *Fromme* Gesetzgebung im Widerstreit, 1976, 169ff.

[82] Wie o. Fn. 24. Positiv zur katechontischen Funktion ineffizienter Verfahren *Schlink* VVDStRL 48 (1990) 260f.; für den zunächst mißbilligten Bundesrat später auch *W. Weber* (Fn. 35) 302.

[83] Vgl. etwa *Wildenmann* Macht und Konsens als Problem der Innen- und Außenpolitik, 1963, 91ff.; *Lehmbruch* Parteienwettbewerb im Bundesstaat, 1976, 136; *Scharpf* PVS 25

αα) Zur Legitimität von Kompromißzwängen

Solche Einwände werden dem Sinn der Zustimmungserfordernisse nicht gerecht. Dieser besteht ja gerade darin, der Bundestagsmehrheit die alleinige Entscheidungsmacht vorzuenthalten; sie soll hier ihr Programm nicht einseitig durchsetzen können, sondern dem Zwang zur Einigung mit der jeweiligen Bundesratsmehrheit unterworfen sein. Dabei können Kompromisse notwendig werden, die hinter den Maximalpositionen der parlamentarischen Mehrheit zurückbleiben, ohne daß sie stets solche des „kleinsten gemeinsamen Nenners" der Ausgangspositionen sein müssen.[84] Die gleichwohl mit jedem Kompromiß verbundene Mäßigung ist in der Sache ambivalent; sie kann ebenso zukunftsträchtige Neuansätze treffen wie katastrophale Fehlentscheidungen; die Hoffnung, daß die Notwendigkeiten der Konsensfindung für inhaltliche Optimierung sorgen,[85] kann durchaus einmal trügen. Doch bleibt den Entscheidungen auf breiterer Basis – wie in einem Zweikammer-System – der strukturelle Vorteil, daß sie sich dem Ideal des allseitigen Einverständnisses[86] annähern, weil die überstimmte Minderheit klein ist – dies ist keinesfalls zu unterschätzen, weil die Ungewißheit über den „wahren" Inhalt des Gemeinwohls und die „richtigen" Wege dorthin nicht auszuräumen ist.

ββ) Zur differenzierten Zuordnung gemeinsam getragener Verantwortung

Vom Sinn der Zustimmungserfordernisse umfaßt ist auch, daß gefundene Kompromisse von allen daran Beteiligten zu verantworten sind. Verantwortung wird nicht verwischt, sondern ad hoc gemeinsam übernommen und ist gemeinsam zu tragen. Von einer Allparteienkoalition sollte man dabei nicht reden. Denn es geht ja nicht um die dauerhafte Festlegung des gemeinsamen Gesamtprogramms einer *Regierungs*mehrheit, sondern um den sachbezogenen Kompromiß einer *Gesetzgebungs-*

(1985) 335; *Bothe* in: Starck (Hrsg.), Zusammenarbeit der Gliedstaaten im Bundesstaat, 1988, 221; *Grimm* (Fn. 2).

[84] So simplifizierend *Rennert* Staat 32 (1993) 280; s. demgegenüber zu differenzierten Kompromißmöglichkeiten *T. König/Bräuninger* ZParl 1997, 605ff.; s.a. *T. König* (Fn. 15) 140.

[85] S. etwa *H.H. Klein* (Fn. 32) 347; *Laufer* (Fn. 45) 62; *Kropp* in: Gabriel/Holtmann (Fn. 34) 251; gegen schlechtere „performance" von Konkordanzdemokratien *Lijphart* Democracies, 1984, 4, 21ff.; auch *Luthardt* in: Jesse/Kailitz (Hrsg.), Prägekräfte des 20. Jahrhunderts, 1997, 41ff.

[86] Zur Maßgeblichkeit auch für die Demokratie Sachs (Fn. 19) Art. 20 Rdn. 21; *Maihofer* HdbVerfR, 2. Aufl. 1994, § 12 Rdn. 76 m.w.N.; *Jochum* Materielle Anforderungen an das Entscheidungsverfahren in der Demokratie, 1997, 38ff., 50f.; widersprüchlich *H. Dreier* (Fn. 23) Art. 20 (Demokratie) Rdn. 64f.

mehrheit für ein Einzelvorhaben,[87] wie er für das echte Zwei-Kammer-System typisch ist. Im Rahmen der gemeinsamen Verantwortung für ein Zustimmungsgesetz bleibt es den Beteiligten unbenommen, deutlich zu machen, wie weit der eigene programmatische Anspruch verwirklicht werden konnte oder zurückgestellt werden mußte. Selbst wenn eine Einigung im Vermittlungsausschuß erzielt wird, der vertraulich und geheim berät, läßt sich doch darstellen, wieweit die programmatischen Vorstellungen der Beteiligten in den Kompromiß eingegangen sind.

γγ) Keine Notwendigkeit besonderer Patt-Auflösungsmechanismen

Blockademöglichkeit und Kompromißzwang sind nach allem prinzipiell unbedenklich, besondere Mechanismen zur Auflösung von Patt-Situationen entbehrlich. Keinesfalls in Betracht zu ziehen wäre die nach der Weimarer Verfassung (Art. 74 Abs. 3, 76 Abs. 2) bei allen Reichstagsgesetzen einschließlich der Verfassungsänderungen bestehende, aber nie praktisch erprobte Möglichkeit, den Dissens der gesetzgebenden Körperschaften durch Volksabstimmung aufzuheben. Denn eine solche gesamtstaatliche Entscheidung würde – unabhängig von der Bewertung plebiszitärer Gestaltungsformen im übrigen – den bundesstaatlichen Sinn der Zustimmungserfordernisse verfehlen, zumal Länderquoren[88] kaum als genuine Form der Länderbeteiligung anzuerkennen sind.

γ) Zum Ausmaß zustimmungsbedürftiger Gesetzgebung

Letztlich richtet sich die Kritik meist nicht gegen die Zustimmungsgesetzgebung an sich, sondern dagegen, daß das Ausmaß der zustimmungsbedürftigen Gesetze die Gestaltungsmöglichkeiten der parlamentarischen Mehrheit zu sehr einengt,[89] so daß sie zu einer „unechten Minderheitsregierung" wird.[90] Auch diese Bewertung scheint problematisch. Sie vernachlässigt schon, daß jedenfalls das Haushaltsgesetz als finanzielle Grundlage der Regierungspolitik nicht der Zustimmung des Bundesrates bedarf.[91]

Im übrigen erklärt sich der hohe Anteil der Zustimmungsgesetze keineswegs daraus, daß die grundgesetzliche Regelung der Zustimmungsbe-

---

[87] Dazu krit. wegen uneinheitlicher Resultate etwa *Rennert* (Fn. 84) 281.

[88] S. dazu den Bericht der Gemeinsamen Verfassungskommission, BT-Drucks. 12/6000, 85.

[89] Vgl. etwa *Lehmbruch* (Fn. 83) 165f.; *v. Arnim* ZRP 1998, 140ff.; s. demgegenüber mit Recht grundsätzlich anders *Winfried Steffani* Gewaltenteilung und Parteien im Wandel, 1997, 86f.

[90] So etwa schon *H. Meyer* VVDStRL 33 (1975) 118 LS 45.

[91] *Siekmann* in: Sachs (Fn. 18) Art. 110 Rdn. 84.

dürftigkeit zu weit ginge. Die ursprünglich 13,[92] heute über 50 einschlägigen Tatbestände[93] sind immer noch durchweg solche, bei denen „der Interessenbereich der Länder besonders stark berührt wird" – so das Kriterium des Bundesverfassungsgerichts.[94] Die maßgeblichen Interessen betreffen dabei die Länder als staatliche Einheiten. Es scheint legitim, gerade in solchen Fällen die Gesetzgebung an die Zustimmung des Bundesrates zu binden. Die entscheidenden Probleme liegen woanders.

αα) Zur Zustimmungsbedürftigkeit nach Art. 84 Abs. 1, Art. 85 Abs. 1 GG

Dies gilt namentlich für Art. 84 Abs. 1 GG, der für die meisten Fälle von Zustimmungsbedürftigkeit verantwortlich ist.[95] Die Vorschrift wird – wie Art. 85 Abs. 1 GG[96] – von dem Gedanken getragen, daß der Bund zumindest nicht ohne Zustimmung des Bundesrates die Möglichkeit haben soll, den Ländern für die ihnen zustehende Ausführung der Bundesgesetze Vorschriften über die Einrichtung der Behörden und das Verwaltungsverfahren zu machen.[97] Es geht insoweit – wie auch der neue Art. 23 Abs. 5 S. 2 GG bestätigt – wohl fraglos um „wirkliche Länderbelange", die auch nach den Reformvorschlägen der CDU/CSU-Wahlplattform für die Bundestagswahl 1998 weiterhin die Bundesratszustimmung erforderlich machen sollen.

Das Problem ergibt sich erst daraus, daß die Bundesgesetzgebung in der tatsächlichen Praxis in sehr weitgehendem Ausmaß derartige Regelungen getroffen hat und trifft. Eine Bundestagsmehrheit, die sich in ihren Gestaltungsmöglichkeiten durch den Bundesrat unzumutbar eingeengt fühlt, müßte nur darauf verzichten, derartige Regelungen in das Gesetz aufzunehmen, was rechtlich zumindest grundsätzlich unbedenklich ist[98]

---

[92] S. die Aufzählung bei *v. Mangoldt* Das Bonner Grundgesetz, 1953, Art. 78 Anm. 2 (S. 423 unten).

[93] Vgl. die Aufstellung bei *Lücke* (Fn. 23) Art. 77 Rdn. 13; hinzu kommen noch von der Rspr. anerkannte Erweiterungen, vgl. BVerfGE 28, 66 (76ff.); 28, 338 (399).

[94] BVerfGE 1, 76 (79); bestätigt in BVerfGE 37, 363 (381); s.a. *Lücke* (Fn. 23) Art. 77 Rdn. 13.

[95] S. nur *Dittmann* in: Sachs (Fn. 18) Art. 84 Rdn. 17; *Stettner* in: H. Dreier (Fn. 23) Art. 77 Rdn. 12.

[96] Zur Geltung auch für das Verwaltungsverfahren s. *Dittmann* (Fn. 95) Art. 85 Rdn. 10f. m.w.N.

[97] Für eine restriktive Interpretation der einzelnen Tatbestandsmerkmale etwa *Sauter* FS Franz Klein 1994, 562; für eine erweiternde Auslegung zuletzt etwa *Britz* DÖV 1998, 636ff.

[98] Vgl. nur *Lücke* (Fn. 23) Art. 77 Rdn. 17f.; *Stettner* (Fn. 95) Art. 77 Rdn. 12; *Gramm* (noch nicht veröffentlichter) Habilitationsvortrag Freiburg i.B. v. 15. 7. 1998.

und praktisch keine unüberwindlichen Probleme bereiten sollte,[99] zumal weithin übereinstimmende Verwaltungsverfahrensgesetze bestehen.[100] Auf diesem Wege könnte sich die Parlamentsmehrheit selbst aus dem „verfassungsbedingten Situationsdilemma"[101] befreien, daß schon eine einzige zustimmungspflichtige Vorschrift das gesamte Gesetz als gesetzgebungstechnische Einheit von der Zustimmung des Bundesrates abhängig macht.[102] Eine Korrektur dieser herrschenden Interpretation[103] scheint ebensowenig angezeigt wie Grundgesetzänderungen, die es dem Bundestag ermöglichen, ein Gesetz sofort in bereinigter Form zu beschließen, falls der Bundesrat die Zustimmung versagt hat.[104] Dadurch würde für den Bundestag der letzte Anreiz beseitigt, von vornherein darauf zu verzichten, „bei möglichst jedem Gesetz im Organisations- und Verfahrensrecht der gesetzesvollziehenden Länder ... herumzupfuschen" – wie es der heutige Bundespräsident einmal formuliert hat.[105]

ββ) Zur Zustimmungsbedürftigkeit wegen des gesetzlichen Sachgehalts

Die Möglichkeit, dem Problem durch entsprechende Gestaltung seiner Gesetze auszuweichen, hat der Bundestag allerdings nicht, wenn es darum geht, als solche selbst zustimmungsbedürftige sachliche Regelungsziele zu verwirklichen. Hier kann in der Regel allein die Verminderung grundgesetzlich begründeter Zustimmungsbefugnisse helfen. Dies ist aus bundesstaatlicher Sicht unbedenklich, soweit systemwidrigerweise der spezifische Interessenbereich der Länder nicht besonders stark berührt ist.[106] Insoweit könnte wohl einiger Wildwuchs zurückgestutzt werden, etwa die kaum begründete erstmalige Ausdehnung der Zustimmungsbedürftigkeit in den Grundrechtsbereich beim neuen Asylrecht[107].

---

[99] Vgl. z.B. *Herzog* ZParl 1976, 299; *ders.* in: Merten/Morsey (Fn. 52) 47; anders etwa *Böckenförde* (Fn. 21) 193, 194.

[100] Vgl. *Lerche* in: Vierzig Jahre Bundesrat, 1989, 192; s. dagegen noch *Lechner* DÖV 1952, 420.

[101] So allgem. für einen oppositionell dominierten Bundesrat *Steffani* ZParl 1985, 228.

[102] So jedenfalls BVerfGE 37, 363 (384f.); auch schon BVerfGE 8, 274 (294) und 55, 274 (319ff., 326f.); 75, 108 (152).

[103] Dafür gegen die dem BVerfG folgende h.M. etwa *Lücke* (Fn. 23) Art. 77 Rdn. 15 m.w.N. zum Streitstand; gerade umgekehrt will *J. Ipsen* Staatsrecht 1, 10. Aufl., 1998, Rdn. 306, ebenfalls im Gegensatz zum BVerfG jede Änderung eines Zustimmungsgesetzes zustimmungspflichtig machen.

[104] Vgl. Sondervotum *Heinsen/Rietdorf/Böckenförde* BT-Drucks. 7/5924, 102, 105ff.

[105] *Herzog* in: Vierzig Jahre Bundesrat, 1989, 168; ähnlich auch *Lerche* ebd. S. 186, 191.

[106] Für Bezug nur auf die „elementaren Interessen" der Länder zu eng *Volkmann* DÖV 1998, 623.

[107] Vgl. allenfalls den (abweichenden) Gesetzesantrag Baden-Württembergs, BR-

Doch ließen solche Randkorrekturen die grundsätzliche Problematik ungelöst.

Überall dort, wo Bundesgesetze auf die Hoheitsrechte oder die Finanzen der Länder einwirken, kann auf die Zustimmung des Bundesrates grundsätzlich nicht verzichtet werden, wenn die Länder ihre Eigenstaatlichkeit behaupten sollen.[108] Soweit es überhaupt eine Alternative zum Zustimmungsgesetz gibt, kann diese hier nur lauten, auf bundesgesetzliche Regelungen ganz zu verzichten und jedes Land allein entscheiden zu lassen. Würde sich der Bund etwa im Rahmen eines Trennsystems zugunsten der Länder aus der konkurrierenden Steuergesetzgebung zurückziehen, soweit deren Aufkommen den Ländern zufließt, wäre nicht nur die Eigenständigkeit der Länder maßgeblich gestärkt, sondern zugleich mit Art. 105 Abs. 3 GG eines der wichtigsten Hemmnisse für die Gestaltungsmöglichkeiten der parlamentarischen Regierungsmehrheit ausgeschaltet.[109]

Beim Umfang der Bundesgesetzgebung überhaupt sind ernstliche Korrekturen aber bislang nicht zu erkennen, die Schmerzgrenze ist offenbar nicht wirklich erreicht:[110]

Auf Grundgesetzebene blieb die Rückübertragung einzelner Kompetenzbereiche dürftig, die Eindämmung der konkurrierenden Gesetzgebung ohne Biß – der Bundesrat wäre wohl ein besserer Hüter der Erforderlichkeitsklausel[111] als das gegen seinen Willen[112] nach dem neuen

Drucks. 684/90, 8, und 71/92, 12, der nur ganz allgem. das „Schutzgut des Asylrechts" anspricht.

[108] Auch die Ersetzung vorgeschriebener Zustimmungsgesetze durch Richterrecht erweckt Bedenken; nicht unproblematisch die neuere Judikatur des BVerwG (seit BVerwGE 96, 45) zur Haftung nach Art. 104 a Abs. 5 S. 2 GG; billigend aber *Siekmann* (Fn. 91) Art. 104 a Rdn. 64 m.w.N.

[109] Ohne den Bundesrat wäre dies freilich nicht zu verwirklichen, weil wohl jedenfalls Art. 106 geändert werden müßte; selbst die Aufhebung einzelner zustimmungspflichtiger Steuergesetze würde nach dem Schutzzweck des Art. 105 Abs. 3 die Zustimmung des Bundesrates erfordern, vgl. *Siekmann* (Fn. 91) Art. 105 Rdn. 12; zu pauschal anders ganz allgem. *Lücke* ebd. Art. 77 Rdn. 16; zumindest mißverständlich auch *Pestalozza* in: v. Mangoldt/Klein, Das Bonner Grundgesetz, Bd. 8, 3. Aufl. 1996, Art. 74 Fn. 3391, der BVerfGE 14, 197 (219f.) unzulässig zu verallgemeinern scheint.

[110] Hoffnungen, daß die Mühsal mit dem Bundesrat den Ländern wieder mehr Spielräume verschaffen könnte, so *Oebbecke* StWissStPrax 1997, 476, hatten sich bis zur Neuwahl noch nicht erfüllt.

[111] Für eine Feststellung der Erforderlichkeit des Bundesgesetzes mit Zustimmung des Bundesrates die Kommission Verfassungsreform Bundesrat, BR-Drucks. 360/92 Rdn. 56ff.

[112] Zur Nichtprüfung der früheren Bedürfnisklausel nur *Degenhart* in: Sachs (Fn. 18) Art. 72 Rdn. 9.

Art. 93 Abs. 1 Nr. 2 a GG dafür vorgesehene Bundesverfassungsgericht.[113] Die Gesetzgebung hat bislang nicht einmal die neuen Möglichkeiten zur Freigabe einzelner bundesgesetzlicher Regelungen (nach Art. 72 Abs. 3, 125 a Abs. 2 GG) ernstlich genutzt.[114] Die Behinderung des parlamentarischen Regierungssystems des Bundes durch den Bundesrat geht offenbar nicht so weit, daß man deshalb bereit wäre, den Ländern Kompetenzen zurückzugeben.

γγ) Zur Erweiterung der Zustimmungsbedürftigkeit

Die Sorge der Landesregierungen gilt ganz im Gegensatz zu der Tendenz der Blockadediskussion der Erweiterung des eigenen Einflusses auf die Bundesgesetzgebung. So kann bedenklicherweise bis heute (nach Art. 87 Abs. 3 S. 1 GG) ohne Zustimmung des Bundesrates für jede Materie der Bundesgesetzgebung bundeseigene Verwaltung eingeführt und damit der Hoheitsbereich der Länder verkürzt werden.[115] Vor allem wollen die Länder sicherstellen, daß „alle Gesetze, die den Ländern Kosten verursachen, der Zustimmungspflicht des Bundesrates unterliegen."[116] Bislang können die Länder ohne Zustimmung des Bundesrates bei Geldleistungen mit bis zu (unter) 25 % der Ausgaben belastet werden (Art. 104 a Abs. 3 S. 3 GG), die Länder tragen unabhängig von der Zustimmung die Gesamtkosten der landeseigenen Ausführung der Bundesgesetze nach Art. 84 (Art. 104 a Abs. 1 GG) und auch bei Auftragsverwaltung noch die Verwaltungsausgaben (Art. 104 a Abs. 5 S. 1 GG). In der Gemeinsamen Verfassungskommission hielt sogar die Bundesseite dies für problematisch, vor allem bei auferlegten Zweckkosten; man wollte das Problem

[113] Bevorzugt von der Gemeinsamen Verfassungskommission, BT-Drucks. 12/6000, 33 f.

[114] Vgl. den schon im Ausgangspunkt eher bescheidenen Gesetzesantrag der Länder Bayern, Baden-Württemberg, Hessen, BR-Drucks. 77/98; die Entschließung der Landtagspräsidentenkonferenz v. 7./9.6.1998 zu Art. 125 a (Abs. 2) GG bleibt inhaltlich noch völlig offen.

[115] Dem Vorschlag der Kommission Verfassungsreform des Bundesrates, hier die Zustimmung des Bundesrates vorzusehen, BR-Drucks. 360/92 Rdn. 91 f., ist die Gemeinsame Verfassungskommission mit Rücksicht auf die Organisationsgewalt des Bundes nicht gefolgt, BT-Drucks. 12/6000, 42 f.; entsprechend schon die Enquête-Kommission Verfassungsreform, BT-Drucks. 7/5924, 145.

[116] Vgl. den Bericht der Kommission Verfassungsreform des Bundesrates, BR-Drucks. 360/92 Rdn. 50, sowie schon die Eckpunkte der Länder für die bundesstaatliche Ordnung im vereinten Deutschland, 5. 7. 1990, abgedr. in ZParl 1990, 463 zu 3., wo angestrebt wurde, „daß alle Bundesgesetze, die von den Ländern auszuführen oder mit Kostenfolgen für die Länder verbunden sind, der Zustimmung des Bundesrates bedürfen."

aber im Rahmen der Finanzverfassung klären,[117] deren Reform bekanntlich nicht mehr in Angriff genommen wurde.

In der Tat dürfte angesichts der finanziellen Schwierigkeiten der Länder jede auferlegte Kostenbelastung die Zustimmungsbedürftigkeit legitimieren, die danach auf alle von den Ländern ausgeführten Bundesgesetze zu erstrecken wäre.[118] Das aber käme einer vollen Gleichstellung des Bundesrates allzu nahe, die das Grundgesetz nicht will. Der Ausweg aus diesem Dilemma liegt nicht beim Bundesrat, sondern bei der Finanzverfassung, die es ja auch verursacht.[119]

cc) Zum Verfahren der förmlichen Gesetzgebung

Zu den Verfahrensfragen der förmlichen Gesetzgebung ist hier aus Zeitgründen nur eine Anmerkung möglich.[120] Die Forderung, den fraglos in der Regel sehr nützlichen sog. Ersten Durchgang beim Bundesrat auf Vorlagen aus der Mitte des Bundestages auszudehnen,[121] scheint nicht

---

[117] S. den Bericht, BT-Drucks. 12/6000, 40; s. insoweit auch schon den Vorschlag der Länderkommission Verfassungsreform v. 18. 9. 1975, Anl. 2 zum Prot. Pl 9, Bundesgesetze an die Zustimmung des Bundesrates zu binden, wenn sie die Länder zu Zweckausgaben verpflichten, dem die Enquête-Kommission Verfassungsreform aber nicht folgte, Schlußbericht, BT-Drucks. 7/5924, 209f.

[118] Entsprechendes gilt für Bundesrahmengesetze, die die Länder verpflichten, sich durch eigene Gesetze selbst mit Kosten zu belasten. Der Bundesrat hält insoweit seine Zustimmung nach Art. 104a Abs. 3 GG für erforderlich, vgl. BR-Drucks. 381/98 (Beschluß) zum 3. Gesetz zur Änderung des Bundesnaturschutzgesetzes, das trotz versagter Zustimmung verkündet worden ist, BGBl 1998 I, 2481. Zur Zustimmungsbedürftigkeit von Rahmengesetzen überhaupt zuletzt *Hartmut Krüger* DVBl 1998, 293ff.

[119] Vgl. das Jahresgutachten 1997/98 des Sachverständigenrates zur Begutachtung der gesamtwirtschaftlichen Entwicklung BT-Drucks. 13/9090 Rdn. 19: „Immer deutlicher ist in diesem Jahr geworden, daß die derzeitigen Regelungen der Finanzverfassung eine wesentliche Ursache für die gegenseitigen Blockaden und damit für den finanzpolitischen Stillstand darstellen." S.a. ebd. Rdn. 316ff., 339ff.

[120] Die Probleme beim *zeitlichen Ablauf* sollten für den Bundesrat nach den erneuten Verbesserungen von 1994 besser zu bewältigen sein. Für die vorherige Befassung der Landtage bleibt freilich die Zeit knapp; vgl. zu den weitergehenden Forderungen verschiedener Landesparlamente den Bericht der Gemeinsamen Verfassungskommission, BT-Drucks. 12/6000, 37; für Grundgesetzänderungen s. schon Enquête-Kommission Verfassungsreform, BT-Drucks. 7/5924, 102. Der von manchen (etwa *Franßen* FS Hirsch, 1981, 273ff.) kritisierte *Vermittlungsausschuß* scheint in seiner Struktur, zumal wegen der Besetzung auf Dauer, und seinem Verfahren, insbes. mit dem Ausschluß der Öffentlichkeit, überzeugend und ist praktisch als Einigungsinstanz kaum verzichtbar.

[121] So die in der Gemeinsamen Verfassungskommission, BT-Drucks. 12/6000, 39f., nicht abschließend diskutierte Forderung der Länder, vgl. Kommission Verfassungsreform des Bundesrates, BR-Drucks. 360/92 Rdn. 31; entsprechend schon der Vorschlag der Interfraktionellen Arbeitsgruppe der Fraktionsvorsitzendenkonferenzen von CDU/CSU, SPD, FDP, LT-Dr RhPf 10/1150, 4.

zwingend. Zwar könnte so ausgeschlossen werden, daß die Bundesregierung durch sog. „unechte Parlamentsinitiativen" den für ihre Entwürfe vorgeschriebenen ersten Durchgang umgeht,[122] ohne daß die besondere Stellung des Bundestages unvertretbar geschmälert würde. Ein praktisches Bedürfnis für eine dahingehende Verfassungsänderung scheint aber fraglich, weil zumeist dem Bundesrat parallel Regierungsvorlagen zugeleitet werden und eine Beteiligung der Bundesratsmitglieder an den Beratungen des Bundestages nach Art. 43 Abs. 2 S. 1 GG möglich ist.[123] Außerdem käme auf den Bundesrat eine Fülle unnötiger Mehrarbeit mit zu zwei Dritteln erfolglosen (meist) echten Parlamentsinitiativen zu.[124]

c) Zur Mitwirkung an Rechtsverordnungen der Bundesregierung

Beim Erlaß von Rechtsverordnungen ist der Bundesrat zwar nicht „alleiniges Kontrollorgan der Bundesregierung",[125] doch ist er in der Tat bei der exekutiven Rechtsetzung besonders intensiv beteiligt. Der für die Bundesregierung nach Art. 80 Abs. 2 GG weitgehend begründete, durch Ermächtigung der Landesregierungen allerdings vermeidbare Zwang zur Einigung mit dem Bundesrat ist dabei vom Grundgesetz gewollt und in der Sache legitim, da grundsätzlich Belange der Länder besonders berührt sind.[126]

Trotz aller föderal oder parteipolitisch begründeten Gegensätze hat der Bundesrat seine Zustimmung zu Rechtsverordnungen der Bundesregierung in über 7000 Fällen noch nicht 50 mal verweigert. Allerdings stimmt der Bundesrat oft nur mit Maßgaben zu, denen die Bundesregierung ihre Rechtsverordnungen vor der Verkündung anpaßt. Dabei gelingt es offenbar auch ohne eine Einrichtung wie den Vermittlungsausschuß,[127] die Kompromißmöglichkeiten auszuloten. Verfassungsrechtliche Bedenken

---

[122] Zum Streit um die Verfassungsmäßigkeit vgl. nur *Lücke* (Fn. 23) Art. 80 Rdn. 24ff. m.w. N.

[123] Vgl. insgesamt die Diskussion der Gemeinsamen Verfassungskommission, BT-Drucks. 12/6000, 40.

[124] Vgl. die Angaben im Handbuch des Bundesrates 1997/98, 285 (938 verkündete Gesetze von 2825 Initiativen); in der 13. Legislaturperiode wurden bei 329 Initiativen des Bundestages 102 Gesetze auf solcher Grundlage verabschiedet.

[125] So *Blumenwitz* BK, Art. 50 Rdn. 30; ähnlich *Posser* HdbVerfR, 2. Aufl. 1994, § 24 Rdn. 48, wobei die allgemeinen Kontrollrechte des Parlaments auch für diesen Bereich ebenso vernachlässigt sind wie gesetzlich begründete besondere Mitwirkungsrechte.

[126] Wegen der Rechtsverordnungen aufgrund von Zustimmungsgesetzen setzt sich der Streit um die Reichweite der Zustimmungsbedürftigkeit aufgrund einzelner Bestimmungen solcher Gesetze fort. Vgl. für das Gesamtgesetz BVerfGE 24, 184 (200f.); anders jetzt *Lücke* (Fn. 23) Art. 80 Rdn. 34 m.w.N.

[127] Vgl. für eine solche Möglichkeit die Antwort der Bundesregierung auf die Große Anfrage zur Weiterentwicklung des föderativen Systems, BT-Drucks. V/4002, 9 zu 2.5.

gegen zu weitgehende Einwirkungen des Bundesrats waren vor allem darauf gestützt, daß er kein Initiativrecht hatte;[128] sie dürften mit dem neuen Art. 80 Abs. 3 GG gegenstandslos geworden sein. Dieser scheint seinerseits trotz heftiger Proteste aus der Regierungsperspektive[129] nicht bedenklicher als das Recht zur Gesetzesinitiative, hat auch praktisch bislang nur sehr begrenzte Bedeutung erlangt.

2. *Zur sonstigen Mitwirkung im Rahmen des Art. 50 GG*

a) *Zur Mitwirkung bei der Verwaltung des Bundes*

Von den anderen Aufgaben des Bundesrates nach Art. 50 GG wirft seine Mitwirkung an der Verwaltungsfunktion des Bundes vergleichsweise wenige Probleme für das parlamentarische Regierungssystem auf. Vor allem ist ihre Legitimation kaum anzuzweifeln: Betroffen ist in erster Linie die Ausführung der Bundesgesetze durch die Länder, oder es geht sonst um Einwirkungen der Bundesregierung auf den Eigenbereich der Länder.[130] Auch die exekutivische Zusammensetzung des Bundesrats entspricht dem Charakter der Aufgaben, deren Wahrnehmung das Grundgesetz durchweg „Bundesregierung und Bundesrat gegenüber den Ländern ... zur gesamten Hand" einräumt.[131]

b) *Zur Mitwirkung in Angelegenheiten der Europäischen Union*

Die Mitwirkung des Bundesrates in Angelegenheiten der Europäischen Union ist mit der Aufnahme in Art. 23 Abs. 4 bis 6 GG früheren verfassungsrechtlichen Bedenken[132] enthoben. Auch ein Systembruch, wie er teilweise wegen des seit 1986 im EEAG geregelten Einsatzes des Bundesorgans Bundesrat als Instrument der Länderkoordination angenommen wurde,[133] ist nicht mehr gegeben[134]. Der Bundesrat wird

---

[128] Vgl. *Scholz* DÖV 1990, 460f.

[129] *Meyer-Teschendorf* (Fn. 66) 777; auch *Dittmann* HStR IX, 1997, § 205 Rdn. 19; dagegen s. *Lücke* (Fn. 23) Art. 80 Rdn. 43; *Nierhaus/Janz* ZG 1997, 335f.

[130] Vgl. namentlich Art. 37, 35 Abs. 3, Art. 91 Abs. 2, 87a Abs. 4 GG. Bei Art. 87 Abs. 3 S. 2 GG geht es trotz des nicht ganz eindeutigen Wortlauts um ein Zustimmungs*gesetz*.

[131] *Köttgen* VVDStRL 16 (1958) 186, insb. für die Organisationsgewalt.

[132] Vgl. *Streinz* (Fn. 18) Art. 23 Rdn. 4 m.w.N.; BVerfGE 92, 203 (230ff.) hat die Bedenken nicht geteilt.

[133] Vgl. etwa *Bethge* in: Kremer (Hrsg.), Die Bundesrepublik Deutschland und das Königreich Spanien 1992 – Die Rolle der Länder und der Comunidades Autónomas im Europäischen Integrationsprozeß, 1989, 47f.; *Schütz* BayVBl 1990, 481ff., 518ff.

[134] Für sachlichen Fortbestand des Systembruchs etwa *Pernice* DVBl 1993, 919 m.w.N.; uneinheitlich die Bewertung durch *Hilf*, *T. Stein* und *Schweitzer* VVDStRL 53 (1994) 17ff., 36 ff, 59ff.

wie auch sonst als Bundesorgan in Bundesangelegenheiten tätig: Er soll in besonderer Weise die Perspektive der Länder zur Geltung bringen, wo Länderinteressen im Mittelpunkt stehen, ist aber nicht darauf beschränkt; das zeigt schon die umfassende Reichweite des Art. 23 Abs. 4 im Vergleich zu Art. 23 Abs. 5 S. 1 GG. Vielmehr steht der Bundesrat wie alle Bundesorgane in „gesamtstaatlicher Verantwortung" für das Gemeinwohl.[135]

aa) Zur „maßgeblichen Berücksichtigung" der Auffassung des Bundesrates durch die Bundesregierung nach Art. 23 Abs. 5 S. 3 GG

Soweit die Auffassung des Bundesrates „maßgeblich zu berücksichtigen" ist, muß er seine Stellungnahme nach dem Grundsatz der Bundestreue so gestalten, daß die Bundesregierung für die Verhandlungen über das notwendige Mindestmaß an Spielraum verfügt. Mit diesem Vorbehalt allerdings hat der Bundesrat im Innenverhältnis regelmäßig das Letztentscheidungsrecht.[136] Anders ist das Erfordernis der Zustimmung der Bundesregierung bei finanziellen Auswirkungen auf den Bund nach Art. 23 Abs. 5 S. 3 GG nicht zu erklären.[137] Die Bindung des Letztentscheidungsrechts an eine 2/3 – Mehrheit des Bundesrates nach dem Ausführungsgesetz dürfte als verfahrenstechnische Einengung, nicht als Erweiterung der Bundesratsbefugnisse von dem Vorbehalt der Regelung des Näheren (nach Art. 23 Abs. 7 GG) gedeckt sein.

Verfassungspolitisch ist es zu begrüßen, daß die – nach den Erfahrungen der Ländermitwirkung bis zum EEAG – auf nationaler Ebene anders kaum zu sichernde offene Flanke der Bundes- und Länderstaatlichkeit gegenüber der europäischen Integration über den Bundesrat einen gewissen Schutz erhält; Behinderungen der Handlungsfähigkeit der Bundesrepublik[138] sind von den beteiligten Organen zu minimieren, im übrigen als Preis des Föderalismus hinzunehmen.

---

[135] So etwa die Gemeinsame Verfassungskommission, BT-Drucks. 12/6000, 23; *Streinz* (Fn. 18) Art. 23 Rdn. 111; auch *Scholz* NVwZ 1993, 823; *ders.* (Fn. 62) Art. 23 Rdn. 129; enger *Pernice* in: H. Dreier (Fn. 23) Art. 23 Rdn. 115.

[136] Str., vgl. nur die Nachw. bei *Streinz* (Fn. 18) Art. 23 Rdn. 108ff.; *Pernice* (Fn.135) Art. 23 Rdn. 113.

[137] So auch *Kunig* in: Verfassungsrecht im Wandel, 1995, 602.

[138] Krit. etwa *Badura* FS Redeker, 1993, 126ff.; *Isensee* VVDStRL 53 (1994) 130f.; *Breuer* NVwZ 1994, 425ff., 427 m.N.; *Dittmann* (Fn. 129) § 205 Rdn. 23; auch schon das Sondervotum *Kewenig* zum Schlußbericht der Enquête-Kommission Verfassungreform, BT-Drucks. 7/5924, 237f.; abwartend *Lerche* FS Schambeck, 1994, 757ff.; positiv *Oschatz/Risse* DÖV 1995, 441ff.; für gute Bewährung bei der Amsterdamer Konferenz *Fischer* ZParl 1998, 56f.

bb) Zur Verantwortlichkeit des Vertreters der Länder nach Art. 23 Abs. 6 GG

Eher theoretische Probleme wirft die Verantwortlichkeit des Vertreters der Länder nach Art. 23 Abs. 6 auf,[139] der trotz dieses Namens ebenfalls ein Bundesorgan ist. Sachgerecht ist allein die (allerdings nicht „parlamentarische") Verantwortung gegenüber dem Bundesrat,[140] an dessen Beschlüsse der Vertreter schon von Verfassungs wegen und nicht erst wegen § 45 i GO-BRat gebunden ist,[141] auch wenn dessen Sanktionsmöglichkeiten auf die Benennung eines anderen Ländervertreters beschränkt sind, dem die Bundesregierung die Verhandlungsführung übertragen müßte.

3. Zu weiteren Bereichen der Bundesratsmitwirkung

Über die in Art. 50 genannten Aufgaben hinaus hat der Bundesrat Anteil an der Regierungs- und der Kontrollfunktion.

a) Zur Teilhabe des Bundesrates an der Regierungsfunktion

Auch ohne die Stellung „eines primären politischen Initiativorgans"[142] ist der Bundesrat doch neben Bundesregierung und Bundestag an der Regierungsfunktion im materiellen Sinne, an der gestaltenden Gesamtleitung des Bundes,[143] beteiligt.[144] Dies gilt schon für seine (nach Art. 76 Abs. 1 GG) auch eigeninitiative Beteiligung an der Gesetzgebung, speziell zudem für seine Mitwirkung bei Haushaltsplanung[145] (Art. 110 Abs. 2 S. 1, Abs. 3 GG) und Konjunktursteuerung[146] (Art. 109 Abs. 4 GG), bei Bundeszwang und Notstandsmaßnahmen gegenüber den Ländern (Art. 37, 35 Abs. 3 S. 2, Art. 91 Abs. 2 S. 2, Art. 87 Abs. 4 S. 2 GG), bei völker-

---

[139] Vgl. etwa *Scholz* (Fn. 62) Art. 23 Rdn. 137; *Pernice* (Fn.135) Art. 23 Rdn. 117; *Streinz* (Fn. 18) Art. 23 Rdn. 119.

[140] Dafür *Lerche* (Fn. 138) 765f.; für Verantwortung gegenüber der Bundesregierung *Lang* Die Mitwirkungsrechte des Bundesrates und des Bundestages in Angelegenheiten der Europäischen Union gemäß Artikel 23 Abs. 2 bis 7 GG, 1997, 245ff.

[141] Vgl. a fortiori aus der Regierungsbindung nach Art. 23 Abs. 5 S. 2 GG *A. Greulich* Der Landesminister als Vertreter der Bundesrepublik Deutschland im Rat der Europäischen Union, 1997, 150.

[142] *Robbers* (Fn. 47) Art. 50 Rdn. 9.

[143] Vgl. zur Regierungsfunktion nur *Stern* (Fn. 6) Bd. II, 1980, 673ff.

[144] Vgl. für die Notwendigkeit solcher Beteiligung schon 1917 *Max Weber*, in: ders., Gesammelte Politische Schriften, 1921, 240.

[145] Vgl. für die Berechtigung des Parlaments, grundlegende Fragen staatlicher Planung selbst durch Gesetz zu entscheiden, BVerfGE 95, 1 (16), unter Hinweis auf die traditionelle Befugnis, den Haushalt zu bewilligen; die Beteiligung des Bundesrates an dieser Plan-Gesetzgebung blieb unberücksichtigt.

[146] Die *Siekmann* (Fn. 91) Art. 109 Rdn. 49, „sachlogische Prärogative der Regierung" nennt.

rechtlichen Verträgen und Verwaltungsabkommen[147] (Art. 59 Abs. 2 S. 1 und 2 i.V.m. Art. 84 Abs. 2, Art. 85 Abs. 2 GG), bei Feststellung und Beendigung des Verteidigungsfalls sowie beim Friedensschluß (Art. 115 a Abs. 1 S. 1, Art. 115 l Abs. 2, 3 GG), auch bei der militärischen (Haushalts-) Planung[148] (Art. 87 a Abs. 1 S. 2 GG).

Über seine erheblichen Mitwirkungsmöglichkeiten hinaus ist der Bundesrat von der Bundesregierung ohne besonderen Anstoß ständig und grundsätzlich umfassend „über die Führung der Geschäfte auf dem laufenden zu halten" (Art. 53 S. 3 GG)[149] und in Angelegenheiten der Europäischen Union umfassend und möglichst früh zu unterrichten (Art. 23 Abs. 2 S. 2).[150] Dem korrespondiert das Recht des Bundesrates, sich mit prinzipiell allen für das Gesamtgemeinwesen bedeutsamen Fragen zu befassen und seine Auffassung durch entsprechende Entschließungen deutlich zu machen.[151] Eine Grenze könnte – wie für die anderen Bundesorgane[152] – allerdings da zu ziehen sein, wo sich der Bundesrat mit Angelegenheiten befaßt, die – wie etwa das Polizeirecht – der alleinigen Kompetenz der Länder unterliegen.[153]

Über die vielzitierte Formulierung *Friesenhahns*, daß die Staatsleitung Regierung und Parlament gewissermaßen zur gesamten Hand zusteht,[154] hinausgehend scheint für das grundgesetzliche Gesamtsystem auf der Bundesebene im Hinblick auf die skizzierte Gesamtstellung des Bundesrates die Kennzeichnung als parlamentarisch-föderales Regierungssystem treffend.[155] Für den Bundesrat ergeben sich daraus allein keine zusätz-

---

[147] Als Elementen der „auswärtigen Gewalt", vgl. *Streinz* (Fn. 18) Art. 59 Rdn.23ff.

[148] Für eine Regierungsaufgabe des Parlaments ausdrücklich BVerfGE 90, 286 (385) im Anschluß an *Quaritsch* VVDStRL 26 (1968) 251, ausdrücklich aber vor allem ebd. S. 252.

[149] Zur grundlegenden Bedeutung dieser Bestimmung s. nur *Reuter* (Fn. 47) Art. 53 Rdn. 33 m.w.N.

[150] Zum Umfang vgl. *Streinz* (Fn. 18) Art. 23 Rdn. 102f.

[151] Vgl. etwa schon *Herzog* BayVBl 1966, 185; *Reuter* (Fn. 47) Art. 50 Rdn. 249f.

[152] Für die insoweit verbleibenden Unsicherheiten vgl. etwa einerseits BVerfGE 77, 1 (44), BVerwGE 87, 37 (46f., 51) andererseits; aus dem Schrifttum einerseits *Isensee* HStR IV, 1990, § 98 Rdn. 195, andererseits *Erbguth* (Fn. 46) Art. 30 Rdn. 33; *Pernice* (Fn. 135) Art. 30 Rdn. 28.

[153] Nicht unproblematisch daher etwa der Entschließungsantrag der Länder Baden-Württemberg und Bayern zur bundesweiten Einführung sogenannter verdachts- und ereignisunabhängiger Kontrollbefugnisse in das Polizeirecht der Länder, BR-Drucks. 648/98.

[154] VVDStRL 16 (1958) 37f.; zur Rezeption etwa *Oldiges* in: Sachs (Fn. 18) Art. 62 Rdn. 28 Fn. 41.

[155] Vgl. etwa *Steffani* ZParl 1978, 233ff.; für eine Erweiterung der „Gesamthand" auf alle beteiligten politischen Organe *Hermes* in: H. Dreier (Fn. 23) Art. 62 Rdn. 33.

lichen Befugnisse, seine richtig verstandene Gesamtstellung kann aber die Behandlung einzelner Probleme beeinflussen.

Dafür nur ein Beispiel: Das Bundesverfassungsgericht hat im Jahre 1994 den Streitkräfteeinsatz nur dem schlichten Parlamentseinfluß unterworfen[156] und so den Bundesrat ausgeschaltet, und zwar unter Berufung auf Art. 59 a GG, der einmal für die Feststellung des Verteidigungsfalls maßgeblich war, allerdings nur von 1956 bis 1968. Die seitdem bei unveränderter Ausgangslage für diese Feststellung gültige Nachfolgebestimmung des Art. 115 a Abs. 1 GG[157] beteiligt demgegenüber das föderative Organ ausdrücklich – ebenso wie die historischen Vorbilder seit 1918[158] und verwandte Bestimmungen des Grundgesetzes, die das Bundesverfassungsgericht gleichwohl für den auf den Bundestag beschränkten Parlamentsvorbehalt angeführt hat.[159] Der Bundesrat hätte mit Rücksicht auf seine Bedeutung für das gesamte Regierungssystem trotz aller praktischen Probleme jedenfalls nicht kommentarlos übergangen werden dürfen.

b) Zu Kontrollfunktionen des Bundesrates

Kontrollfunktionen[160] nimmt der Bundesrat als Mitwirkungsorgan schon durch seine vielfältigen Zustimmungsrechte gegenüber den Organen des parlamentarischen Systems wahr.

Akzentuiert wird die Kontrollfunktion, wo der Bundesrat das Recht hat, die Aufhebung von Akten der Bundesregierung im Katastrophen- oder Notstandsfall zu verlangen, wie allein nach Art. 35 Abs. 3 S. 2, Art. 91 Abs. 2 S. 2 GG, neben dem Bundestag nach Art. 87 a Abs. 4 S. 2 GG. Reformbedürftig scheint hier Art. 115 l GG: Die Möglichkeit, die Beendi-

---

[156] BVerfGE 90, 286 (381 ff.).

[157] Auch diesen zieht BVerfGE 90, 286 (385 f.) als Grundlage für den Parlamentsvorbehalt maßgeblich mit heran, wobei es aber nur eine „Feststellung ... durch das Parlament" und einen „Parlamentsentscheid" erwähnt, nicht aber die dort ausdrücklich vorgeschriebene Zustimmung des Bundesrates.

[158] Vgl. die vom BVerfG zutr. genannten Art. 11 Abs. 2 RV 1871 i.d.F. der Änderung v. 28. 10. 1918 einerseits, Art. 45 Abs. 2 WRV mit seinem Gesetzesvorbehalt andererseits.

[159] BVerfGE 90, 286 (385 ff.) nennt namentlich Art. 87 a Abs. 1 S. 2 GG, der den Bundesrat wegen des Haushaltsgesetzes mitanspricht, Art. 87 a Abs. 4 S. 2 GG, und sogar Art. 35 Abs. 3 S. 2 GG, der gegenüber der Bundesregierung nur den Bundesrat, nicht aber den Bundestag einschaltet. *Kokott* in: Sachs (Fn. 18) Art. 87 a Rdn. 30, verweist ergänzend auf die Wesentlichkeitstheorie, sieht aber auch deren Verbindung zum Gesetz als Handlungsform.

[160] Zum vielschichtigen und unterschiedlich verwendeten Begriff der Kontrolle ausführlich etwa *Meyn* Kontrolle als Verfassungsprinzip, 1982; *Krebs* Kontrolle in staatlichen Entscheidungsprozessen, 1984.

gung des Verteidigungsfalles und die Aufhebung von Gesetzen und Maßnahmen des Gemeinsamen Ausschusses bzw. der Bundesregierung zu beschließen, sollte angesichts der Gefahren jeden Ausnahmezustandes Bundesrat und Bundestag nicht nur gemeinsam, sondern je einzeln zustehen.[161]

An übergreifenden Kontrollmöglichkeiten hat der Bundesrat den erwähnten Unterrichtungsanspruch gegen die Bundesregierung (nach Art. 53 S. 3 GG) und (nach Art. 53 S. 1 GG) – auch in seinen Ausschüssen – das Zitierrecht gegenüber Mitgliedern der Bundesregierung. Ergänzungsbedarf besteht hier trotz gewisser rechtlicher Differenzen in der Praxis nicht;[162] insbesondere ist kein Anlaß, auch für den Bundesrat Untersuchungsausschüsse mit Zwangsbefugnissen vorzusehen.[163]

Jenseits mißbilligender Entschließungen stehen dem Bundesrat aber keine allgemeinen Sanktionsmöglichkeiten zu; insbesondere kann er nicht unmittelbar den Sturz der Regierung bewirken. Eine Erweiterung der diesbezüglichen Möglichkeiten des Bundesrates würde seiner Rolle als unabhängiges föderales Gegenüber des parlamentarischen Regierungssystems nicht gerecht. Es sollte dabei bleiben, daß die Bundesregierung nicht auch vom Vertrauen des Bundesrates abhängig ist,[164] zumal umgekehrt eine Möglichkeit der Bundesregierung, für die Auflösung des Bundesrates oder gar aller Landtage zu sorgen, nicht in das System des Grundgesetzes paßt.[165]

Würde der Bundesrat trotz dieser Ausgangslage in einer kompromißlosen Obstruktions- und Blockadepolitik ausnahmslos alle Gesetze einschließlich des Budgets ablehnen und schlechthin jede notwendige Zustimmung zum Regierungshandeln versagen, um so die Regierung zu stürzen, wäre dies als Rechtsmißbrauch[166] nach dem Grundsatz des organfreundlichen Verhaltens verfassungswidrig.[167] Bei einfacher Mehrheit

---

[161] So *Herzog* in: Maunz/Dürig (Fn. 62) Art. 115 l Rdn. 13, 20.

[162] *Reuter* (Fn. 47) Art. 53 GG Rdn. 27, 36.

[163] Gegen die Zulässigkeit etwa *Robbers* (Fn. 47) Art. 52 Rdn. 18; *Krebs* in: v. Münch/Kunig (Hrsg.), Grundgesetz-Kommentar, Bd. 2, 3. Aufl. 1995, Art. 52 Rdn. 15.

[164] Dafür für die WRV allerdings *Bilfinger* VVDStRL 1 (1924) 54, 59 LS II 5; auch *Triepel* (Fn. 77) 220.

[165] S. rechtsvergleichend für den Bundesrat *Beyme* in: Bundesrat (Hrsg.), Der Bundesrat als Verfassungsorgan und politische Kraft, 1974, 381; für die Landtage *Lehmbruch* (Fn. 83) 138.

[166] Nur für eine Mißbrauchsgrenze etwa auch *Scheuner* DÖV 1972, 591.

[167] Vgl. der Sache nach etwa *Gebauer* FS Benda, 1985, 67 (80); strenger wohl *Schenke* Die Verfassungsorgantreue, 1977, 92f., für jede Zustimmungsversagung aus gesetzesfremden Gründen.

dürften die Befugnisse des Bundesrates auch faktisch kaum ausreichen, um eine von der Bundestagsmehrheit gestützte Bundesregierung handlungsunfähig zu machen und mittelbar zum Rücktritt zu zwingen. Gegenüber einer geschlossenen 2/3-Mehrheit des Bundesrates würde allerdings eine Bundesregierung trotz Kanzlermehrheit im Bundestag in der Tat zu einer unechten Minderheitsregierung, weil gegen den Einspruch des Bundesrates kein Gesetz durchzusetzen wäre.

Für diese bisher nie eingetretene Situation kennt das Grundgesetz keinen spezifischen Ausweg. Die damit den Beteiligten auferlegte Einigungslast geht aber nicht über die Regelsituation in Zweikammer-Systemen hinaus und sollte gegebenenfalls mit einem – über Art. 67 GG oder nach Rücktritt über Art. 63 GG – neugewählten Bundeskanzler verantwortlich zu bewältigen sein; eine andernfalls – nach Rücktritt über Art. 63 Abs. 4 S. 3 oder über Art. 68 GG – mögliche Parlamentsauflösung erscheint nicht unangemessen. Ein Anlaß, etwa nach dem Vorbild der Weimarer Verfassung Volksabstimmungen als Blockadebrecher einzuführen, besteht daher nicht; sie wären in der Breite auch nicht praktikabel und könnten der Komplexität der Problemstellungen kaum gerecht werden. Die im Parlamentarischen Rat vorgeschlagene[168] Beschlußfassung durch eine aus Bundestag und Bundesrat gebildete „Bundesversammlung" scheint schon wegen der numerischen Relation kaum adäquat.

IV. Zum Verfahren des Bundesrates

Zum Verfahren des Bundesrates möchte ich zum Schluß zwei Aspekte der Stimmabgabe ansprechen.

1. *Zur Einflußnahme der Landtage auf die Stimmabgabe im Bundesrat*

Die Instruktion der Bundesratsstimmen ist sinnvolle Voraussetzung der einheitlichen Stimmabgabe nach Art. 51 Abs. 3 S. 2 GG und wird durch die ausdrückliche Freistellung von Weisungen in Art. 53 a Abs. 1 S. 3 Hs. 2 und Art. 77 Abs. 2 S. 3 GG bestätigt. Das Recht zur Instruktion wird auch ohne ausdrückliche Regelung im Grundgesetz traditionsgemäß der jeweiligen Landesregierung zugesprochen.[169] Der weitgehende Verlust ihrer Kompetenzen hat aber die Landtage zu Bemühungen angeregt, Einfluß auf die Vertreter des Landes im Bundesrat zu

[168] Vgl. JöR n.F. 1 (1951) 567 Fn. 10.

[169] Vgl. etwa *Robbers* (Fn. 47) Art. 51 Rdn. 11; *Krebs* (Fn. 163) Art. 51 Rdn. 14.

gewinnen.[170] Ob dies zulässig ist, war schon für die beiden Reichsverfassungen umstritten.[171]

Für das Grundgesetz ist die Diskussion maßgeblich durch das Volksbefragungsurteil des Bundesverfassungsgerichts von 1958[172] geprägt worden, das sich – über den plebiszitären Anlaßfall hinausgehend – gegen die Annahme wendete, „daß das Landesparlament ... zu einem Hineinwirken in die Entscheidungen des Bundesrats befugt sei(en)." Doch sollten die Landtage die von ihnen abhängigen Landesregierungen durchaus für ihre Haltung im Bundesrat zur Rechenschaft ziehen können.[173]

In der Tat nimmt das Grundgesetz die Abhängigkeiten der Landesregierung von ihrem Landesparlament im Rahmen des parlamentarischen Regierungssystems hin; doch muß wegen der Gewaltenteilung die rechtliche Selbständigkeit der Regierung in der Ausübung ihrer Funktionen gewahrt bleiben,[174] zu denen von Grundgesetzes wegen die gesamte Mitwirkung für das Land im Bundesrat gehört.

Danach ist der Landtag berechtigt, rechtlich nicht bindende, aber mit den Sanktionen der parlamentarischen Verantwortlichkeit bewehrte Entschließungen zu allen Bundesratsangelegenheiten zu verabschieden, deren Berücksichtigung durch die Landesregierung im parlamentarischen Regierungssystem (zumindest politisch) nur eine Selbstverständlichkeit ist.[175] Als Teilhaber an der Staatsleitung ist der Landtag nicht auf nachträgliche Stellungnahmen beschränkt.[176]

---

[170] Vgl. zum Problem schon *Schäfer* Der Bundesrat, 1955, 36; dann etwa *Konow* DÖV 1970, 22ff.; *Linck* DVBl 1974, 861ff.; *Friedrich* ZParl 1975, 48ff.; *Ravens* ZParl 1979, 539ff. Heute gibt es teilweise in den Landesverfassungen ausdrückliche Pflichten der Regierung, den Landtag über Bundesratsangelegenheiten zu informieren, teils bestehen diesbezügliche Vereinbarungen, vgl. dazu etwa *Hölscheidt* DÖV 1993, 593ff.; speziell für Europaangelegenheiten vgl. *Dästner* NWVBl 1994, 1(3ff.); als marginal bewertet die Landtagsmöglichkeiten dennoch *Hrbek* APuZ 1997, B 24, 11 (18).

[171] Dafür gegen die zur RV 1871 vorherrschende Auffassung *Laband* Das Staatsrecht des Deutschen Reiches, 1. Bd., 5. Aufl. 1911, 247f. m.w.N.; für ein alleiniges Regierungsrecht auch die h.M. zur WRV, vgl. *Heyland* HdbDStR I, 1930, 571ff. m.w.N.; *Anschütz* (Fn. 41) Art. 63 Anm. 6 mit Fn. 1.

[172] BVerfGE 8, 104 (120).

[173] Dies war auch für *Anschütz* (Fn. 171) bereits „selbstverständlich" gewesen.

[174] Hinsichtlich der Gesetzgebung dagegen allerdings die Enquête-Kommission Verfassungsreform, BT-DR 7/5924, 101f., wo indes weder die Funktion föderaler Mitwirkung bei der Gesetzgebung von der Gesetzgebungsfunktion unterschieden noch bedacht wird, daß die Entgegensetzung von Gesetzgebungs- und Exekutivorganen nur auf dieselbe staatliche Ebene zu beziehen ist; vgl. schon zu Fn. 50.

[175] Vgl. die Nachw. bei *Scholz* (Fn. 11) 836f.; *M. Müller* DÖV 1993, 103ff. Eine Berücksichtigungspflicht bei bestimmten europäischen Angelegenheiten begründet seit 1995 ausdrücklich Art. 34 a Abs. 2 Bad.-Württ.Verf.; für die (verfassungsrechtliche) Begrün-

Eine Differenzierung zwischen den verschiedenen Angelegenheiten des Art. 50 ist vom Grundgesetz her nicht zu begründen; Maßstab ist allein die umfassende parlamentarische Verantwortlichkeit der Landesregierung, die namentlich für Exekutivfunktionen durchgreift. Ausgeschlossen ist auch jede Differenzierung zwischen ausschließlicher und sonstiger Bundesgesetzgebung,[177] denn die Einflußnahme der Landtage hat nichts mit der Verbandskompetenz der Länder zu tun, sondern knüpft allein an die Mitwirkung der Länder an der Gesetzgebung des Bundes in allen ihren Formen an.

Eine neuerdings erwogene Pflicht der Landesregierung zur *„maßgeblichen* Berücksichtigung" der Landtagsauffassung[178] würde eine zumindest prinzipiell strikte rechtliche Bindung begründen. Dies greift über die Möglichkeiten des parlamentarischen Systems hinaus und schränkt die Eigenständigkeit der Regierung gewaltenteilungswidrig ein.[179] Art. 23 Abs. 5 S. 2 GG ist als Vorbild für eine solche Bestimmung untauglich, weil er das völlig anders geartete Verhältnis zwischen Bundesregierung und föderalem Mitwirkungsorgan betrifft; die Parallelbestimmung ist vielmehr Art. 23 Abs. 3 GG, der die Bundesregierung gegenüber dem Bundestag nicht ohne Grund nur zur schlichten Berücksichtigung seiner Stellungnahmen verpflichtet.[180]

Angesichts der vorgegebenen Abhängigkeiten der Landesregierung von den sie stützenden Fraktionen geht es allerdings in der Sache ohnehin weit mehr darum, der Opposition Gelegenheit zu Debatten über Bundesratsangelegenheiten zu geben, als um mehr oder weniger rechtsverbindliche Mehrheitsbeschlüsse des Landtags.

---

dung einer solche Verpflichtung in Bundesratsangelegenheiten der Bericht der Enquetekommission „Künftige Aufgaben des Hessischen Landtags an der Wende zum 21. Jahrhundert", Stand 26. 2. 1998, 37; abl. dazu die Stellungnahme des Chefs der Hessischen Staatskanzlei v. 30. 4. 1998, Az. B 1, S. 9f.

[176] Vgl. speziell für Bundesratsangelegenheiten etwa *Kratzsch* DÖV 1975, 113, 115; zum Meinungsstand *M. Müller* (Fn. 175) 104; allgem. *Krebs* (Fn. 160) 136, 150ff. m.w.N.

[177] Dafür aber *Scholz* (Fn. 11) 845ff.

[178] Vgl. den Bericht der hessischen Enquêtekommission (Fn. 175) 12f., allerdings begrenzt auf bestimmte Europaangelegenheiten; für Nordrhein-Westfalen hatte der Bericht, Teil Zwei (Fn. 66) 73f., wohl gleichbedeutend vorgeschlagen, durch Landesgesetz für bestimmte Bundesratsangelegenheiten die Regierung (prinzipiell) verpflichtende Landtagsbeschlüsse einzuführen.

[179] So auch *Gusy/Müller* DÖV 1995, 264, zu Vorschlägen in Rheinland-Pfalz; anders etwa *Friedrich* (Fn. 170) 56ff.; *Voigt* BayVBl 1977, 100; *Heyen* Staat 21 (1982) 191ff.; auch *Friesenhahn* (Fn. 35) 72 LS 13 hielt Landtagsweisungen für das Bundesratsverhalten der Landesregierung für zulässig.

[180] Vgl. etwa *Scholz* (Fn. 62) Art. 23 Rdn. 98ff.

2. *Zur für Bundesratsbeschlüsse erforderlichen Mehrheit*

Überdacht werden sollte schließlich, ob die Beschlüsse des Bundesrates weiterhin mit absoluter Mehrheit gefaßt werden müssen. Weil dadurch Enthaltungen gleichbedeutend mit der Ablehnung der Anträge sind, wird die Mehrheitsbildung schon strukturell erschwert. Problematisch wird dies dadurch, daß Koalitionsregierungen in den Ländern in Bundesratsangelegenheiten vielfach keinen einheitlichen Standpunkt finden.[181] Ein Stimmensplitting nach Koalitionsproporz[182] scheidet aus, weil es mit der notwendig einheitlichen Stimmabgabe der Länder als staatlicher Einheiten nicht zu vereinbaren ist.

Daher sehen alle geltenden Koalitionsvereinbarungen – wenn nicht gar gelost wird[183] – für den Fall des Dissenses bei Unterschieden im Detail Stimmenthaltung im Bundesrat vor. Dadurch kann im Extremfall ein Beschluß unmöglich werden, obwohl alle Länder, die sich nicht enthalten, dafür sind und keines dezidiert dagegen. Insbesondere bei Zustimmungsgesetzen scheint eine derartige Blockade kaum vertretbar. Würde der Bundesrat mit einfacher Mehrheit entscheiden, könnten die unentschiedenen Landesregierungen ihren neutralen Standpunkt sachgerecht zur Geltung bringen und Anträge passieren lassen, die sie zwar nicht unterstützen, aber ebensowenig vereiteln wollen.

3. *Zur Protokollierung der Abstimmungen im Bundesrat*

Als praktisches Reförmchen möchte ich zum Schluß im Sinne von mehr Transparenz noch anregen, trotz technischer Schwierigkeiten in Zukunft im Bundesrat auch zu protokollieren, wie die einzelnen Länder abgestimmt haben – nach der jetzigen Praxis ist dies anhand öffentlicher Unterlagen in der Regel nicht festzustellen.

V. Resümee

Als Ergebnis läßt sich im Kern Folgendes festhalten:

Der Bundesrat ist ungeachtet seiner Herkunft aus dem konstitutionellen System kein Fremdkörper im demokratischen Verfassungsstaat. Durch die von den Landesvölkern parteiendemokratisch dazu legitimier-

---

[181] Vorhergesehen wurde diese Problematik etwa schon bei *Strickrodt* DÖV 1949, 322.

[182] Wie es allerdings in der Gemeinsamen Verfassungskommission praktiziert wurde, vgl. BT-Drucks. 12/6000, 8; dazu auch *Meyer-Teschendorf* (Fn. 66) 766 Fn. 4.

[183] Vereinbart von SPD und FDP in Rheinland-Pfalz, S. 72; dazu krit. etwa *Zuck* NJW 1997, 297 f.

ten Landesregierungen bringt der Bundesrat kraft föderaler Legitimation die politische Auffassung der Länder als staatlicher Untergliederungen in die gesamtstaatliche Willensbildung ein. Dieser Faktor tritt in abgestufter Intensität neben die Mehrheitsauffassung des parlamentarischen Systems, ohne dessen Handlungsfähigkeit übermäßig zu beeinträchtigen. Ob der Bundesrat seine Bedeutung bei parteipolitischer Übereinstimmung mit der parlamentarischen Regierungsmehrheit behaupten kann,[184] wird die nächste Zukunft zeigen. Für die von der Auszehrung bedrohte Länderstaatlichkeit ist unabhängig davon der Beteiligungsföderalismus in seinem heutigen Ausmaß unverzichtbare Mindestkompensation, solange die Länder nicht über mehr eigenständige Kompetenzen und mehr finanzielle Unabhängigkeit verfügen.[185] Hier, nicht beim Bundesrat müßten Reformen des Föderalismus ansetzen. Vielen Dank für Ihre Aufmerksamkeit.

---

[184] Zu den Problemen dieser Konstellation für die gewaltenteilende Funktion *Maurer* (Fn. 32) 634.

[185] *H.H. Klein* (Fn. 32) 359f. gegen *Lange* (Fn. 32) 195ff.

Leitsätze des 2. Berichterstatters über:

Das parlamentarische Regierungssystem und der Bundesrat -Entwicklungsstand und Reformbedarf -

I. Zur Legitimität des Bundesrats im parlamentarisch-föderalen Verfassungsstaat

1. Das parlamentarische Regierungssystem ist im Grundgesetz nur ein Subsystem der komplexeren Verfassungsorganisation; Beschränkungen seiner Befugnisse zugunsten anderer Organe sind in diesem Gesamtsystem nicht von vornherein rechtfertigungsbedürftige Fremdkörper.

2. Der Bundesrat wirkt kraft spezifisch bundesstaatlicher Legitimation an der Ausübung der Bundesstaatsgewalt mit; eine vom Bundesstaatsvolk abgeleitete demokratische Legitimation braucht er daneben in der gemischten Verfassung nicht.

3. Eine Parlamentssuprematie gegenüber dem Bundesrat ist aus dem Demokratieprinzip, das dem Bundesstaatsprinzip nicht vorgeht, nicht zu begründen. Mehrheit entscheidet nur, soweit das Grundgesetz dies vorsieht.

4. Wesentliches Element der durch den Kompetenzverlust der Länder bedrohten Legitimation der Bundesstaatlichkeit des Grundgesetzes sind auch die Mitwirkungsmöglichkeiten der Länder auf der Bundesebene, die sie durch den Bundesrat im Rahmen des Beteiligungsföderalismus wahrnehmen.

5. Der Bundesrat nimmt seine Befugnisse in gesamtstaatlicher Verantwortung wahr, die von der Mitverantwortung der Länder für das Bundesganze getragen ist. Der Einfluß parteipolitischer Vorstellungen ist im Bundesrat ebenso legitim wie in anderen politischen Organen.

II. Zur Struktur des Bundesrates

6. Die im Grundgesetz keineswegs gegen das parlamentarische Regierungssystem gerichtete Bildung des Bundesrates aus Mitgliedern der Landesregierungen entspricht optimal den Strukturen des deutschen Verbundföderalismus, in dem die Länder als Staaten weitgehend für die Ausführung der Bundesgesetze zuständig sind.

7. Bei einem Senatsmodell würde die Mitwirkung der Länder als solcher zugunsten der politischen Parteien geschwächt; auch eine Beteiligung von Abgeordneten bei der Mitwirkung des Bundesrates an der Gesetzgebung hat keine erkennbaren Vorteile.

8. Die zugunsten der kleinen Länder abgestuft bevölkerungsbezogene Stimmenverteilung im Bundesrat ist als Kompromiß weiterhin ohne überzeugende Alternative. Die Berücksichtigung auch der ausländischen Einwohner ist unbedenklich.

III. Zu den Aufgaben des Bundesrates

9. Der Einfluß des Bundesrates auf die Änderungen des Grundgesetzes, auch im Bereich der Europäischen Union, darf als Ausdruck der Teilhabe der Länder an der Gesamtverantwortung für die Verfassungsordnung nicht verkürzt werden. Soweit dabei Gesetzgebungskompetenzen der Länder übertragen werden, sollte dies an eine Mitwirkung auch der Landtage gebunden werden.

10. Eine Aufwertung des Bundesrates zu einer bei der gesamten formellen Gesetzgebung gleichberechtigten Zweiten Kammer ist im Hinblick auf das Übergewicht der Länder im Bereich der Verwaltung auch aus föderalistischer Perspektive nicht geboten.

11. Die Möglichkeit der Blockade durch den Bundesrat ist bei Zustimmungsgesetzen bis zur Grenze mißbräuchlicher Obstruktion vom Grundgesetz gewollt und prinzipiell unbedenklich. Die Blockade kann die einseitige Durchsetzung strittig gebliebener Vorstellungen der parlamentarischen Regierungsmehrheit verhindern, die bei Mehrheitswechsel nur unter Reibungsverlusten rückgängig zu machen sind.

12. Der grundgesetzliche Zwang zum Kompromiß ist im Sinne einer Mäßigung auf der Basis breiter Zustimmung zu begrüßen. Die gemeinsam zu tragende Verantwortlichkeit ist den Beteiligten vor dem Hintergrund ihrer Ausgangspositionen in je spezifischer Weise zuzuordnen.

13. Die Zustimmung des Bundesrates zu Bundesgesetzen, die den Interessenbereich der Länder als staatlicher Einheiten besonders stark berühren, ist kaum verzichtbar. Die durchweg hieran orientierten grundgesetzlichen Regelungen der Zustimmungsbedürftigkeit gehen daher grundsätzlich nicht zu weit.

14. Der praktisch höchst bedeutsamen Zustimmungsbedürftigkeit nach Art. 84 Abs. 1, 85 Abs. 1 GG kann die parlamentarische Regierungsmehrheit durch Verzicht auf gesetzliche Übergriffe in Organisation und Verfahren der Landesverwaltungen ausweichen und doch ihr sachliches Programm verwirklichen. Änderungen des Grundgesetzes oder seiner Auslegung sind demgegenüber nicht angezeigt.

15. Bei Gesetzen, die die Zustimmung des Bundesrates durch ihren sachlichen Gehalt notwendig machen, bleibt der parlamentarischen Regierungsmehrheit die bundesstaatlich prinzipiell wünschenswerte Alternative, die Regelung den einzelnen Ländern zu überlassen.

16. Die sachlich gebotene Erweiterung der Zustimmungsbedürftigkeit bei Bundesgesetzen, die den Ländern Kosten verursachen, käme der vom Grundgesetz nicht gewollten vollen Gleichstellung des Bundesrates zu nahe; der Ausweg muß hier bei der Finanzverfassung gesucht werden.

17. Für einen vielfach unnötigen „ersten Durchgang" im Bundesrat auch bei Gesetzesinitiativen aus der Mitte des Bundestages zur Verhinderung „unechter Parlamentsinitativen" besteht wohl kein zwingendes praktisches Bedürfnis.

18. Die Praxis des Bundesrates, die Zustimmung zu Rechtsverordnungen mit Maßgaben zu erteilen, begegnet nach der Einführung des seinerseits zu begrüßenden Initiativrechts des Bundesrates keinen durchgreifenden Bedenken.

19. Seit der Neuregelung in Art. 23 GG bestehen keine verfassungsrechtlichen Bedenken mehr dagegen, daß die Länder durch den Bundesrat in Angelegenheiten der Europäischen Union mitwirken; ein Systembruch ist nicht mehr gegeben. Die Mitwirkung des Bundesrates erfolgt in gesamtstaatlicher Verantwortung, auch soweit er nach Art. 23 Abs. 5 S. 2 GG das Letztentscheidungsrecht hat. Der sog. Vertreter der Länder nach Art. 23 Abs. 6 GG ist dem Bundesrat verantwortlich.

20. Neben Bundestag und Bundesregierung ist auch der Bundesrat aufgrund seiner vielfältigen grundgesetzlichen Befugnisse an der Regierungsfunktion beteiligt; seine Teilhabe an der Staatsleitung ist in einzelnen Zusammenhängen, etwa bei der Entscheidung über den Streitkräfteeinsatz, bei der Auslegung der einschlägigen Einzelbestimmungen zu berücksichtigen.

21. Der Bundesrat als unabhängiges föderales Gegenüber der Organe des parlamentarischen Regierungssystems sollte über seine bestehenden Kontrollmöglichkeiten hinaus nicht die förmliche Möglichkeit erhalten, die Bundesregierung zu stürzen. Steht eine Bundesregierung einer oppositionellen Zweidrittelmehrheit des Bundesrates gegenüber, ist die dadurch begründete Einigungslast von den Beteiligten verantwortlich zu bewältigen. Notfalls ist die in solcher Ausnahmesituation mögliche Auflösung des Bundestags nicht unangemessen.

IV. Zum Verfahren des Bundesrates

22. Die Landtage sind berechtigt, für ihre Landesregierungen rechtlich nicht bindende, aber mit den Sanktionen der parlamentarischen Verantwortlichkeit bewehrte Entschließungen zu allen Bundesratsangelegenheiten zu verabschieden; strikt verpflichtende Landtagsinstruktionen sind als Übergriff in grundgesetzlich der Landesregierung übertragene Aufgaben unzulässig.

23. Der Bundesrat sollte mit einfacher Stimmenmehrheit entscheiden können, um unnötige und sachlich nicht angemessene Blockaden durch Stimmenthaltungen von Mitgliedern aus Koalitionsregierungen zu vermeiden.

Das parlamentarische Regierungssystem und der Bundesrat – Entwicklungsstand und Reformbedarf –

Vorsitzender (Thürer): Es ist mir eine Ehre, in unseren Reihen den Herrn Bundesjustizminister begrüßen zu dürfen. Wir sind sehr erfreut darüber, daß er den Weg gefunden hat zurück zu seinen Kollegen in der Vereinigung der deutschen Staatsrechtslehrer. Gestatten Sie mir, daß ich mich nun eingangs persönlich bei Ihnen sehr herzlich dafür bedanke, daß Sie mir den Vorsitz für unsere Aussprache anvertraut haben. Ich wurde seinerzeit in Köln in die Vereinigung aufgenommen, als Herr *Stern* Vorsitzender war. Damals gewann ich zwei Eindrücke: Der erste Eindruck war der, daß die deutsche Staatsrechtslehrervereinigung wohl die größte Ballung von Fachkompetenz auf unserem Gebiet darstellt, die es weltweit gibt. Ich habe noch nirgends so viele so umsichtig vorbereitete und kompetent gestaltete Tagungen miterlebt wie hier im Rahmen der deutschen Staatsrechtslehrervereinigung. Der andere prägende Eindruck, den ich von unserer Vereinigung erfuhr, war der einer „Quasikirche": Das Bild einer Institution, die – verzeihen Sie mir die Ungereimtheiten des Vergleichs! – etwas hierarchisch gestaltet ist mit ihren unsichtbaren „Kardinälen", „Bischöfen" und „Kaplänen", mit ihren „Dogmen" und „Traditionen". In jeder Hinsicht respektiere ich unsere Vereinigung aber sehr und freue mich, daß auch ihre „Minderheiten", nämlich die Österreicher und Schweizer, von ihr so gut aufgenommen worden sind. Diese Großzügigkeit und Offenheit, die unser Zusammenwirken kennzeichnen, sind vielleicht Ausfluß aus dem föderalistischen Geist der drei in meiner Heimat, am Bodensee, zusammenstoßenden Bundesstaaten, womit wir bereits beim Thema der Verhandlungen von heute nachmittag angelangt wären. Unsere Herren Kollegen *Dolzer* und *Sachs* haben mit ihren Referaten eine ganz ausgezeichnete Diskussionsgrundlage geschaffen. In ihrer inhaltlichen Ausrichtung haben sich – so glaube ich – die beiden Referate über weite Strecken gedeckt. Es sind aber auch grundsätzliche Divergenzen zutage getreten. Ein Hauptunterschied ist wohl, daß Herr *Dolzer* in größerem Maße Reformen gefordert hat, wobei seine Zweifel an der Erneuerungsfähigkeit des Systems nicht zu überhören waren; er hat aber nur angedeutet, worin die Reformen bestehen könnten. Herr *Sachs* ist – wie mir scheint – stärker für die Erhaltung des Status quo eingetreten. Er hatte Alternativen für die Ausgestaltung des Zweikammersystems erwogen, etwa eine Mischordnung, eine Senatslösung und andere Modelle, hat diese dann aber verworfen. Was die methodische Gestaltung betrifft, ist mir aufgefallen, daß beide Referate stark dogmatisch orientiert waren. Es war kaum die Rede von Föderalismustheorie, wie sie etwa – zum Teil mit systemkritischen, radikal dezentralen Ansätzen – unter Ökonomen vor allem in angelsächsischen Ländern diskutiert wird. Es hat mich auch erstaunt, daß wenig von der Finanzverfassung die Rede war. Dabei hat Herr *Dolzer* am Anfang auf *Max Weber* hingewiesen, der mit gutem Recht die Auffassung vertreten hatte, daß Inbegriff und Kernstück eines föderalistischen Systems in der Finanzordnung lägen. Interessant war für mich auch, daß die europäische Komponente des Verhandlungsgegenstandes nicht stärker hervorgehoben wurde. Es ist zwar erwähnt worden, daß die „Bundesratslösung" für die Verfassungsdebatte im Rahmen der Europäischen Union Modellcharakter haben könnte. Es war insbesondere auch davon die Rede, wie die Bundesländer wirksam in die Willensbildung der Europäischen Gemeinschaften eingeschaltet werden könnten. Im ganzen aber kam – so scheint mir – die europarechtliche Dimension doch eher zu kurz. Ein für mich erstaunliches Phänomen ist sodann, daß das Paradox nicht stärker hervorgehoben wurde, wonach die Verfassungsordnungen Deutschlands wie auch Österreichs mit dem Bunderat zwar über eine Institution verfügen, die als Verkörperung und Hüterin des föderalistischen Staatsprinzips gedacht war, die in Wirklichkeit aber gerade einen unitaristischen Zug in die Gesamtpolitik des Staates hineinträgt. Denn ist es nicht so, daß etwa die Wahlen zu den Länderparlamenten gerade wegen des institutionellen Einbaus der Gliedstaaten in das Bundesparlament in besonderem Maße in den Sog der die Bundespolitik beherrschenden Themen und Interessen geraten? Ein anderes Element, das in den Referaten vielleicht zu wenig zum Zuge kam, ist die Bedeutung des Bundesrates für den Vollzugsföderalismus. Es scheint mir aber ein großer Vorzug des deutschen und österreichischen Bundesstaatsmodells zu sein, daß hier diejenigen Instanzen bereits in aller Form in das Gesetzgebungsverfahren einbezogen sind, die dann in hohem Ausmaß für die Konkretisierung und Verwirklichung des Bundesrechts verantwortlich sind; die Länderregierungen bringen insofern – den Kreislauf zwischen Rechtssetzung und -umsetzung schließend – eine besondere Sachkompetenz für die Beurteilung der Vollzugstauglichkeit einer Regelung in den Gesetzgebungsprozeß ein. Schließlich ist mir aufgefallen, daß die Referenten mit keinem Wort die Kommunalebene erwähnt haben. Stellen aber nicht auch die lokalen Selbstverwaltungskörperschaften, also die Gemeinden, Städte und Kreise, einen Teil einer weit, das heißt gesamtstaatlich verstandenen föderalistischen Ordnung dar, der zumindest am Rande in unsere Betrachtungen einbezogen werden sollte? Nun eröffne ich, liebe Kolleginnen und Kollegen, die Aussprache. Ich habe bereits eine große Anzahl Wortmeldungen erhalten und versucht, eine gewisse – von allgemeinen zu konkreteren Themen fortschreitende – systematische sachliche Ordnung in den Ablauf unserer Diskussion zu bringen. Es läßt sich dabei natürlich nicht vermeiden, daß dieses Ziel höchstens annähernd erreicht werden kann und meine Anordnungen über den Gang der Aussprache unperfekt sein werden. Ich bitte daher jetzt schon alle diejenigen, die sich – zu Recht oder zu Unrecht – unfair behandelt oder gar vor den Kopf gestoßen fühlen, um Verständnis und, sofern gerechtfertigt, um Verzeihung.

Paul Kirchhof: Herr Vorsitzender, meine Damen und Herren! Erlauben Sie mir zunächst, Ihnen, Herr Vorsitzender, in Ihrer Analyse zuzustimmen, daß wir einen sehr ergiebigen Vormittag erlebt haben. Wir haben Herrn *Dolzer* für eine brillante wirklichkeitsnahe Analyse unserer Bundesstaatlichkeit und für behutsam formulierte, in der Sache gelegentlich auch scharfkantige Reformvorstellungen zu danken. Demgegenüber hat uns – hier würde ich den Kontrast etwas deutlicher sehen als Sie, Herr *Thürer* – Herr *Sachs* eingeladen, das geltende System aus sich heraus zu verstehen und im wesentlichen zu bewahren. Meine Bemerkungen setzen an der Kernthese von Herrn *Dolzer* über den mehrheitsbezogenen Verbundföderalismus und damit über das Problem der zurechenbaren Verantwortlichkeit an. In der Tat liegt hier der Dreh- und Angelpunkt unseres Themas, weil die Verfaßtheit unseres Staates auf die Zuweisung und das Einfordern von Verantwortlichkeiten angelegt ist. Dieses Verantwortlichkeitssystem beginnt beim Rechtsstaatsprinzip, findet eine wesentliche Grundlage im demokratischen Erfordernis der parlamentarischen Legitimation, wird in den Grundrechten und im Haftungsrecht bestätigt und verfahrensrechtlich durch Gerichtsschutz, Rechnungslegung und Rechnungskontrolle gestützt. Auch bundesstaatliche Autonomie, das haben wir heute morgen gehört, will Eigenverantwortlichkeit und Kontrolle gewährleisten. Das Konnexitätsprinzip, das Art. 104a GG jedenfalls für das Verhältnis von Verwaltungs- und Ausgabenverantwortlichkeit regelt und in Art. 104a Abs. 2 GG für das Verhältnis von Gesetzgebungs- und Ausgabenverantwortlichkeit nur unzulänglich definiert ist, soll Entscheidungszuständigkeit, Folgenverantwortlichkeit und Kontrolle einfach und wirkungsvoll einander zuordnen.

Unterstellen wir einmal, es sei gelungen, die Verantwortlichkeiten für einen bestimmten Sach- und Lebensbereich – die Gesetzgebung, die Verwaltung, die Personal- und Finanzhoheit – insgesamt dem Bund oder den Ländern zuzuordnen, bliebe die Kernfrage, wieviel Verschiedenheit innerhalb der Länder wir noch bereit sind zu ertragen. Die Rückgabe von Aufgaben und Befugnissen an die Länder ist nur sinnvoll, wenn die Wahrnehmung dieser Zuständigkeiten zu unterschiedlichen Ergebnissen führen kann. Der bevorzugte Zugang von Landeskindern zu Landeshochschulen war eine gleichheitswidrige Privilegierung, die unterschiedlichen Vergnügungssteuersätze waren gerechtfertigte Ergebnisse bundesstaatlicher Autonomie. Hier scheinen bereichsspezifische Differenzierungen notwendig. Herr *Dolzer* hat insbesondere auf das Hochschulwesen hingewiesen, wo rechtliche Unterscheidungen in erheblichem Maße möglich sind, aber auch die Staatsverschuldung im Zusammenhang mit dem Euro genannt, wo wir sehr zögern würden, Differenzierungen zu erlauben. Wenn Sie, Herr *Sachs,* eine neue Handhabung der Art. 84 und 85 GG vorschlagen, um Verwaltungsorganisation und Verwaltungsverfahren an die Länder zurückzugeben, so möchte ich Sie fragen, wie weit wir angesichts eines auf Vereinheitlichung drängenden Verfahrens- und Gerichtswesens noch bereit sind, hier wesentliche Differenzierungen in der Wirklichkeit des Verwaltens und Rechtsprechens hinzunehmen. Bei der Frage der Kostenbelastung haben Sie darauf hingewiesen, daß der Bund – einschließlich des Zustimmungsvorbehalts für den Bundesrat – verantwortlich sein müsse, wenn Länder mit wesentlichen Kosten belastet werden. Ich frage umgekehrt, welche Einflußmöglichkeiten dem Bund zustehen, wenn die Länder das Gemeinwesen mit wesentlichen – vermeidbaren – Kosten belasten und der Bund diese kostenbelastenden Länderentscheidungen durch Ergänzungszuweisungen oder andere Mechanismen der Finanzverfassung aufzufangen und letztlich im Bundeshaushalt zu kompensieren hat. Schließlich ist zu bedenken, welche Gestaltungsmöglichkeiten Bund und Länder kompetenzrechtlich, haushaltswirtschaftlich und gesetzgebungstechnisch haben, wenn ein kleines Land wegen seiner Unvollständigkeit in der Kleinheit darauf angewiesen ist, von anderen mitgetragen zu werden. Das Bundesverfassungsgericht hat in seiner letzten Entscheidung zum Länderfinanzausgleich auf das Instrumentarium der Neugliederung hingewiesen; dies war eine Analyse des geltenden Verfassungsrechts, nicht der politischen Neugliederungsbereitschaft.

Herr *Dolzer* hat sehr zu Recht nach der Verantwortlichkeit des Bundesrates, insbesondere beim Zustimmungsgesetz, gefragt. Die Mitglieder des Bundestages sind Exekutivorgane, die an der Gesetzgebung mitwirken, obwohl sie dem Bundestag nicht und den Landesparlamenten nur mittelbar verantwortlich sind. Darf diese Entwicklung im Kontext einer Entparlamentarisierung hingenommen werden, die wir gegenwärtig in verschiedenen Rechtsbereichen erleben (und die dort jeweils einen guten rechtfertigenden Grund haben mögen). Beide Referenten haben auf die Gesetzgebung der Europäischen Gemeinschaft durch das Exekutivorgan des Rates hingewiesen. Ich möchte ergänzend daran erinnern, daß das Budgetrecht des Parlaments in wesentlichen Teilen angesichts der Vielzahl der Nebenhaushalte verlorengegangen ist, die zudem das Bundesstaatssystem teilweise konterkarieren. Ich erinnere an die gegenwärtige Diskussion, ob im Währungswesen Sachverstand gegen Parlamentarismus gestellt werden dürfe. Wir haben glücklicherweise das bewährte Modell des Deutschen Bundesbankgesetzes nach Europa exportieren können. Dieser Sachverständigenvorbehalt zu Lasten des Parlaments ist aber – wie das Bundesverfassungsgericht ausdrücklich hervorgehoben hat – nicht verallgemeinerungsfähig. Zudem scheint die Verfassung gegenwärtig mehr und mehr mit finalen Elementen angereichert zu werden, während sie bisher eine instrumentelle Verfassung gewesen ist. Dies hat zur Konsequenz, daß wesentliche Kompetenzen von der Legislative auf die Judikative übergehen, die bisher nur über die Instrumente der Politik – ihre Kompetenzen und die grundrechtlichen Kompetenzausübungsschranken – zu entscheiden hatte, in Zukunft aber bei weiteren verfassungsrechtlichen Staatszielbestimmungen Gefahr läuft, auch über die Ziele der Politik judizieren zu müssen. Verbleiben dennoch wesentliche Funktionen auch auf Landesebene beim Parlament, werden diesem Befund Postulate nach mehr plebiszitären Entscheidungsformen entgegengestellt, dem Parlament also weitere Zuständigkeiten genommen und zu wesentlichen Teilen auf rechtlich nicht streng verantwortliche Frage- und Meinungsmittler verlagert. Diese Gesamtentwicklung ist für unsere Demokratie sehr gefährlich. Mit Blick auf das Bundesstaatsprinzip und den Bundesrat müssen wir uns die Frage stellen, ob diese Entparlamentarisierung nicht schon an die Wurzeln unseres Systems geht. Deswegen möchte ich bitten, die vielfältigen Gedanken der Kritik und der Reform im Hinblick auf die Stellung des Parlaments noch ein wenig zu vertiefen und zu verdeutlichen.

Vogel: Vielen Dank, Herr Vorsitzender, ich bin allerdings kein Kardinal, sondern nur ein emeritierter Landpfarrer. Das Verhältnis der beiden Referate zueinander sehe ich ähnlich wie Herr *Kirchhof*. Wie er würde ich den Gegensatz also etwas schärfer akzentuieren, als Sie, Herr Vorsitzender, das getan haben. Die Botschaft von Herrn *Sachs*, wenn ich sie etwas vergröbert wiedergeben darf, lautete im großen und ganzen doch wohl: Es ist eigentlich alles gut, so wie es ist, mit dem Bundesrat. Mir ist fraglich, Herr *Sachs*, ob Ihre Gründe dafür wirklich immer tragfähig waren. Nur ein Detail: Wenn Sie als Medizin gegen ein zu starkes Blockieren der Bundesgesetzgebung durch den Bundesrat empfohlen haben, der Bundestag möge seine Gesetzgebung zurücknehmen, so klingt das zunächst zwar sehr gut; ich bin auch für Deregulierung. Aber wir haben doch nun auf allen Gebieten eher zu viel Gesetzgebung; auch zur Deregulierung bedarf es eines Gesetzes, und wenn es eine Zustimmungsmaterie ist, dann bedarf dieses Gesetz der Zustimmung des Bundesrates. Wenn der dann die Deregulierung blockiert, führt das zu Immobilismus, und das kann politisch kaum wünschenswert sein.

Ich sehe deswegen die Situation eher so wie Herr *Dolzer*, der seine Kritik ja behutsam, aber deutlich angemeldet hat. Was sein Referat angeht, möchte ich nur eine Bemerkung zum Ausdruck Wettbewerbsföderalismus machen. Wir assoziieren ja mit dem Wort Wettbewerb heute sehr leicht den Verdrängungswettbewerb zu Lasten des Mitwettbewerbers. Wettbewerb kann aber auch sein: ein Wettbewerb der Ideen, der Lösungen, der Versuche, bestimmte Probleme zu bewältigen. Ein Wettbewerb der Länder in diesem Sinne schiene mir durchaus wünschenswert. Zur Zeit haben wir die Tendenz, solch einen Wettbewerb eher zu unterdrükken. Im Kultuswesen kastrieren sich die Länder im Grunde selbst, das ist ja schon erwähnt worden, dadurch daß sie sich an die Beschlüsse der Kultusministerkonferenz binden. Im Finanzausgleich gibt es zumindestens keine Prämien auf eigenständige Lösungen. Er bringt die Länder trotz unterschiedlicher Einnahmen auf ein am Ende ziemlich einheitliches Niveau; womöglich stehen diejenigen, die besser gewirtschaftet haben, am Ende sogar als die Benachteiligten da.

Stern: Herr Vorsitzender, verehrte Kolleginnen und Kollegen, beide Referenten haben das parlamentarische und föderative System mit dem Bundesrat im Zentrum als bewährte und sinnvolle Einrichtungen dogmatisch begründet, legitimiert und den Bundesrat, was ich außerdem als positiv hervorheben möchte, weggeführt vom Parlament der Oberregierungsräte, von dem *Theodor Heuss* einmal gesprochen hat. Sie haben dargelegt, daß es sich um eine genuin politische Institution handelt für das Element Land – das war Ihre Formulierung, Herr *Dolzer*. Man kann sagen, das war so zu erwarten bei verfassungstreuen und konservativen Staatsrechtslehrern.

Wie mir scheint, ist aber ein Punkt: Was ist die Motivation für die Entscheidungen im Bundesrat? Ist es ein stärker parteipolitisches Element oder sind es Landesinteressen?, zu kurz gekommen. Wenn ich es richtig gesehen habe, haben beide Referenten eine solche Akzentuierung der jeweiligen Entscheidung im Bundesrat nach beiden Richtungen hin für legitim gehalten. Das wirft natürlich sofort die schon angesprochene Frage der Zurechenbarkeit der Verantwortlichkeit auf. Wenn wir die Praxis betrachten, dann ist es doch bei strittigen Gesetzen in der Regel der Vermittlungsausschuß, auch als dritte Kammer bezeichnet, der letztlich die Entscheidungen trifft. Das sind zwar, wie mit Recht gesagt worden ist, nicht viele strittige Fälle, aber in den großen Auseinandersetzungen war es jeweils der Vermittlungsausschuß, der zurechenbar verantwortlich gemacht wurde. Wenn man ins Auge faßt, daß dieses Gremium paritätisch aus Bundestagsabgeordneten und Mitgliedern des Bundesrates besetzt ist, sind letztlich beide gesetzgebenden Körperschaften verantwortlich, zumindest kann man die Verantwortung bei dieser Lage jeweils dem einen oder anderen zuschieben.

Sie haben bei der Rechtfertigung des Bundesrates erinnert an das „legendäre Frühstück" von Ministerpräsident *Ehard* für Bayern und die CSU sowie *Walter Menzel*, dem Innenminister des Landes Nordrhein-Westfalen, die die Entscheidung des Grundgesetzes mit ihrem Kompromiß wesentlich vorbestimmt haben – gegen den Willen mancher in der CDU, mancher in der SPD und der FDP sowieso, die mehr unitarische Elemente wollten. Ich glaube nicht, daß beide Politiker damals mit dem Gedanken der „gemischten Verfassung", die ja eigentlich im Hintergrund der Verbindung von parlamentarischem Prinzip und föderativem Prinzip steht, gedacht haben. Aber das ist der eigentliche Legitimationsgrund, der unseren staatsrechtlichen Theorien mit Blick auf den Bundesrat zugrundeliegt. Wenn wir also in diesem Punkt übereinstimmen und das als eine sinnvolle Deutung der staatsrechtlichen Gegebenheiten ansehen, dann meine ich doch, es müßte sich ein kleines Unbehagen einstellen, wenn wir unsere Institutionen in der Gegenwart betrachten. So jedenfalls geht es mir. Sind wirklich unsere Institutionen und ihre verfassungsrechtliche Rechtfertigung für die Zukunft noch tauglich? Insbesondere in einem dichter werdenden Europa, das immer mehr Kompetenzen an sich zieht und selbst die darunter liegenden Institutionen, also die Mitgliedstaaten und ihre Untergliederungen, in ihren Kompetenzen entleert. Ich glaube, wir haben hier an die Reformbedürftigkeit des Systems doch einige Fragen zu stellen. Wer im Ausland mit Kollegen oder Politikern aus anderen Ländern spricht, wird hören: Was ist mit den Deutschen los? Warum geht es in diesem Land mit Reformen nicht voran? Ist es eine Frage der Personen oder der Institutionen? Wären es nur die Personen, wäre es relativ einfach. Über sie entscheiden die politischen Parteien und die Wahlen durch das Volk. Aber bei den Institutionen sind auch wir Staatsrechtslehrer gefordert und müssen fragen: Sind unsere Institutionen zukunftstauglich? Ich will nicht das Stichwort aufgreifen, das vor 25 Jahren gefallen ist – ich weiß jetzt nicht mehr von wem –: die Frage der Regierungsfähigkeit. Aber die Reformfähigkeit bleibt ein Problem in unserem Lande, und angesichts dieser Situation meine ich, sind die Referenten doch im großen und ganzen mit ihren Reformvorschlägen sehr zurückhaltend gewesen. Die Frage stellt sich: Können wir es als Staatsrechtslehrer damit bewenden lassen?

Ich komme noch einmal zu dem Thema Verantwortlichkeit, zurechenbare Verantwortung, wie Sie es genannt haben, Herr *Dolzer*. Wo kann man die Verantwortung festmachen im Bundesrat bei 16 Ländern? Wo kann man die Verantwortung festmachen im Vermittlungsausschuß? Das alles sind Punkte, die die Festlegung der Verantwortung schwieriger gestalten in dieser Institution. Bei Bundestag und Bundesregierung ist es leichter. Da kann man sie am Parlament und seiner Mehrheit festmachen; Bundesregierung, Bundeskanzler, Bundesminister sind dem Parlament verantwortlich. Aber wie ist es hier? Wie ist es z.B. in der Frage – um jetzt einen kleinen Vorgriff auf Europa zu machen –, wenn ein Mitglied des Bundesrates und der Länderregierungen in europäischen Gremien teilnimmt? Wem ist er dann verantwortlich? Herr *Sachs*, Sie haben gesagt, dem Bundesrat ist er verantwortlich. Gut. Aber auf wen kann das dann wieder zurückgeführt werden, die Länder und ihre Parlamente? Obwohl es eine Entscheidung ist, die natürlich von Bundes wegen von größter Bedeutung ist? Dem Bundestag jedenfalls ist der Landesminister nicht verantwortlich. Also insoweit ist die Frage von Reformvorschlägen durchaus angebracht.

Herr *Sachs* hat einen mir interessant erscheinenden Reformvorschlag gebracht. Aus der Weimarer Republik hat er entlehnt, daß, wenn Konflikte zwischen Reichstag und Reichsregierung entstanden sind, der Reichspräsident das Ganze zum Volksentscheid stellen kann. Herr *Sachs* hat die Übernahme dieser Regelung dann verworfen. Aber man sollte, meine ich, über den Vorschlag doch etwas genauer nachdenken.

Ich erwähne noch einen weiteren Punkt, den wir in die Reformdebatte einführen müssen: die Neugliederung. Herr *Nierhaus* wird sich noch erinnern: Vor drei Jahren war es wohl, daß wir in diesem Saal über Neugliederung diskutiert haben. Jeder weiß, das Thema könnte erledigt sein. Aber ich glaube, wir müssen es dennoch auf der Tagesordnung halten, denn so wie es derzeit mit den 16 Ländern bestellt ist, insbesondere wenn ich das Thema Finanzverfassung, Finanzausgleich miteinbeziehe, ist es eine ungute Situation. Ich habe Bedenken, wenn jetzt in der Klage der bayerischen und baden-württembergischen Regierung wiederum das Bundesverfassungsgericht die Kastanien aus dem Feuer holen muß, weil die Politik sich nicht einigen und Veränderungen nicht durchführen kann. Ich bekenne hier ganz ehrlich, ich habe auch keine Lösungsvorschläge. Die Enquete-Komission Verfassungsreform hat in ihrem Schlußbericht von 1976 gesagt, es ist im wesentlichen alles in Ordnung. Die Gemeinsame Verfassungskommission hat 1994 gesagt, es ist alles in Ordnung. Aber ich glaube, wir sollten manche Strömungen, die in der breiten Öffentlichkeit unter Politikern und unter Wirtschaftswissenschaftlern erörtert werden, doch aufgreifen und in unsere Diskussion einbeziehen.

Ich halte es nicht für ganz verkehrt, das, was Herr *Waigel* mit dem Trennprinzip neulich gesagt hat, zu diskutieren: Die Steuerkompetenzen beim Land oder beim Bund und dann etwa Zuschlagsrechte für die Länder, so ganz verkehrt ist das Ganze nicht. Die Einheitlichkeit der Lebensverhältnisse steht dem nicht entgegen. Denn es ist nicht so, daß die Einheitlichkeit der Lebensverhältnisse in Art. 72 und in Art. 106 GG immer als ein Prinzip angesehen werden muß, das unzweideutig zu einer Vereinheitlichung führen muß. Im Gegenteil, in Art. 72 GG war die Einheitlichkeit der Lebensverhältnisse vielmehr als Schranke für die Bundesgesetzgebung gedacht. Vielen Dank.

Grimm: Meine Damen und Herren, nach den beiden Referaten, die wir heute morgen gehört haben, scheint auch mir die Grundfrage darin zu bestehen, ob wir einen reformbedürftigen Föderalismus haben oder nicht. Herr *Dolzer* hat die Frage bejaht, Herr *Sachs* hat sie im wesentlichen verneint. Dahinter mögen auch unterschiedliche methodische Zugriffe auf das Thema gestanden haben. Nach meinem Eindruck ist Herr *Dolzer* eher von einem funktionalen Ansatz ausgegangen und hat sich die Frage gestellt, ob die Institutionen die ihnen zugedachte Funktion unter den gegenwärtigen Bedingungen noch gut erfüllen können und der Funktionszusammenhang zwischen ihnen gewahrt bleibt. Herr *Sachs* hat sich – etwas positivistischer – auf die Annahme zurückgezogen, wenn der gegenwärtige Zustand in der Verfassung selbst angelegt sei, könne er unter Verfassungsgesichtspunkten nicht als problematisch angesehen werden.

Für beide Antworten lassen sich Gründe anführen. Es ist nicht etwa so, als lägen die Nachteile nur auf seiten des gegenwärtigen Verbundföderalismus und die Vorteile nur auf seiten des klassischen dualistischen Föderalismus. Das gegenwärtige System hat sicher den Vorteil einer größeren Konsensbreite für die am Ende beschlossenen politischen Maßnahmen. Damit geht auch eine größere Integrationskraft einher. Mehr Gruppen können sich in den Entscheidungen wiederfinden, jedenfalls mit Anteilen der von ihnen bevorzugten Lösung. Vielleicht wird man als Vorteil auch verbuchen können, daß auf diese Weise Radikallösungen vermieden werden. Unter den Nachteilen ist insbesondere auf die erschwerte Lokalisierbarkeit von Verantwortung hingewiesen worden. Jeder kann die Erfolge von Verbundentscheidungen für sich reklamieren und die Nachteile auf die andere Seite abschieben, ohne daß kontrollierbar ist, wer dabei Recht hat – mit allen Konsequenzen für die Wahlentscheidung. Als Wähler kann man in Verbundsystemen schlechter als in Konkurrenzsystemen die in den vergangenen vier Jahren erbrachte Regierungsleistung beurteilen und für die kommenden vier Jahre die politische Richtung bestimmen. Zu den Nachteilen rechnen ferner die Intransparenzen des Verbundföderalismus. Es ist heute gesagt worden, glücklicherweise tage der Vermittlungsausschuß geheim. Zwar mag der Erfolg der Vermittlungsbemühungen davon abhängen, daß er geheim tagt. Aber unter demokratischen Gesichtspunkten kann es kaum als Idealzustand gelten, daß die entscheidende Etappe der Gesetzgebung vor dem Publikum verborgen werden muß. Die Verlagerung weg vom Parlament in Exekutivgremien ist bereits beklagt worden. Auch eine gewisse Innovationsscheu gehört sicherlich zu den Nachteilen. Letztlich wird darüber, ob man dieser oder jener Föderalismusform den Vorzug gibt, wohl das Demokratieverständnis, das man mitbringt, entscheiden: stärker input- oder stärker output-, stärker konsens- oder stärker konkurrenz-orientiert. Also, mit Herrn *Sachs*: besser gar kein Gesetz als eins, das sich nachher als schlecht erweist, oder umgekehrt: besser ein Gesetz, das sich nachher als schlecht erweist, als der Immobilismus.

Ich würde aber gern einen Gesichtspunkt hinzufügen, der in den Referaten keine Rolle gespielt hat, für die Antwort aber von Bedeutung ist. Es kann ja gut sein, daß in Zeiten, in denen die Politik sich weitgehend an Routinefragen abzuarbeiten hat, der Verbundföderalismus mit seiner höheren Konsensbreite und seiner größeren Integrationskraft eine geeignete Gestaltungsweise ist. Es stellt sich aber die Frage, ob er es auch in Zeiten sein kann, die größere Herausforderungen an die Politik richten. In solchen Zeiten leben wir im Augenblick. Es gibt eine Kumulierung an Großproblemen, die sich aus der Auflösung des Ost-West-Gegensatzes, aus der Globalisierung der Wirtschaft, aus dem immer deutlicher werdenden Zerfall von Integrationsinstitutionen innerhalb der Gesellschaft ergeben. In solchen Zeiten hängt die Zukunft eines Landes von seiner Anpassungs- und Reformfähigkeit ab. Dafür erweist sich jedoch die gegenwärtige Konstruktion unseres Verbundföderalismus mit dem Bundesrat als zentralem Scharnier, von dessen Zustimmung alle gewichtigen Reformvorhaben abhängen, als ein Hindernis. Die Frage ist, wie viel von dem Reformbedarf, der daraus folgt, verfassungsdogmatisch zu decken ist und wieviel nur verfassungspolitisch gedeckt werden kann. Meines Erachtens ist der Raum für verfassungsdogmatische Reaktionen schmal. Auch die Referate haben nicht viel mehr als das vom Bundesverfassungsgericht extensiv interpretierte Zustimmungsrecht des Bundesrats nennen können. Mit einer Revision dieser Rechtsprechung wäre zwar etwas gewonnen, aber nicht sehr viel. Wie Herr *Dolzer* sehe ich den Schlüssel der Problemlösung deswegen vor allem in einer Umkehrung der Tendenz, das Zustimmungsrecht des Bundesrats im Wege der Verfassungsänderung immer weiter über den Bereich genuiner Länderinteressen hinaus auszuweiten. Es müßte wieder dem ursprünglichen Zustand angenähert werden. Daneben sollte die Finanzverfassung Aufmerksamkeit finden, die vielleicht in beiden Referaten etwas zu kurz gekommen ist. Ich selber denke dabei allerdings weniger an den meist diskutierten Länderfinanzausgleich, sondern mehr an eine Ausweitung der Steuergesetzgebungskompetenz der Länder, weil das Maß ihrer politischen Autonomie davon abhängt.

Wenn der Akzent auf Verfassungspolitik und nicht auf Verfassungsinterpretation liegt, sind allerdings die Erfolgsaussichten schlecht, denn die Nutznießer des gegenwärtigen Zustands müßten seiner Änderung zustimmen. Es scheint aber, als hätten sich alle Parteien verhältnismäßig gut in diesem System eingerichtet. Das darf uns als Wissenschaftler und wissenschaftliche Vereinigung freilich nicht daran hindern, die Reformnotwendigkeiten zu formulieren. Es ist nicht unsere Funktion, die Bestimmung des Reformbedarfs an den Durchsetzungsschwierigkeiten auszurichten, sondern die verfassungspolitischen Maßstäbe zu benennen. Völlig aussichtslos ist das nicht, denn vielleicht läßt sich den politischen Akteuren doch klarmachen, daß am Ende, wenn die Dinge so bleiben wie sie sind, nicht eine Partei den Preis zahlt, sondern das politische System in seiner Gesamtheit.

Frowein: Herr Vorsitzender, meine Damen und Herren, die beiden brillanten Referate haben in einer besonders fruchtbaren Spannung in der Analyse unterschiedliche Akzente gesetzt, in den Ergebnissen dagegen wahrscheinlich, aber das bedarf vielleicht noch der Klärung, relativ wenig Unterschiede aufgewiesen. Wenn man sich daran erinnert, daß wir in Deutschland Anfang der 70er Jahre über eine bindende Gesamtplanung für Bund und Länder diskutiert haben und eine Reihe von Kollegen der Meinung waren, daß das mit dem Bundesstaatssystem vereinbar wäre, dann kann man sehen, wie die historische Entwicklung die Fragestellung grundlegend verändert. Beide Referenten haben die unterschiedliche Legitimation von Bundestag einerseits und Bundesrat andererseits natürlich nicht bestritten. Herr *Sachs* hat einige, so scheint mir, systemkonträre Fragen aufgestellt, aber dann auch alle beantwortet im richtigen Sinne etwa der Frage einer Verantwortlichkeit vor dem Bundesrat und ähnliches. Wenn es richtig ist, daß es hier eine unterschiedliche Legitimation gibt, dann fragt sich doch, ob diese Legitimation nicht zur Geltung gebracht werden muß in der Art, wie die Kompetenzen ausgeübt werden. Hier sind wir uns alle darüber klar, daß Parteiensysteme natürlich auch legitimerweise dazu tendieren müssen, solche Unterschiede aufzulösen, ja zu unterlaufen. Und dieses ist in eindrucksvoller Weise herausgestellt worden, insbesondere von Herrn *Dolzer.* Ich möchte in diesem Zusammenhang nur darauf hinweisen, daß man die in These 13 von Herrn *Dolzer* vertretene Meinung, daß die politische Entscheidungskraft weitgehend auf die Bundesebene übergegangen ist, auch mit einem gegenläufigen Beobachtungsbefund ergänzen sollte, daß die bei uns entstandene Situation großen Ländern, wenn sie parteiübergreifend zusammenarbeiten, einen ungeheuren Einfluß gibt. Die Achse München/Düsseldorf hat in den letzten Phasen der Geschichte der Bundesrepublik Deutschland unter unterschiedlichen Koalitionen enorme Wirkungen hervorgerufen. All dieses ist unbezweifelbar, aber es ist nicht leicht zu sehen, was man eigentlich dagegen tun könnte. Wenn man sowohl die Länderneugliederung für völlig illusionär hält, wie ich es tue, als auch eine ernsthafte Möglichkeit einer Verfassungsänderung, die Zustimmungsrechte abbaut, zumindest nur bei einem Glücksfall in nächster Zeit für denkbar hält, scheint mir alles darauf anzukommen, daß wir als Staatsrechtslehrer uns stärker um die Ausübung des Zustimmungsrechtes des Bundesrates kümmern. Das, was sich in den beiden Thesen *Dolzer* 25 und *Sachs* 11 ein bißchen versteckt findet, ist noch stärker zu erörtern, und ich darf die beiden Referenten darum bitten. Die Verfassungsdogmatik, die die Zustimmungsposition aus der bundesstaatlichen Rolle gewissermaßen dem Demokratieprinzip unterordnet, ist weiter zu erläutern, ebenso wie das, was Herr *Sachs* als Mißbrauch in These 11 formuliert. Wenn man ein bißchen versucht, über die Grenzen zu gucken, dann ist das ein Bereich, wo constitutional conventions im englischen Sinne die Hilfe bringen könnten. Wenn der Konsens bestünde, daß der Bundesrat nicht in der Lage ist, aus reiner Parteipolitik Obstruktion zu betreiben, dann wäre damit viel gewonnen. Statistisch ist es wohl immer noch richtig, und das ist auch erwähnt worden, daß die Fälle selten sind, wo man dieses festmachen kann. Aber ich glaube, sie haben zugenommen, und sie haben sich in der allgemeinen Politik als etwas geradezu Normales eingestellt, und ich glaube, dagegen muß Front gemacht werden. Die Referenten haben es getan. Wir alle, meine ich, müßten es tun. Das Bundesverfassungsgericht hat vielleicht auch hier wieder eine von uns gelegentlich kritisch gesehene Rolle zu übernehmen. Für den Bundesstaatsbereich ist das wichtig, und ich bin nicht sicher, daß der so wichtige Gedanke des Wettbewerbsföderalismus, der jetzt mehrfach erwähnt worden ist, etwa in der Abfallentscheidung des Bundesverfassungsgerichts ausreichend berücksichtigt worden ist. Ich danke Ihnen.

Eckart Klein: Ich möchte Bemerkungen zu drei Punkten machen. In Stichworten: erstens zur Stellung des Bundesrats als Bundesorgan, als gesamtstaatliches Organ, zweitens zur Rolle des Bundesrats als Integrationsorgan und drittens zur Frage Bundesrats- oder Senatslösung. Zuvor aber möchte ich viel Zustimmung verkünden zu den beiden Referaten. Ich fand beide in ihrer Geschlossenheit sehr beeindruckend und zu vielen einzelnen Punkten, von denen ich nur ganz wenige geradeheraus nenne, möchte ich große Zustimmung signalisieren. Dabei handelt es sich, was Herrn *Dolzers* Referat betrifft, um das, was er zu den Auswirkungen der gegenwärtigen Entwicklung auf das Gefüge der Gewaltenteilung und zur Verflüchtigung der Verantwortung und Verantwortlichkeit gesagt hat, und um seine Überlegung zu der wichtigen Frage: Ist der deutsche Föderalismus ein Vorbild für den europäischen Zusammenhang? Was das Referat von Herrn *Sachs* betrifft, bin ich sehr einverstanden mit dem, was er zur Frage des Mehrheitsprinzips geäußert hat, und was er zur Ablehnung von Koalitionsvereinbarungen über das Stimmverhalten im Bundesrat gesagt hat, insbesondere über die Enthaltungslösung; ganz und gar inakzeptabel – Stichwort Verantwortung – ist es, wenn man sich zu einem Losentscheid verabredet.

Nun aber zu den drei angekündigten Punkten. Bundesrat als Bundesorgan: Auch wenn der Bundesrat natürlich aus den Ländern gespeist wird, ist er auf der Gesamtstaatsebene präsent. Diese Präsenz und Mitwirkung auf dieser Ebene ist seine Aufgabe. Beides, Ländergeprägtheit und Gesamtstaatsorgan, läßt sich theoretisch vereinbaren, in vielen Fällen wird sich das aber in der Praxis stoßen. Mich hat interessiert, daß Herr *Dolzer* in diesem Zusammenhang gemeint hat, die ursprüngliche Vorstellung vom Bundesrat im Jahr 1949 sei gewesen, er habe die spezifischen Landesinteressen wahrzunehmen. Kann ein gesamtstaatliches Organ aber dazu da sein, ausschließlich oder jedenfalls primär spezifische Landesinteressen zum Ausdruck zu bringen? Gewiß, es sind die Länder, aus denen die Mitglieder des Bundesrates kommen. Sie vertreten die Länder. Aber kann man wirklich die länderspezifischen Interessen so herausstellen, ohne ein Wort zu sagen zu dem, was das gesamtstaatliche Interesse ist, für das dieser Bundesrat ja auch da sein muß? Es mag sein, daß sich das Gesamtstaatsinteresse zu einem großen Teil aus den Einzelländerinteressen definiert. Aber dann müßte zu dieser Konstruktion irgend etwas gesagt werden, um schlüssig darlegen zu können, daß es ausgerechnet die Aufgabe eines Bundes-, eines gesamtstaatlichen Organs ist, spezifische Länderinteressen zum Ausdruck zu bringen. Hier fehlt mir irgendwo ein Glied in der Argumentationskette. Ist es nicht vielmehr so, wie wenn Mitglieder der Bundesregierung und der anderen nationalen Regierungen in Brüssel im EU-Rat zusammentreten, die natürlich auch aus ihren Ländern kommen, aber gleichwohl dabei das europäische Gesamtwohl nicht aus dem Auge verlieren dürfen, das gesamteuropäische Interesse, das ja irgendwie zurückwirken muß auch auf das Verständnis des länderspezifischen Interesses. Diese Verkoppelung von Gesamt- und Einzelinteresse ist mir nicht deutlich genug zum Ausdruck gekommen. Mehr in diese Sicht des Bundesrates als gesamtstaatliches Organ, als Bundesorgan, paßt das, was Herr *Sachs* gesagt hat und was weitgehend unbestritten ist, daß die Landesparlamente den Vertretern des Landes im Bundesrat keine rechtlich bindenden Weisungen auf den Weg geben können. Ich erinnere mich, wir hatten eine Diskussion auf der Tagung in Mainz, als es hierzu eine Kontroverse zwischen dem damaligen Referenten, Herrn *Schweitzer,* und mir gab. Herr *Schweitzer* hatte damals gemeint, solche bindenden Weisungen seien zulässig. Ich war anderer Meinung und habe natürlich gerne gehört, Herr *Sachs*, daß Sie diese Ansicht teilen.

Zweiter Punkt: Bundesrat als Integrationsorgan. Wir sind hier in Potsdam und damit in einem der sogenannten neuen Länder. Dieses Stichwort ist nur ganz peripher einmal in einer Bemerkung von Herrn *Dolzer* aufgetaucht, als er von der Einheitsstiftung oder Stiftung zur Einheit sprach. Dieser Punkt, glaube ich, sollte hervorgehoben werden, auch im Hinblick auf die aktuelle Rolle des Bundesrates. Man sollte einmal genauer untersuchen, welche einheitsstiftende Rolle der Bundesrat gerade auch für die neuen Länder gespielt hat. Etwa im Hinblick auf die Formulierung spezifischer Anliegen oder Bedenken, die sich auch der Gesamtstaat zunutze machen sollte, oder etwa im Verhältnis zum Parlament, das natürlich viel stärker als der Bundesrat durch parteipolitische Einbindungen geprägt ist, obwohl wir gehört haben, daß dies auch im Bundesrat ein Problem ist. Die ganze Art der Diskussion, die Art und Weise, wie man im Bundesrat miteinander umgeht, wie die Sitzungen vorbereitet werden, all das könnte darauf hindeuten, daß der Bundesrat gerade in diesem Kontext eine außerordentlich wichtige Rolle gespielt hat und vielleicht immer noch spielen kann.

Letzter Punkt: Senatslösung. Wenn ich das richtig verstanden habe, haben beide Referenten dieser Überlegung – es wäre wahrscheinlich auch ganz unrealistisch, wenn man sie jetzt fordern würde – eine Absage erteilt. Ich möchte dem nicht widersprechen, aber ich habe eine Frage an Herrn *Dolzer.* Sie hatten gemeint, daß eine solche Senatslösung gerade die von Ihnen, ich glaube zu Recht, konstatierte und kritisierte mehrheitliche Verbundbeteiligung stärken würde. Ich bin da nicht so ganz sicher, ob das der eigentliche Grund sein kann, diese Konzeption abzulehnen. Ich sehe in einer Senatslösung eher eine Personalisierung der Entscheidungsfindung, gleich ob diese Personen vom Landesparlament gewählt werden oder unmittelbar durch das Landesvolk. Jedenfalls führte das Senatsmodell zu einer stärkeren Personalisierung, die deutlicher in Konkurrenz zu dem Parlament und dessen unmittelbarer gesamtstaatlicher Legitimation treten würde. Diese Personen, die Senatoren, wären wahrscheinlich weniger einfach in das Schema Mehrheit/Minderheit einzuordnen. Ich würde in dem Punkt eher Herrn *Sachs* folgen wollen, weil auch ich meine, daß das entscheidende Argument gegen die Senatslösung das ist, daß sie die Länder nicht stärken würde.

Rudolf: Herr Vorsitzender, beide Referenten haben in ihren vorzüglichen und auch sehr ausgewogenen Referaten nicht Kritik an der Art und Zusammensetzung des Bundesrates geübt, was eigentlich erstaunlich ist; denn seiner Herkunft nach ist dieser Bundesrat nicht erst 1871 entstanden, sondern er ist älter. Er folgt aus den entsprechenden Organen des Rheinbundes bzw. des Deutschen Bundes. Das merken Sie beim Bundesrat von 1871 bis in die Zusammensetzung, wo Preußen nicht nur seine eigenen alten Stimmen hatte, sondern auch die Stimmen der von ihm annektierten Länder. Er ist ein Gesandtenkongreß, und er ist sehr viel mehr der Generalversammlung der Vereinten Nationen vergleichbar als dem amerikanischen Senat. An dieser Kongreßlösung wollen die Referenten nicht rütteln. Aber mit Recht sagt Herr *Dolzer*, der Solidaritätsgedanke müßte stärker zum Ausdruck gebracht werden. Nun zur Frage des Verlustes an demokratischer Substanz. Natürlich ist ein Verlust an demokratischer Substanz eingetreten. Man kann aber auch de lege lata meines Erachtens diesen Verlust an demokratischer Substanz vermindern. Da ist zunächst einmal die Möglichkeit, hinsichtlich des Zustimmungserfordernisses die Rechtsprechung unseres Bundesverfassungsgerichts zu ändern. Wir hatten ja schon die Situation, daß aufgrund der Rechtsprechung des Bundesverfassungsgerichts die Zahl der Zustimmungsfälle rapide heruntergegangen ist. Wir haben außerdem die Möglichkeit, jetzt in einigen Ländern z.B. in allen europäischen Angelegenheiten die Landesparlamente mit einzuschalten. Wir haben in einigen Ländern die Regel, daß die Landesparlamente eingeschaltet sind bei der Frage der Willensbildung im Bundesrat hinsichtlich europäischer Angelegenheiten, wobei auf der anderen Seite festgestellt werden muß, daß die Neigung der Landesparlamente, sich hier einschalten zu lassen, nun auch nicht übermäßig groß ist. Im übrigen bliebe die Rückübertragung von Kompetenzen auf die Länder, die ich natürlich befürworte. Sie hat aber einen Haken, daß nämlich in den Bereichen, in denen die Länder Kompetenzen haben, der Wunsch nach Kooperation manches Mal unüberwindlich zu sein scheint. In Bereichen, in denen die Länder selbst entscheiden können, versuchen sie, sei es durch Staatsverträge, sei es durch mehr oder weniger gleichlautende Gesetze, sich zu koordinieren aus Gründen der Einheitlichkeit der Lebensverhältnisse. Richtig ist, daß die Entscheidung nicht mehr lokalisiert werden kann. Sie kann natürlich auch im Vermittlungsausschuß nicht genau lokalisiert werden. Aber auch im parlamentarischen System, insbesondere bei Koalitionsregierungen, kann sie ja auch nicht so richtig lokalisiert werden. Mir ist im Grunde genommen ein Vermittlungsausschuß dann auch lieber als ein Koalitionsausschuß, der eben noch weniger transparent ist als der Vermittlungsausschuß. Vielleicht zum Schluß noch ein Wort zu Europa. Unser neuer Art. 23 GG ist schwer kritisiert worden, was meines Erachtens etwas übertrieben ist. Zunächst einmal ist das, was in Art. 23 niedergelegt ist, zum größten Teil nicht neu, da wir ja bereits im Zustimmungsgesetz zur Einheitlichen Europäischen Akte eine Regelung hatten, die in etwa dem entspricht, was jetzt im Art. 23 Abs. 2ff. steht. Das ist natürlich ein umständliches Verfahren. Wir müssen aber bedenken, daß die Integrationskompetenz letztlich dann ja doch beim Bunde liegt. Wir müssen auch bedenken, und das gilt übrigens dann auch für den Punkt der Verantwortlichkeit, daß eine Bindung der Delegation in Brüssel ebenso wie eine Bindung der Vertreter des Bundesrates in Bonn und später in Berlin natürlich auch ihre Nachteile hat. Die müssen flexibel sein können, um mit denen der anderen Mitgliedstaaten zu einem gemeinsamen Ergebnis kommen zu können. Auf der anderen Seite ist man erstaunt, wie gut in der Praxis das System des Art. 23 funktioniert. Da gab es am Anfang einige Schwierigkeiten, als etwa die Zahl von Gremien des Bundesrates in Brüssel schon auf die 500 hin tendierte. Das ist aber jetzt zurückgefahren worden. Man geht jetzt wieder auf 300 zurück. Insgesamt kann man sagen, daß offensichtlich auch angesichts der Fachbruderschaften zwischen den einzelnen Ressorts, übrigens nicht nur der Ressorts in der Bundesrepublik, sondern auch in den anderen Mitgliedstaaten, die Sache besser läuft, als man sich das zunächst einmal vorgestellt hat, was übrigens für einen hohen Grad an administrativer Kultur in der Bundesrepublik spricht. Insgesamt bin ich der Meinung, daß wir uns zwar einen Ruck geben müssen, um den Bundespräsidenten zu zitieren, aber, was den Bundesrat betrifft, der Ruck nicht so stark sein muß. Deswegen bin ich mit dem, was die beiden Referenten vorgeschlagen haben, nicht unzufrieden.

Püttner: Herr Vorsitzender, gestatten Sie zunächst eine Vorbemerkung. Sie haben davon gesprochen, daß wir hier in einer Kirche versammelt sind, und ich habe aufgrund der Reihenfolge meiner Vorredner gemerkt, daß Sie den Katechismus dieser Kirche hervorragend gelernt haben. Zur Sache: Ich bin ebenfalls, wie die Vorredner, mit den Referaten sehr einverstanden. Ich sehe Nuancierungen, die angebracht worden sind. Aber im Grunde haben doch beide Redner deutlich gemacht, daß sie Föderalismus als etwas fast Natürliches in unserem Lande, als etwas Positives, zu Begrüßendes betrachten, das man zwar reformieren und ausbauen kann, aber doch im wesentlichen jedenfalls als eine wichtige Errungenschaft unseres politischen Systems akzeptieren sollte. Das ist sicherlich die heutige Sicht, und als Mitglied des Europäischen Zentrums für Föderalismusforschung in Tübingen kann ich es natürlich nur sehr begrüßen, daß diese Sicht hier ganz einhellig auf dem Podium herrscht. Aber es ist schon davon geredet worden (Herr *Thürer*, Sie hatten es gesagt), daß die

Föderalismustheorie vielleicht ein bißchen in den Hintergrund getreten ist, und wenn man einmal zurückblickt, es wurde ja das Kaiserreich erwähnt, dann sind doch auch andere Linien erkennbar als die, die wir heute beim Thema Föderalismus betonen. Zunächst einmal ist der Föderalismus 1871 ja schließlich der Kaufpreis gewesen für die Schaffung der Einheit, denn die Hegemonie Preußens mußte irgendwie aufgefangen werden zugunsten des Gegengewichts der süddeutschen Länder, besonders Bayern, und daraus ergaben sich ja Komponenten des Föderalismus, die wir heute so nicht mehr kennen. Aber historisch ist das nun einmal so gewesen. Und historisch ist auch, daß die Alliierten uns im wesentlichen das heutige System beschert haben, denn sie haben Preußen aufgelöst und haben aus den Filetstücken und weniger als Filetstücke zu bezeichnenden Teilen Preußens neue Länder gebildet, die heute den Föderalismus tragen, so daß also eine Änderung der Situation eingetreten ist. Aber eine andere historische Komponente scheint mir wichtig, nämlich die Popularität des Föderalismus. Im vorigen Jahrhundert war es ja eigentlich so, daß die auf Einheit Deutschlands drängenden Kräfte keineswegs föderalistisch eingestellt waren, wie man das heute gerne betont, sondern daß, zumindest in Norddeutschland, der Föderalismus absolut unpopulär war. Und das ist er auch später geblieben. Das war er noch nach dem Krieg. Mein akademischer Lehrer, *Karl August Bettermann*, hat mich noch vom Podium her belehrt: Der Föderalismus ist die Fortsetzung des Morgenthauplans mit anderen Mitteln. So habe ich das gelernt. Auch heute gibt es das noch. Der hier leider nicht anwesende Hochschulverbandspräsident *Schiedermair* hat bei der Hochschulrahmengesetznovelle von unangebrachter Kleinstaaterei gesprochen, die jetzt eintritt, wenn die Länder wieder, man staune, in den Hochschulgesetzen mehr regeln dürfen. Also (schlimm) Kleinstaaterei und nicht etwa Eigenständigkeit der Länder; sie müssen sich das mal auf der Zunge zergehen lassen. Aber ich erinnere mich auch noch an einen Vortrag damals aus den 50er Jahren von *Willi Geiger* in Berlin, der begann mit dem Satz: „Die Föderalisten haben es schwer in Bundesrepublik." Auch das muß man historisch festhalten. Und deshalb ist schon bemerkenswert, mit welcher Selbstverständlichkeit Sie hier vom Wert des Föderalismus ausgegangen sind – vielleicht weil die Zeit nicht reicht, diese Historie zu erwähnen, vielleicht aber auch, weil Sie der Meinung sind, und das würde ich Sie fragen, daß dies eben Schnee von gestern ist, was ich jetzt gerade erzählt habe. Dann wäre es interessant, ob Sie das so sehen oder andere Überlegungen bei Ihnen maßgebend gewesen sind. Es wäre vielleicht noch einiges zur Arbeit des Bundesrates zu sagen. Ebenfalls nach dem Krieg kam in den 60er Jahren die These auf, der Bundesrat habe sich eigentlich hohes Ansehen durch seine Arbeit erworben, was ein bißchen die historische Situation beleuchtet. Im Klartext: Obwohl er eigentlich ein von den Alliierten eingesetzter Störfaktor war – ich übertreibe jetzt –, hat er sich durch seine sachlich gute Arbeit eigentlich bewährt und kann jetzt als ein Positivum gewertet werden. Vielleicht ist doch bemerkenswert, daß der Bundesrat nicht nur aufgrund der in den letzten zwei Jahren in Erscheinung getretenen Rolle gesehen werden darf (als ein Blockadeinstrument), sondern daß er auch gesehen werden muß in der Rolle der jahrzehntelangen Sisyphusarbeit an der Gesetzgebung, die ich durchaus als positiv bewerten würde. Deshalb ist für mich das Wort „Parlament der Oberregierungsräte" nicht unbedingt nur negativ, sondern es waren auch fleißige Oberregierungsräte, die für unsere Gesetzgebung wirklich Wichtiges beigetragen haben. Aus den letzten Zeiten könnte man das Baugesetzbuch und das Raumordnungsrecht nennen; es ist durchaus etwas geschehen und nicht nur blockiert worden. Danke schön.

Mußgnug: Ich möchte zu der „Auszehrung der Länderstaatlichkeit" Stellung nehmen, von der Herr *Sachs* in seinem Referat gesprochen hat. Meines Erachtens bedarf diese Diagnose einer kritischen Durchleuchtung oder wenigstens einer Umformulierung.

Wenn bei den Ländern etwas der „Auszehrung" zum Opfer gefallen ist, dann gewiß nicht ihre Staatlichkeit; an Auszehrung leidet allein die Landesgesetzgebung, ein bloßer Teil der Länderstaatlichkeit. Ihren auf die Gesetzgebung begrenzten Rückzug wiegt zudem die verfassungsrechtlich um so fester abgesicherte Dominanz der Länder auf dem Felde der Verwaltung so gut wie vollständig wieder auf. Hinter der Machtergreifung des Bundes bei der Gesetzgebung verbirgt sich zudem ein alles andere als nur negativ zu beurteilendes Phänomen. Oder wären 16 Strafgesetzbücher, 16 Verwaltungsgerichtsordnungen, 16 Erbschaftsteuer-, 16 Lebensmittelgesetze ein Gewinn für den Föderalismus? Wäre das die raison d'être der Bundesstaatlichkeit, so wäre der Bundesstaat eine Plage. Nach jahrhundertelangem Ringen um Rechtseinheit wieder zurück zum Rechtspartikularismus? Wer dafür streitet, der erweist dem Föderalismus einen Bärendienst. Er macht ihn beim Volk unbeliebt.

Für weit sinnvoller als Wehklagen über den Abstieg der Landesgesetzgebung halte ich daher das Besinnen auf den Gewinn, den der Föderalismus aus der Lebenskraft der Länder auf dem Feld der Verwaltung und aus dem Durchsetzungsvermögen der Landtage bei der Verwaltungskontrolle zieht. Hier zeigt sich, daß der deutsche Föderalismus alles in allem eben doch recht genau im Lot geblieben und noch dazu ungemein modern geraten ist. Er siedelt die normativen Aufgaben „oben" an, wo sie leichter zu bewältigen sind, als das in den 16 Bundesländern möglich wäre; die exekutivischen Funktionen dagegen verlegt er nach „unten", wo sie sach-

und ortsnäher wahrgenommen werden können, als dies weit ab vom Schuß in der Zentrale möglich wäre. Denn die Gesetzgebungslast des Bundes geht auf Kosten des Zeit- und Kraftbudgets, das dem Bundestag für die parlamentarische Kontrolle der Exekutive zur Verfügung steht. Signifikant dafür ist, daß der Bund einen Wehrbeauftragten braucht, weil die Bundestagsabgeordneten den Überblick über die Bundeswehr nicht behalten könnten. Die Landtage brauchen bezeichnenderweise außer ihren Datenschutzbeauftragten eigentlich keine weiteren Beauftragten, weil sie das Geschehen im Lande auch ohne Hilfe zu überschauen vermögen und verstehen, daraus für sich politisches Kapital zu schlagen. Das schafften sie kaum, wenn auch sie sich primär als Gesetzgebungsorgane bestätigen, wenn nicht gar verschleißen müßten.

Daß die Landesgesetzgebung schwindsüchtig geworden ist, wirkt unter diesen Umständen nicht weiter schwer. Der Verwaltungsföderalismus des Grundgesetzes tariert das aus. Wer das aus seinem Blick verliert, gerät in die Gefahr, in föderalistischem Übereifer mit einem Schlag gleich zweierlei zu beschädigen: zum einen die durch die Bundesgesetzgebung gewährleistete Rechtseinheit und zum anderen die Freiräume, die die Landtage dank ihrer Freistellung von Gesetzgebungsaufgaben bei der parlamentarischen Kontrolle der Exekutive (auch beim Vollzug der Bundesgesetze!) genießen.

Bull: Meine sehr verehrten Damen und Herren Kollegen. Ich spreche mit einer gewissen Befangenheit. Ich will nämlich berichten über etwa sieben Jahre Erfahrungen als Mitglied des Bundesrates und Vorsitzender eines Bundesratsausschusses. Es kann ja die Stimmigkeit der Theorie beeinträchtigen, wenn man zuviel Praxis erlebt hat. Die bisherigen Referate und Diskussionsbeiträge können und müssen allerdings auch aus der Sicht eines Menschen, der an den Geschehnissen hinter den Kulissen teilgenommen hat, im wesentlichen bestätigt werden. Ich finde die beiden Referate sehr abgewogen, sehr realistisch. Insbesondere ist hervorzuheben, daß die informellen Einflüsse, Kräfte und Verfahrensweisen erwähnt worden sind. Dazu wäre dann vielleicht noch etwas mehr zu sagen.

Als generellen Rahmen, als Ausgangsbeobachtung möchte ich betonen, daß offenbar die Wahrnehmung der Wirkung des Bundesrates vielfach vom Blockdenken beherrscht ist, von dem Denken in parteipolitisch begründeten Blöcken und einem Vorwurf oder auch nur der Feststellung von Blockaden, die daraus entstehen. In der Praxis spielt das in aller Regel im Alltagsgeschäft keine Rolle. Ich darf Ihnen berichten, daß die Vorbereitung der Bundesratssitzungen in mehreren Stufen vor sich geht, daß zunächst in den Ausschüssen relativ offen und mit dem Übergewicht der fachlichen Diskussion beraten wird. Inzwischen sind es nicht mehr die Oberregierungsräte, sondern die Regierungsdirektoren und Ministerialräte, die dort den Ton angeben. Der Vorsitz, der einem Land zukommt, wird von dem zuständigen Ressortminister in aller Regel nicht selbst wahrgenommen. Mein Amtsvorgänger hat zwar, wie die Statistik des Innenausschusses erwiesen hat, 86% aller Ausschußsitzungen geleitet; mein Durchschnitt war aber, glaube ich, nachher unter 25%, und ich denke, das hat der Qualität der Ergebnisse keinen Abbruch getan, weil eben hier die Experten, die Fachbruderschaften, die von ihren Ressorts Beauftragten oder auch die Bundesratsvertreter der jeweiligen Landesregierungen ihre Überlegungen eingegeben haben und dabei sehr sachbezogen gearbeitet haben. Im Kabinett wird dann in der zweiten Stufe des Verfahrens die Abstimmungsweise festgelegt, und zwar sehr genau, mit geringen Ermächtigungsspielräumen. Ich habe deshalb nicht ganz verstehen können, wenn unser Bundespräsident zitiert wurde als jemand, der meine, man könne gar nicht mehr feststellen, wie sein eigenes Land abgestimmt hat. Das steht alles in den Protokollen. Da gibt es in mehreren Ausfertigungen die genauen Listen, in denen Ja oder Nein steht oder Enthaltung, was ja im Bundesrat dasselbe ist. Zu unendlich vielen Einzelpunkten wird das Abstimmungsverhalten vorgeschrieben, sehr knifflig, sehr differenziert – und sei es zu drei Formulierungsvorschlägen für einen Halbsatz eines Gesetzentwurfs. Abgestimmt wird nachher nur noch nach Nummern. Es geht sehr „technisch" zu. Wenn Sie es wohlwollend beurteilen, können Sie sagen, daß hier zwischen den Ländern ein Wettbewerb um die jeweils besseren Formulierungen stattfindet.

Die Kabinette folgen nach meiner Beobachtung überwiegend den Landesinteressen und den Interessen, von denen sie glauben, daß sie sie kraft ihrer Stellung im Lande oder auch wegen überregionaler Bedeutung – und dann unter Umständen auch in Bindung an Parteimeinungen – vertreten sollten. Das heißt, sie nehmen eine Verantwortung für die Sache wahr. Sie müssen das Ergebnis dem eigenen Parlament und den sie tragenden Kräften vermitteln, und insofern wird sehr wohl Verantwortlichkeit empfunden. Man blickt auf die im Lande herrschenden Kräfte, von denen der Regierungschef und das Kabinett abhängig sind, man überlegt, welche Folgen für das Land und auch für den Bund die Entscheidungen jeweils haben, und man bemüht sich um fachliche Qualität der Ergebnisse.

Eine besondere Schwierigkeit ergibt sich seit einigen Jahren durch die Erfindung des Faxgerätes. Noch kurz vor der Abreise der Sitzungsvertreter nach Bonn und sogar noch kurz vor Sitzungen – denn auch im Bundesratsgebäude sind ja die Faxgeräte vorhanden – können Formulierungen ausgetauscht werden und muß jeweils sehr schnell reagiert werden – und das bei 16 Ländern: Wenn das Saarland eine besonders pfiffige

Formulierung gefunden zu haben glaubt, sagt vielleicht Niedersachsen, sie sei doch nicht so klug; man muß also in aller Eile oft recht komplizierte Entscheidungen treffen. Dafür sind dann manchmal in den Kabinettsbeschlüssen noch Spielräume gegeben - oder es findet noch fünf Minuten vor der Bundesratssitzung eine Abstimmung zwischen den Ministerpräsidenten statt. Das sind dann allerdings die großen Fragen, die Fragen, die immer auf der politischen Ebene entschieden werden. Sie sind, wie schon gesagt, relativ selten.

In den Referaten ist eine Funktion nicht erwähnt worden, die der Bundesrat auch gelegentlich wahrnimmt, nämlich die Lückenbüßerfunktion. Ich will Ihnen ein Beispiel geben. Die Bundesregierung hat sich bis heute nicht einigen können über die Novelle zur Strafprozeßordnung, die nötig ist, um die bereichsspezifischen Regeln für den Umgang mit Daten aus dem Bereich der Polizei und Strafjustiz zu regeln. In diese Lücke ist eine Initiative im Bundesrat gestoßen, die in einer seltenen Konstellation von Herrn Stoiber und von mir gemeinsam vertreten wurde, nämlich eine Initiative zu dem berühmten und von manchen für berüchtigt gehaltenen OrgKG, dem Gesetz zur Bekämpfung des illegalen Drogenhandels und anderer Formen der organisierten Kriminalität. Da hat der Bundesrat eine Lösung entwickelt, die der Bundestag dann im wesentlichen übernommen hat. So etwas kommt vor. Es ist sicher auch von Bedeutung, daß solche Möglichkeiten bestehen und daß sie gelegentlich genutzt werden; ich halte dies für einen Vorzug unseres Systems.

Letztes Wort: zum Thema Europa. Die europäische Einigung bildet sich in den Verhandlungen der Bundesratsausschüsse in einer höchst unerfreulichen Weise ab. Die Papierberge sind noch einmal um ein wesentliches größer geworden. Die Sprache und Struktur der Vorlagen ist unerträglich, fast unlesbar; dazu Stellung zu nehmen, ist eigentlich auch Experten nicht mehr möglich, zumal unter dem Zeitdruck, unter dem das ganze Verfahren regelmäßig steht. Aber manche wollen noch mehr Komplikationen: Ich erinnere mich der kritischen Bemerkung eines Landtagsabgeordneten, der meinte, erst wenn die Landtage an diesen Dingen angemessen beteiligt würden, könne man überzeugende Ergebnisse erwarten; dann wäre z.B. die Brunnenverordnung der EG so ausgefallen, daß sie auch dem Südschleswigschen Wählerverband recht wäre. Das sind sehr idealistische, aber sehr unrealistische Vorstellungen.

Vorsitzender: Vielen Dank, Herr *Bull*. Wir sind Ihnen sehr dankbar dafür, daß Sie als Altminister auch die Perspektive der Praxis mit in die Diskussion haben einfließen lassen. Es sind nun viele Positionen zusammengelaufen, so daß wir den beiden Referenten die Gelegenheit geben sollten, eine Zwischenposition zu beziehen.

Dolzer: Vielen Dank, Herr Vorsitzender. Ich will mich zuerst für die vielen Beiträge und Anregungen bedanken. Es ist mehrfach gesagt worden, daß die Referate nicht alle Aspekte abgedeckt haben. Dessen war ich mir durchaus bewußt. Zeitlich war es notwendig, sich auf die Punkte zu beschränken, die man selbst für vordringlich hält. Die Frage der Finanzverfassung etwa hätte mit Sicherheit ein eigenes Referat gerechtfertigt. Für eine Reihe anderer Aspekte wie etwa die Kulturverfassung gilt dasselbe.

Die Beiträge in der Diskussion heute nachmittag waren sehr facettenreich und auch im Ansatz sehr unterschiedlich, teils sehr unitarisch, teils schon recht föderalistisch, zum Teil sehr reformfreudig, zum Teil doch sehr stark am Status quo orientiert. Sie waren auch bemerkenswert unterschiedlich, was die Wahrnehmung der Rolle des Bundesrats anbetrifft. Ich glaube, das Bild, das Herr *Bull* eben gezeichnet hat, wird von manchen geteilt, von einigen möglicherweise aber auch als nicht realitätsgerecht gekennzeichnet werden.

Ich will jetzt versuchen, auf einige wesentliche Aspekte Ihrer Fragen einzugehen. Herr *Kirchhof* hat insbesondere die Frage gestellt, wie viel Gemeinsamkeit denn notwendig ist in unserem Bundesstaat und wie viel Unterschiede möglich sind. Ich glaube, das ist der Ausgangspunkt und der entscheidende Punkt unserer Debatte. Wenn wir nur die Finanzverfassung diskutieren, ohne die grundsätzlichen Fragen der Zukunft unseres Föderalismus im Hinblick auf die Eigenstaatlichkeit, auf die mögliche Stärkung der Autonomie, auf eine Änderung der Kompetenzen in dem materiellen Bereich zu diskutieren, dann versucht man das Pferd vom Schwanz aufzuzäumen. Ich glaube, wir brauchen in der Tat eine sehr breite politische Debatte mit der Frage, wie viel Föderalismus wir denn wollen, wie viel Einheitlichkeit denn notwendig ist und wie viel Unterschiede möglich sind. Mir ist aufgefallen bei der Vorbereitung meines Referats, daß die Staatsrechtslehrer – von einigen Ausnahmen abgesehen – in der Kommentierung unseres Föderalismus beinahe durchgehend davon ausgehen, daß die egalisierenden Schubzwänge in unserem Industrie- und Wohlfahrtsstaat so groß sind, daß sie eine echte Reform verhindern. Das mag die Realität weitgehend beschreiben. Die Frage ist aber, ob wir an diesem Zustand festhalten wollen. Ich meine, wir sind an einem Punkt angelangt – Herr *Stern* hat darauf hingewiesen –, wo die Summe der Schritte, die bisher unternommen worden sind, die Summe der – auch rechtspolitischen – Entwicklungen seit 1949 es rechtfertigt, daß wir noch einmal versuchen, einen Schritt zurückzutreten, und erneut überlegen, wie viel Einheit denn tatsächlich notwendig ist. Herr *Sachs* hat heute auf demoskopische Umfragen hingewiesen. In der Tat ist von entscheidender Bedeutung, wie denn der Bürger zum Föderalismus steht. Das ist eine sehr schwierige Frage. Ich glaube, Herr *Ossenbühl* hat einmal gesagt, es sind fast alle für den Föderalismus, aber nur wenige kennen ihn. Je nachdem wie man die Fragen stellt, fallen die Antworten aus. Die Bürger sind für den Föderalismus, die Bürger sind für Vielheit, sie sind aber auch für die Einheitlichkeit. Ich denke, aus diesen Umfragen kann man sehr wenig gewinnen. Ich glaube allerdings, um auch gleich auf diesen Punkt zu kommen, daß die Debatte um die Neugliederung von Brandenburg und Berlin durchaus zeigt, daß die Bürger nicht ohne weiteres die Staatlichkeit ihres Landes aufgeben wollen. Offenbar ist es demnach so, daß soziokulturelle Diversität oder landsmannschaftliche Vielfalt zwar etwas zurückgedrängt worden ist in der Nachkriegszeit, aber längst nicht in dem Umfang, wie viele Staatsrechtslehrer glauben. Im übrigen können nicht nur die Fakten der soziokulturellen Diversität, sondern auch die Vorzüge einer Vielfalt autonomer Entscheidungszentren den Bundesstaat rechtfertigen. Wenn freilich die Autonomie „entleert" wird und an der bundesstaatlichen Basis bei den Ländern nicht mehr viel zu entscheiden ist, dann wird sich langfristig meines Erachtens dieser Bundesstaat sehr schwer tun. Da gebe ich insbesondere Herrn *Grimm* Recht. Wie viel Gemeinsamkeit ist also möglich und nötig? Ich muß sagen, etwa im Unterschied zu einem Debattenredner, daß ich mich in Amerika nicht unwohl fühle, wenn es dort unterschiedliche Tempolimits gibt oder wenn es mal kein Bier ab 16 Uhr zu trinken gibt. Ich glaube, das bereichert. Ich sehe in den vielen Eigenarten durchaus mehr das Positive als das Negative. Wer damit Probleme hat, fährt vielleicht in die nächste Stadt und trinkt dort das Bier oder fährt dann eben in Iowa schneller als in Michigan. Aber im großen und ganzen sehe ich darin eher eine Bereicherung als einen Nachteil.

Herr *Kirchhof* hat das Thema Entparlamentarisierung angesprochen. Herr *Kirchhof*: Ich hatte gemeint – und ich glaube, Sie stimmen mir darin zu –, mit meiner umfangreichen Verlustliste der mehrheitsbezogenen Verbundbeteiligung für den Parlamentarismus doch angedeutet zu haben, daß ich hier sehr ernsthafte Fragen sehe. Ich glaube, man kann die Dinge heute etwas bildhaft so beschreiben: Wir haben auf der einen Seite den Föderalismus, den Baum des Föderalismus, den uns die Mütter und Väter der Verfassung geschenkt haben, auf der anderen Seite den Baum der Demokratie. Die Bäume sind inzwischen so stark ineinander verwachsen, insbesondere was den Bundesrat anbetrifft, daß die Wurzeln des parlamentarischen Gefüges in Gefahr geraten sind. Wenn ich mir die Verlustliste im Hinblick auf den Parlamentarismus ansehe, kann ich Ihnen also nur zustimmen. Herr *Grimm* hat darauf hingewiesen, daß man die Dinge gewiß auch sehr kurzfristig betrachten kann. Natürlich ist das ein Problem gerade beim Bundesrat, wenn man die Institution nur danach beurteilt, was sie in den nächsten drei Monaten oder drei Jahren für diese oder jene Gruppierung instrumentell bedeutet. Ich sehe das so wie Herr *Grimm*. Den Preis wird möglicherweise, wenn die Entparlamentarisierung zu weit geht, das System zu bezahlen haben. Hier geht es also um das richtige Maß der Abwägung zwischen Föderalismus und Demokratie. Ich glaube, im großen und ganzen haben wir in der Entwicklung hin zum verstärkten Bundesrat den Punkt erreicht, bei dem es für den Parlamentarismus beginnt, bedrohlich zu werden. Herr *Kirchhof* hat die Frage nach möglichen Vorgaben der Landtage an die Landesregierungen angesprochen. Ich stimme da Herrn *Sachs* zu; ich glaube, auch fast allen anderen. Der Bundesrat ist so konstruiert, daß Mitglieder der Landesregierung keine Weisungen von den Landtagen entgegenzunehmen haben. Einzelne Länder, insbesondere in den sogenannten neuen Bundesländern, haben allerdings Formulierungen in ihrer Verfassung, die kompetenzfremd Probleme ansprechen, die in den Bundesbereich hineingehen. Ich glaube, in einer Verfassung steht sogar, daß das Land gehalten sein soll, die militärische Verwendung von Liegenschaften des Bundes nach Möglichkeit zu ändern. Ich denke, soweit dies so zu verstehen ist, daß hier Einfluß genommen werden soll auf die jeweilige Landesregierung im Sinne eines bestimmten Verhaltens im Bundesrat, verstoßen die Verfassungen wohl gegen das Grundgesetz. Wenn man die Entscheidung des Bundesverfassungsgerichts im 8. Band, die ich für richtig halte, zu Ende denkt, dann heißt das eben, daß unser Bundesrat so exekutivistisch strukturiert ist, daß eine solche Einflußnahme, soll sie bindend sein, sei es durch das Parlament, sei es auch durch die Landesverfassung, nicht zulässig ist.

Nächster Redner war Herr *Vogel*. Herr *Vogel* hat den Begriff des Wettbewerbsföderalismus aufgegriffen. Zum einen stimme ich Ihnen absolut zu, Herr *Vogel*: Die Finanzverfassung hätte man sehr viel ausführlicher diskutieren können. Der Begriff des competitive federalism kommt aus den Vereinigten Staaten. Dort hat man natürlich ein ganz anderes Ausgangssystem mit einer anderen bundesstaatlichen Ordnung. Ich glaube, es entspricht der deutschen Tradition durchaus, ein Element der Solidarität zu akzeptieren. Ich stimme Ihnen aber vollständig zu, daß das, was wir heute haben, nämlich die nivellierend solidarische Unverantwortung, in keiner Weise auf Dauer haltbar ist. Die Frage der zurechenbaren Verantwortlichkeit spielt für mich da ebenso eine ganz entscheidende Rolle wie die Frage des negativen Anreizes. Das System, das wir jetzt haben, führt zur Folgenlosigkeit des Finanzverhaltens der Länder und ist deshalb auf Dauer nicht haltbar. Ich wollte nur durch meine Bemerkungen sicherstellen, daß wir nicht etwa versuchen, das Pendel zu weit in die andere Richtung schieben. Ich habe versucht, mit dem Begriff der solidarischen Eigenverantwortung eine Art Mitte zu finden, die unserer deutschen Tradition entspricht. Die OECD, der man nicht alles glauben muß, hat einen Bericht geschrieben, in dem steht, daß unser horizontaler Finanzausgleich im Grunde genommen konfiskatorische Natur hat. Ich glaube, dem kann man bei der jetzigen Lage weitgehend zustimmen. Ein anderes Wort will ich noch zur Finanzverfassung hinzufügen. Die jetzigen Vereinbarungen gelten ja bis zum Jahr 2004. Ich gehe davon aus, daß man daran festhalten wird, soweit nicht das Bundesverfassungsgericht Korrekturen vorsehen will. Für die Zeit danach müssen wir uns bemühen, die Ausgangsposition, die Frage der Chancengleichheit, in der Tat auch im Kontext der neuen Bundesländer zu definieren; Herr *Klein* hat zu Recht auf diesen Punkt hingewiesen. Was bedeutet Chancengleichheit, was bedeutet Wettbewerbsföderalismus für die neuen Bundesländer? Aus meiner Sicht sind Übergangszeiten unabdingbar. Wir werden nicht am nächsten Tag eine neue Finanzverfassung einführen können, aber wir werden nach einer Übergangszeit endlich zu einer Lösung kommen müssen, die nicht dazu führt, daß der Ausgleichsfaktor bei 99,5 % liegt.

Herr *Stern* hat in beeindruckender Weise die Frage der Motivation der Abstimmung im Bundesrat erörtert. Vielleicht war ich an dem Punkt eine Zeit lang zu nahe an der Praxis. Ich bin der Auffassung, daß die Handlungslogik der Akteure im Bundesrat eine Dynamik hat, der Sie letztlich nicht entgehen können. Das hat natürlich auch zu tun mit dem Ende von Legislaturperioden; da liest sich manches etwas anders als am Beginn. Aber wenn ich die Entwicklung der vergangenen Jahre sehe, dann bezweifele ich, ob der ständige Appell an die Akteure im Bundesrat richtig ist, und zwar deshalb, weil ich glaube, daß er am Ende erfolglos sein wird. Da komme ich gleich zur Beschreibung der Lage durch Herrn Kollegen *Bull*. Herr *Bull* hat im Grunde genommen ja ein Bild des Bundesrats gezeichnet, welches die Mitglieder des parlamentarischen Rats sehr erfreut hätte. Ich glaube, Herr *Bull*, was Sie gezeichnet haben, entspricht dem Ideal, das man sich 1949 vorgestellt hat. Ich bin aber durchaus skeptisch, ob das wirklich das aktuelle Bild ist, wenn ich die letzten zwei Jahre an mir passieren lasse. Gewiß kann man sagen, daß bestimmte technische Vorhaben und bestimmte technische Fragen durchaus sachgerecht erörtert worden sind. Auf der anderen Seite gab es aber auch sehr wichtige Bereiche, die weit weniger unter Sachgesichtspunkten erörtert worden sind, als man sich dies vielleicht gewünscht hätte. Und da komme ich zu einer Bemerkung von Herrn *Grimm* zurück. Ich kann Herrn *Grimm* nur zustimmen. Die Handlungsfähigkeit eines parlamentarischen Systems muß sich an den Aufgaben messen lassen, die vor uns liegen, insbesondere im Bereich der Bildung und Energiepolitik, der Globalisierung und der Steuerpolitik, bis hin zur neuen Finanzverfassung, die hoffentlich kommen wird. Hier haben wir doch ganz enorme Aufgaben, und es läßt sich doch nicht leugnen, daß wir hier noch einen gewissen Stau zu bewältigen haben. In dieser Situation kann ich mich nicht mit der Vorstellung begnügen, daß es besser ist, kein Gesetz zu haben als ein Gesetz zu haben. Es kommt in den nächsten Jahren entscheidend darauf an, daß der Gesetzgeber, und damit meine ich in erster Linie den vom Volk gewählten Bundestag, die Möglichkeit erhält, sachgerechte Entscheidungen zu treffen. Die Grundvorstellung, daß wir sehr viele Gesetze haben und daß sich deshalb nicht sehr viel ändern muß, kann man natürlich haben. Ich teile sie aber nicht.

Herr *Stern* hat die Frage der zurechenbaren Verantwortung angesprochen. Ich sehe hier einen Angelpunkt einer möglichen Reform, und ich glaube, daß dies auch die entscheidende Frage aus der Sicht der Bürger ist. Der Bürger will schon wissen, wer was entschieden hat oder was noch nicht entschieden worden ist. Wenn wir ein System haben, bei dem in all den großen politischen Bereichen der Bürger im Grunde genommen überhaupt nicht mehr übersehen kann, wer nun wofür zuständig ist oder wer wen am Ende der Legislaturperiode schelten kann und wofür, dann kann das auf Dauer kein funktionsfähiges demokratisches System sein. Gerade aus der Sicht des Bürgers ist unsere mehrheitsbezogene Verbundbeteiligung reformbedürftig. Herr *Grimm* hat die Frage der Steuerautonomie aufgegriffen. Ich bin kein Experte der Finanzverfassung. Ich hatte aber gemeint, daß eine vernünftige Regelung des horizontalen Finanzausgleichs, auch mit einer Stärkung, mit einer Einführung muß man ja fast sagen, der Steuerautonomie der Länder verbunden werden könnte. Hier kommt es endlich darauf an, den Zurechnungszusammenhang zwischen Entscheidungsträger und Folgen, d.h. letztlich die politische Verantwortung, in einer nach außen deutlich erkennbaren Weise herzustellen. Was wir heute haben, ist für den Bürger nicht einsichtig. Man kann all die Dinge natürlich auch institutionell behandeln. Ich denke aber, daß aus der Sicht des Bürgers – und dies ist durchaus keine unwesentliche Perspektive – nicht besonders einsichtig ist, was hier im Moment passiert. Wir sprechen ja immer wieder auch von der Mündigkeit des Bürgers bei der Wahl. Die Frage ist bloß, wie denn die Mündigkeit bei der Wahl aussieht, wenn die Entscheidungsstrukturen nicht transparent sind. Herr *Frowein* hat im Grunde genommen auch die Frage thematisiert, ob wir uns als Staatsrechtslehrer nicht doch ein wenig mehr darum kümmern müssen, wie denn der Bundesrat seine Rechte ausübt. Ich bin vergleichsweise skeptisch, ob ein Appell an die Politiker, es sind ja alle Politiker im Bundesrat, hier sehr viel bewegen kann. Meine Lösung besteht eher darin, die Zustimmungsrechte zurückzuschneiden in Richtung auf Bereiche, in denen die Länder tatsächlich besonders betroffen sind. Nach alledem, was ich gesehen habe in der Praxis, ist es sehr schwierig für einen Ministerpräsidenten oder auch für einen Finanzminister, in einer politisch zugespitzten Lage zu sagen, in dieser oder jener Situation stimme ich doch gegen meine Partei ab. Ich glaube, die letzten Jahre belegen diese These, und ich glaube, die Gesamtentwicklung, und da beziehe ich durchaus die 70er Jahre mit ein, zeigt, daß hier unser parlamentarisches System eine Eigenlogik, eine Eigendynamik hat. Ich teile die Hoffnung nicht, daß Appelle der Staatsrechtslehrer die Verhaltensweisen von Politikern im Bundesrat ändern können, wenngleich ich im Grundsatz natürlich der Auffassung bin, daß hier eine stärker landesbezogene Ausrichtung de lege ferenda notwendig wäre.

Ganz kurz zu der immer wieder genannten Statistik und zur Frage, in welcher Weise denn Statistiken über die Ausübung der Stimmrechte im Bundesrat Aufschluß geben können darüber, wie der Bundesrat auf das politische System einwirkt. Ich halte von diesen Statistiken vergleichsweise wenig. Wenn man die Praxis sieht, ist es ja sehr häufig so, daß man schon bei der Formulierung der Gesetzesvorhaben ganz genau im Auge hat, daß das Gesetz zustimmungspflichtig ist, also daß der Punkt A, B oder C so zu formulieren ist, daß er möglicherweise zustimmungsfähig wird. Die Frage, ob nun 60% oder 70% der Gesetze zustimmungsbedürftig sind, gibt überhaupt keinen Aufschluß darüber, in welcher Weise der Bundesrat hier von Beginn des Entscheidungsprozesses an einwirkt. In der Kürze der Zeit möchte ich mich noch auf die Bemerkungen von Herrn *Klein* zum Bundesrat beziehen. Der Bundesrat ist ein Bundesorgan, das ist sicher richtig, und man kann einem Bundesorgan nicht verwehren, daß es bundespolitische Interessen wahrnimmt. Der Frage der einheitsstiftenden Rolle für die neuen Länder kann ich nur zustimmen. Das ist ohnehin eine Besonderheit unseres Bundesrats, die gelegentlich übersehen wird. Der Bundesrat hat ja doch, ich glaube Herr *Hesse* hat das aufgezeigt, eine Schlichtungsfunktion, und gerade im Kontext der alten und der neuen Bundesländer ist dies ein sehr wichtiger Punkt. Herr *Rudolf* hat den Verlust an Verantwortlichkeit thematisiert. Herr *Rudolf* sagt, ihm sei der Vermittlungsausschuß lieber als ein Koalitionsausschuß. Die Praxis hat ihren Kern ja weder im Vermittlungsausschuß noch in der Koalition. Die Praxis wird oft außerhalb institutioneller Gremien bestimmt. Soweit ich das sehe, sind die großen Entscheidungen in großer Informalität getroffen worden. Der von Ihnen gestellten Frage, Herr *Püttner*, ob wir den Tugendkatalog des Föderalismus neu sehen sollten, stimme ich zu. Die Lehrbücher schreiben sehr häufig über einen Föderalismus, den wir im Grunde genommen gar nicht haben. Sie diagnostizieren und würdigen den Föderalismus des Jahres 1949. So kommt man dann insbesondere in Festschriften zum Bundesrat zur Auffassung, daß dieser ein gelungenes, problemfreies Organ sei. Daran ist durchaus vieles richtig. Aber es ist natürlich besser, den Bundesrat realistisch im Zusammenhang des Föderalismus so zu sehen, wie er heute existiert. Insoweit bedarf dieser Tugendkatalog der aktuellen Überprüfung. Vielen Dank, Herr Vorsitzender.

Sachs: Vielen Dank, Herr Vorsitzender. Ich komme Ihrem Wunsch natürlich gerne nach, muß dafür aber die Fragesteller und Kritiker vielleicht enttäuschen und kann nicht so ausgiebig, wie eigentlich geboten, antworten. Darum ganz kurz.

Am meisten wurden, glaube ich, Reformvorschläge von meiner Seite vermißt. Ich habe nicht ganz genau verstanden, welche Art diese Reformen hätten haben sollen. Ich glaube, es ging nicht so sehr um die Struktur des Bundesrates. Natürlich könnte man in den Bundesrat Gesandte schicken statt Minister. Auch die Gesandten wären instruiert; warum muß man einen Minister bemühen, eine instruierte Stimme abzugeben? Dies könnte man selbstverständlich ändern; es würde aber nicht viel am System ändern. Man könnte andererseits etwa volksgewählte Ministerpräsidenten auf Landesebene vorsehen. Das könnten allein die Länder tun, ohne Grundgesetzänderung. Und schon wäre das System ganz anders. Die Landesparlamente hätten eine völlig andere Stellung.

Alles das sind interessante Überlegungen, für die hier keine Zeit war. Das ganze Referat ist fokussiert auf das parlamentarische Regierungssystem, so wie es besteht, und den Bundesrat, so wie er sich in dem Gefüge des heutigen Bundesstaates vorfindet, mit seiner Finanzverfassung, mit der vorgegebenen Gliederung der Bundesländer. Wenn man das alles hätte erörtern wollen, dann wären es viel mehr Referate geworden als nur zwei; deswegen mußte es in meinem Bericht eine gewisse Verengung geben auf einige Punkte, die mir besonders wichtig waren, wie Herr *Dolzer* es auch gesagt hat.

Was den Gesamttenor der Berichte angeht, wurde in den Beiträgen wohl deutlich, daß nicht klar war: Sind die Referate eigentlich weit auseinander, oder sind sie eng zusammen? Ich selbst hatte das Gefühl, sie sind letztlich eng zusammen, und wenn ich meinen Schlußsatz lese, sinngemäß: Solange die Länder nicht über mehr eigenständige Kompetenzen und mehr finanzielle Unabhängigkeit verfügen, so lange sind die jetzigen Bundesratskompetenzen unverzichtbar für die Länderstaatlichkeit, dann ist das fast Originaltext *Dolzer*, wenn ich ihn richtig verstanden habe.

Aber jetzt vielleicht doch der Versuch, kurz auf die einzelnen Kritikpunkte einzugehen.

Bei Herrn *Kirchhof* geht es um die Art. 84, 85 GG. Zu diesen Artikeln schwebt mir keine Neuauslegung oder so etwas vor, sondern einfach die andere Handhabung durch den Bundesgesetzgeber. Man muß nicht all diese Dinge auf Bundesebene regeln, und ich denke, eine Diversifizierung in den verschiedenen Ländern wäre da durchaus akzeptabel. Es bestehen ja durchweg übereinstimmende Landesverwaltungsverfahrensgesetze, und im übrigen würde dann in jedem Land eine Vereinheitlichung von Verwaltungsstrukturen und Verfahrensabläufen erfolgen, die jetzt sektoral von Bundes wegen für ein Thema herbeigeführt wird. Das würde auf der Landesebene ersetzt durch ein landeseinheitliches Verwaltungssystem eben für alle Materien und würde da mehr Einheitlichkeit bewirken. Ich glaube nicht, daß das wirklich zusätzliche Schwierigkeiten bringen müßte.

Finanzausgleich und Neugliederung des Bundesgebietes haben wir ausgespart.

Nun zur Frage der zurechenbaren Verantwortlichkeit, überhaupt der Verantwortlichkeit gegenüber den Parlamenten; das wurde wiederholt von anderen Debattenrednern auch angesprochen. Ich mache das jetzt einmal in einem Zusammenhang. Ich meine, daß alle Bundesratsmitglieder ihrer jeweiligen Landesregierung verantwortlich sind, solange die sie entsendet; jede Landesregierung ihrerseits ist, solange sie vom Parlament gewählt wird, ihrem Landesparlament verantwortlich. Ich sehe darin keine abgeschwächte, keine mittelbare Form von Verantwortung, sondern die einzige, die es gibt. Jeder einzelne, der im Landeskabinett abstimmt, ist für sein Verhalten verantwortlich.

Das ist im Bundestag nicht anders. Auch der Bundestag wird nicht in toto neu gewählt und muß die Verantwortung für alles das tragen, was der Bundestag beschlossen hat, sondern der einzelne Abgeordnete wird abgewählt, weil er vielleicht die dem Wähler nicht genehme Stimmabgabe getätigt hat. Und genauso auch im Bundesrat. Es gibt keine Gesamtverantwortung des Bundesrates. Es gibt den Bundesrat ja nur in diesem Abstimmungsvorgang, bei dem die einzelnen Länder ihre Stimmen abgeben, und zwar instruiert. Die instruierte Stimmabgabe ist der einzige Anknüpfungspunkt für Verantwortung, sie geht vom Landeskabinett aus und ist von ihm gegenüber dem Landesparlament zu verantworten. Darum meine ich, es sei eine vollständige parlamentarische Verantwortung gewährleistet.

Zu Herrn *Vogel:* Er kritisiert zum einen meine Annahme, es sei doch alles gut. Das kann man natürlich anders sehen; das ist sicher richtig. Ich meine allerdings, daß die Möglichkeiten, in dem vorgegebenen Rahmen Struktur, Aufgaben oder Verfahren des Bundesrates zu ändern, keine entscheidenden Verbesserungen erlauben.

Ein zweiter Kritikpunkt geht dahin, der Umstand, daß der Bundesrat nach wie vor zustimmen muß, werde es auch schwieriger machen, Gesetze zurückzunehmen. Ich hatte gesagt: Es ist besser, kein Gesetz zu machen. Herr *Vogel* meint, dann könne man ja auch keine deregulierenden Gesetze machen, dann müsse alles so bleiben, wie es ist. Die vielen überflüssigen Gesetze könnten nicht mehr beseitigt werden.

Hierzu gibt es allerdings, wenn ich das noch richtig in Erinnerung habe, Stimmen, die sagen: Sobald der Bund vorher zustimmungspflichtige Gesetze aufhebt und die Länder wieder in ihr Urrecht einsetzt, dann braucht es die Zustimmung nicht. Ich würde das so allgemein nicht unterschreiben, sondern sehr genau differenzieren, von Fall zu Fall. Es kommt darauf an, ob das deregulierende Gesetz seinerseits zustimmungsbedürftige Inhalte hat. Ein ausschließlich aufhebendes Gesetz, das etwa auch die Steueraufkommen der Länder nicht verkürzt und dergleichen, würde meines Erachtens ohne Zustimmung des Bundesrates möglich sein. Von daher würden wir aus einer Bundesratsfalle dann ausbrechen können.

Bei Herrn *Stern* geht es noch einmal um die Zurechenbarkeit, und zwar in dem speziellen Punkt des Vermittlungsausschusses. Da scheint es mir so zu sein, daß – weil im Vermittlungsausschuß ja ein freies Mandat herrscht – die dorthin Entsandten weder dem Bundesrat noch dem Bundestag verantwortlich sind. Aber sie machen ja auch nur vorläufige Vorschläge. Wenn der Bundestag den Vorschlag nicht bestätigt, kommt kein Gesetz zustande. Damit ist der Bundestag mit seinen Abgeordneten das verantwortliche Organ; wenn der Bundesrat zustimmen muß, trägt er, tragen seine Mitglieder, die Verantwortung mit. Der Vermittlungsausschuß ist ein nichtverantwortliches Vorbereitungsorgan; damit kann man vielleicht leben.

Zur Frage der Volksabstimmung nach dem Vorbild von Weimar, wo vorgesehen war, auf diesem Wege für eine Auflösung von Patts zwischen Reichstag und Reichsrat zu sorgen. Auch ich habe lange mit mir gekämpft, ob man heute eine entsprechende Volksabstimmung empfehlen sollte. In Weimar hat aber kein einziges solches Verfahren stattgefunden, obwohl es hätte mehrmals der Fall sein können. Mein Einwand hier war der, daß das Volk auf Bundesebene abstimmen würde – und das wäre ein unitarischer, ja sogar ein zentralstaatlicher Entscheidungsakt. Allerdings könnte man das modifizieren mit Länderquoten oder mit Sonderabstimmungen in den Ländern; dadurch könnte man eine solche Volksabstimmung ein bißchen föderalisieren. Aber auch dann bleiben die sonstigen Einwendungen gegen Volksabstimmungen, die wir aus anderen Zusammenhängen kennen. Ich habe Zweifel, ob bei komplexen Vorhaben, bei denen Bundestag und Bundesrat sich auch mit Hilfe des Vermittlungsausschusses nicht einigen können, eine Volksabstimmung die richtige Lösung sein kann – etwa zu der Frage: Wollt ihr alle nur noch 30% Steuern bezahlen, ja oder nein? Aber wenn man meint, man braucht zwingend einen Pattlösungsmechanismus, wäre die Volksabstimmung sicher ein denkbarer Weg.

Herr *Grimm* hat den Bundesrat als Schönwetterorgan qualifiziert. Also: Solange es nicht wirklich ernst wird, kann man sich das mit dem Bundesrat ja leisten. Ich denke, es kommt darauf an, was der Bundesrat tut: Wenn der Bundesrat dafür sorgt, daß schlechte, falsche, unüberlegte Entscheidungen vermieden werden, tut er gerade in der Krise sein Bestes und ist am Höhepunkt seiner Bedeutung. Und dann müssen eben die parlamentarische Mehrheit und die sie führende Regierung die Kraft finden, eine Einigung mit dem Bundesrat herbeizuführen. Und sie holt sich auch dafür ihr Mandat von dem Wähler. Der Wähler wählt ja nicht, damit einmal ganz genau bestimmte, vielleicht noch gar nicht bekannte Entscheidungen mal getroffen werden, sondern er will bestimmte Personen für eine gewisse Zeit mit Befugnissen ausstatten. Und wenn diese dabei daran gebunden sind, sich auch mit dem Bundesrat einigen zu müssen, ja dann sollen diese Mandatsträger das auch bitte tun und ihrer Verantwortung für einen Verhandlungskonsens gerecht werden und nicht nur meinen, ihre Maximalpositionen durchfechten zu müssen. Man kann auch ein Mandat bekommen für eine Verhandlung, nicht nur für eine Vollstrekkung von etwas Feststehendem.

Ich möchte noch einen Punkt ansprechen zu der Kritik, daß Entscheidungen durch den Bundesrat verhindert werden. In der letzten Legislaturperiode mit ihrem großen Reformstau gab es ja auch die Idee, das Staatsangehörigkeitsrecht zu verändern, wie sie jetzt wieder auf der Tagesordnung steht. Wenn ich richtig sehe, gab es dafür eine große Mehrheit unter den Abgeordneten von FDP, GRÜNEN, SPD und Teilen der CDU – und nur die CSU und die entsprechende Koalitionsvereinbarung haben verhindert, daß der Bundestag einen solchen Beschluß gefaßt hat. Der Bundesrat hätte mühelos zugestimmt. Wenn wir also über Reformstau klagen, dann müssen wir aber bitte sehen: Das Hindernis kann überall auftreten, in einer Fraktion, in einer Fraktionsgemeinschaft, in einer Koalition, gelegentlich auch einmal beim Bundesrat. Aber deshalb kann man dieses Instrument nicht aufgeben, das auch so viele wertvolle Elemente hat – Herr *Grimm* hat es auch noch einmal aufgezählt, daß der Bundesrat auch Sacharbeit leistet, die klassischen Aufgaben einer zweiten Kammer erledigt, die Dinge abklopft, ruhiger, mit mehr Distanz, umfassend sachkundig. All das könnte kein anderes Organ so leisten.

Zum Einfluß der Landesparlamente möchte ich noch einmal auf Herrn *Rudolf* eingehen. Ich denke insgesamt, daß das Ganze nicht ein wirklich so wichtiges Problem ist. Denn welcher Landtag wird mehrheitlich seiner Regierung mit Entschließungen Dinge aufgeben, die die Regierung nicht ohnehin schon bereit wäre zu erfüllen. Solche Fragen werden, wenn überhaupt, in der Regierungsfraktion oder Koalition geklärt; im Landtag selbst ist das eine Spielwiese für die Landtagsopposition, die versuchen kann, mißliebige Anträge zu stellen und die Regierung in Verlegenheit zu bringen. Das hätte mit dem, was die Landesregierung hinterher tut, in den seltensten Fällen irgend etwas zu tun. Aber wenn das mit Reparlamentarisierung gemeint ist, daß auch im Landtag die Opposition immer noch die Bundespolitik ein bißchen mitkommentieren und mit diskursiv behandeln kann, dann wäre das insoweit vielleicht eine wichtige Idee.

Warum haben die Referate so klaglos den Föderalismus zugrunde gelegt?, fragt Herr *Püttner*. Ja, das liegt auch daran, daß der Bundesstaat als eine vorgegebene Rahmenbedingung einfach vorausgesetzt worden ist; auch Art. 79 Abs. 3 GG hat da Grenzen gezogen. In der Tat halte ich prinzipiell auch einen nicht föderalen, einen Einheitsstaat durchaus für denkbar. Wir haben immerhin Nachbarstaaten, die sind keine Bundesstaaten, die funktionieren auch. Daher gäbe es für mich keine unüberwindlichen Probleme, auch ohne Bundesstaatlichkeit auszukommen. Doch war diese Frage, glaube ich, vom Vorstand mit der Themenstellung nicht gemeint.

Soweit hier Föderalismusgegner der ersten Stunde zitiert wurden, hat mir am Anfang *Werner Weber* am meisten zu denken gegeben, der zunächst ganz böse Sachen über Bundesrat und Bundestag geschrieben hat; aber siehe da, 15 Jahre später war er ganz milde und hat eigentlich den Bundesrat fast schon in den höchsten Tönen gelobt – und es war noch nicht einmal in einer Bundesratsfestschrift.

Herr *Mußgnug* hat Probleme mit der Auszehrung der Länderstaatlichkeit. Ich gebe ihm vollkommen recht, die Auszehrung der Länderstaatlichkeit zeigt sich am meisten auf dem Gebiet der Landesgesetzgebung. Da findet sie am meisten statt. Aber da diese auch ein Element von Staatlichkeit ausmacht, und wohl ein insgesamt unverzichtbares, meine ich, das führt auch schon zu einer Gefährdung der Länderstaatlichkeit, einer Länderstaatlichkeitssauszehrung.

Bei Art. 125a GG muß ich Herr *Mußgnug* recht geben, das wäre eine Möglichkeit, den Ländern etwas zurückzuholen. Es gibt einen Vorschlag im Bundesrat von Bayern und Baden-Württemberg, der war eh schon relativ bescheiden (Rasenmäherverordnung und dergleichen). Die Fachausschüsse haben inzwischen fast nichts übergelassen, dabei ist über den Gesetzentwurf noch nicht einmal entschieden. Aber dabei wird nichts herauskommen. Die Länder wollen nicht mehr Gesetze machen. Vielleicht trauen sie sich nicht, haben gar keine Zeit dafür oder wissen es nicht und wollen es nicht und können es nicht bezahlen. In der Tat geht es wieder um die Finanzverfassung, ohnehin ein Gebiet, was wir hier weitgehend aussparen müssen. Ich bin ganz kurz; Sie sehen, mein Zettel ist fast abgehakt, ich stehe ganz kurz vor dem Ende und habe noch nicht 10 Minuten gesprochen.

Noch zu Herrn *Mußgnug:* Die Rettung der Länderstaatlichkeit durch die Verwaltungszuständigkeiten der Länder. Herr *Oeter,* der mir seine noch nicht ganz veröffentlichte Habilitationsschrift zugeschickt hat, hat darin darauf hingewiesen, daß es mit der Verwaltungshoheit der Länder auch nicht mehr so weit her ist. Das ergibt sich schon angesichts der weitreichenden bundesgesetzlichen Bindungen der Landesverwaltung und angesichts ihrer umfassenden Gerichtskontrolle, der letztlich von Bundesgerichten kontrollierten Anwendung der Gesetze und der doch intensiven Kontrolldichte bei Ermessens- und Beurteilungsspielräumen. Daneben bleibt gerade die gesetzesfreie Verwaltung, wo die Länder noch ein bißchen wirkliches Staatlichkeitspotential haben. Ich glaube nicht, daß man davon allein die Rettung erwarten kann. Natürlich, da ist eine politische Potenz: Man kann Posten vergeben, Leuten Stellen verschaffen, Karrieren fördern, dafür sind die Länder wichtig. Auch als Vervielfältigung der politischen Ebene sind sie wichtig, und da haben sie auch eine Bedeutung.

Zur Bundesgesetzgebung: Das sie so schön einheitlich ist, ist sicher positiv. Wir wollen alle nicht überall nach verschiedenem Kaufrecht unsere Brötchen kaufen. Es waren die USA mehrfach im Gespräch. Dazu aus meiner eigenen Erfahrung: Wenn man von Virginia nach Washington D.C. fährt, dann gibt es viel mehr Alkohol zu kaufen, auch andere Sorten. Wenn man die mitnehmen will im Kofferraum, dann macht man sich des Schmuggels schuldig. Das FBI wäre zuständig, oder sonst eine Bundesbehörde, also das sind schlimme Sachen. Im übrigen haben die Staaten sich ihre doch manchmal schon skurrile Alkoholsonderhoheit wohl als Preis für die Aufhebung des 18. Amendment, also der Prohibition, hereingeholt. Als dies abgeschafft wurde, haben die Staaten gesagt, dann dürfen wir aber ein für alle mal die Alkoholfrage regeln. Und deshalb haben wir die wunderschöne Vielfalt auf diesem Gebiet.

Herr *Bull* hat das geschildert, was ich auch von den verschiedenen Stellen des Bundesrates und aus den verschiedensten Landesstellen gehört habe. So wie Sie es beschrieben haben, hat man es mir auch beschrieben beim Bundesrat. Ob das alles wirklich so funktioniert? Herr *Dolzer* hat ja aus der Praxis wieder etwas anderes berichtet. Ich habe nur versucht, im Laufe dieses Vorbereitungszeitraums in den Bundesrat zu gehen und mit vielen Leuten zu sprechen; so hört man eben Verschiedenes. Ich selber kann es aus eigener Kenntnis nicht wissen.

Den Bundespräsident habe ich zitiert, und ich hoffe, ich habe ihn nicht fehlzitiert. Was ich zitieren wollte, das gibt es auch schriftlich, da habe ich auch einen Nachweis dazu. Es war, daß er auf Anfrage, meine ich, nicht aus dem Kopf sagen konnte, wie sein Land gerade just bei dieser Sitzung zu einem bestimmten Punkt abgestimmt hatte, nicht etwa, daß es nicht in dem internen Protokoll nachsehbar war. Natürlich, man kann zu jeder Landesregierung gehen in die Archive, da kann man die Abstimmungslisten sehen und kann dann für jedes Land rekonstruieren, wie die gestimmt haben – wenn sie sich nicht vertan haben –, und muß dies dann zusammentragen. Dann weiß man, wie der Bundesrat abgestimmt hat, wie die Mehrheit zustande kam, aber nur dann – und das ist eben für mich daran wichtig: So ist es wenig transparent, wenn auch für den Insider natürlich sehr viel transparenter. Und damit bin ich am Ende, Herr Vorsitzender. Vielen Dank für die Geduld.

Meyer: Ich möchte zunächst Herrn *Vogel* beruhigen. Herr *Vogel*, Kardinäle werden nicht emeritiert. Freilich echte Kardinäle gehen, wenn sie senil werden, ins Kloster; wir werden bekanntlich nicht senil, und ein Kloster für uns gibt es auch nicht. Vielleicht sollten wir uns doch einmal überlegen, ob wir die Anregung des Bundespräsidenten aus seinen jungen Jahren, daß die Redner ab 60 Jahren schweigsamer werden sollten, etwas variiert übernehmen. Wenn ich richtig gezählt habe, bringen die ersten zehn Redner dieser Tagung über 600 Lebensjahre auf die Waage. Ich verschlechtere den Durchschnitt noch. Können wir uns nicht für die nächste Tagung darauf einigen, daß die ersten zehn Redner jedenfalls unter 60 Jahre sein werden? Ich glaube, es würde der Lebendigkeit der Ansprache dienen.

Nun zur Sache selbst. Es ist mehrfach gesagt worden, es habe nur selten strittige Fälle gegeben. Das halte ich für falsch. Es hat selten strittig gebliebene Fälle gegeben, aber es hat sehr viele strittige Fälle gegeben, und sie sind durch Kompromisse gelöst worden, in der Regel durch faule Kompromisse. Die Kompromisse sind das Ergebnis einer unerklärten großen Koalition oder einer Allparteienkoalition, die selbst nicht verantwortlich ist, da sie nicht regiert. Deshalb ist es nicht möglich, die Verantwortung für solche Entscheidungen zu tragen. Tatsächlich führen solche Kompromißentscheidungen oft zu immobilen Zuständen. Wenn wir darunter leiden würden, daß unser System zu reformfreudig ist, dann könnte man sich damit abfinden. Aber ich glaube, unser System ist außerordentlich immobil, und darum ist das eine schlechte Entwicklung.

Beide Redner haben das Thema so aufgefaßt, als ginge es um das parlamentarische Regierungssystem des Bundes, und haben sehr wenig darauf geachtet, daß der Bundesrat auch für das parlamentarische Regierungssystem in den Ländern eine außerordentliche Bedeutung hat. Wenn von Entparlamentarisierung gesprochen worden ist, dann haben den größten Anteil daran die Landesparlamente. Sie fühlen das auch instinktiv und benehmen sich so wie Stadträte, das heißt, sie dringen in die Verwaltungskompetenzen der Landesregierungen ein, um einen Ersatz zu haben, eine Entwicklung, die ich nicht für sehr vernünftig halte.

Zum Finanzausgleich will ich auch nichts sagen über das, was den Prozeß berühren könnte. Aber ich will darauf hinweisen, daß die Länder gar keine Verantwortung übernehmen wollen. Wenn Sie den Ländern heute die Gesetzgebungskompetenz über bestimmte Steuern anbieten, werden sie dankend ablehnen. Denn damit müßten sie die Steuergesetzgebung in ihrem Land verantworten, und das wollen sie nicht. Die Übertragung an Gesetzgebungskompetenzen an den Bund gegen die Gabe von Zustimmungsrechten war eine Abgabe von politischer Gestaltungsmöglichkeit. Warum in aller Welt mußte Art. 74a GG geschaffen werden? Warum in aller Welt haben die Länder in einem Kernbereich der Eigenorganisation die Bestimmung darüber, wie sie ihre Beamten besolden, an den Bund übertragen? Das nenne ich Flucht aus der Verantwortung; sie war durch nichts indiziert, außer, daß man lieber beim Bund mitbestimmen wollte, als im eigenen Land politisch zu agieren.

Wenn man de constitutione lata an Änderungen denkt, so hat Herr *Dolzer* sie angedeutet, Herr *Sachs* hat sie verworfen. Ich will mit Art. 105 Abs. 3 GG beginnen. In Art. 105 Abs. 3 GG steht, daß Gesetze über Steuern, deren Ertrag den Ländern oder Gemeinden ganz oder zum Teil zufließt, dem Vetorecht des Bundesrates unterliegen. In dem Satzteil „deren Ertrag den Ländern oder Gemeinden ganz oder zum Teil zufließt", liegt die Begründung für das Veto. Der Bundesrat kann also ein Veto nur mit der Behauptung oder Begründung einlegen, die Steuerverteilung werde zu Lasten von Ländern oder Gemeinden geregelt. Er kann in diesem Verfahren nicht, wie im letzten Verfahren geschehen, geltend machen, ihr seid für die Entlastung der Besserverdienenden, wir sind für die Entlastung der Minderverdienenden. Dies ist eine Agenda, die ausschließlich der Steuergesetzgeber, und das ist der Bundestag, zu entscheiden hat und nicht der Bundesrat. Dieselbe Auslegung ist bei Art. 84 Abs. 1 GG möglich. Das Vetorecht ist dem Bundesrat nur gegeben in Fragen des Verfahrens und der Organisation der Landesverwaltung, aber nicht in Fragen der sachlichen Gestaltung des Gesetzes. Das ist eine Aufgabe des Bundesgesetzgebers, und dafür ist er gewählt worden. Legitime Gründe, ein solches Gesetz abzulehnen, können sich also auch hier nur beziehen auf die Verfahrens- und Organisationsregeln. Die Annahme, das lasse sich nicht trennen, oder die ursprüngliche These des Verfassungsgerichts von der gesetzgeberischen Einheit sind ja in der Entscheidung, die Herr *Dolzer* angeführt hat, aufgegeben worden. Da wird auf einmal feinsinnig differenziert zwischen solchen Normen, die Verfahren und Organisation betreffen, und solchen Normen, die nur Sachfragen betreffen. Im zweiten Fall wird die Zustimmungsbedürftigkeit nicht automatisch akzeptiert. Diese Rechtsprechung muß konsequenterweise auch für die Ursprungsgesetze gelten. Das ist eine der Möglichkeiten, die wir außerhalb des Art. 79 Abs. 3 GG haben. Im Rahmen des Art. 79 Abs. 3 GG ist unser System – davon bin ich überzeugt – in diesem Punkt nicht reformfähig. Eine Reform ist in diesem Kontext nur durch Neuinterpretation der Verfassung möglich.

Hufen: Herr Vorsitzender, meine Damen und Herren. Sowohl in der Problemanalyse als auch in den vorgeschlagenen Alternativen kann ich mich Herrn *Meyer* anschließen, der gerade gesprochen hat. Unsere Diskussion hat gezeigt, daß das Thema „Parlamentarisches Regierungssystem und Bundesrat" nicht diskutiert werden kann ohne die Kernfragen des Bundesstaates, insbesondere ohne die Kritik am unitarischen Bundesstaat. Diese stand zu Recht im Mittelpunkt zahlreicher bisheriger Diskussionsbeiträge. Hervorgehoben worden ist in der Diskussion schon die Verantwortlichkeit und Entscheidungsfähigkeit des parlamentarischen Regierungssystems – systemtheoretisch gesprochen: die Verarbeitung von Systemanforderungen und die Stabilisierung des Systems als Aufgabe der parlamentarischen Demokratie. Ebenso hervorgehoben wurde bereits die Funktion des Bundesstaates im Hinblick auf das Verständnis der Bürger, auf Bürgernähe, notwendige Differenzierung und das Gefühl der Bürger, in überschaubaren Einheiten Aktivität und Verständnis für das politische System zu entwickeln. Diese zentralen Anforderungen des parlamentarischen Regierungssystems wie auch des Bundesstaates, Entscheidungsfähigkeit einerseits, Bürgernähe andererseits, werden derzeit alles andere als optimal erfüllt, und daran hat auch der Bundesrat Anteil. Diese Kritik ist in der Diskussion viel klarer zum Ausdruck gekommen als heute vormittag in den beiden Referaten. Auch Herr *Dolzer* hat eine brillante Problemanalyse geliefert, ist aber konkrete Alternativen schuldig geblieben. Dabei geht es gerade darum, im Hinblick auf den unitarischen Bundesstaat Alternativen zu finden, und hier muß das Ziel schlicht und eindeutig die Rückführung der Zustimmungsgesetze und auch die Rückführung der Gesetzgebungszuständigkeiten des Bundes sein. Wenig Chancen sehe ich allerdings – und auch da hat Herr *Meyer* völlig recht –, diese Ziele durch Verfassungsänderung zu erreichen. Es ist ja auch im politischen Spiel so, daß kein Gewinner das Gewonnene freiwillig wieder aufgibt. Aber es ist schon in verschiedenen Diskussionsbeiträgen deutlich geworden, daß es Möglichkeiten zur Wiederbelebung der Bundesstaatlichkeit auch im Rahmen des geltenden Verfassungsrechts gibt. Änderbar wäre zum Beispiel die Rechtsprechung des Bundesverfassungsgerichts zu den Zustimmungsgesetzen. Es muß ja schließlich nicht jedes Bundesgesetz –

ich glaube, Herr *Sachs* hat es gesagt – zustimmungsbedürftige Inhalte haben. Es sind ja oft reine Organisations- und Verfahrensvorschriften, die die Zustimmungsbedürftigkeit bewirken. Warum immer dieser Perfektionismus in Sachen Verwaltungsverfahren und Organisation? Fruchtbar könnte man auch die Neufassung des Art. 72 GG werden lassen, indem der Bund im Bereich der konkurrierenden Gesetzgebungszuständigkeiten wirklich nur das Erforderliche regelt. Als Lehrbuchautor bin ich mit Herrn *Mußgnug* natürlich auch nicht gerade für 16 unterschiedliche Verwaltungsgerichtsordnungen, aber selbst in der VwGO gibt es Spielräume, die sich bewährt haben und die ausgebaut werden können. Das Widerspruchsverfahren vor den Ausschüssen in Rheinland-Pfalz und im Saarland ist ein Beispiel. Ich frage mich auch, warum Verfahren der Mediation und Schlichtung, die jetzt auf Bundesebene intensiv diskutiert werden, gleich durch Bundesgesetz eingeführt werden müssen. Warum probieren wir diese Verfahren nicht erst einmal in einem oder zwei Bundesländern aus? Wirklich schlimm finde ich die Argumente, die resignativ davon ausgehen, es könne eigentlich alles so bleiben wie bisher, der Bürger wolle nicht mehr Bundesstaat, der Landesgesetzgeber habe sich mit seinen Kompetenzverlusten abgefunden usw. Das erinnert mich immer ein bißchen an das Trauerspiel der Reform des Ladenschlusses: Die Deutschen wollen ja abends gar nicht einkaufen, dann kann man sie auch weiter in ihren Entscheidungsspielräumen einzwängen lassen. Die Landesgesetzgeber müssen es in der Tat wieder lernen, ihre Kompetenzen wahrzunehmen, da stimme ich Ihnen, Herr *Sachs*, vollauf zu. Schließlich leben wir in einem Bundesstaat, und vergessen wir bitte nicht, daß die existierende Politikverflechtung in den vergangenen beiden Jahren dazu geführt hat, daß es zu einer Entscheidungsblockade zwischen Bundestag und Bundesrat gekommen ist, die sich ein moderner Industriestaat angesichts der Herausforderungen der Globalisierung, weltweiter Märkte und sozialer Verteilungsprobleme einfach nicht leisten kann. Schon deshalb kommen wir um eine klare Kompetenzabgrenzung, und das heißt um eine Reform des unitarischen Bundesstaates, nicht herum. Vielen Dank.

Hans-Peter Schneider: Zwei Bemerkungen. Zunächst: Als jemand, der sich nun schon seit längerer Zeit intensiver sowohl mit dem Parlamentarismus wie mit dem Föderalismus beschäftigt, muß man die Referenten dafür beglückwünschen, daß sie der Versuchung widerstanden haben, beide Strukturprinzipien gegeneinander auszuspielen. Das ist das eine. Sie haben aber doch von einer Trennung beider gesprochen, Herr *Dolzer* sogar in der Weise, daß er den Bundesrat für eine Art Fremdkörper im parlamentarischen Regierungssystem hält; Herr *Sachs* hat dies wenigstens zu einem Gegenüber von Bundesrat und parlamentarischem Regierungssystem abgeschwächt. Ich möchte eine grundsätzlich andere Position beziehen und anregen, einmal darüber nachzudenken, ob nicht der Bundesrat ein wesentlicher Bestandteil des parlamentarischen Systems ist. Deswegen hätte eigentlich unser Thema lauten müssen: „Der Bundesrat *im* parlamentarischen Regierungssystem". Man braucht da gar nicht auf den sog. ersten Durchgang zu verweisen und darauf, daß der Bundesrat zum Teil sogar weitergehende Mitwirkungsrechte hat als der Bundestag, etwa bei den Zustimmungsverordnungen. Art. 53 Satz 3 GG gibt dem Bundesrat sogar das Recht, durch die Bundesregierung über die laufenden Geschäfte informiert zu werden, ein Recht, von dem der Bundestag nur „träumen" kann. Wenn wir vom parlamentarischen Regierungssystem sprechen, geht es ja nicht um die Verantwortlichkeit des Bundestages, sondern um die Verantwortlichkeit der Bundesregierung gegenüber dem Bundestag, und in dieser Hinsicht sehe ich eigentlich die Bundesregierung in einer ähnlichen Situation auch gegenüber dem Bundesrat. Natürlich ist die Bundesregierung, sind die Minister, ist der Bundeskanzler, nach Art. 65 GG auch dem Bundesrat gegenüber „parlamentarisch" verantwortlich.

Das führt mich dazu, auch nicht von „Verbundföderalismus" zu sprechen. Dies ist für mich eine Tautologie. Daß Föderalismus etwas mit Bund oder Verbund zu tun hat, ergibt sich aus dem Begriff. Ich würde eher von Alternanzföderalismus sprechen, im Gegensatz zum Konkordanzföderalismus der Schweiz. Unser Bundesstaat ermöglicht es, in der parteienstaatlichen Demokratie jeweils der Opposition auf Länderebene Gelegenheit zu bieten, ihre Regierungsfähigkeit nachzuweisen und Regierungspersonal auszubilden. Deswegen meine ich, daß jene parteipolitische Unterwanderung des Bundesrates, die gelegentlich gerügt wird, ein ganz normales Phänomen ist. Umgekehrt haben wir im Bundestag nicht nur eine bayerische Landesgruppe, die Länderinteressen vertritt, sondern wir haben neuerdings nach der deutschen Einheit auch die Ostabgeordneten quer durch die Parteien, die ebenfalls spezifische Länderinteressen vertreten. Also, ich glaube, die Dinge müßte man stärker unter dem Blickwinkel des parlamentarischen Systems und seines Funktionierens erklären wollen, als hier von einem Gegenüber oder gar von einer Trennung zu sprechen.

Zweiter Punkt: Reformmöglichkeiten. Da bin ich mit Herrn *Meyer* weitgehend einig. Wir werden eine Reform der Finanzverfassung bekommen, spätestens zum Jahre 2004. Wir werden sicher keine Reform oder keine Reduzierung der Zustimmungsbefugnisse des Bundesrates bekommen. Der Bundesrat müßte sich selbst entmachten. Ich habe noch nie gesehen, daß sich ein Mops einen Wurstvorrat zulegt. Man überfordert vermutlich hier den Bundesrat selbst. Wovon eine Menge abhängt, ist die

Rückverlagerung von Gesetzgebungskompetenzen auf die Länder. Hier bin ich ebenfalls mit Herrn *Meyer* der Meinung, daß das System aus sich heraus, jedenfalls das föderative System, zu dieser Reform nicht in der Lage ist. Es liegt seit Januar ein Gesetzentwurf Bayerns, Baden-Württembergs und auch Hessens im Bundesrat, wonach etwa 24 Länderkompetenzen im Rahmen von Art. 125a Abs. 2 GG zurückverlagert werden sollen. Man hört, daß dafür noch nicht einmal im Bundesrat eine Mehrheit zu gewinnen ist. Was aber möglich erscheint (und darüber sollte man wirklich ernsthaft nachdenken), ist der Versuch, durch Interpretation, Herr *Meyer*, bei Art. 72 Abs. 2 GG anzusetzen und das Bundesverfassungsgericht zu ermutigen, endlich von den neuen konkreteren Maßstäben des Subsidiaritätsprinzips Gebrauch zu machen und damit auch die Möglichkeit zu eröffnen, unter Umständen in jedem Normenkontrollverfahren bereits bestehendes Recht am Maßstab des Art. 72 Abs. 2 GG zu messen, notfalls auch incidenter. Wenn das Bundesverfassungsgericht dazu den Mut fände, könnte man sich in der Tat wahrscheinlich aus Karlsruhe eine gewisse Reforminitiative erhoffen. Vielen Dank.

Löwer: Herr Vorsitzender, meine Damen und Herren, ich stimme Herrn *Dolzers* Analyse zu, daß eine Systemverschiebung zu beobachten ist, aber ich stimme auch Herrn *Sachs* zu, daß diese Systemverschiebung nicht verfassungswidrig ist, sondern daß sie offenbar auf der Auslegung der Verfassung beruht und daß man sich deshalb fragen muß, wie zwingend solche Verfassungsauslegung im Sinne dessen ist, was Herr *Meyer* eben gesagt hat. – Im übrigen, wir haben heute viel über die Veränderung der Mehrheitsverhältnisse durch die letzte Bundestagswahl gesprochen. Die Systemverschiebung verschwindet aber auch jetzt nicht vollständig, wenn Bundestag und Bundesrat einheitlich „gefärbt“ sind. Die Kompromißabhängigkeit bleibt, nur verschwindet sie in immer schlechter sichtbaren Kompromißzirkeln; also so ganz löst sich das Problem auch nicht bei der Gleichfarbigkeit. – Also mich interessiert, ob man irgendetwas de constitutione lata tun kann, um die Systemverschiebung wieder ein Stück weit einzufangen. Und dabei ist für mich einer der Punkte die Frage danach, was denn eigentlich die Mitverantwortung des Bundesrates auslöst, eine Frage, die schon für Art. 84 und 85 GG nicht klar beantwortet wird. Diese Unklarheit ermöglicht den Akteuren immer zu sagen, etwas sei zustimmungsbedürftig und vorsichtshalber lasse man sich auf die von Herrn *Meyer* von vornherein als faul qualifizierten Kompromisse ein. Das ist z.B. ganz deutlich bei der Novelle zum Energiewirtschaftsgesetz. Da hat Herr *Wieland* gutachtlich vorgetragen, über eine neu eingeführte Genehmigung müsse durch Verwaltungsakt entschieden werden, also handele es sich bei der Genehmigungsnorm um eine Verwaltungsverfahrensvorschrift. Oder: Weil der Netzzugang einen zivilrechtlichen Vertrag voraussetzt, wird damit auch eine Regel des Verwaltungsverfahrens gesetzt. Einer solchen Rechtsbehauptung kann niemand konsolidiert widersprechen. Wenn Herr *Wieland* sagt, er lege dafür seine Hand ins Feuer, könnte es sein, daß er Verbrennungen dritten Grades davonträgt, und wenn man sagte, das Gegenteil sei richtig, könnte man die gleiche Selbstverstümmelung erleiden. Es ist außerordentlich schwierig zu prognostizieren, was eigentlich insofern richtig ist. Im 50. Jahr des Grundgesetzes ist immer noch nicht völlig klar, welche Detailregelungen die Zustimmungsbedürftigkeit auslösen können.

Hinzu kommt ein zweiter Punkt. Die Rechtsfolge fehlender Zustimmung ist angeblich die Gesamtnichtigkeit des Gesetzes. Das heißt, es gibt die Höchststrafe für die Verkennung dieser Rechtsfrage. Und das wiederum fordert notwendigerweise die Kompromißbereitschaft der Akteure, die faule Kompromißbereitschaft, wenn es schlecht läuft. Denn das können sich die Akteure wiederum häufig nicht erlauben, daß das ganze Gesetz z.B. an der an sich völlig marginalen Frage, ob etwa eine Verordnungsermächtigung Zustimmungsbedürftigkeit auslöst oder nicht, schließlich insgesamt scheitert. Ich weiß also nicht, ob die Rechtsfolge richtig bestimmt ist. Und wenn Sie sich bitte erinnern, die einschlägige Entscheidung im 55. Band ist die zersplittertste, die wir überhaupt je bekommen haben; in dieser Entscheidung haben die Richter *Hirsch* und *Rottmann* genau diese Rechtsfolge in Abrede gestellt. Dazu erlaube ich mir auch noch, meine Damen und Herren, meine Abschlußfrage: Können wir uns diese Rechtsfolge unter den Bedingungen Europas überhaupt leisten? – Nebenbemerkung: Wenn hier vorgeschlagen wird, zur Stärkung des Föderalismus Gesetzgebungskompetenzen zurückzuübertragen, so ist das doch ganz langweilig. Die Musik spielt doch nicht mehr in Bonn oder Düsseldorf oder in München. Die Musik spielt zu 80% des deutschen Wirtschaftsrechts z.B. in Brüssel. – Zurück: Können wir uns dieses Rechtsfolgesystem eigentlich in den Bedingungen des Europäischen Gemeinschaftsrechts leisten? Bundesrat und Bundestag stehen danach unter Einigungszwang, weil sie bei der Umsetzung von EG-Richtlinien die Pflicht der Bundesrepublik Deutschland kooperativ erledigen müssen. Die Verantwortungswahrnehmung des Bundesrates geschieht aber im Verfahren des Art. 23 GG im Vorfeld der Richtliniengebung. Entsteht sie ein weiteres Mal, wenn diese Richtlinie umgesetzt wird und jetzt um die Zustimmungsbedürftigkeit z.B. einer Verordnungsermächtigung gestritten wird mit der Folge, daß das Bundesverfassungsgericht die Bundesrepublik Deutschland gegebenenfalls in einen Verstoß gegen den EG-Vertrag hineinschicken muß, wenn die Rechtsfolge der Gesamtnichtigkeit stimmt? Ich würde also empfehlen, an dieser Stelle intensiver nachzudenken, ob das die richtige Rechtsfolge ist. Wenn nämlich nur die zustimmungsauslösenden Vorschriften – und aus EG-konformen Gründen muß das eigentlich so sein – nichtig sind, ist das Konfliktpotential deutlich reduziert. Beide Akteure können wagemutiger werden im Durchhalten ihrer Positionen zur Zustimmungsfrage, wenn nur diese Einzelvorschriften nichtig sind. Der Zwang zum Kompromiß, die Blockadefunktion des Bundesrates, wird reduziert.

Maurer: Herr Vorsitzender, meine Damen und Herren. Die entscheidende Frage in unserem Zusammenhang ist, wie Herr *Dolzer* zu Beginn seines Referates zu Recht herausgestellt hat, ob die Ausübung der staatlichen Macht auf ein Verfassungsorgan übertragen oder ob sie auf mehrere Verfassungsorgane verteilt werden soll. In England bestand und besteht, wie Herr *Dolzer* darlegte, die erste Alternative. Die staatliche Macht liegt bei dem Parlament und der aus ihm hervorgegangenen Regierung. Deutscher Tradition entspricht dagegen die Verlagerung auf mehrere Verfassungsorgane, zumindest aber die Kontrolle.

Zunächst ein kurzer Blick in die Geschichte, obwohl in historischer Sicht schon viel gesagt worden ist. Die Aufnahme des Bundesrates in die Reichsverfassung von 1871 beruhte nicht auf einer beliebigen Entscheidung Bismarcks, sie knüpfte auch nicht nur an irgendeine Tradition an. Vielmehr entsprach sie dem damaligen konstitutionellen Staatsrecht, das sich in den deutschen Einzelstaaten des 19. Jahrhunderts herausgebildet hatte und als gemeindeutsches Staatsrecht betrachtet werden kann. Das konstitutionelle Staatsrecht wurde bekanntlich durch den Dualismus von Monarch und Bürgertum, von monarchischer Regierung und demokratischem Parlament geprägt. Der Monarch blieb zwar nach dem Verfassungsrecht Inhaber der Staatsgewalt, mußte aber seine Macht im Bereich der Gesetzgebung mit dem Parlament teilen. Dieses System bestimmte auch die Reichsverfassung. Nach der ursprünglichen Konzeption sollte der Bundesrat als Vertretung der Landesfürsten die Position des Monarchen einnehmen und der demokratisch gewählte Reichstag etwa die Rechte erhalten, die die Landesparlamente auf der Landesebene hatten. Diese Konzeption war scheinbar folgerichtig, konnte aber nicht recht funktionieren, weil der Kaiser mit seinem Reichskanzler nicht integriert war. Das lag wohl auch daran, daß der dem Kaiser verantwortliche Reichskanzler zunächst nicht vorgesehen war und erst später bei den Verfassungsberatungen (des Norddeutschen Bundes) eingefügt wurde. Die Gesetze bedurften übereinstimmender Beschlüsse des Monarchen bzw. des Bundesrates und des Parlaments. Wenn das Parlament die Zustimmung verweigerte, dann kam das Gesetzesvorhaben nicht oder nur nach bestimmten Änderungen zustande. Das führte verständlicherweise auch zu Konflikten. Zum großen Konflikt kam es 1862ff. in Preußen, als der Landtag den Militärhaushalt ablehnte. Da die Regierung die Vorlage als eine für den Staat existentielle Frage betrachtete, setzte sie sich unter Berufung auf die sog. Lückentheorie über das Zustimmungsrecht des Parlaments und damit über die Verfassung hinweg.

Das Grundgesetz hat die Konstruktion des Bundesrates von 1871 übernommen. Aber die Ausgangsbedingungen und die Grundstrukturen haben sich wesentlich gewandelt. Der Dualismus, der in der Weimarer Verfassung noch rudimentär vorhanden war, ist durch den einfachen Parlamentarismus abgelöst worden. Damit stellt sich auch die Frage nach der Legitimation des Bundesrates. Die monarchische Komponente, die 1871 die Grundlage des Bundesrates bildete, ist schon 1918 weggefallen. Die Legitimation ergibt sich aber, wie bereits Herr Klein ausgeführt hat, aus dem Bundesstaatsprinzip. Jeder Bundesstaat hat ein föderatives Organ. Ein wesentliches Merkmal des Bundesstaates bildet die Beteiligung der Gliedstaaten an der Willensbildung des Gesamtstaates. Das Bundesstaatsprinzip kann natürlich die im demokratischen Staat selbstverständliche demokratische Legitimation nicht ersetzen. Aber es rechtfertigt die spezifische Stellung und die nur vermittelte demokratische Legitimität des föderativen Organs.

Damit komme ich zur weiteren Frage, wie der Bundesrat besetzt werden soll. Wenn man den Bundesrat als föderatives Organ betrachtet, liegt es nahe, den Landesregierungen die Vertretung zu übertragen, die auch sonst ihr Land nach außen vertreten. Die Landesregierungen kennen die vielfältigen Probleme ihres Landes und können sie daher auch kompetent und differenziert auf der Bundesebene zur Geltung bringen. Das Senatsprinzip erscheint zwar durchaus attraktiv, ist aber – zumindest dort, wo gewachsene Traditionen fehlen – nicht unproblematisch. Die Senatoren repräsentieren nicht das Land, sondern das Landesvolk, und auch dies wegen der geringen Zahl nur bedingt. Sie werden wohl stärker durch ihr politisches Umfeld bestimmt. Die unterschiedlichen Wahlmodi werfen zudem demokratische Probleme auf. Noch problematischer ist die Wahl durch die Landesparlamente, wie der Bundesrat in Österreich zeigt.

Wenn vorher davon gesprochen wurde, der Bundesrat sei eine Art Gesandtenkongreß, dann trifft das für den Bundesrat von 1871 und seinen Vorläufer, den Bundestag von 1815, wohl auch für den Reichsrat von 1919, aber nicht mehr für den heutigen Bundesrat zu. Er besteht ausschließlich aus Landesministern, die sich nur durch ihre Ministerkollegen, aber nicht durch ihre Ministerialbeamten vertreten lassen können. Er ist also kein Gesandtenkongreß, sondern ein Regierungskongreß. Daß die Hauptarbeit in den vorbereitenden Ausschüssen durch Ministerialräte, früher Oberregierungsräte, erledigt wird, ändert daran nichts. Die

Entscheidung liegt bei den Regierungsmitgliedern, die die entsprechenden Vorgaben und Richtlinien festlegen.

Die Einheitlichkeit der Stimmabgabe im Bundesrat, die verschiedentlich angesprochen wurde, hat von der Konstruktion des Bundesrats her ihren Sinn. Sie wird mit dem Hinweis auf das imperative Mandat nicht erfaßt. Da die Landesregierungen die eigentlichen Mitglieder des Bundesrates sind, liegt es nahe, daß sie auch über die Stimmabgabe entscheiden. In der Landesregierung hat jeder Minister die Möglichkeit, so zu votieren, wie er es für richtig hält. Wenn die Entscheidung in der Landesregierung gefallen ist, muß sie bei der Abstimmung im Bundesrat zugrunde gelegt werden. Genau genommen hat jedes Land nur eine Stimme, die aber mehrfach - dreifach, vierfach usw. - gezählt wird.

Kurz noch eine Bemerkung zu den Aufgaben des Bundesrates, weil sie für seine Einordnung von Bedeutung sind. Es ist interessant, daß der Bundesrat - im Gegensatz zu den anderen Verfassungsorganen - keine originären Aufgaben hat. Der Bundestag ist primär Gesetzgeber, die Bundesregierung hat die Regierungsgeschäfte wahrzunehmen, das Bundesverfassungsgericht hat über verfassungsrechtliche Streitigkeiten zu entscheiden. Was hat der Bundesrat? Es gibt keine spezifischen „bundesrätlichen" Aufgaben. Der Bundesrat ist in der Regel nur Mitwirkungsorgan. Er kann überall mitwirken, aber vorwiegend nur negativ mitwirken, indem er ein absolutes oder relatives Veto einlegt. Er hat nur wenig Möglichkeiten, selbst politisch gestaltend tätig zu werden. Aber auch das Vetorecht stößt in brisanten Fällen bald auf Grenzen. Man müßte die Praxis genauer daraufhin überprüfen, in welchen Fällen der Bundesrat durch Einspruch oder durch Verweigerung der Zustimmung ein wesentliches Gesetzgebungsvorhaben verhindert hat. Man kann natürlich auf die gerade gescheiterte Steuerreform verweisen. Aber es gibt auch andere Fälle. Bemerkenswert ist vor allem, daß in zwei wesentlichen, für die Bundespolitik geradezu existentiellen Fällen, nämlich der Westpolitik Adenauers und der Ostpolitik Brandts, die Opposition im Bundestag die Verträge ablehnte, die mit ihr verbundene parteipolitische Mehrheit im Bundesrat aber zustimmte. Die Bundesrats-Mehrheit - im ersten Fall die SPD, im zweiten Fall die CDU - hatte zutreffend erkannt, daß die rechtlichen Möglichkeiten auf politische Grenzen stoßen. Die Anregung, die Kompetenzen des Bundesrates zu beschneiden, stößt sofort auf die Frage, was beschnitten werden soll. Sind es wesentliche Bereiche, hat der Bundesrat kaum noch Aktionsmöglichkeiten; sind es unwesentliche Bereiche, sind sie ohnehin belanglos. Die verfassungsrechtlichen Kompetenzen des Bundesrates sind im Vergleich mit dem Senat der USA und dem Ständerat der Schweiz ohnehin gering. Allerdings hat er es in den letzten Jahrzehnten verstanden, seine Kompetenzen rechtlich und faktisch auszuweiten.

Abschließend ist noch kurz darauf hinzuweisen, daß sich die Referate und die Diskussion im wesentlichen auf das Verhältnis von Bundestag und Bundesrat beschränkten. Das entspricht auch der Themenstellung. Wenn man aber die Frage nach der Kontrolle des Parlaments stellt, müßte das gesamte, im Grundgesetz angelegte Kontrollsystem einbezogen werden, insbesondere die verfassungsgerichtliche Kontrolle, die ineinandergreifenden Kompetenzen von Bund und Ländern und die Vielfalt der öffentlichen Meinung.

Classen: Ich wollte kurz die Frage ansprechen, ob man nicht – auf der Basis des geltenden Bundesverfassungsrechts – den Landtagen etwas mehr Einfluß auf das Abstimmungsverhalten der entsprechenden Landesregierung im Bundesrat zugestehen könnte, als dies bislang der vorherrschenden Meinung entspricht. Zu denken ist etwa an eine Regelung des Landesverfassungsrechts, wonach der Landtag verbindliche Weisungen erteilen kann. Herr *Sachs* hat zwar soeben ausgeführt, daß dies ein völlig unpraktisches Problem darstelle. Demgegenüber möchte ich den Appell von Herrn *Hufen* aufgreifen, doch etwas weiter zu denken. Meine Überlegungen sind vor dem Hintergrund zu sehen, daß die Möglichkeit des Bundesrates, das Verhalten des Vertreters im Ministerrat der EG zu beeinflussen, ersichtlich allgemein völlig anders bewertet wird. Das entsprechende Ausführungsgesetz zu Art. 23 GG sagt ausdrücklich, daß in bestimmten Fällen dem Bundesrat ein Letztentscheidungsrecht zusteht. Teilweise wird dies sogar aus Art. 23 Abs. 5 Satz 2 GG selbst abgeleitet. Auch Herr *Sachs* hat diese Position vertreten. Persönlich halte ich diese Auffassung zwar für unzutreffend. In jedem Fall funktioniert das Modell in der Praxis einigermaßen. Deswegen kann auch die Übertragung dieses Modells auf der Ebene des Bundesrates keine dramatischen Verwerfungen zur Folge haben. Die einzige hier einschlägige Entscheidung des Bundesverfassungsgerichts jedenfalls hat mit den Volksbefragungen einen so atypischen Fall zum Gegenstand gehabt, daß man aus meiner Sicht nicht allzu viel aus ihr ableiten sollte.

Herr *Sachs*, Sie haben konkret vor allem zwei Argumente für Ihre Position genannt. Zum einen haben Sie angeführt, daß eine Erweiterung der Befugnisse der Landtage einen Verstoß gegen den Grundsatz der Gewaltenteilung darstellen soll. Insoweit habe ich doch erhebliche Zweifel, weil es ja vorwiegend und vor allem in den politisch umstrittenen Fällen letztlich um die Mitwirkung des Bundesrates an der Bundesgesetzgebung geht. Die Vorstellung, daß die Mitwirkung eines Parlaments an einem Gesetzgebungsprozeß ein Problem darstellen soll, ist für mich allerdings nur schwer nachvollziehbar. Dies gilt insbesondere deswegen, weil nicht selten das Zustimmungsrecht des Bundesrates ein kompensatorisches Element für verlorengegangene Landeskompetenzen darstellt. Wenn dies so ist, ist es geradezu naheliegend, daß der Rest der Entscheidungsbefugnisse, die einem Land verbleiben, jedenfalls zu einem Teil dem Landtag zugewiesen wird. Zum anderen soll die Erweiterung der Kompetenzen des Landtages einen Übergriff in *grundgesetzlich* den Landesregierungen zugewiesenen Aufgaben darstellen. Auch dies ist m. E. nicht zwingend. Ausdrücklich, darauf haben Sie, Herr *Sachs*, ja hingewiesen, ist das im Grundgesetz nicht geregelt. Das gleiche gilt im übrigen für das Weisungsrecht der Landesregierung, das dennoch ebenfalls allgemein bekannt ist. Im übrigen ist zu bedenken, daß der Bundesrat trotz seiner Eigenschaft als Bundesorgan im Schnittfeld von Bundesverfassungsrecht und Landesverfassungsrecht steht.

In der Sache könnte man nicht nur eine Stärkung der Landesparlamente erreichen. Auch die Berücksichtigung der „Ebene Land", von der Herr *Dolzer* am Anfang gesprochen hat, wäre besser gewährleistet. Vor allem aber würde man erreichen, daß die so umstrittene Einbindung der Mitglieder des Bundesrates in die jeweilige Parteidisziplin auf Bundesebene gelockert würde, weil diese bei den Mitgliedern der Landesregierung doch deutlich stärker sein dürfte als bei den Bonn deutlich ferner stehenden Landtagsabgeordneten. Sicherlich muß man sich die Frage stellen, wie häufig denn die Landtage tatsächlich ein Interesse hätten, das Abstimmungsverhalten ihrer Landesregierung zu beeinflussen. Wenn man aber, um zur EG zurückzukommen, sich vor Augen führt, daß der Europaausschuß des dänischen Parlaments jede Woche zusammentritt, die Tagesordnung der Ministerratssitzungen der darauffolgenden Woche Punkt für Punkt durchgeht und im einzelnen bespricht, wie sich die dänische Regierung dort verhalten soll, welchen Vorlagen sie zustimmen soll, welchen nicht, wo sie bestimmte Kompromisse eingehen kann und wo nicht, dann zeigt dies jedenfalls, daß eine praktische Handhabung entsprechender Kompetenzen durchaus denkbar ist. Sicherlich würde es einige Zeit dauern, bis die Landesparlamente tatsächlich entsprechende Befugnisse in Anspruch nehmen würden. Immerhin bietet sich hier jedoch ein Ansatzpunkt, einen Beitrag zu leisten zur Stärkung der Position der Landesparlamente, aber auch der Länder insgesamt, und so häufig beklagten Trends entgegenzuwirken.

Merten: Ich möchte der Charakterisierung unseres Regierungssystems als eines parlamentarisch föderativen Regierungssystems, wie es Herr *Sachs* ausgedrückt hat, zustimmen und insofern auch den Ausführungen von Herrn Kollegen *Hans-Peter Schneider* beipflichten. Der Bundesrat ist ein Element der vertikalen Gewaltentrennung, wie sie schon Montesquieu propagiert hat und wie sie sich auch in den Federalist Papers findet.

Die Kritik an den Friktionen, die sich durch die Mitwirkung des Bundesrates ergeben, scheint mir zum Teil auch eine Kritik am System der Gewaltenteilung zu sein. Gewaltenteilung setzt unabdingbar Gewaltenhemmung voraus, und wenn die Macht auf zwei Kammern verteilt ist, dann muß man sich einigen. Daß der Bundesrat nicht zu parteipolitischer Obstruktion mißbraucht werden darf, darüber kann man schnell Einigkeit erzielen. Das folgt schon aus der Verfassungsorgantreue. Nur die Frage, ob im Einzelfall eine parteipolitische Obstruktion vorliegt oder ob es sich um sachliche Interessen handelt, die die Mitglieder wahrnehmen, ist schwer zu beantworten. Sicherlich lassen sich die Interessen des Bundesrates nicht auf Länderinteressen reduzieren, da es sich ja um ein Bundesorgan handelt.

Der Bundesrat ist aber nicht nur ein gewaltenteilendes Element in vertikaler Richtung, sondern auch in horizontaler Richtung. Montesquieu hatte bekanntlich nicht nur ein Zweikammersystem gefordert, sondern auch postuliert, daß die Exekutive die Beschlüsse der Legislative hemmen können soll, wie umgekehrt auch. Das ist in der nachfolgenden Entwicklung durch den Rousseauschen Demokratismus verlorengegangen. Im Grundgesetz findet sich nur an versteckter Stelle die Möglichkeit der Bundesregierung, Gesetze des Parlaments anzuhalten, nämlich in Art. 113 GG bei Ausgabenerhöhungen oder Einnahmenverminderungen. In Gestalt des Bundesrates besteht nun die Möglichkeit, daß die Exekutive Beschlüsse der Legislative hemmt, auch wenn es sich nicht um die Bundesexekutive, sondern um die Länderexekutive handelt. Aber wir brauchen dieses „Parlament der Oberregierungsräte" bzw. Ministerialräte, weil in unserer funktionalen Gewaltentrennung die Verwaltung schwerpunktmäßig bei den Ländern liegt und oftmals nur die Länder wirklich wissen können, welche Schwierigkeiten bei der Exekution auftreten, oder nur sie sachverständig in Bereichen sind, in denen dem Bund die Kompetenz mangelt, wie z.B. im Bildungsbereich.

Ich spreche mich energisch gegen eine Senatslösung aus. Es entspricht nämlich wiederum der Gewaltenteilung, wenn die unterschiedlichen Kammern auch auf einem unterschiedlichen Repräsentationsmodus beruhen. Bei der Senatslösung bestünde der Nachteil, daß dieselben parteipolitischen Richtungen sowohl im Bundestag als auch im Bundesrat herrschten. Der geringere Einfluß des österreichischen Bundesrates mag auch darauf zurückzuführen sein, daß er aus gewählten Vertretern besteht und demzufolge die parteipolitischen Gruppierungen im österreichischen Bundesrat, soweit ich das übersehen kann, stärker ausgebildet sind als im deutschen Bundesrat.

In dem Dreieck von Bundestag, Bundesregierung und Bundesrat haben sich Akzentverschiebungen aufgrund der Rechtsprechung des Bundesverfassungsgerichts ergeben. Ich meine die Wesentlichkeitstheorie, die bekanntlich besagt, daß die wesentlichen Entscheidungen das Parlament treffen soll. Wird hierfür ein Parlamentsgesetz verlangt, ist in diesem Augenblick die Mitwirkungsbefugnis des Bundesrates gegeben. Würden wir mit dieser Theorie, die meines Erachtens verfassungshistorisch und verfassungsdogmatisch unrichtig ist, brechen, gäbe es einen stärkeren Bereich der Exekutive, so daß die Mehrheit im Bundestag, die auch die Regierung stellt, ihren Willen über die Exekutive durchsetzen könnte, ohne wegen des Vorbehalts des Parlamentsgesetzes auf die Mitwirkung des Bundesrates angewiesen zu sein. In diesem Zusammenhang möchte ich auch die Parlamentarisierung der Bundeswehr beim Auslandseinsatz infolge der Rechtsprechung des Bundesverfassungsgerichts ansprechen. Auch hier stellt sich, und da gebe ich Ihnen völlig Recht, Herr Kollege *Sachs*, die Frage der Mitwirkung des Bundesrates, wenn für die Auslandseinsätze die Zustimmung des Bundestages erforderlich ist. Das Problem stellt sich natürlich nicht, wenn man von Verfassungs wegen zu dem Ergebnis kommt, daß die Bundesregierung allein über die Auslandseinsätze entscheiden kann.

Oppermann: Es ist heute offenbar gefährlich, das Wort „Europa" auf den Anmeldezettel zu schreiben, wenn man zu Gehör kommen will. Sicher lag dieser Aspekt mehr am Rande unseres Beratungsgegenstandes, wenngleich er mit Recht öfters angesprochen wurde, von Herrn *Sachs* noch etwas stärker als von Herrn *Dolzer*.

Ich möchte zwei Bemerkungen anfügen. Sie, Herr *Sachs*, haben gefragt, ob unser Bundesratsmodell, unser Föderalismus eigentlich vorbildlich für Europa ist und dort Wirkungen entfalten kann. Ich würde diese Frage grundsätzlich mit Ja beantworten. Wir haben aus unseren langjährigen bundesstaatlichen Erfahrungen in Brüssel einiges einzubringen.

Viel skeptischer sehe ich allerdings die derzeitige Entwicklung unseres innerdeutschen Föderalismus, insbesondere beim Bundesrat. Hier bin ich sehr auf der Seite von Herrn *Dolzer*. Es scheint ein erheblicher Reformbedarf zu bestehen. Wir haben mittlerweile vor Regierungswechseln – einmal von 1980 bis 1982 und jetzt von 1994 bis 1998 – infolge einer Patt- oder Blockadesituation zwischen Bundestag und Bundesrat eine Reihe für wichtige Bundesgesetzgebung mehr oder weniger verlorene Jahre erlebt. Das sollte zu Überlegungen über eine Neudefinition der Rolle des Bundesrates Anlaß geben. Allerdings steht zu erwarten, daß die Neigung dazu nicht groß sein wird, nachdem seit dem 27. September wieder gleiche politische Mehrheiten in beiden Kammern bestehen. Das Problem wird uns jedoch weiterhin begleiten.

Trotz solcher Schwächen können unsere deutschen föderalen Erfahrungen insgesamt für Europa bedeutsam sein. Allerdings muß man die

Unterschiede sehen. Wir befinden uns in Deutschland bereits im Zustand eines ausgereiften Föderalismus, vielleicht sogar eines „Spätföderalismus“. Der Mahlstrom in Richtung unitarischer Bundesstaat läuft weiter, das wurde bereits mehrfach gesagt. In Europa ist dagegen die Phase des Präföderalismus noch nicht beendet, und wir wissen nicht, ob die Entwicklung jemals darüber hinausgeht. Verfassungsgeschichtlich gesprochen stehen wir in der EU gewissermaßen noch vor dem Jahre 1871. Hinzu kommt, daß das gesamte Gewaltensystem in Europa ein anderes ist als bei uns. Ministerrat und Kommission verfügen über die Gesetzesinitiative, formal zwar nur die Kommission, aber der Rat kann sie stark beeinflussen. Das Europäische Parlament verfügt über keine Gesetzesinitiative, etwas für uns Undenkbares, wofür es aber in der EG Gründe gibt. Der Gesetzesbeschluß liegt dann wiederum beim Rat und nicht beim Parlament, so daß faktisch die Mitgliedstaaten das Ausmaß und die Inhalte der Rechtsetzung in ihren Händen behalten. Das wird auch in Zukunft wohl so bleiben, wenn man nicht an den Übergang zu einem europäischen Bundesstaat glaubt. Wenn es dagegen bei einem sich weiter verfestigenden „Staatenverbund“ bleibt, wofür vieles spricht, scheint mir das Maximum der Angleichung an bundesstaatliche Verhältnisse in der EU in einer gleichmäßigen Verteilung der Gewichte zwischen Europäischem Parlament und Ministerrat zu liegen. Das wäre der Zustand, wie wir ihn von 1871 bis 1918 in Deutschland hatten, nämlich ein Gleichgewicht zwischen beiden Kammern dergestalt, daß beide Seiten einem Gesetzgebungsvorhaben zustimmen müssen. Die Notwendigkeit einer Zustimmung der Regierungen der EU-Staaten im Rat zu den Akten europäischer Gesetzgebung wird auf eine schwer abschätzbare Zeit unentbehrlich bleiben.

Erlauben Sie mir noch ein Wort zum Verhältnis der Bundesregierung gegenüber Bundestag und Bundesrat in europäischen Angelegenheiten. Hier scheint die Regelung des neuen Art. 23 GG seit 1992 nicht der Weisheit letzter Schluß zu sein. Sicher war die Stärkung der Ländermitverantwortung in Art. 23 GG wegen der fortschreitenden Erosion der gliedstaatlichen Befugnisse in Richtung Brüssel verständlich. Ein optimales System ist es aber nicht geworden. Herr *Löwer* hat für die Mitwirkung des Bundesrates bei der Vorbereitung europäischer Richtlinien schon einiges Wesentliche gesagt. Man muß hinzufügen, daß Brüssel mit seinen seit Maastricht – z. T. schon früher – gegebenen Bildungs-, Kultur- und Rundfunkzuständigkeiten in erheblichem Umfang im Kernbereich der deutschen Länderkompetenzen Recht setzt. In all diesen Bereichen ist es außerordentlich schwierig, mittels der komplizierten Verfahren des Art. 23 GG rechtzeitig im Vorfeld der Brüsseler Entscheidung wirkungsvolle deutsche Positionen aufzubauen und damit die Vorschläge der Kommission zu beeinflussen. Der Bundesrat soll zwar die „Länderauffassung“ der

Bundesregierung nahebringen und sie in Brüssel auf diese Weise einbringen. Aber das sind ja 16 Länder, die sich häufig unter sich zunächst nicht einig sind. Der deutsche Vertreter im Rat oder vorher schon gegenüber der Kommission verfügt dann nicht rechtzeitig oder gar nicht über eine einheitliche deutsche Auffassung, für die er sich einsetzen könnte. In solchen Fällen muß sich die deutsche Stimme auf Bedenken allgemeiner Art oder auf eine Ablehnung der EG-Vorschläge zurückziehen und sich letztlich überstimmen lassen. Konzeptionell vermag Deutschland im Bereich der Länderzuständigkeiten in Brüssel wenig mitzugestalten und beschränkt sich auf ein Reagieren gegenüber den anderwärts entwickelten Initiativen. Die Masse des Papieres, die aus Brüssel ständig dem Bundesrat vorgelegt wird, kann mit dem System des Art. 23 GG nur sehr unvollkommen bewältigt werden.

Soweit mit ein paar Stichworten zur Diagnose. Über die Therapie, die viel mit der Verwirklichung des Subsidiaritätsprinzips zu tun hätte, müßte ein anderes Mal gesprochen werden. Vielen Dank!

Vorsitzender: Vielen Dank, Herr *Oppermann,* für den europäischen Akzent, der mir als Europäer, als untypischem Schweizer, besonders gut gefallen hat. In der Tat ist es so, daß Europa nach der Struktur unseres Themas eher an den Schluß gehört und vielleicht nicht ins Zentrum. Wir bleiben mit den nächsten Beiträgen bei Europa.

Streinz: Vielen Dank, Herr Vorsitzender, meine Damen und Herren, auch ich möchte einige Anmerkungen zu EG-rechtlichen Implikationen und Parallelen beitragen. Was die Parallelen angeht, bei aller Vorsicht, wegen der Unterschiede, die bestehen zwischen einer supranationalen Integrationsgemeinschaft im Staatenverbund, den auch ich nicht nur für das Gegenwarts-, sondern für das Zukunftsmodell halte, und einem Bundesstaat: These 21 von Herrn *Dolzer,* daß zu Unrecht bisher die Finanzordnung allein im Mittelpunkt der Debatte stünde, vielmehr vorab ein Konsens über die Verteilung der Aufgaben und über das unverzichtbare Maß an Einheitlichkeit der Lebensverhältnisse bzw. einzelstaatlicher Autonomie erforderlich sei, ließe sich meines Erachtens mutatis mutandis auch auf das entsprechende Grundproblem im Verhältnis zwischen der EG und den Mitgliedstaaten übertragen. Beteiligungs- und Akzeptanzprobleme würden sich auch dort reduzieren, wenn die Kompetenzverteilung klarer und einsichtiger wäre. Gleiches gilt meines Erachtens für das in These 12 erwähnte Leitbild der solidarischen Eigenverantwortlichkeit, das die sogenannte Nettozahlerdebatte auf der EG-Ebene versachlichen könnte. Die Debatte muß sicherlich geführt werden wegen der als untragbar erkannten Lasten- und Nutzenverteilung, und zwar untragbar wegen fehlender Sachgerechtigkeiten. Ich denke z.B. an den britischen Beitragsrabatt, der, was die Finanzierung der gemeinsamen Agrarpolitik anging, durchaus nachvollziehbar war. Daß er sich auf alle anderen Bereiche, z.B. die Finanzierung der Osterweiterung, erstreckt, kann nicht vermittelt werden. Gleiches gilt für das angesprochene Problem der Harmonisierung oder Föderalisierung der Steuern. Harmonisierung ist sicherlich erforderlich, soweit durch Steuerregelungen der Wettbewerb unerträglich verzerrt wird. Insoweit verstehe ich eigentlich nur schwer eine Vorschrift wie Artikel 58, ex-Artikel 73b EG-Vertrag, der ausdrücklich die unterschiedliche Besteuerung von In- und Ausländern zuläßt. Ich weiß, aus welchen Gründen das so ist, aber es ist eigentlich eine gemeinschaftsrechtlich erlaubte Diskriminierung und Wettbewerbsverzerrung. Andererseits: Soll jede Standortpolitik durch Steueranreiz – das ist die angesprochene Frage der Zuschläge durch die Länder – unterbunden werden, mit der Gefahr eines Kartells der den Steuerbürger belastenden, um schärfere Ausdrücke zu vermeiden, Staaten? Die Beteiligung der Länder in Angelegenheiten der Europäischen Union, wie sie Artikel 23 GG vorsieht – wobei auch ich der Ansicht bin, daß die Vorschrift sicherlich nicht optimal ist, aber das ist ein politischer Kompromiß und der ist selten optimal –, ist nicht nur verfassungsrechtlich geboten, sondern liegt auch im Interesse der Europäischen Gemeinschaft. Dies wird zunehmend erkannt, was die Beteiligung des Bundestags bzw. nationaler Parlamente anbelangt, und im Amsterdamer Vertrag wird diese positive Rolle der Parlamente auch hervorgehoben. Dies gilt aber auch für den Bundesrat, und zwar deshalb, weil die Länder in großem Umfang sowohl für die legislative Umsetzung als auch für den Verwaltungsvollzug des Gemeinschaftsrechts zuständig sind und bei entsprechender Beteiligung im Vorfeld jedenfalls nicht mit empörter Überraschung auf Brüsseler „Zumutungen" reagieren können. Damit wird ein Problem entschärft, das zwar noch nicht dramatisch wurde, aber sich doch schon abzeichnet, nämlich die Haftung des Bundes gegenüber der Europäischen Gemeinschaft wegen der Nichtumsetzung von Gemeinschaftsrecht durch die Länder bzw. bei fehlender, aber verfassungsrechtlich erforderlicher Zustimmung des Bundesrates zur Umsetzung von Gemeinschaftsrecht. Zwei Beispiele. Für das erstere: Die Androhung eines Zwangsgeldes gegen die Bundesrepublik Deutschland wegen fehlender Umsetzung der Vogelschutzrichtlinie. Diese Vogelschutzrichtlinie wurde durch die Länder nicht umgesetzt, soweit ich mich erinnere, war es das Saarland. Die Frage ist: Könnte der Bund in einem entsprechenden Fall beim Land Regreß nehmen hinsichtlich des Zwangsgeldes? Der konkrete Fall hat sich mittlerweile durch die erfolgte Umsetzung erledigt. Das Grundsatzproblem bleibt aber. Ein etwas kurioses Beispiel für das letztere Problem, die Zustimmung des Bundesrates. Der Bundesrat nutzte in einem Fall den von Herrn *Sachs* in These 18 angesprochenen Maßgabevorbehalt dazu, dem Erlaß einer Rechtsverordnung zur Umsetzung einer EG-Richtlinie über das Mindesthaltbarkeitsdatum insoweit nicht zuzustimmen, als dies auch für Bier gelten sollte. Sie können sich denken, woher dieser Widerstand initiiert war. Die Rechtsverordnung wurde daraufhin, das ist auch etwas Kurioses, mit einer Fußnote im Bundesgesetzblatt bekanntgemacht, daß sie insoweit gegen EG-Recht verstößt. Das war ein Hinweis für die EG-Kommission, ein Vertragsverletzungsverfahren gegen die Bundesrepublik Deutschland einzuleiten. Auch das hat sich mittlerweile erledigt durch die Fortentwicklung des einschlägigen Rechtsgebiets. Das grundsätzliche Problem bleibt aber. Insoweit hätte ich eine Frage. Wäre in Fällen EG-rechtlicher Vorgaben die grundsätzlich sicher gebotene Regelung, die Blockade von Gesetzen im Bundesrat als Ausdruck politischen Willens zu akzeptieren und auszuhalten, zu modifizieren, jedenfalls nach einer Verurteilung der Bundesrepublik Deutschland durch den Europäischen Gerichtshof? Eine letzte Frage zur These 9 von Herrn *Sachs*. Ich finde es sehr interessant, eine Beteiligung der Landtage bei der Übertragung von Hoheitsrechten der Länder zu erwägen, denn mit den Hoheitsrechten werden ja hauptsächlich ihre Mitwirkungsbefugnisse übertragen. Wie sollte das konkret aussehen? Ich habe Ihre Ausführungen so verstanden, daß eine qualifizierte Mehrheit der zustimmenden Landesparlamente erforderlich sein soll, möchte aber fragen, ob ich das so richtig gesehen habe. Danke schön.

Spannowsky: Einige Problemfelder im Zusammenhang mit der europäischen Rechtsetzung sind bereits angesprochen worden. Herr *Löwer* hat auf den politischen Einigungsprozeß hingewiesen und sah im Konflikt zwischen Bundesrat und Bundestag kein aktuelles Tagesproblem. Gleichwohl sind solche Problemfelder denkbar. Ich mache auf eine aktuelle Entwicklung im Bereich des europäischen Rechtsetzungsprozesses bezüglich der Plan-UVP-Richtlinie aufmerksam. Diesbezüglich hatte der Bundesrat vor kurzem eine negative Stellungnahme abgegeben. Dies, Herr *Maurer*, ist ein weiteres Beispiel für eine ablehnende Stellungnahme des Bundesrats. Denkbar ist insofern der Fall, daß der Bundestag anderer Auffassung als der Bundesrat sein könnte. Vor dem Hintergrund des auch auf europäischer Ebene viel beklagten Demokratiedefizits stellt sich die Frage, ob dieses nunmehr auch auf die nationale Ebene teilweise durchschlägt, wenn der Stellungnahme des Bundesrats auch unter Berücksichtigung der gesamtstaatlichen Belange in bestimmten Fällen ausschlaggebendes Gewicht beigemessen wird. Soll der funktionell-administrative Aspekt, den der Bundesrat kraft seines Sachverstands in den Rechtsetzungsprozeß einbringen kann, in den spezifischen Landesangelegenheiten in jedem Fall, auch etwa bei entgegenstehenden gesamtstaatlichen und europäischen Belangen, den Ausschlag geben? Insofern meine Frage: Wie würden Sie diesen denkbaren Konflikt zwischen Bundesrat und Bundestag vor dem Hintergrund der – darauf ist schon hingewiesen worden – unbefriedigenden Regelung des Art. 23 GG auflösen? Eigentlich ist in Art 23 GG eine Berücksichtigungspflicht der Bundesregierung bezüglich beider Stellungnahmen begründet worden. Im Verhältnis zur Bundesregierung soll sich jedoch im Konfliktfall nach § 5 EuZBLG die Stellungnahme des Bundesrates durchsetzen, soweit es sich um Angelegenheiten handelt, die im Schwerpunkt das Verwaltungsverfahren und die Verwaltungsorganisation oder die gesetzgeberischen Zuständigkeiten betrifft. Wenn nun in einem solchen Fall eine entgegenstehende Stellungnahme des Bundestags vorliegen sollte, die ebenfalls nach Art. 23 Abs. 3 GG zu berücksichtigen ist, stellt sich die Frage, wie angesichts des einfachgesetzlich vorgesehenen Letztentscheidungsrechts des Bundesrates der Verfassungskonflikt aufgelöst werden soll. Bleibt dem Bundesrat auch in diesem Fall das Letztentscheidungsrecht? Dieser denkbare Konflikt macht meiner Ansicht nach ein strukturelles Problemfeld im Verhältnis zwischen Bundesrat und Bundestag im parlamentarischen Regierungssystem sichtbar, das der rechtlichen Überprüfung bedarf.

Fromont: Ich möchte eine erste Bemerkung über die Legitimation des Bundesrats machen. Es hat mich sehr gefreut, daß die beiden Herren Berichterstatter den Bundesrat als demokratisch legitimes Organ betrachtet haben. Wie Herr *Oppermann* schon hervorgehoben hat, sind die Zusammensetzungen des deutschen Bundesrates und des Ministerrates der Europäischen Union sehr ähnlich: Beide bestehen aus Regierungsmitgliedern. Das Bundesverfassungsgericht hat jedoch im Maastricht-Urteil gesagt, der EU-Ministerrat sei illegitim aus der Sicht des Demokratieprinzips. Man kann darüber streiten, ob seine Regierungsmitglieder weniger demokratisch legitim sind als die Mitglieder einer parlamentarischen Versammlung. Aber jedenfalls kann der Ministerrat der Europäischen Union zumindest als ein legitimes Organ aufgrund des bundesstaatlichen Prinzips betrachtet werden. Zwar kann man entgegenhalten, daß die Europäische Union kein Bundesstaat ist. Aber wie Herr *Oppermann* würde ich geltend machen, daß die Europäische Union ein werdender Bundesstaat ist und nach Art. 23 des Grundgesetzes föderativen Grundsätzen verpflichtet ist. Der Unterschied zwischen dem deutschen Bundesrat und dem EU-Ministerrat liegt eigentlich vielmehr darin, daß die Mitglieder des Bundesrats mit bundeseinheitlichen Parteien und die Mitglieder des EU-Ministerrats mit nationalen Parteien verbunden sind.

Dann eine zweite ganz kurze Bemerkung. Sie betrifft das Subsidiaritätsprinzip. Ich bin immer darüber erstaunt, daß die deutschen Juristen das Subsidiaritätsprinzip, wie es eben im Maastricht-Vertrag festgesetzt wird, so ernst nehmen. Erstaunlich ist dies, gerade weil das Subsidiaritätsprinzip im deutschen Verfassungsrecht vom Bundesverfassungsgericht bisher nicht so ernst genommen wurde. Vielen Dank.

Vorsitzender: Es ist wertvoll, daß Sie als einziger Ausländer heute gesprochen haben und zugleich auch als ein Europäer. Vielen Dank, Herr *Fromont.*

Schoch: Herr Vorsitzender, meine Damen und Herren. Es ist bislang sehr viel über den Bundesrat gesprochen worden. Zum Abschluß unserer Diskussion möchte ich aber doch die Frage aufwerfen, ob man die Thematik „Das parlamentarische Regierungssystem und der Bundesrat" wirklich substantiell behandeln kann, wenn die europäische Perspektive nahezu völlig ausgeblendet bleibt. Ich meine nicht, daß es sich dabei um einen marginalen Punkt handelt. Ich bin vielmehr der Auffassung, daß es insoweit um eine zentrale Fragestellung geht. Wäre sie von den Referenten aufgegriffen worden, wäre möglicherweise bereits die Analyse in vielem anders ausgefallen, vor allen Dingen jedoch sähe die Perspektive bei Beachtung der europäischen Implikationen etwas anders aus.

Der Ausgangspunkt der Fragestellung ist im ersten Diskussionsbeitrag heute nachmittag von Herrn *Kirchhof* genannt worden. Das Stichwort lautet „Entparlamentarisierung". Von daher ist zu fragen, wo eigentlich das parlamentarische Element bei der Behandlung unseres heutigen Themas geblieben ist. Die Tendenz zu einem gewissen – aus Zeitgründen zugespitzt formuliert – Gewaltenmonismus ist meines Erachtens unübersehbar. Wir erleben seit Jahren eine sukzessive Stärkung der Exekutive im Bund und in den Ländern, und dieser Prozeß wird durch die Europäisierungstendenzen ganz erheblich verstärkt.

Der Entwicklungsprozeß weist drei Stufen auf. Über die erste Stufe, die Länder, ist viel gesprochen worden. „Marginalisierung der Landtage" wäre hierzu das Stichwort; darüber ist hier Konsens erzielt worden. Auf einer zweiten Stufe, der Bundesebene, müßte analysiert werden, welche Rolle der Bundestag mittlerweile im politischen System wahrnimmt. Man kann wohl nicht darüber hinwegsehen, daß seit etlichen Jahren eine Schwächung des Bundestages zu registrieren ist und – erneut zugespitzt formuliert – gewisse Umwertungen im System stattfinden, die vom Verfassungstext und auch von Sinn und Zweck der einschlägigen Grundgesetzbestimmungen kaum gedeckt sind. Vielfach könnte man von einer Indienststellung des Bundestages in die legislative Exekution der regierungsamtlichen Politik sprechen. Auf der dritten Stufe, der EG-Ebene, ist generell ein ganz erheblicher Kompetenzzuwachs festzustellen. Stichworte hierzu sind etwa Wirtschaft, Soziales, Umwelt und vieles andere mehr. Im Prozeß der europäischen Rechtsetzung dominieren Kommission und vor allem Ministerrat; wir haben es schwerpunktmäßig nach wie vor mit einer administrativen Rechtsetzung zu tun. Angesichts der unmittelbaren Rechtswirkung von Verordnungen und vielen Richtlinien der EG und der im übrigen oftmals eng formulierten Richtlinien sind bei uns in Deutschland vielfach klar determinierte Umsetzungsakte einer exekutiven Rechtsetzung gefordert, so daß sich doch die Frage stellt, welche Rückwirkungen sich daraus für das parlamentarische Regierungssystem ergeben. Ich wäre den Referenten dankbar, wenn sie in ihrem Schlußwort dazu etwas sagen könnten.

Aus dem Gesamtkomplex kann ich aus Zeitgründen nur einen Punkt kurz berühren. Meines Erachtens wird in einem fundamentalen Sinne die Legitimationsfrage aufgeworfen. Herr *Dolzer* hat in seiner These 19 an den Vorrang der Legislative erinnert; dann müßte sich dort etwa der Bundestag wiederfinden. Herr *Sachs* hat das in seiner These 3 – wenn auch in anderem Zusammenhang – etwas anders gesehen. Jedenfalls stellt sich die Legitimationsfrage ganz fundamental. Ihre Erörterung wirft dann auch die Frage nach der Perspektive auf; Herr *Löwer* hat kurz angedeutet, daß der Europäisierungsprozeß erst richtig in Gang kommt. Ich wäre den Referenten sehr dankbar, wenn sie etwas zu den Rückwirkungen auf unser Verfassungssystem sagen könnten. Vielen Dank.

Schachtschneider: Ich möchte keine Schlußbemerkung machen, sondern eine Bemerkung am Schluß und bin Ihnen dankbar, Herr Vorsitzender, daß Sie mir trotz später Meldung noch die Gelegenheit dafür geben. Ich schließe unmittelbar an das, was Herr *Schoch* sagte, an. Nicht nur die Parteienstaatlichkeit Deutschlands, sondern auch die europäische Integration schwächt Bundestag und Bundesrat in dem Kräftefeld, das wir diskutieren. Insbesondere ist und wird die demokratische Legitimation geschwächt. Die Rechtsetzung ist im wesentlichen europäisch, und daraus ergibt sich das viel beklagte demokratische Defizit. Ich denke, zur demokratischen Legitimation Deutschlands gehört allemal auch die Arbeit des Bundesrates. Die Länder sind nicht nur als Länder an der Gesetzgebung beteiligt, sondern legitimieren demokratisch. Schließlich sind die Regierungen demokratisch gewählt, und auch durch die Regierungschefs wird demokratische Legitimation vermittelt. Erlauben Sie auf dieser Grundlage eine Bemerkung zur Interpretation des Art. 23 GG, der am Rande angesprochen wurde. Ich meine, das Wort „berücksichtigt", ein bewußt schwaches Wort, welches die Stellung von Bundestag und Bundesrat nicht gerade stark macht, muß unter dem demokratischen Gesichtspunkt interpretiert werden. Dafür möchte ich einige Anregungen geben, damit die Entdemokratisierung nicht soweit geht, daß die Verfassungswirklichkeit nicht mehr dem Verfassungsrecht entspricht. Wir haben heute sehr viel von der Verfassungswirklichkeit gehört. Deren Konfrontation mit dem Verfassungsrecht bleibt eher zurückhaltend. Also zwei Anregungen: Zum einen muß das Wort „berücksichtigt" im Rahmen der Organtreue, die auch Herr *Merten* schon erwähnt hat, Absprachen zwischen den gesetzgebenden Häusern und der Regierung ermöglichen. Das ist im Euro-Zusammenhang auch geschehen und akzeptiert worden. Zum anderen meine ich, daß, wenn die Häuser, insbesondere der Bundesrat, der ja besonders kompetent ist, rechtliche Bedenken gegen europäische Rechtsakte haben, es nicht mehr rechtens ist, wenn die Bundesregierung darüber hinweggeht. Bei allem Respekt vor der Flexibilität, welche die Bundesregierung im Rat benötigt, sind rechtliche Bedenken, die schließlich mit Mehrheit vom Bundesrat beschlossen sein müssen, von solchem Gewicht, daß die Bundesregierung über diese nicht hinweggehen darf, sondern daß sie in Analogie zu Art. 93 Abs. 1 Nr. 2 GG gegebenenfalls das Bundesverfassungsgericht anrufen muß, welches zu entscheiden hätte, ob die rechtlichen Bedenken begründet sind oder nicht. Herzlichen Dank.

Vorsitzender: Wir haben nach meiner Uhr noch etwa sechs Minuten. Das bedeutet, daß ich jedem der beiden Referenten für das Schlußwort je drei Minuten geben kann.

Sachs: Vielen Dank, Herr Vorsitzender. In drei Minuten kann ich nicht einmal alle konkreten Fragen beantworten, die gestellt worden sind, geschweige denn, so weitreichende Kritik aufgreifen, also gehe ich ganz selektiv und zufällig nach meinem Zettel vor. Ich meine gegenüber Herrn *Schneider*, daß die Sache mit dem parlamentarischen System eher eine terminologische Frage ist. Ich sehe das Ganze eben nicht als das parlamentarische System, sondern als einen größeren Komplex; und darin haben wir ein Teilsystem „parlamentarisches Regierungssystem" aus Regierung und Bundestag und ein zusätzliches Element, den Bundesrat, und die drei zusammen sind dann das größere System. Reine Terminologie, ansonsten völlig d'accord.

Art. 72 Abs. 2 GG wurde angesprochen. Dazu gab es ja einmal den Vorschlag der Bundesratslösung. Danach sollte der Bundesrat darüber entscheiden: Brauchen wir eine einheitliche Regelung? Auch das ist ein sehr vernünftiger Reformvorschlag, der aber nicht realisiert worden ist.

Herr *Löwer* hatte die elegante Idee, die einengende Auslegung der Art. 84

Abs. 1 und 105 Abs. 3 GG und ähnlicher Bestimmungen nicht bei der verfassungsrechtlichen Regelung selber, die jeweils maßgeblich ist, vorzunehmen, sondern bei der Nichtigkeitssanktion. Das kann aber eigentlich nicht funktionieren: Denn wenn das ganze Gesetz zustimmungspflichtig ist, hat bei fehlender Zustimmung das ganze Gesetz einen Mangel, und dementsprechend erstreckt sich die Nichtigkeit eben leider auch auf das ganze Gesetz, obwohl die Lösung sehr elegant gewesen wäre.

Die Umsetzungspflicht bei Richtlinien, damit komme ich schon fast zur EU, ist ein Problem, wie wir es in ähnlicher Form auch anderswo haben. Überall wo wir Verfassungsaufträge haben oder Verfassungsgerichtsaufträge und parlamentarische Körperschaften oder sonst irgendwelche Körperschaften, die politisch entscheiden, ist nie die Gewähr gegeben, daß sie auch das tun, was sie rechtlich tun müssen. Das ist in der Tat ein Problem. Das kann beim Bundestag virulent werden, es kann beim Bundesrat virulent werden. Es ist also kein Spezifikum des Bundesrates, sondern das solcher Aufträge. Die sollten an solche Organe möglichst nicht erteilt werden, sonst kommt es zwangsläufig zu diesen potentiellen Verweigerungssituationen.

Zu konkreten Fragen. Zu These 9: Wie es mit der Beteiligung der Landtage genau gehen soll, das hat die Enquêtekommission „Verfassungsreform" schon einmal in verschiedenen Varianten ausgearbeitet.

Herr *Spannowsky* – zum Konflikt von zwei Stellungnahmen im Rahmen des Art. 23 GG: Wenn der Bundesrat maßgeblich Stellung nehmen und der Bundestag nur schlicht Stellung nehmen darf, geht die Bundesratsmitbestimmung vor. Wenn beide nur überhaupt Stellung nehmen dürfen, dann müssen beide gleichrangig in gewisser Weise gewichtet und berücksichtigt werden. Das halte ich für relativ einfach.

Ich fürchte, meine drei Minuten sind erschöpft. Ich bedauere sehr, daß ich nicht allen Fragen die gebührende Antwort geben konnte, bedanke mich aber für das große Interesse und für die große Geduld. Vielen Dank.

Dolzer: Vielen Dank, Herr Vorsitzender. Ihre zeitliche Vorgabe erleichtert und erschwert mir das Schlußwort. Ich will mich der Aufgabe in der Weise entziehen, daß ich ein paar grundsätzliche Fragen rekapituliere.

Mich hat sehr gefreut, auch überrascht, daß die Kritik an der Einheitsthese des Bundesverfassungsgerichts hier doch weitgehend auf Zustimmung gestoßen ist. Wenn man bedenkt, daß die Rechtsprechung schon aus dem Jahre 1958 stammt, ist das nicht selbstverständlich, aber für mich ist das doch ein bemerkenswertes Ergebnis dieser Debatte gewesen.

Herr *Oppermann* hat die europäische Dimension angesprochen. Ich bin ebenso wie Sie der Auffassung, daß der Bundesrat sich im Grundsatz eignet als Modell für eine sich weiter entwickelnde Europäische Union, in welche Richtung sie auch immer geht. Insbesondere deshalb, weil wir in Europa – jedenfalls bisher – noch keine parteienstaatlichen Strukturen haben, so daß die Chance besonders groß ist, daß der europäische Bundesrat, wie immer wir ihn nennen, tatsächlich das Element Land nach außen vertritt. Hier möchte ich das aufgreifen, was Herr *Streinz* gesagt hat: Vielleicht anders als in der Debatte der eine oder andere Redner meine ich, daß Art. 23 GG eine doch recht eigenartige Konstruktion ist. Die Intention ist richtig. Das Ergebnis ist aber, und Herr *Oppermann* hat es angedeutet, daß gerade dort, wo es aus deutscher Sicht besonders wichtig wäre, auf die Debatte frühzeitig Einfluß zu nehmen, in der Praxis der deutsche Beitrag sehr häufig ausbleibt oder wegen irgendwelcher von Art. 23 ausgelöster Koordinationsschwierigkeiten so spät kommt, daß er nicht mehr so wirksam ist, wie er sein könnte. Das Anliegen des Art. 23 ist richtig, die praktische Auswirkung dagegen problematisch.

Am Schluß komme ich noch ganz kurz zu meinen Grundthesen zurück. Auch nach der lebhaften Debatte am heutigen Tage meine ich, daß Reformbedarf für unseren Bundesstaat besteht. Ich bleibe auch dabei, daß es sehr schwierig sein wird, eine Reform kurzfristig umzusetzen. Das ist allerdings auch nicht die Aufgabe der Wissenschaft. Ich glaube, die vordringliche Aufgabe der Wissenschaft ist es, eine Diagnose vorzulegen und die Richtung einer möglichen Therapie zu erörtern. Im Kern bleibe ich auch dabei, daß Art. 74 GG auf den Prüfstand muß. Schritt für Schritt muß durchgearbeitet werden, wieviel Einheitlichkeit wir tatsächlich brauchen, damit wir dann auch die Zuständigkeiten des Bundesrates entsprechend zurückführen können. Dazu gehört freilich auch – und damit will ich in der Sache enden – daß wir eine Stärkung der Autonomie der Länder brauchen. Wenn man sieht, in welcher Weise sich die Länder sehr häufig, und das ist mehrfach in der Debatte angesprochen worden, doch der eigenen Verantwortlichkeit entziehen, sich lieber koordinieren, sich lieber absprechen, lieber dem Bundesrat die Verantwortung zuschieben, dann liegt hier grundsätzlich ein bundesstaatliches Problem.

Ich weiß, daß ich mit diesen holzschnittartigen Bemerkungen der differenzierten Debatte im ganzen nicht gerecht werden kann. Eine Fülle von Facetten und Aspekten konnten Herr *Sachs* und ich jetzt überhaupt nicht mehr ansprechen. Zum Schluß nochmals Dank für die Fülle von Beiträgen, für die lobenden, aber auch für die kritischen.

Vorsitzender: Vielen Dank, Herr *Dolzer*. Ich habe die heutige Diskussion mit größtem Interesse mitverfolgt als – in einem doppelten Sinne – Außenstehender. Es ist mir auch bewußt geworden, welche Ur-Föderalisten wir Schweizer eigentlich sind. Es wurde gesagt, die Deutschen seien reife Föderalisten, die Europäer Prä-Föderalisten, die Schweizer Ur-Föderalisten. Man hat einmal gesagt, wenn sich drei Schweizer - ein Genfer Bankier, ein Berner Gewerkschaftler und ein Appenzeller Jodler - etwa beim Glas Weißwein im Bahnhofsstüble von Olten träfen, dann hätten sie sich nichts zu sagen. Das würde aber auch nichts machen, weil sie sich ohnehin nicht verstehen würden. Es sei aber ihre gemeinsame Überzeugung, daß sie Schweizer seien; denn Schweizer sein bedeute eben, das Recht zu haben, eigene Wege zu gehen. Das seien die Ur-Föderalisten aus der Schweiz. Die Deutschen sind doch eher unitarische Föderalisten, um das Wort von *Hesse* aufzunehmen. Ich möchte den Referenten ganz herzlich danken für die hervorragenden Referate, die beide gehalten haben, und für die Diskussionsvoten, die Sie abgegeben haben. Ich möchte allen Votanten herzlich danken. Ich möchte Ihnen allen danken, daß Sie so lange hier ausgeharrt haben. Ich glaube, unsere Diskussion zum parlamentarischen System und zum Föderalismus wird in die Geschichte der Staatsrechtslehrervereinigung eingehen. Sie hat einen sehr hohen Gehalt, ein sehr hohes Niveau aufgewiesen. Vielen Dank an Sie alle.

Zweiter Beratungsgegenstand:

Rechtliche Optimierungsgebote oder Rahmensetzungen für das Verwaltungshandeln?

1. Bericht von Prof. Dr. *Thomas Würtenberger*, Freiburg

Inhalt

A. Fragestellung

Durch die Subsumtion eines Lebenssachverhalts unter eine Verwaltungsrechtsnorm wird herkömmlicherweise das rechtlich Gesollte bestimmt. Neben diese Rechtsfindung durch Subsumtion tritt die Rechtskonkretisierung durch Abwägung[1]. Hier leitet sich die rechtliche Entscheidung nicht aus der Auslegung einer Norm, sondern aus einer Abwägung zwischen gegenläufigen Rechtsprinzipien oder öffentlichen und privaten Interessen her. Dieses Abwägen zielt auf Minimierung von Lasten und Kosten, auf Maximierung von Erfolg und Ertrag oder auf den optimierenden gewichtsproportionalen Ausgleich widerstreitender Prinzipien[2]. Die prinzipienrechtliche Abwägung sucht Rechtsprinzipien entsprechend ihrem Geltungsanspruch und ihrer Wertigkeit nach den jeweiligen tatsächlichen und rechtlichen Möglichkeiten in einem möglichst hohen und damit optimalen Maß zu verwirklichen[3]. Eine solche Auflösung von Kollisionen zwischen Rechtsprinzipien oder zwischen rechtlich verfestigten öffentlichen und privaten Interessen ist eine rechtsschöpferische Leistung[4].

Der moderne Staat ist ein Abwägungsstaat. Sein Verfassungsrecht ist durch Abwägung unter der Leitidee einer optimalen Verteilung von Freiheit, von staatlichen Funktionen[5] oder von optimaler Ressourcenalloka-

---

[1] Subsumtion und Abwägung sind allerdings keine Alternativen, sondern bezeichnen eher Übergänge in der juristischen Argumentation. Während unter eindeutige Rechtsbegriffe nur subsumiert wird, erfordert die Auslegung unbestimmter Rechtsbegriffe in der Regel die Bewertung und Abwägung zwischen widerstreitenden Interessen. Aber auch soweit der Rechtsfindung lediglich Prinzipien vorgegeben sind, kann das besondere Gewicht eines Prinzips Abwägungsvorgänge (weitgehend) entbehrlich werden lassen (vgl. *Stück* ARSP 84 (1998) 405, 413ff.). – Allgemein zur Rechtsfindung durch Abwägung: *Hubmann* Wertung und Abwägung im Recht, 1977; *Erbguth* u.a. (Hrsg.), Abwägung im Recht, 1996; *Schlink* Abwägung im Verfassungsrecht, 1976; *Leisner* Der Abwägungsstaat. Verhältnismäßigkeit als Gerechtigkeit?, 1997; *Rubel* Planungsermessen, 1982.

[2] Zu Definitionsversuchen *Bischof* NJW 1991, 2323.

[3] *Alexy* Theorie der Grundrechte, 1985, 75, 146; *ders.* in: ders./Dreier/Neumann (Hrsg.), Beiheft 44 zum ARSP (1991) 30, 42; *Enderlein* Abwägung in Recht und Moral, 1992, 87ff.; zur hier nicht weiter zu verfolgenden Kritik an diesem Ansatz: *Scherzberg* Grundrechtsschutz und „Eingriffsintensität der Grundrechte", 1989, 169ff., 181ff.; *Penski* JZ 1989, 105, 110ff.

[4] Hierzu die Nachw. in Fn. 1 und 3; *Sieckmann* ARSP 81 (1995) 164; *ders.* Rechtstheorie 26 (1995) 45.- Zur rechtlichen Regel als Ergebnis von Abwägungen zwischen Prinzipien: *Sieckmann* ARSP 83 (1997) 14, 17f.

[5] In Zeiten eines knapper werdenden Finanzrahmens bedarf es der Optimierung der die Freiheit schützenden und stützenden staatlichen Institutionen. In den Kommunalwissenschaften sucht man nach optimalen Organisationsformen (vgl. *Wahl* in: Henneke (Hrsg.), Organisation kommunaler Aufgabenerfüllung. Optimierungspotentiale im Spannungs-

tion geprägt. Weite Partien seines Verwaltungsrechts sind durch Abwägungsgebote und durch das Gebot, bestimmte Rechtsprinzipien zu maximaler Wirksamkeit kommen zu lassen (rechtliche Optimierungsgebote), beherrscht.

Normative Gebote zu optimierendem Abwägen sind eine besondere Facette deutscher Rechtskultur. Die deutsche Tradition ist einer rechtsstaatlichen Optimierung der Freiheit verpflichtet und sieht hierin die Vollendung des Rechtsstaates. Das Wissen um die rechtskulturelle Bedingtheit eines am Optimierungsdenken orientierten Rechtsstaates mag jenes historische Bewußtsein schaffen, das Distanz zum Gewordenen ermöglicht und Grundlage von Rechtsreform aus Anlaß der europäischen Integration sein kann[6].

Die Frage nach rechtlichen Optimierungsgeboten oder Rahmensetzungen für das Verwaltungshandeln führt in die neuere Steuerungsdiskussion[7]: Zu welchen Steuerungsleistungen ist das Recht im Bereich des abwägenden und optimierenden Verwaltungshandelns faktisch in der Lage? Zugleich ist ein klassisches Thema der Staats- und Verwaltungsrechtslehre und auch früherer Staatsrechtslehrertagungen[8] angesprochen: Welche Verrechtlichung der Verwaltung durch klare rechtliche Rahmensetzungen fordert der demokratische Rechtsstaat? Welche Verwaltungszwecke kön-

---

feld von Demokratie und Effizienz, 1998, 15ff.). Im Bereich der Rechtspflege orientiert sich die Prozeßrechtsreform auch an den ökonomischen Grenzen staatlicher Leistungsfähigkeit und sucht die Justizverfassung im Spannungsfeld von rechtlich gebotener Effektivität und abnehmenden finanziellen Ressourcen zu optimieren (*Würtenberger* in: Justizministerium Baden-Württemberg (Hrsg.), Ist unser Rechtsstaat noch bezahlbar?, 1994, 33ff.; *Hoffmann-Riem* Die Verwaltung 30 (1997) 481ff.; *Pitschas* ZRP 1998, 96ff.). – Zu einem Optimierungsgebot im Bereich der Staatsaufgaben: Sachverständigenrat „Schlanker Staat“ (Hrsg.), Abschlußbericht Bd. 1, 2. Aufl. 1998, 45.

[6] Zum Erfordernis einer „gemeineuropäischen Dogmatik des Verwaltungsgeschehens“, die eine zumindest partielle Distanz zu nationaler Tradition erfordert: *Bachof* VVDStRL 30 (1972) 193, 236; *Heyen* ARSP 62 (1976) 475, 488, 494f.

[7] *Schmidt-Aßmann* Das allgemeine Verwaltungsrecht als Ordnungsidee, 1998, 19ff.; *Grimm* (Hrsg.), Wachsende Staatsaufgaben – sinkende Steuerungsfähigkeit des Rechts, 1990; *Huber* Die entfesselte Verwaltung, in: Staatswissenschaften und Staatspraxis 8 (1997) 423ff. – Ein Überblick über die Steuerungsdebatte in der Politikwissenschaft bei *von Beyme* Der Gesetzgeber, 1997, 19ff.

[8] *Becker/Rumpf* VVDStRL 14 (1956) 96ff., 136ff. zum Verhältnis von Verwaltung und Verwaltungsrechtsprechung; *Vogel/Herzog* VVDStRL 24 (1966) 125ff., 183ff. zum Verhältnis des Gesetzgebers zur Verwaltung; *Scholz/Schmidt-Aßmann* VVDStRL 34 (1976) 145ff., 221ff. zum Verhältnis von Verwaltungsverantwortung zur Verwaltungsgerichtsbarkeit; *Wahl/Pietzcker* VVDStRL 41 (1983) 151ff., 193ff. zur Neubestimmung des Verwaltungsverfahrens; *Maurer/Schnapp* VVDStRL 43 (1985) 135ff., 172ff. zum Verwaltungsvorbehalt.

nen und sollen „ohne starke Bindung an Rechtssätze"[9] durch Rechtsschöpfung aufgrund optimierenden Abwägens realisiert werden? Welche exekutivischen Vorbehaltsbereiche gibt es im Bereich optimierenden Abwägens gegenüber der Judikative? Die klassische Thematik der Balancierung des demokratischen Rechtsstaates erhält durch die stärkere Betonung des Verfahrensgedankens im Europäischen Verwaltungsrecht einen neuen Akzent. Der deutschen Konzeption der Steuerung der Verwaltung durch Recht und rechtliche Optimierungsgebote stellt sich das europäische Konzept der Optimierung durch Verfahren entgegen. Verfahrensrechtliche Optimierung im Spannungsfeld von gesetzlicher Steuerung und Selbststeuerung der Gesellschaft, also die demokratische Qualität der Verwaltung, ist die abschließende Fragestellung.

B. Gegenwärtige Erscheinungsformen rechtlicher Optimierungsgebote

Das Verwaltungshandeln unterliegt in vielfältiger Form verfassungsrechtlichen und gesetzlichen Optimierungsgeboten[10]:

I. Optimierung der Freiheit als Prinzip der Verfassungsauslegung?

Optimierung liegt, in ihrer Reichweite umstritten, der Verfassungsauslegung zugrunde[11]. Bei der Bestimmung der Grundrechtsschranken findet eine Abwägung kollidierender Verfassungsgüter statt, die Freiheit abgrenzt und zuordnet[12]. Der Verhältnismäßigkeitsgrundsatz[13] und der Grundsatz praktischer Konkordanz[14] sind Auslegungsregeln, die auf eine

---

[9] *Stier-Somlo* in: FG Laband, Bd. II, 1908, 443, 499; m.w.N. bei *Remmert* Verfassungs- und verwaltungsgeschichtliche Grundlagen des Übermaßverbotes, 1995, 124ff.; *Schmidt-Aßmann* in: FS Stern, 1997, 745ff.

[10] Seitens der Verwaltungswissenschaften wird „Entscheidungsrichtigkeit als Produkt von Rechtmäßigkeit, Optimalität und Akzeptabilität" definiert (*Hoffmann-Riem* DVBl. 1994, 1381, 1382). Hier geht es weniger um derartige verwaltungspolitische bzw. verwaltungspraktische Forderungen, sondern um normative Optimierungsgebote.

[11] So der Ansatz von *Alexy* Theorie (Fn. 4) 75ff. – Bedenken gegen diese Konzeption: *Stern* Das Staatsrecht der Bundesrepublik Deutschland, Bd. III/1, 1988, 502; Bd. III/2, 1994, 621ff.; *Lerche* in: FS Stern, 1997, 197ff.

[12] Seit dem *Lüth*-Urteil, BVerfGE 7, 198.

[13] *Starck* Der demokratische Verfassungsstaat, 1995, 121; *Dechsling* Das Verhältnismäßigkeitsgebot, 1989, 56ff.

[14] *Hesse* Grundzüge des Verfassungsrechts, 20. Aufl. 1995, Rdn. 71f.; BVerfGE 83, 130, 143: Kollidierende Grundrechte müssen „mit dem Ziel der Optimierung zu einem angemessenen Ausgleich gebracht werden"; *Scholz* in: Maunz/Dürig, Art. 20a GG, Rdn. 42: „Der Grundsatz der Einheit der Verfassung fordert ... den stetigen Interessen- und

optimale Realisierung von Grundrechten, also auf eine Optimierung der Freiheit[15], zielen[16]. Das Verwaltungsrecht steht unter dem Gebot einer bisweilen übersteigerten verfassungsorientierten Optimierung. Leitet man aus der objektiven Bedeutungsschicht der Grundrechte Optimierungsgebote und hieraus Handlungspflichten ab[17], so verstärkt dies die problematische Tendenz, das Verwaltungsrecht als „Verwirklichung" der Grundrechte zu sehen[18]. Wie für den Gesetzgeber entwickelt, aber wesentlich enger, soll es für optimierende Verwaltungsentscheidungen nur den Korridor zwischen Übermaß- und Untermaßverbot geben[19]. Eine Belastungen und Begünstigungen in einem multipolaren Rechtsverhältnis verteilende Verwaltungsentscheidung soll im Sinne einer Gesamtverhältnismäßigkeit[20] die Interessen sachgerecht abwägen und in optimaler

---

Schutzgüterausgleich (Vorbehalt der praktischen Verfassungskonkordanz)"; der Grundsatz der Verhältnismäßigkeit soll das „maßgebende Regulativ" sein.

[15] Neben diesen Auftrag tritt der Zwang zu ökonomischer Optimierung. Gemeinwohlverwirklichung durch optimale Ressourcenallokation ist eine teils verfassungsrechtliche, teils politische Zielsetzung. Der in Art. 114 Abs. 2 S. 1 GG geregelte Wirtschaftlichkeitsgrundsatz zwingt die Verwaltung zu einer ökonomischen Optimierung. Ob und in welchem Umfang die Verwaltungstätigkeit einer ökonomisch orientierten Wohlfahrtsmaximierung unterworfen wird, entscheidet sich bei der Rechnungshofskontrolle (*Degenhart* VVDStRL 55 (1996) 190, 208ff.; *Schulze-Fielitz* ebd. S. 231, 254ff., 262ff.; *Sierig* Die Grenzen der staatlichen Finanzkontrolle, 1998, 131f.). Diese fragt über die klassische Wirtschaftlichkeitsprüfung hinaus, ob der Einsatz von Finanzmitteln zu einer Optimierung gesellschaftlichen Nutzens beiträgt. Geprüft wird, ob die weitere Steigerung des sozialen Erfolges durch Steigerung des Mitteleinsatzes sinnvoll ist, oder ob der Einsatz der Mittel für eine andere Verwaltungsagenda zu einer optimalen Gemeinwohlverwirklichung beiträgt. Hier tritt der Rechnungshof als weiterer Akteur in die Arena rechtlicher und politischer Optimierung. Diese wohlfahrtstheoretische Variante eines ökonomischen Optimierungsgebotes zielt auf die Verwirklichung der „ratio oeconomica".

[16] Nach BVerfGE 83, 130, 148 darf der Verwaltung keine Beurteilungsermächtigung eingeräumt werden, wenn vorbehaltlos gewährte Grundrechte mit widerstreitenden Gütern von Verfassungsrang zur Konkordanz gebracht werden. Hier wird die einzig richtige, optimale Zuordnung von Freiheit unmittelbar aus der Verfassung abgeleitet.

[17] *Klein* in: Bitburger Gespräche, Jahrbuch 1995, 81, 94: „Die aus der objektiven Bedeutungsschicht der Grundrechte abzuleitenden Handlungspflichten haben den Charakter von Prinzipien, von Optimierungs- (nicht Maximierungs-)geboten". – Krit. *Böckenförde* Zur Lage der Grundrechtsdogmatik nach 40 Jahren Grundgesetz, 1989, 52ff. m.w.N.

[18] *Schmidt-Aßmann* in: FS Redeker, 1993, 225ff.; *Lerche* (Fn. 11) 202f. m.w.N.

[19] So *Hoffmann-Riem* DVBl. 1994, 605, 608f.; *Würtenberger/Heckmann/Riggert* Polizeirecht in Baden-Württemberg, 3. Aufl. 1997, Rdn. 21. – Zum Untermaßverbot: BVerfGE 88, 203, 254; *Isensee*, Das Grundrecht als Abwehrrecht und staatliche Schutzpflicht, in: Isensee/Kirchhof (Hrsg.), Handbuch des Staatsrechts, Bd. V, 1992, § 111 Rdn. 165f.; *Hain* DVBl. 1993, 982ff.; kritisch *Hesse* in: FS Mahrenholz, 1994, 541, 550ff.

[20] *Hoffmann-Riem* in: Schmidt (Hrsg.), Öffentliches Wirtschaftsrecht, Bes. Teil 1, 1995, 563, 581.

Weise zuordnen. Derartige Thesen führen zu einer problematischen Einschränkung der Ermessens- und Planungsspielräume der Verwaltung. Hierauf ist zurückzukommen.

II. Spezifisch verwaltungsrechtliche Optimierungsgebote

Optimierung ist Leitziel verwaltungsrechtlicher Abwägung. Dies gilt bei der Abwägung von privaten Interessen untereinander oder mit öffentlichen Interessen, etwa bei der Konkretisierung unbestimmter Rechtsbegriffe des Umweltrechts: „Bei der Vorsorge gegen schädliche Umwelteinwirkungen" (§ 5 Abs. 1 Nr. 2 BImSchG) sind nach dem Standard der „praktischen Vernunft" die angemessenen Maßnahmen gegen vermutete Gefahren zu treffen; damit ist ein verhältnismäßiger Ausgleich zwischen Betreiber- und öffentlichen Interessen gefordert[21]. Solche unbestimmten Rechtsbegriffe zielen auf eine am Verhältnismäßigkeitsprinzip orientierte optimierende Abwägung zwischen privaten und öffentlichen Interessen[22], die damit nicht auf Rechtsprinzipien beschränkt werden kann.

Im Planungsrecht wird seit den 60er Jahren das Handeln der Verwaltung durch den Auftrag zur Abwägung zwischen rechtlichen Planungsleitlinien gesteuert. Die Abwägung hat einen optimierenden Charakter, da die rechtlichen Planungsleitlinien nach dem Verhältnismäßigkeitsprinzip in einer sach-, zeit- und interessenadäquaten Weise in eine rechtsverbindliche Planung umgesetzt werden. Insofern ist das Abwägungsgebot ein allgemeines Optimierungsgebot bei der gesetzlich aufgegebenen Lösung von Konflikten bei der lokalen Nutzung von Boden[23].

Durch rechtliche Optimierungsgebote verlangt der Gesetzgeber die vorrangige Realisierung[24] eines Rechtsprinzips, etwa die Beeinträchtigung der natürlichen Funktionen des Bodens so weit wie möglich zu ver-

---

[21] *Jarass* Bundesimmissionsschutzgesetz, 2. Aufl. 1993, § 5 Rdn. 53ff. m.w.N.; *Ossenbühl* NVwZ 1986, 167; BVerfGE 49, 89, 143f.; BVerwGE 69, 37, 45.

[22] *Bleckmann* Ermessensfehlerlehre, 1997, 9ff.; *Hoffmann-Riem* AöR 119 (1994) 590, 599; *Stück* ARSP 84 (1998) 405, 413 (abwägungsbezogene Rechtsbegriffe); zur „bestmöglichen Gefahrenabwehr und Risikovorsorge" aus § 1 Nr. 2 i.V.m. § 7 Abs. 2 AtG: BVerfGE 49, 89, 143; 53, 30, 58f.

[23] BVerwGE 56, 110, 116; 57, 297, 300; 61, 307, 311; *Hoppe* DVBl. 1994, 1033f. – Zu den durch Abwägung nicht überwindbaren Planungsvorgaben: *Brohm* Öffentliches Baurecht, 1997, § 13 Rdn. 6; BVerwGE 71, 163, 165; BVerwG DVBl. 1990, 1185; eine absolute Vorrangbestimmung ist z.B. § 1 Abs. 3 S. 1 FStrG: Kreuzungsfreiheit von Autobahnen; vgl. weiter *Hoppe* UPR 1995, 201ff.

[24] BVerwGE 71, 163, 165; 90, 329, 331; *Wahl* NVwZ 1990, 426, 437f.; *Brohm* (Fn. 23) § 13 Rdn. 6ff.; *Hoppe* DVBl. 1992, 853ff.; *Steinberg* Fachplanung, 2. Aufl. 1993, 199; *Schulze-Fielitz* GK-BImSchG, § 50 Rdn. 27ff., 47 (Vorranggebot); krit. *Bartlsperger* DVBl. 1996, 1, 2f.; *ders.* in: Erbguth (Fn. 1) 114.

meiden[25]. Solche normativen Gewichtungsprivilegien[26] erfordern eine optimierende Abwägung im Sinne des jeweiligen Rechtsprinzips[27] und sind in erster Linie Maximierungsgebote[28]: Beim Ausgleich zwischen verschiedenen Prinzipien soll das zu optimierende Prinzip möglichst vollständig realisiert werden[29].

Eine ganz andere, nämlich verfahrensorientierte Variante des Optimierungsgebotes gelangt künftig im Umweltschutz- und Wirtschaftsverwaltungsrecht bei Kontrollgenehmigungen zur Anwendung. Vor allem die immissionsschutzrechtlichen Genehmigungen müssen nach Umsetzung der Richtlinie des Rates über die integrierte Vermeidung und Verminderung der Umweltverschmutzung[30] den Anforderungen eines medienübergreifenden Umweltschutzes Rechnung tragen, was zu einer im Ausmaß umstrittenen finalen Programmierung und zu Optimierungsentscheidungen zwingt[31]. So wird als allgemeine Optimierungsklausel für eine Anla-

---

[25] § 1 S. 3 Gesetz zum Schutz des Bodens vom 17. 3. 1998, BGBl. S. 502; § 1 Abs. 5 S. 3 BauGB: Zugriff auf landwirtschaftliche Flächen „nur im notwendigen Umfang".

[26] Zum Streit um die Terminologie: *Bartlsperger* DVBl. 1996, 1, 3.

[27] *Dreier* Die normative Steuerung der planerischen Abwägung, 1995, 215ff.; *Schulze-Fielitz* GK-BImSchG, § 50 Rdn. 33; zu § 50 BImSchG als Optimierungsgebot: *Jarass* (Fn. 21) § 50 Rdn. 1; *Schulze-Fielitz* GK-BImSchG, § 50 Rdn. 31f.; krit. *Bartlsperger* DVBl. 1996, 1, 8; zur Festsetzung von Vorbehaltsgebieten nach § 7 Abs. 4 S. 1 Nr. 2 BROG, in denen bestimmten raumbedeutsamen Bodennutzungen bei der Abwägung ein besonderes Gewicht beigemessen werden soll: *Erbguth* DVBl. 1998, 209, 212; zu § 1 Abs. 1 FStrG als Optimierungsgebot: *Hoppe* DVBl. 1992, 853, 855.

[28] Ein solches Optimierungs- bzw. Maximierungsgebot kann eine unterschiedliche normative Verbindlichkeit aufweisen: Zum einen kann geregelt werden, daß einem Rechtsgrundsatz besonders Rechnung zu tragen ist; dies kann dahin gesteigert werden, daß einem Rechtsgrundsatz möglichst weitgehend Beachtung gezollt werden soll.

[29] Es besteht u.a. im Recht der Bauleitplanung die Tendenz, die planungsrechtlichen Optimierungsgebote zu kumulieren (*Brohm* [Fn. 23] § 13 Rdn. 12: § 50 BImSchG, § 1 BodSchG, § 1a Abs. 1 BauGB für das Recht der Bauleitplanung). Dann stellt sich bei der Abwägung die Aufgabe, die Optimierungs- bzw. Maximierungsgebote ihrerseits wieder zu optimieren und ihren Rang gegenüber den allgemeinen Planungsgrundsätzen zu bestimmen. Bei einer Kumulation von Optimierungs- bzw. Maximierungsgeboten gewinnt die Verwaltung ein Stück Entscheidungsfreiheit zurück, da sich diese Gebote gegenseitig relativieren. Ebenso wie bei einer Häufung von Staatszielen in der Verfassung wird die normative Kraft rechtlicher Optimierungsgebote umso geringer, je mehr kollidierende Optimierungsgebote geregelt werden (*Wahl* NVwZ 1990, 426, 438).

[30] Richtlinie 96/61/EG des Rates; hierzu *Dolde* NVwZ 1997, 313ff.; *Steinberg/Koepfer* DVBl. 1997, 973ff.; *Schulz* Medienübergreifendes Industrieanlagenzulassungsrecht nach europäischem und deutschem Recht, 1997; *Breuer* NVwZ 1997, 837.

[31] *Masing* DVBl. 1998, 549, 553ff.; *Volkmann* VerwArch 89 (1998) 363, 390ff.; Kommissionsentwurf eines UGB, hrsg. vom Bundesministerium für Umwelt, Naturschutz und Reaktorsicherheit, 1997; hierzu *Kloepfer* DVBl. 1997, 1081ff.; *Schrader* NuR 1998, 285, 287

gengenehmigung vorgeschlagen, „daß unter Berücksichtigung aller Belastungspfade und der Wechselwirkungen zwischen den Umweltgütern die Maßnahmen getroffen werden, die die Umwelt in ihrer Gesamtheit möglichst wenig belasten"[32]. Hier tritt in letzter Konsequenz an die Stelle klarer normativer Vorgaben, etwa von festen Grenzwerten, der Auftrag zu „best practice-Lösungen"[33], – statt der juristischen Deduktion der einzig richtigen Umweltrechtsauslegung also der offene Diskurs einer für den Schutz der Umwelt optimalen Entscheidung.

Die verwaltungsrechtlichen Optimierungsgebote haben eine unterschiedliche Kraft normativer Steuerung: Auf dem einen Ende der Skala stehen die unbestimmten Rechtsbegriffe mit dem Auftrag zu optimierender Abwägung, die nach nicht unbestrittener Auffassung voller gerichtlicher Kontrolle unterliegt. Präzise gefaßten rechtlichen Optimierungsgeboten kommt ebenfalls eine beachtliche normative Kraft zu; ihre Fixierung der Zielsetzung der Verwaltungsentscheidung nähert sich dem Modus der vollzugsrechtlichen Steuerung. Die normative Kraft von Optimierungsgeboten ist relativ gering, wenn auf dem anderen Ende der Skala lediglich die optimierende Abwägung zwischen gleichgewichtigen, aber gegenläufigen Prinzipien oder z.B. nur die beste umweltschützende Praxis vorgegeben ist.

C. Die historische Entwicklung des Optimierungsdenkens

I. *Traditionslinien des Optimierungsdenkens*

Rechtliche Optimierungsgebote sind bestimmende Faktoren der deutschen Verwaltungsrechtsentwicklung. Sicherlich mag man über die großen Linien der Tradierung des Rechts trefflich streiten, sicherlich hat jede Generation einen unterschiedlichen Blick auf die ihr vorausliegenden geschichtsmächtigen Traditionen. Dennoch sei in thesenhafter Zuspitzung behauptet: Der für Deutschland charakteristische Weg zum Rechtsstaat ist ein wesentlicher Grund für die unterschiedlichen Konzepte von Verwaltungsrecht, von Verwaltungsverfahren und von gerichtlicher Kontrolle im Vergleich zu Frankreich[34] oder England. Für eine Angleichung

(Suche nach dem Optimum einer möglichst geringen Umweltbelastung); zurückhaltender *Schmidt-Preuß* DVBl. 1998, 857, 862f.; *Di Fabio* NVwZ 1998, 329ff.; *Steinberg/Koepfer* DVBl. 1997, 973, 981.

[32] § 83 Abs. 2 S. 1 UGBE, der auch als Integrationsklausel bezeichnet wird (*Kloepfer* DVBl. 1997, 1089) ermächtigt die Behörde, die umweltschonendste Maßnahme zu ergreifen (UGBE (Fn. 31) 627).

[33] Zu dieser Entwicklung: *Hill* ZG 1995, 82, 84; *Breuer* in: UTR 45 (1998) 161, 166f.

[34] Zum Gesetz als Instrument der Demokratie und zur demzufolge traditionell geringen

an die Verwaltungskultur und an den allgemeinen Rechtsschutzstandard in der Europäischen Union ist eine rechtskulturelle Vergewisserung der Entwicklung rechtlicher Optimierung und ihrer verwaltungsgerichtlichen Kontrolle angezeigt. Nur wer seine Traditionen kennt, ist in der Lage, die positiven Leistungen des Rechts zu würdigen, aber auch die Ketten einer überkommenen Dogmatik und Rechtskultur wahrzunehmen und diese neu zu schmieden.

Im Staats- und Verwaltungsrecht spielt seit dem ausgehenden 18. Jahrhundert der dem Verhältnismäßigkeitsgrundsatz eigene Optimierungsgedanke eine besondere Rolle. So formuliert Svarez als Grundsatz polizeilicher Gefahrenabwehr: „Der Schaden, welcher durch die Einschränkung der Freiheit der einzelnen abgewendet werden soll, muß bei weitem erheblicher sein als der Nachteil, welcher den einzelnen oder auch dem Ganzen aus dieser Einschränkung entspringt“[35], eine klassische Formulierung zugunsten einer staatsfreien Sphäre, die in der Grundrechtsdiskussion des letzten Drittels des 18. Jahrhunderts vorbereitet worden[36] war.

Das geistige Fundament des Prinzips rechtlicher Optimierung haben Kant und die Philosophie des Idealismus gelegt. Die Kantische Bestimmung des Rechts, daß die Freiheit des einen mit der Freiheit des anderen so abzugrenzen sei, daß beide zusammen bestehen können[37], daß „Freiheit unter äußeren Gesetzen im größtmöglichen Grad … angetroffen wird“[38], wirkt heute in der Formel von der praktischen Konkordanz oder von der verhältnismäßigen Zuordnung von Freiheit fort.

Die Staatsphilosophie Kants und vernunftrechtliche Traditionen finden u.a. in den Hand- und Lehrbüchern zum Polizeirecht zu Beginn des 19. Jahrhunderts ihren dogmatischen Niederschlag[39]. Sie gewinnen zu-

---

Bedeutung der Gerichtsbarkeit: *Grewe* in: Jurt/Krumeich/Würtenberger (Hrsg.), Der Wandel von Rechtsbewußtsein und Recht in Frankreich und Deutschland, 1998, 115ff., 119. Hierzu im Gegensatz steht die deutsche Konzeption des Rechtsstaates, daß der Staat zwar Herr über das Recht, zugleich aber selbst dem Recht unterworfen ist: *Zacher* in: FS Stern, 1997, 393, 396f.

[35] *Conrad/Kleinheyer* (Hrsg.), Vorträge über Recht und Staat von *C. G. Svarez* 1960, 40; *Stern* in: FS Lerche, 1993, 165ff.

[36] *Würtenberger* in: Gose/Würtenberger (Hrsg.), Zur Ideen- und Rezeptionsgeschichte des Preußischen Allgemeinen Landrechts, 1999, 73ff. m.w.N.

[37] *Kant* Metaphysik der Sitten I, 2. Einl., § C; ebenso *Svarez* (Fn. 35) 40; hierzu *Zippelius* Geschichte der Staatsideen, 9. Aufl. 1994, Kap. 16 c.

[38] *Kant* Idee zu einer allgemeinen Geschichte in weltbürgerlicher Absicht (1784), „Fünfter Satz“.

[39] *Von Berg* Handbuch des teutschen Policeyrechts, 2. Aufl. 1802, 89f.; *Krüger* in: Blühdorn/Ritter (Hrsg.), Philosophie und Rechtswissenschaft, 1969, 49ff.; *Stolleis* Geschichte des öffentlichen Rechts in Deutschland, 2. Bd., 1992, 159ff., 165; zum Zusammenhang

nächst Einfluß auf die Lehre und später dann auch auf die Rechtsprechung[40]. Das Naturrecht des ausgehenden 18. Jahrhunderts in seiner vernunftrechtlichen Variante mit der These, die Vernunft sei die letzte Quelle aller Rechtsprinzipien[41], ebenso wie die Philosophie Kants gehören zur geistigen Grundlage für die Entwicklung öffentlich-rechtlicher Argumentationsweisen, die mit ihrem Postulat rechtsstaatlicher Vernünftigkeit auch heute präsent sind.

Ein Rechtsstaat, der, in Distanz zum demokratischen Belieben, die vernunftgeleitete Realisierung einer optimalen Ordnung der Freiheit zum Ziel hat, kompensiert mangelnde Demokratie[42]. Dies war Grundlage des deutschen Weges zum Verfassungsstaat, der länger als andere westliche Nationen zu Kompromissen bei der demokratischen Selbstbestimmung bereit war und daher das Recht auf rechtsstaatliche Richtigkeit zu bauen versuchte[43].

Auf dieser Linie liegt, daß die Idee der rechtlichen Richtigkeit durch Verwaltungsverfahren in Deutschland lange Zeit nicht entfaltet wurde. Über die rechtsstaatliche Richtigkeit zu wachen, ist Aufgabe der (Verwaltungs-)Gerichtsbarkeit, die in Deutschland seit jeher eine besonders hohe Akzeptanz genießt. Diese hat frühe historische Wurzeln im ausgehenden 18. Jahrhundert, als vor allem das Reichskammergericht zu einer vorsichtigen Rechtsreform im Geiste aufgeklärter Staatsphilosophie in der Lage war[44]. Freiheitsschutz durch Gerichtsbarkeit[45] blieb zentrales und erfolgreich durchgesetztes Anliegen im 19. Jahrhundert[46].

---

zwischen den Naturrechtslehren und der rechtsstaatlichen Bindung der Polizeigewalt: *Mayer* Deutsches Verwaltungsrecht, 1. Bd., 3. Aufl. 1923, 209.

[40] Vor allem des PrOVG; Nachw. bei *Remmert* (Fn. 9) 140ff., 145ff., 154ff.

[41] Nachw. bei *Stolleis* (Fn. 39) 167ff.; zu *Mayers* Glauben an „die Macht allgemeiner Rechtsideen" und seinen geistigen Wurzeln in der Philosophie des Idealismus: *Stolleis* S. 404 m.w.N.; vgl. weiter *Rupp* in: FS Bachof, 1984, 151, 163.

[42] Zur Kompensation mangelnder Demokratie durch Ausbau der Justizverfassung in Deutschland: *Schulze-Fielitz* JZ 1993, 772, 778.

[43] Bezeichnend etwa *Kleins* Trost, wer „in einer Monarchie lebt, worin die bürgerliche Freiheit gehandhabt wird, ... kein Verlangen tragen wird, ein Republikaner zu werden" (Freyheit und Eigentum, 1790, 164); zu dieser für Deutschland typischen Differenzierung zwischen bürgerlicher und politischer Freiheit: *Würtenberger* in: Aufklärung 3 (1988) H. 2, 53, 68ff. – Vgl. weiterhin *Fleiners* Bemerkung, daß der Gesetzgeber zur Neuorientierung des Verwaltungsrechts nichts beitrage, sondern der Fortschritt „vom Spruch des Richters und der stillen Arbeit der Wissenschaft" ausgehe, die das eine Ziel verfolgen, jedem Bürger „gegen den Herrscher Staat ... sein Recht" zu geben (Über die Umbildung zivilrechtlicher Institute durch das öffentliche Recht, 1906, 23f.). Auch bei *Gneist* stand nicht „Parlamentarisierung", sondern „Ausbau des Rechtsstaats" im Vordergrund (*Stolleis* Fn. 39, 388).

[44] *Würtenberger* in: FS Benda, 1995, 443, 450ff.; *Neugebauer-Wölck* Reichsjustiz und

Die Rechtsschutzgarantie des Art. 19 Abs. 4 GG und das Konzept des materiellen Rechtsstaates beförderten den richterrechtlichen Zugriff auf rechtliche Optimierung. Der auf Art. 19 Abs. 4 GG gestützte funktionelle Machtzuwachs der Gerichtsbarkeit war auch eine Antwort auf das Unrechtsregime des Dritten Reiches. Die für Deutschland typische Illusion[47], die einzig rechtlich richtige Entscheidung sei für jeden Einzelfall durch richtiges Anwenden der rechtlichen Vorgaben zu finden, bestimmt die umfassende verwaltungsgerichtliche Kontrolle der unbestimmten Rechtsbegriffe seit den 50er Jahren[48], die zunehmende Kontrolle des Ermessens durch Verhältnismäßigkeit und Gleichheitssatz[49], die richterrechtlich geschöpfte Kontrolle von Planungsentscheidungen[50] seit Ende der 60er Jahre und nicht zuletzt die vielfach kritisierten verfassungsgerichtlichen Vorgaben[51] für die verwaltungsprozessuale Kontrolldichte[52]. Diese Entwicklung in Rechtsprechung und Rechtsdogmatik geht in allzu einseitiger Zuspitzung davon aus, die Verfassung sei umfassender Hort

---

Aufklärung, 1993. – So konnte *von Berg* Über Teutschlands Verfassung und die Erhaltung der öffentlichen Ruhe in Teutschland, 1795, 61 feststellen: Bei den Reichsgerichten „findet der teutsche Bürger Hilfe gegen allen Despotismus, gegen gesetzwidrige Urteile, gegen Verweigerung oder Verzögerung der Justiz, gegen ungerechte Gesetze, gegen verfassungswidrige Eingriffe in seine Freiheiten, gegen willkürliche Auflagen, gegen jeden Mißbrauch der Regierungsrechte".

[45] Zu erinnern ist an die Kreuzberg-Entscheidung (PrOVGE 9, 353; *Kroeschell* VBlBW 1993, 268), die mit einer contra-legem-Interpretation des § 10 Teil II Titel 17 PrALR die Grundlage für ein rechtsstaatliches Polizeirecht in Preußen legte.

[46] Symptomatisch ist, wie bei Einführung der Verwaltungsgerichtsbarkeit in bewußter Antithese zum französischen System die Definitionsmacht über die verwaltungsrechtlichen Begriffe den Verwaltungsgerichten und nicht der Verwaltung zugewiesen wurde; vgl. *Hahn* Rudolf von Gneist 1816 – 1895, 1995, 184ff.

[47] Diese liegt auch dem Prinzipiendenken Dworkins zugrunde: *Alexy* Recht, Vernunft, Diskurs, 1995, 212.

[48] Zur Entwicklung seit der Weimarer Zeit vgl. *Rüfner* in: Jeserich/Pohl/von Unruh (Hrsg.), Deutsche Verwaltungsgeschichte, Bd. 4, 1985, 639, 642f.; *Schoen* VerwArch 27 (1919) 85, 112; *Bachof* JZ 1955, 97ff.; *Ule* in: GS Jellinek, 1955, 309ff. – Zum gegenwärtigen Stand: *Schulze-Fielitz* JZ 1993, 772; BVerwGE 94, 307, 309.

[49] Zur Entwicklung: *Bühler* Die subjektiven öffentlichen Rechte und ihr Schutz in der deutschen Verwaltungsrechtsprechung, 1914, 162ff.; *Jellinek* Verwaltungsrecht, 3. Aufl. 1928, 36ff.; *Scheuner* VerwArch 33 (1928) 68ff.; *Bullinger* JZ 1984, 1001ff. m.w.N. – Zur Kritik: *Bettermann* Der totale Rechtsstaat, 1986, 36 mit der Mahnung, man müsse „lernen, rechtsfreie und gerichtsfreie Räume zu ertragen".

[50] Seit BVerwGE 34, 301, 304ff. aus dem Jahr 1969. – Zu den Einflüssen von *Hoppe* auf die Abwägungslehre im Planungsbereich: *Rengeling* in: Erbguth (Fn. 1) 4ff.

[51] Zur Kritik: *Sendler* DVBl. 1994, 1089ff.

[52] *Schwarze* Europäisches Verwaltungsrecht, Bd. I, 1988, 246ff.; *Starck* in: Bullinger (Hrsg.), Verwaltungsermessen im modernen Staat, 1986, 15, 40ff.

des richtigen Rechts, und führt zu einer verfassungsrechtlichen Aufladung des einfachen Rechts, wie sie anderen Rechtsordnungen unbekannt ist. Die verfassungsorientierte Auslegung des Rechts, – in Abwandlung der französischen „loi-écran"[53] läßt sich von einer „constitution-écran" sprechen –, tendiert nach Ansicht ausländischer Beobachter zu einem Verfassungsimperialismus[54].

II. Von ordnungsrechtlichen Rahmensetzungen zu Optimierungsgeboten als Weg zu einer demokratischen und am Umweltschutz orientierten Verwaltung

In einem nicht weiter zu vertiefenden entwicklungsgeschichtlichen Zugriff läßt sich die Entwicklung von einer ordnungsrechtlichen Rahmensetzung zu rechtlichen Abwägungs- und Optimierungsgeboten als Weg zu einer demokratischen und sodann am Umweltschutz orientierten Verwaltung beschreiben.

1. Ordnungsrechtliche Rahmensetzungen für das Verwaltungshandeln

Das Regelungsmodell des liberalen Rechtsstaates sowie des wirtschafts- und sozialpolitischen Interventionsstaates[55] sieht für das Verwaltungshandeln klare, konditionale rechtliche Rahmensetzungen vor, die Gleichmaß garantieren und Rechtsschutz ermöglichen[56]. Die gesetzlichen Regeln betrafen vor allem die eingreifende und zuteilende Verwaltung im Bereich des Steuerwesens und der Sozialverwaltung sowie die gefahrenabwehrende Steuerung durch Gebote, Verbote oder Genehmigungsvorbehalte[57]. Das Wirtschaftsverwaltungs- und das Umweltrecht sind weitgehend von diesem traditionellen Steuerungsmodell beherrscht. Dessen unbestimmte Rechtsbegriffe sind durch eine Vielzahl von normkonkretisierenden Verwaltungsvorschriften und von Rechtsverordnungen normativ präzisiert worden. Die derart von der Verwaltungsspitze gemeinsam mit den „beteiligten Kreisen" geschaffenen normativen Umwelt- und Technikstandards ermöglichen Vollzugssicherheit, Rechtsklarheit und eine umfassende gerichtliche Kontrolle.

---

[53] *Vedel/Delvolvé* Droit administratif, 11. Aufl. 1990, 452.

[54] *Grewe/Fabri* Droits constitutionnels européens, 1995, 186; vgl. *Lerche* (Fn. 11) 202.

[55] Zur Entwicklung zum Interventionsstaat: *Stolleis* in: Jeserich/Pohl/von Unruh (Hrsg.), Deutsche Verwaltungsgeschichte, Bd. 4, 1985, 77, 79.

[56] Vgl. *Stolleis* (Fn. 39) 406 m.w.N.

[57] Hierzu ausführl. *Badura* Verwaltungsrecht im liberalen und sozialen Rechtsstaat, 1966; *Di Fabio* Risikoentscheidungen im Rechtsstaat, 1994, 11ff.; *Gröschner* Das Überwachungsrechtsverhältnis, 1992, 3ff., 46ff.

2. *Demokratisierung der Verwaltung durch rechtliche Rahmensetzungen und Zielsteuerung*

Im demokratischen Staat ist die konditionale Steuerung der Verwaltung nicht das einzige Steuerungsmodell[58]. Der Gesetzgeber entscheidet, ob er durch rechtliche Rahmensetzungen die Steuerung der Verwaltung eng führt oder ihr Bewegungsfreiheit beläßt. Das sehr vielfältige Steuerungsinstrumentarium reicht von strikter Bindung über Zuerkennung rechtlich gebundener Gestaltungsfreiheit bis zur Ermessensbindung und Einräumung administrativer Gestaltungsfreiheit. Rahmensetzende Gesetze können der Verwaltung etwa Infrastrukturleistungen mit klaren Leistungsstandards aufgeben, ihr es aber auch überlassen, wie diese Infrastrukturaufgaben erfüllt werden[59]. Die normative Dichte rechtlicher Rahmensetzung ist nur zum Teil durch die Lehre vom Gesetzesvorbehalt als verfassungsrechtlichem Programm vorgegeben[60]. In der politischen Praxis dürfte auch ein gewisses Vertrauen oder Mißtrauen des Gesetzgebers gegenüber seiner Verwaltung für die Art und den Umfang der Regelungen mitbestimmend sein.

Im Planungsbereich versagt das Modell konditionaler Steuerung. Soll hier das Wesentliche durch das Verwaltungsrecht[61] geregelt werden, muß neben die konditionale Programmierung im grundrechtsrelevanten Bereich auch eine gesetzliche Zielsteuerung treten. Die Zielsteuerung der Verwaltung durch Rechtsprinzipien, ihre finale Programmierung[62], ent-

---

[58] *Badura* in: FS für Huber, 1981, 15ff.; *Berkemann* in: FS für Schlichter, 1995, 27, 41f.; *Dreier* Hierarchische Verwaltung im demokratischen Staat, 1991, 121ff.; *Lange* VerwArch 82 (1991) 1ff.; vgl. weiter *Schuppert* in: Hoffmann-Riem/Schmidt-Aßmann/Schuppert (Hrsg.), Reform des Allgemeinen Verwaltungsrechts, 1993, 65ff. m.w.N.

[59] Verwiesen sei auf die weisungsfreien Pflichtaufgaben im kommunalen Bereich.

Nicht weiter behandelt werden die Prozesse der Deregulierung, die die Verwaltungsrechtsordnung zu einer Rahmenordnung werden lassen. Hierzu zählen etwa die Regeln über die Überwachung der Infrastrukturverantwortung, die Privatisierung der Umweltkontrolle u.a.m. Hier geht es um den Abbau von Staatsaufgaben oder um die Rücknahme staatlicher Kontrolle, die mit rechtlichen Optimierungsgeboten wenig zu tun haben; vgl. *Hendler* in: Voigt (Hrsg.), Gegentendenzen zur Verrechtlichung, 1983, 59ff.

[60] Zur Wesentlichkeitstheorie vgl. *Ossenbühl* in: Götz/Klein/Starck (Hrsg.), Die öffentliche Verwaltung zwischen Gesetzgebung und richterlicher Kontrolle, 1985, 9, 24ff.; *Papier* ebd. S. 36ff., jew. m.w.N.

[61] Der hierdurch bedingten Normenflut sind vielfältige Würdigungen (*Eichenberger* VVDStRL 40 (1982) 7, 13ff., 19ff.; *Heldrich* in: FS für Zweigert, 1981, 811ff.; *von Beyme* (Fn. 7) 69ff.) zuteil geworden, so daß diese Thematik nicht nochmals aufzugreifen ist.

[62] Zur finalen Programmierung: *Wahl* Rechtsfragen der Landesplanung und Landesentwicklung, Bd. I, 1978, 35ff.; *ders.* in: Hoffmann-Riem/Schmidt-Aßmann/Schuppert (Hrsg.), Reform des Allgemeinen Verwaltungsrechts, 1993, 177, 196ff.; *Würtenberger* Staatsrechtliche Probleme politischer Planung, 1979, 42f.; *Lange* VerwArch 82 (1991) 1, 6f.; krit. *Rubel* Planungsermessen, 1982, 48ff.

spricht in zweierlei Sicht dem Steuerungsmodell des demokratischen und föderativen Rechtsstaates: Zum einen wird der Verwaltung ein demokratisch legitimiertes Ziel- und Handlungsprogramm vorgegeben; das Handeln der Verwaltung wird durch diese Wegleitung demokratisiert. Eine derartige Zielorientierung verhindert ein verfassungsrechtlich bedenkliches freies Gestaltungsermessen der Verwaltung bei grundrechtseingreifenden Planungen oder bei Genehmigungen. Zum anderen verwirklicht die prinzipienrechtliche Steuerung demokratische Dezentralisation[63]: Die Entscheidungen der Verwaltung haben sich an den parlamentsbeschlossenen Zielen zu orientieren, ihre realitätsadäquate Umsetzung geschieht unter Bürger- und Öffentlichkeitsbeteiligung vor Ort[64]. Die rechtlich strukturierte Gemeinwohlverwirklichung erfolgt in einem funktionsadäquaten Zusammenspiel zwischen demokratisch legitimierter Zielbestimmung und exekutivischer ebenso wie lokal zu legitimierender Verantwortung für die Sachgerechtigkeit der Abwägung.

3. *Rechtliche Optimierungsgebote als Mittel zur Verwirklichung des Umweltschutzes*

Derzeit stammen die meisten rechtlichen Optimierungsgebote aus dem Bereich des Umweltschutzes[65]. Hier fehlen dem Gesetzgeber das hinreichende Fachwissen und die erforderliche Problemverarbeitungskapazität, so daß er sich mit Richtungsentscheidungen begnügen muß[66]. Die Einschränkung der Abwägungsabhängigkeit der Umweltbelange durch Optimierungsgebote liegt auf der Linie einer Entwicklung zur Ökologisierung der Verfassungs- und Rechtsordnung[67]. Die Rationalität des ökologischen Verfassungsstaates besteht darin, die Umweltschutzbelange in Abwägung mit gegenläufigen Prinzipien und Interessen zu optimaler Realisierung gelangen zu lassen.

---

[63] Zu den Vorteilen und Gefahren demokratischer Dezentralisation: *Zippelius* Allgemeine Staatslehre, 12. Aufl. 1994, § 23 III; *Maunz/Zippelius* Deutsches Staatsrecht, 30. Aufl. 1998, § 11 III 5; § 16 III.

[64] *Würtenberger* Die Akzeptanz von Verwaltungsentscheidungen, 1996, 26ff., 56ff.

[65] *Bartlsperger* DVBl. 1996, 1, 10; *Leisner* (Fn. 1) 134. – Optimierungsgebote wenden sich auch an Betreiber und Unternehmer; zu § 15 Abs. 1 StrahlenschutzVO vgl. *Bischof* NJW 1991, 2323, 2326.

[66] *Mußgnug* in: Hill (Hrsg.), Zustand und Perspektiven der Gesetzgebung, 1989, 23, 27; *Brohm* NVwZ 1988, 794ff.; anders aber *Murswiek* in: FS für Kriele, 1997, 651, 663ff., der von einer Art Rotationsgesetzgebung die Übernahme parlamentarischer Verantwortung für die Risiken der Technik oder für konkrete Umweltstandards erhofft.

[67] Hierzu *Berg* in: FS für Stern, 1997, 421ff.; *Kloepfer* (Hrsg.), Umweltstaat, 1989; *Steinberg* in: Forschungsgesellschaft für deutsches Verfassungsrecht (Hrsg.), Menschen, Technologie, Umwelt, 1998, 159, 171; *Wiegand* DVBl. 1993, 533.

Die aus den Grundrechten hergeleitete umweltrechtliche Optimierungspflicht führt zu einer erheblichen Dynamisierung des Rechts auf allen Stufen der Rechtsordnung. Rechtssetzung und Rechtskonkretisierung schaffen keinen festgefügten Zustand des Rechts, sondern sind immer auf ihre Verbesserungswürdigkeit zu befragen. Auf diesem Trend zur Optimierung liegt, daß dem Gesetzgeber Evaluations- und Nachbesserungspflichten[68] auferlegt werden oder die Verwaltung im Umweltrecht zur begleitenden Kontrolle oder zum Nachzulassungsmonitoring[69] verpflichtet wird.

D. Die entscheidungstheoretische Problematik von Optimierungsgeboten

Ob und inwieweit eine optimierende Abwägung und rechtliche Optimierungsgebote Gestaltungsspielräume bei der Auslegung von Verfassungs- und Verwaltungsrecht belassen, bemißt sich nach ihrer Kraft zu normativer Steuerung[70]. Die Beurteilung der entscheidungstheoretischen Leistungsfähigkeit von Optimierungsgeboten ist Ausgangspunkt für die funktionellrechtliche Verortung der Verwaltung im System der Staatsfunktionen.

I. Unsicherheit über die Wirkungszusammenhänge

Planungsleitlinien und rechtliche Optimierungsgebote sind offene Normen, die das Ziel in unsicherer Entscheidungssituation weisen: Ein Widerstreit rechtlich geschützter Interessen ist aufzulösen, komplexe und vernetzte Wirkungszusammenhänge sind zu erkennen und zu steuern, Risiko- und Ungewißheitsfaktoren sind zu bewerten. Optimierende Steuerung im Bereich dynamisch miteinander vernetzter Wirkungsketten gelingt nur, wenn ihre jeweiligen Effekte erforscht und bekannt sind, was aber angesichts des Komplexitätsdilemmas[71] nur sehr bedingt mög-

---

[68] *Badura* in: FS für Eichenberger, 1990, 481 ff.; *Heckmann* Geltungskraft und Geltungsverlust von Rechtsnormen, 1997, 82 ff.; *Steinberg* Der Staat 26 (1987) 161 ff.; BVerfGE 49, 89, 130; 88, 203, 310 f.; SächsVerfGH JZ 1996, 957, 965.

[69] *Gündermann* NuR 1998, 351, 353.

[70] BVerfGE 88, 40, 56 ff., 61; *Schmidt-Aßmann* in: Schoch/Schmidt-Aßmann/Pietzner, VwGO, Einl. Rdn. 182; auch das klassische, konditional programmierte Verwaltungsrecht eröffnet der Exekutive einen eigenen Anteil bei der Rechtsverwirklichung; hierzu *Dreier* (Fn. 58) 165 ff. sowie allgem. *Esser* Vorverständnis und Methodenwahl in der Rechtsfindung, 1972, 74 ff.; *Herzog* in: Maunz/Dürig, Art. 20 GG Abschn. VI, Rdn. 42.

[71] Zum Komplexitätsdilemma: *Schmidt-Aßmann* (Fn. 7) 109 m.w.N.; zur zweifelhaften Rationalität von Risikoentscheidungen: *Di Fabio* (Fn. 57) 61 ff.

lich ist. Gerade im Bereich des neuen Modells des integrierten, medienübergreifenden Umweltschutzes erfolgt Optimierung auf unsicherer wissenschaftlich-technischer Grundlage[72]. Eine optimierende Entscheidung kann aber nur so gut sein wie die Richtigkeit der Fakten, Wirkungszusammenhänge und Prognosen, die ihr zugrunde liegen.

Für die Verwaltungspraxis hat dies zur Folge: Wegen der Unsicherheit über die Wirkungszusammenhänge und Prognosen bedarf es sachverständiger Beratung und muß erforderlichenfalls ein Diskurs unterschiedlicher Richtungen sachverständiger Analyse organisiert werden. Dieser Bereich genuin exekutiver Tätigkeit, meist viel zu verengend als Prognosespielraum bezeichnet, entzieht sich gesetzlicher Feinsteuerung[73]. Die Verwaltung muß mit Zukunftsabschätzungen und Szenarien arbeiten, die alle vertretbaren wissenschaftlichen Erkenntnisse in Erwägung ziehen[74].

II. Schwierigkeiten der rechtlichen Bewertung

Neben dieses wissenschaftlich-technische tritt ein rechtliches Bewertungsproblem: Die Optimierung von Rechtsprinzipien durch Abwägung macht eine Bewertung unerläßlich: Welchem Prinzip gebührt der Vorrang? Mit welchem Gewicht sind Prinzipien in die Abwägung einzustellen? Für derartige Bewertungen gibt es nur allgemeine Vorrangregeln[75]. Prinzipien von höherer Gewichtigkeit sind weitergehend als Prinzipien von geringerer Gewichtigkeit zu verwirklichen. Prinzipien, auch von höherer Gewichtigkeit, die nur in ihrem Randbereich betroffen werden, können eher zurücktreten als Prinzipien, die im Kern betroffen sind (Relation von Bedeutung und Betroffenheit).

Das Grundgesetz und die Rechtsordnung geben nur grobe Anhaltspunkte für die Gewichtung. Die Wertungen zwecks Auflösung widerstrei-

---

[72] Zu den Schwierigkeiten, den in vielen Vorschriften verlangten „Stand der wissenschaftlichen Erkenntnis" (z.B. § 15 Abs. 1 Nr. 3b PflSchG; § 16 Abs. 1, 2 GenTG) zu klären: *Gündermann* NuR 1998, 351 ff. m.w.N.; vgl. weiter *Murswiek* VVDStRL 48 (1990) 207, 227 (zur Unmöglichkeit umfassender Technikbewältigung durch das Verwaltungsrecht).

[73] Dies rechtfertigt u.a. den administrativen Spielraum bei Prognoseentscheidungen (BVerwGE 64, 238, 242; 79, 208, 213; *Nierhaus* DVBl. 1977, 19, 23 f.), wie er in § 43 UGBE nunmehr vorgeschlagen wird (krit. *Breuer* Fn. 33, 162 ff.). Die „Konzepte normativer Vergewisserung", also die Würdigung eines komplexen Sachverhalts durch den Gesetzgeber (z.B. der Bedarf für das Projekt), bleiben die Ausnahme; vgl. *Schmidt-Aßmann* DVBl. 1997, 281, 287; krit. *Lübbe-Wolff* DVBl. 1996, 825, 831; *Ipsen* VVDStRL 48 (1990) 177, 201 mit der Forderung größerer normativer Dichte, die aber nicht zu leisten ist.

[74] BVerwG NVwZ 1989, 1168 zur Risikoermittlung durch externen Sachverstand.

[75] *Hubmann* (Fn. 1) 20 ff.; *Dreier* (Fn. 27) 76 ff.; *Sieckmann* Rechtstheorie 26 (1995) 45, 66 ff.; *Alexy* (Fn. 47) 258 ff.; *Leisner* (Fn. 1) 135 f., 167 ff.

tender Grundrechtspositionen lassen sich verfassungsrechtlich nur sehr beschränkt als einzig richtig begründen[76], – ein wesentlicher Einwand gegen überzogene verfassungsrechtliche Optimierungsgebote. Selbst der Umweltschutz, in Art. 20a GG zum Staatsziel erhoben, hat nach überwiegender Ansicht keinen relativen Vorrang vor anderen abwägungsrelevanten Prinzipien[77]. Dies läßt sich verallgemeinern: Es gibt kein normativ bestimmbares objektives Gewicht eines Rechtsprinzips, mit dem es im Abwägungsprozeß in die Waagschale gelegt wird[78].

Auch rechtliche Optimierungsgebote, wenn etwa nach § 1 Abs. 5 S. 1 i.V.m. § 1a BauGB der Umweltschutz durch die Bauleitplanung zu optimieren ist[79], lösen das Bewertungsproblem nicht[80]. Der Gesetzgeber veranlaßt zwar die Verwaltung, einem bestimmten Prinzip bei ihrer Entscheidung den Vorrang einzuräumen. Damit ist aber nicht geklärt, welcher Rang diesem Vorrang bei der Abwägung mit anderen Prinzipien zukommt: Ist ihr Rang fast schon das Verbot, dieses Prinzip unbeachtet zu lassen? Wie gewichtig muß ein konkurrierendes Prinzip sein, um sich gegen ein rechtliches Optimierungsgebot durchsetzen zu können?

---

[76] *Hesse* in: FS für Mahrenholz, 1994, 541, 557; *Ossenbühl* in: Erbguth (Fn. 1) 25, 29ff.; *Leisner* (Fn. 1) 135f., 167ff.

[77] Bericht der Gemeinsamen Verfassungskommission, BT-Drucks. 12/6000, 65f.; *Jarass* in: Jarass/Pieroth, Grundgesetz, 4. Aufl. 1997, Art. 20a GG, Rdn. 4; *Scholz* in: Maunz/Dürig, Art. 20a GG, Rdn. 41ff.; *Sendler* UPR 1995, 41, 42; BVerwG UPR 1989, 154; diff. *Murswiek* in: Forschungsgesellschaft (Fn. 67) 177, 195ff. (hohe Direktivkraft des Art. 20a GG beim Schutz lebensnotwendiger Umweltgüter); *ders.* in: Sachs (Hrsg.), Grundgesetz, 1996, Art. 20a GG, Rdn. 53 (Art. 20a GG als Optimierungsgebot, die natürlichen Lebensgrundlagen so gut zu schützen, wie dies rechtlich und faktisch möglich ist, ohne die Verwirklichung anderer öffentlicher Aufgaben unmöglich zu machen); zum bestmöglichen Umweltschutz als Präferenzregel im supranationalen Bereich: *Kahl* Umweltprinzip und Gemeinschaftsrecht, 1993, 178ff.

[78] *Leisner* NJW 1997, 636, 638; *Alexy* (Fn. 52) 224; sehr bedenklich BVerwG NVwZ 1997, 1212ff., wonach Belange des Naturschutzes und der Landschaftspflege mit erheblichem Gewicht anzusetzen sind, ohne daß sie aber Optimierungsgebote wären (zust. *Schink* DVBl. 1998, 609, 612).

[79] Vgl. BVerwGE 90, 329, 332.

[80] *Berkemann* (Fn. 58) 45f.; *Dreier* (Fn. 27) 231ff., 244ff. (zur erhöhten Aufklärungspflicht bei Optimierungsgeboten); anders aber *Hoppe* DVBl. 1992, 853, 859, der zu optimierenden Belangen ein objektives Gewicht zuspricht, sodann aber doch für eine situationsorientierte Gewichtung plädiert.

III. Zwang zur situativen Konkretisierung des Rechts

Den Planungsleitlinien und Optimierungsgeboten ist eine besondere Situationsgebundenheit und Einzelfallabhängigkeit eigen. Für Planung und Genehmigungen mit planungsrechtlichem Einschlag gibt es keine klaren rechtlichen Vorgaben, sondern nur eine situative und einzelfallbezogene Rechtskonkretisierung. Die konkreten Lebensverhältnisse und die multilateralen Betroffenheiten, wie sie von der Verwaltung wahrgenommen und eingeschätzt werden, steuern in hohem Maß die Entscheidungen der Verwaltung[81]. Warum und in welchem Umfang das eine Prinzip Vorrang vor dem anderen Prinzip zu beanspruchen vermag, ist vom Entscheidenden angesichts der konkreten Situation zu verantworten und unter Offenlegung der ihn zur Entscheidung veranlassenden Argumente zu begründen. Die Sachstruktur determiniert das Normprogramm[82].

Damit ergibt sich: Die entscheidende Frage, welches Gewicht einzelnen Prinzipien in der konkreten Situation zukommt, entscheidet die Verwaltung mit den am Entscheidungsprozeß Verfahrensbeteiligten[83]. Zu ihrer Präferenzautonomie gehört, sich jenseits klarer rechtlicher Vorgaben von einem autonom abgestimmten Präferenzsystem leiten zu lassen[84]. Diese Präferenzautonomie der Verwaltung und der Verfahrensbeteiligten, die gesetzlichen Zielvorgaben aus der konkreten Situation eigenständig zu gewichten, ist ein wichtiger Grundsatz lokaler Freiheit und Selbstbestimmung. Jenseits der rechtlichen Vorgaben wird autonom entschieden und gehandelt[85]. Präferenzautonomie bedeutet nicht Willkür. Das Gebot der Optimierung von Prinzipien mit dem ihm innewohnenden Begründungszwang trägt zu Transparenz und Rationalität der Entscheidungsfindung bei.

IV. Keine Garantie optimaler Entscheidung

Letztlich ist Optimierung nur eine regulative Idee, die anzustreben rechtlich aufgegeben wird, deren Erfüllung aber nicht erwiesen werden kann. Das Optimierungsprinzip verweist letztlich nur auf eine gerechte

---

[81] Ähnlich *Schulze-Fielitz* GK-BImSchG, § 50 Rdn. 39, 146; *Bartlsperger* DVBl. 1996, 1, 7 (zur Abwägungsabhängigkeit von Optimierungsgeboten).

[82] Zum Zusammenhang zwischen „Sachstruktur" und „Normprogramm": *Brohm* DVBl. 1986, 321, 326; zur „unhintergehbaren Konkretisierungsbedürftigkeit": *Dreier* Die Verwaltung 25 (1992) 137, 146 ff.; *Schmidt-Aßmann* (Fn. 7) 175.

[83] Zur „Entscheidungsautonomie" und „Selbststeuerung" der Verwaltung: *Burmeister* in: Ress (Hrsg.), Entwicklungstendenzen im Verwaltungsverfahrensrecht und in der Verwaltungsgerichtsbarkeit, 1990, 55, 58 f.

[84] Zur Präferenzautonomie: *Eidenmüller* Effizienz als Rechtsprinzip, 1995, 326.

[85] Ausführl. zur begründungs- und erkenntnistheoretischen Kritik: *Enderlein* (Fn. 3) 111 ff.

Lösung[86], die anzustreben sich lohnt, über deren Erreichen es aber keine letzte Vergewisserung gibt. Das Ziel rechtlicher Optimierung überschätzt die menschliche Fähigkeit, die optimale als einzig richtige Entscheidung erkennen zu können[87]. Damit bietet das Optimierungsmodell letztlich nur Scheinrationalität.

E. Verfassungsrechtliche Grenzen von Optimierungsgeboten

I. Grenzen der verfassungsrechtlichen Optimierungsprinzipien

Verfassungsrechtliche Optimierung ist zwar Ziel der Verfassungspolitik; Grenzen einer verfassungsrechtlichen Kontrolle optimierenden Abwägens sind aber dadurch gezogen, daß die Verfassung als Rahmenordnung[88] eine große Bandbreite rechtlicher Gestaltung zuläßt. Das Anliegen verfassungsgeleiteter Optimierung hat sowohl den Gestaltungsspielraum des demokratisch legitimierten Gesetzgebers als auch die Einschätzungs- und Gestaltungsprärogative der Verwaltung zu achten. Bleibt, um ein Beispiel zu nennen, die dreistufige Verhältnismäßigkeitsprüfung das Rationalität sichernde Prüfungsprogramm, so begegnet eine überzogene verfassungsrechtliche Aufladung des Übermaßverbotes[89] berechtigten Bedenken[90]. Ebensowenig wie für den Ausgleich zwischen widerstreitenden Grundrechtspositionen gibt es für den Ausgleich zwischen rechtlich geschützten Belangen einen hinreichend rational überprüfbaren normativen Maßstab, der eine Überprüfung der Optimalität und damit der einzig rechtlichen Richtigkeit des Abwägungsergebnisses ermög-

---

[86] Zur Verbindung von Optimierung und Gerechtigkeit: *Maunz/Zippelius* (Fn. 63) § 7 I 1 b.

[87] *Luhmann* Zweckbegriff und Systemrationalität, 5. Aufl. 1991, 114f.; *Höffe* (Hrsg.), Einführung in die utilitaristische Ethik, 2. Aufl. 1992, 42 (zu den Grenzen des Nutzenkalküls); *Lerche* (Fn. 11) 205ff.; *Kutschera* Bestandsschutz im öffentlichen Recht, 1990, 125f.

[88] *Böckenförde* VVDStRL 30 (1972) 165; *ders.* NJW 1976, 2089, 2091; *ders.* (Fn. 17) 66ff.; *Wahl* Der Staat 20 (1981) 485, 507; *Starck* in: Isensee/Kirchhof (Hrsg.), Handbuch des Staatsrechts, Bd. VII, 1992, § 164 Rdn. 4ff.; *Lerche* (Fn. 11) 203f.; *Breuer* in: FS für Redeker, 1993, 11, 52; *von Danwitz* DVBl. 1998, 928, 936.

[89] Wie z.B. in der Entscheidung des BVerfG zur „DDR-Spionage" (E 92, 277, 325ff.); krit. *Volk* NStZ 1995, 367; *Huber* Jura 1996, 301, 306f.

[90] *Ossenbühl* VVDStRL 39 (1981) 189; *ders.* in: FS für Lerche, 1993, 151, 157; *Schmidt* NJW 1969, 1137, 1143; *Merten* in: FS für Schambeck, 1994, 349ff.; *Schmidt-Aßmann* (Fn. 7) 51 (Auszehrung der Zweckmäßigkeitsmaßstäbe durch überzogene Verhältnismäßigkeitskontrolle).

lichen würde[91]. Lediglich das angemessene Verhältnis von Zweck und Mittel, lediglich Proportionalität und das „rechte Maß" sind gefordert, nicht aber daß zwei Rechtsgüter dergestalt zugeordnet sind, daß sie zu optimaler Wirksamkeit gelangen[92]. Auch bei der Verhältnismäßigkeitsprüfung ist die Prärogative der Verwaltung beim Bewerten und Gewichten zu beachten[93]. Bei der an der Verhältnismäßigkeit orientierten optimierenden Abwägung ist es dem Verwaltungsgericht verwehrt, die Bewertung der Verwaltung durch eine eigene zu ersetzen. Die Abwägungsentscheidung der Verwaltung unterliegt nur einer Vertretbarkeits- oder Evidenzkontrolle[94].

II. Begrenzung durch die Garantie kommunaler Selbstverwaltung

Der Steuerung der Verwaltung durch rechtliche Optimierungsgebote sind in einem föderalistischen System Grenzen gezogen. Die föderative, am Subsidiaritätsprinzip orientierte Demokratie zielt auf eine funktionsadäquate Steuerungsteilung[95] zwischen parlamentarischer Steuerung und lokal geprägter Eigensteuerung der Verwaltung[96]. Mit der Zunahme präziser rechtlicher Optimierungsgebote verliert die Verwaltung traditionelle Räume des Wägens und Bewertens und damit Spielräume planerischer Gestaltung[97]. Vor allem im Selbstverwaltungsbereich engen fremdbestimmte rechtliche Optimierungsgebote den Spielraum zu autonomer lokaler Selbstgestaltung erheblich ein[98]. Dies gilt zumindest dann, wenn die Abwägungsleitlinien und rechtlichen Optimierungsgebote Anlaß einer engführenden verwaltungsgerichtlichen Kontrolle sind, so daß die kommunale Planungshoheit zwischen der Scylla gesetzlicher Feinsteuerung und der Charybdis verwaltungsgerichtlicher Kontrolle untergeht. Kom-

---

[91] Vgl. *Hesse* (Fn. 76) 557.

[92] *Stern* (Fn. 35) 173 ff.; *Grabitz* AöR 98 (1973) 568, 576; *Jakobs* DVBl. 1985, 97, 99 (Verhältnismäßigkeit als Erträglichkeitsgrenze).

[93] Zum Beurteilungs- und Ermessensspielraum: *Ossenbühl* in: FS für Lerche, 1993, 151, 158.

[94] *Kirchhof* in: FS für Lerche, 1993, 133, 144 für den Bereich der staatlichen Leistung, Verteilung und Planung; anders *Haverkate* Rechtsfragen des Leistungsstaats, 1983, 257 mit der These, der Rückzug des Richters aus diesen Bereichen der Wertung würde die Geschichte des rechtsstaatlichen Verwaltungsrechts als historischen Irrweg erscheinen lassen.

[95] Zur ausgewogenen Gewaltenteilung: *Maunz/Zippelius* (Fn. 63) § 13 III 1, 4a; *Brohm* DVBl. 1986, 321, 329 f.; BVerfGE 68, 1, 87.

[96] Zu dieser Eigenständigkeit der Verwaltung: *Schmidt-Aßmann* in: Hoffmann-Riem/Schmidt-Aßmann/Schuppert (Hrsg.), Reform des Allgemeinen Verwaltungsrechts, 1993, S. 11, 51 f.

[97] *Sendler* UPR 1995, 41, 45; *Smeddinck* DÖV 1998, 370, 376.

[98] *Hoppe* DVBl. 1992, 853, 861.

munale Selbstverwaltung im Bau- und Planungsrecht wird durch ein Steuerungsmodell ausgehöhlt, das die kommunale Zielsetzungs- und Konfliktlösungsautonomie zurückdrängt[99]. Dies wird dann verfassungsrechtlich bedenklich, wenn bei einer Gesamtbilanz nicht nur punktuell, sondern in zentralen Bereichen kommunaler Selbstgestaltung rechtliche Optimierungsgebote zu beachten sind. Sollen in einem föderativen System dezentrale politische Freiheit und autonome Selbstgestaltung gewahrt bleiben, so muß die Verwaltungsrechtsordnung eine Rahmenordnung bleiben[100].

III. *Bedenken gegen eine Ausgestaltung der Kontrollerlaubnis als Optimierungsentscheidung*

Grundrechtlichen und rechtsstaatlichen Bedenken begegnet es, die bisher als Kontrollerlaubnis auf ordnungsrechtlicher Basis geregelte Anlagengenehmigung als Optimierungsentscheidung zu gestalten[101]. Die Doktrin von der konditionalen Programmierung der Genehmigungsvoraussetzungen wurzelt in einer Rechtsstaats- und Grundrechtskonzeption, die Eingriffe in die Unternehmerfreiheit durch präventive Kontrollerlaubnisse allein aufgrund gesetzlicher Ermächtigung, nicht aber aufgrund verwaltungsbehördlichen Ermessens für statthaft erachtet[102]. Die Theorie und Praxis der umweltrechtlichen Genehmigungsverfahren haben sich allerdings schon seit langem von dieser rigoristischen Doktrin entfernt. Es bestehen Einschätzungs- und Beurteilungsspielräume der Verwaltung bei der Konkretisierung des Vorsorgeprinzips (§ 5 Abs. 1 Ziff. 2 BImSchG) oder bei der Prognose der künftigen Entwicklung[103].

---

[99] *Erbguth* DVBl. 1998, 209, 213 m.Hinw. auf die im Hinblick auf Art. 28 Abs. 2 S. 1 GG gebotene einschränkende Auslegung von § 7 Abs. 4 S. 2 BROG; *Di Fabio* NVwZ 1998, 329, 333 mit der These, der neue § 1a BauGB lasse kaum noch planerische Gestaltungsfreiheit zu. – Demgemäß werden die Einschränkungen des Art. 28 Abs. 2 GG durch die Ziele der Raumordnung und Landesplanung nur durch die kommunale Teilnahme an den Aufstellungsverfahren gerechtfertigt (BVerwGE 90, 329, 335).

[100] Zur Bedeutung von Selbststeuerung und Selbstgestaltung: *Schuppert* in: Grimm (Fn. 7) 217, 234ff.; *Hufen* ebd., S. 273, 284ff. (zur Zurücknahme der Steuerungsdichte und Steuerungstiefe durch Räume der Selbstregulierung und Selbstverwaltung).

[101] *Breuer* in: Neue Entwicklungen im Umweltrecht, 1996, 255, 259ff.

[102] BVerfGE 20, 150, 157f.; 49, 89, 146; *Maurer* Allgemeines Verwaltungsrecht, 11. Aufl. 1997, § 9 Rdn. 51ff.; *Wahl* DVBl. 1982, 51, 52ff.; *Brohm* JZ 1995, 369ff. m.w.N.; anders *Bullinger* JZ 1984, 1001.

[103] Vgl. die Nachw. bei Fn. 118; auch kann die Verwaltung gemeinsam mit dem Antragsteller auf eine optimale Unternehmergenehmigung hinwirken: *Jarass* (Fn. 21) § 6 BImSchG Rdn. 19 a.E.; *Hoffmann-Riem* AöR 119 (1994) 590, 599ff.; *Würtenberger* (Fn. 64) 44; *Gromitsaris* VerwArch 88 (1997) 52, 69ff.

Gleichwohl ist es ein Perspektivenwechsel, wenn die finale Normstruktur des supranationalen Umweltrechts die deutsche konditionale Normstruktur der Kontrollgenehmigung[104] überlagert[105]. Über die supranationale Rechtssetzung setzen sich die Verwaltungs- und Rechtskultur Frankreichs und Großbritanniens durch[106]. Die klaren rechtlichen Vorgaben treten zu Lasten von Prognose-, Bewertungs- und Gestaltungsentscheidungen zurück. Ob im Wettbewerb der Regelungsmodelle das deutsche konditional programmierte oder das europäische, auf optimierende Abwägung angelegte das bessere ist, läßt sich an dieser Stelle nicht vertiefen[107]. Unter dem Effektivitätsaspekt ist entscheidend, ob das integrierte Konzept zu Innovation im Umweltschutz führt und seinen Zielen entsprechend umgesetzt wird. Aus verfassungsrechtlicher Sicht lockert das supranationale Recht überkommene deutsche Standards des Grundrechtsschutzes und der Rechtssicherheit. Es gibt dem Unternehmer mehr rechtsstaatlichen Grundrechtsschutz, wenn die Unternehmergenehmigung an gesetzlichen Genehmigungsvoraussetzungen abzuarbeiten ist, als wenn der Verwaltung Gestaltungsspielräume eröffnet werden. Der Verlust an rechtsstaatlicher Sicherung der Freiheit mag jedoch durch einen Zuwachs an realer Freiheit kompensiert werden. Die Verfahren des integrierten Umweltschutzes können Freiräume zu neuen Produktionsplanungen und zu einem neuen umweltorientierten Management eröffnen.

Über eine Integration des deutschen ordnungsrechtlichen und des europäischen optimierenden Modells des Umweltschutzes muß sicher noch weiter nachgedacht werden[108]. Auch wenn wegen des Zwanges zu

---

[104] Zu „Zwischen- und Mischformen von Planungsgenehmigung und Kontrollerlaubnis" bei privatnützigen Planfeststellungen im Wasserrecht oder bei Baugenehmigungen: *Wahl* DVBl. 1982, 51, 57ff. m.Hinw. auf das Bewirtschaftungsermessen im Wasserrecht und auf die Erforderlichkeit raumplanerischer Abwägungen; *Badura* in: Erichsen (Hrsg.), Allgemeines Verwaltungsrecht, 10. Aufl. 1995, § 39 Rdn. 23; zur atomrechtlichen Anlagengenehmigung als gemischtem System präventiver Kontrolle und planerischer, sicherheits- und umweltpolitischer Lenkung: *Breuer* Der Staat 20 (1981) 393, 406ff.

[105] *Breuer* (Fn. 101) 262; *ders.* NVwZ 1997, 833, 835f.; *Weinreich* NVwZ 1997, 949, 954ff. – Dies gilt auch für § 3 Abs. 2 Nr. 2 des Gesetzes zur Neuregelung des Energiewirtschaftsrechts (v. 24. 4. 1998, BGBl. 1998 I, 730), der die Genehmigung der Energieversorgung von einer angemessenen Berücksichtigung des Ziels einer sicheren, preisgünstigen und umweltverträglichen Energieversorgung abhängig macht.

[106] Allerdings werden die aufgeworfenen Fragestellungen auch in Deutschland seit längerer Zeit diskutiert: *Steiger* in: Umweltrecht mildern?, Beiträge zur Umweltgestaltung, Heft A 64 (1982) 150ff.

[107] Zu den Vorteilen einer gebundenen und durchsetzungsfähigen Ordnungsgewalt des Staates: *Breuer* (Fn. 101) 264; *ders.* NVwZ 1997, 833, 837.

[108] Skeptisch zu einem „Modellmix" *Breuer* NVwZ 1997, 833, 837.

europarechtlicher Harmonisierung und zur Angleichung der Wettbewerbsbedingungen des Wirtschaftsstandortes Deutschlands ein Sonderweg rechtlich und politisch nicht in Frage kommt, so sollte doch Leitidee sein: Soweit als möglich wegen des grundrechtlich gebotenen Prinzips der gebundenen Kontrollerlaubnis konditionale Kontrollverantwortung, soweit aus Gründen der Effektivität des Umweltschutzes oder europarechtlich nötig optimierende Verfahrensgestaltung durch Eröffnung von Entscheidungsspielräumen. Von der Einhaltung einzelner rechtlicher Grenzwerte zur Risikovorsorge läßt sich z.B. absehen, wenn dadurch andere nachteilige Umweltauswirkungen vermindert und so die Gesamtbelastung der Umwelt erheblich verringert wird. Hier würde das Umweltrecht eine klare, vollzugsfähige Rahmenordnung bleiben und die Optimierungsaufgabe innerhalb rechtlich bestimmter Grenzen zu erfüllen sein[109]. Verfassungsrechtlich muß die Kontrollerlaubnis in einer Hinsicht eine rechtlich gebundene Erlaubnis bleiben. Zur Abwehr von konkreten Gefahren durch Emissionen müssen jene Maßnahmen vorgesehen werden, die das Überschreiten der Gefahrenschwelle unterbinden. Abwägung und Optimierung beginnen erst jenseits der sicherheitsrechtlichen Gefahrenabwehr[110].

IV. Grenzen richterlicher Kontrolle bei optimierendem Abwägen und rechtlichen Optimierungsgeboten

Verwaltungsgerichtlich sind optimierende Abwägungen darauf überprüfbar, ob die auf Optimierung zielenden unbestimmten Rechtsbegriffe, die Planungsleitlinien und die rechtlichen Optimierungsregeln von der Verwaltung berücksichtigt und in ihrer rechtlichen Bedeutung erfaßt wurden. Jenseits dieser klassischen Kontrollkompetenz bestimmt sich in einem gewaltenteiligen System die normative Abgrenzung von Entscheidungs- und Kontrollgewalt bei der Konkretisierung unbestimmter Rechtsbegriffe, bei der Abwägung und bei der rechtlichen Optimierung nach der entscheidungstheoretischen Leistungsfähigkeit juristischer Begriffe. Wo „wegen hoher Komplexität oder besonderer Dynamik der geregelten Materie" die rechtliche Determinierungskraft von unbestimmten Rechtsbegriffen oder rechtlichen Optimierungsgeboten endet, beginnt der Bereich der exekutivischen Eigenverantwortung, der von der Judikative zu respektieren ist[111].

---

109 So im Ansatz *Breuer* NVwZ 1997, 833, 842 zur Integration des Öko-Audits in das System der Kontrollerlaubnis; *Di Fabio* NVwZ 1998, 329, 335; *Lange* VerwArch 82 (1991) 1, 11 ff.

110 *Classen* Die Verwaltung 31 (1998) 307, 321 f.; *Wahl* DVBl. 1982, 51, 56.

111 BVerfGE 84, 34, 50; *Schmidt-Aßmann* (Fn. 70) Rdn. 188 (Funktionsgrenze der Gerichtsbarkeit); *Brenner* Der Gestaltungsauftrag der Verwaltung in der Europäischen

Für diese freilich seit jeher umstrittene Grenzziehung sprechen die vom Grundgesetz vorausgesetzte Eigenständigkeit der Verwaltung[112], ihre demokratische Legitimation[113] sowie ihre Legitimation durch Verfahren der partizipatorisch-diskursiven Konfliktlösung. Die Verwaltung verfügt über bessere Erkenntnismöglichkeiten, kann in Abwägungen besser Folgeabschätzungen einfließen lassen und hat eine Prärogative bei der situativen Konkretisierung des Rechts[114]. So ist z.B. für den „Kampf der Sachverständigen" das Verwaltungsverfahren, nicht aber das Gerichtsverfahren der funktionell richtige Standort[115]. Nicht die Judikative, sondern die Verwaltung verfügt „institutionell und auf Dauer typischerweise ... in hinreichendem Maß über die personellen, sachlichen und organisatorischen Möglichkeiten", um Bewertungen und Prognosen, die technischen oder naturwissenschaftlichen Sachverstand voraussetzen, bestmöglich zu erfüllen[116]. Allein die Verwaltung hat die für die effektive Wahrnehmung von Planungsfunktionen adäquate Organstruktur[117], verfahrensmäßig Kon-

---

Union, 1996, 196f., 210 (zur faktischen Selbständigkeit der Verwaltung aufgrund von in der Natur der Sache begründeten Steuerungsdefiziten des Gesetzes); Sachverständigenrat „Schlanker Staat" (Hrsg.), Abschlußbericht, Bd. 1, 1997, 190f.; zur Balance zwischen Verwaltungsverantwortung und Verwaltungsgerichtsbarkeit: *Scholz* VVDStRL 34 (1976) 145, 160ff.; *Schmidt-Aßmann* ebd., S. 222, 227ff.; *Lecheler* Verwaltungslehre, 1988, 46ff.

[112] Zur eigenständigen Verwaltungsrechtsverantwortung der Verwaltung: *Zacher* VVDStRL 34 (1976) 285; *von Danwitz* DVBl. 1998, 931f. m.w.N.; *Peters* Die Verwaltung als eigenständige Staatsgewalt, 1965; *Dreier* Die Verwaltung 25 (1992) 137ff.; *Lerche* in: Frowein (Hrsg.), Die Kontrolldichte bei der gerichtlichen Überprüfung von Handlungen der Verwaltung, 1993, 249ff., 264ff.

[113] Vgl. BVerfGE 49, 89, 125ff.; 68, 1, 88; *Franßen* DVBl. 1998, 413, 418; zur Exekutive und Legislative im Handlungsverbund vgl. *Dreier* (Fn. 58) 200ff.

[114] Zu dieser funktionellrechtlichen Zuordnung von Staatsfunktionen: *Di Fabio* in: Blümel/Pitschas (Hrsg.), Verwaltungsverfahren und Verwaltungsprozeß im Wandel der Staatsfunktionen, 1997, 199, 206ff.; *Herzog* NJW 1992, 2601, 2604; *Sendler* in: FS für Ule, 1987, 333ff., 354ff.; *Klein* in: Bitburger Gespräche, Jahrbuch 1995, 81, 94.

[115] Zur Sachverhaltsfeststellung durch Sachverständige: *Schmidt-Aßmann* DVBl. 1997, 281, 286; BVerfGE 85, 36, 58; 88, 40, 58ff.: Die Verwaltungsgerichtsbarkeit muß die von der Verwaltung gegebenen Begründungen von ihrem Erkenntnis- und Verfahrensstand her nachvollziehen; hierzu bedarf das Gericht keiner Sachverständigen, wenn diese bereits im Verwaltungsverfahren gehört wurden und ihre (kontroversen) Ansichten in die Verwaltungsentscheidung eingeflossen sind.

[116] So allerdings in einem anderen Zusammenhang: BVerfGE 68, 1, 87; vgl. weiter BVerwGE 72, 300, 317; *Brenner* (Fn. 100) 212, 402ff. – Gegen eine Reduzierung richterlicher Kontrolldichte: *Ipsen* VVDStRL 48 (1990) 177, 201 (die Gerichte sollen die Genehmigungsmaßstäbe in eigener Kompetenz entwickeln); *Breuer* (Fn. 33) 162ff. (gegen die einschränkende gerichtliche Überprüfung von Prognosen und Bewertungen nach § 43 UGBE).

[117] Zur funktionsgerechten Organstruktur: *Küster* AöR 75 (1949) 397; *Ossenbühl* in: Isen-

flikte abzuarbeiten, dezentrale Legitimationsleistungen zu erbringen sowie sach- und raumadäquate Vorsorge zu leisten. Außerdem spricht vieles dafür, bei Begriffen wie „Stand der Technik" in § 3 Abs. 6 BImSchG eine funktionenteilende und normstrukturelle Verwaltungsverantwortung und damit einen administrativen Beurteilungsspielraum zu bejahen[118].

Die Erwartung, der Richter werde bei der Kontrolle von unbestimmten Rechtsbegriffen die einzig rechtlich richtige Entscheidung finden, ist nur begrenzt erfüllbar[119]. Wenn die Verwaltungsgerichtsbarkeit in die Konkretisierung unbestimmter Rechtsbegriffe durch eigene Prognosen oder Bewertungen des technischen oder naturwissenschaftlichen Erkenntnisstandes oder in die Bewertung von Optimierungsgeboten eingreift, so übt sie materiell verwaltende Tätigkeit, also gerichtliche Mitverwaltung[120], aus.

Außerdem ist es bedenklich, wenn die abwägungsrelevanten Prinzipien und die rechtlichen Optimierungsgebote entsprechend ihrer objektiven Gewichtigkeit[121] oder nach ihrer vom Gesetzgeber verliehenen Gewichtigkeit[122] in die Abwägung eingestellt werden sollen und ihr Ausgleich nach Maßgabe des Verhältnismäßigkeitsgrundsatzes zu erfolgen hat[123]. Ihre Gewichtigkeit kann eben nicht objektiv sein, da diese nur auf Grund eines Bewertungsvorgangs bestimmt werden kann[124]. Dies mag der Grund dafür sein, daß man zwar der Idee nach von einer feststellbaren objektiven Gewichtigkeit abwägungserheblicher Belange ausgeht, die Rechtswidrigkeit einer Abwägung aber nur annimmt, wenn der Ausgleich

---

see/Kirchhof (Hrsg.), Handbuch des Staatsrechts, Bd. III, 1988, § 62 Rdn. 48f.; *von Danwitz* Der Staat 35 (1996) 329, 346.

[118] Anders BVerwGE 55, 250, 253 für die immissionsschutzrechtlichen unbestimmten Rechtsbegriffe; zweifelnd *Schmidt-Aßmann* in: Schwarze/Schmidt-Aßmann (Hrsg.), Das Ausmaß der gerichtlichen Kontrolle im Wirtschaftsverwaltungs- und Umweltrecht, 1992, 9, 50; *Kloepfer* Umweltrecht, 2. Aufl. 1998, § 14 Rdn. 46 m.w.N.

[119] Vgl. *Hofmann* Das Recht des Rechts, das Recht der Herrschaft und die Einheit der Verfassung, 1998, 28 mit Kritik an Dworkin; krit. *Franßen* DVBl. 1998, 413, 419; anders aber *Haverkate* (Fn. 94) 285, der von der gerichtlichen Entscheidung sehr optimistisch erhofft, sie würde auf „besseren Gründen" beruhen, sowie *Breuer* (Fn. 33) 171.

[120] Daher regelt § 43 UGBE eine beschränkte verwaltungsgerichtliche Überprüfung von Prognosen und Bewertungen: UGBE (Fn. 31) 525ff., 532.

[121] Vgl. *Brohm* (Fn. 23) § 13 Rdn. 19; *Hoppe* DVBl. 1994, 1033, 1039 (objektives Gewicht nach rechtlichen Vorgaben und tatsächlichen Gegebenheiten); *Stüer* NWVBl. 1998, 169, 173 m.w.N.; *Storost* NVwZ 1998, 797, 800f.; BVerwGE 75, 214, 254 (Bewertung der objektiven Gewichtigkeit durch das Gericht und nur angemessene Berücksichtigung der Vorstellung der Planfeststellungsbehörde); VGH Mannheim VBlBW 1998, 307, 308.

[122] So *Finkelnburg/Ortloff* Öffentliches Baurecht, Bd. I, 5. Aufl. 1998, 37.

[123] So *Hoppe* DVBl. 1994, 1033, 1039.

[124] Vgl. *Sendler* UPR 1995, 41: Das Verwaltungsgericht bestimmt den Faktor, mit dem ein Belang in die Abwägung eingestellt wird; krit. *Dreier* (Fn. 27) 62f.; *Steinberg* (Fn. 23) 192f.

einzelner Belange zu ihrer objektiven Gewichtigkeit außer Verhältnis steht[125]. Selbst diese gelockerte Proportionalitätsprüfung täuscht mit der objektiven Gewichtigkeit einen rechtlichen Kontrollrahmen vor, der entscheidungstheoretisch nicht eingelöst werden kann.

Damit gilt für die Kontrolle von Abwägungsentscheidungen durch die Verwaltungsgerichte[126]: Mit welcher Gewichtigkeit (grund-)rechtlich geschützte Belange in die Abwägung eingestellt werden, entscheidet die Verwaltung. Das Beziehungsgeflecht des normativen Gewichts (grund-)rechtlich geschützter Interessen, das Ausmaß der Betroffenheit des Grundrechtsträgers, das allgemeine und das lokale Gewicht öffentlicher Interessen führen in eine komplexe Entscheidungssituation, in der nur eine offensichtlich verfehlte, also willkürliche Gewichtung bei der Abwägung oder bei der Optimierung justitiabel ist[127]. Wegen dieses Vorrangs der Verwaltungsverantwortung vor verwaltungsgerichtlicher Kontrolle haben § 75 Abs. 1a S. 1 VwVfG und § 214 Abs. 3 S. 2 BauGB eine andere Bedeutung, als gemeinhin angenommen wird. Wenn Mängel in der Abwägung nur dann erheblich sind, wenn sie offensichtlich sind und auf das Abwägungsergebnis von Einfluß waren, so ist dies keine rechtsstaatlich bedenkliche und daher restriktiv zu interpretierende Verkürzung des Abwägungsgebots[128]. Diese Regelung entspricht vielmehr der entscheidungstheoretisch und funktionellrechtlich richtigen und in anderen Rechtsordnungen geläufigen Abgrenzung von Verwaltung und Verwaltungsgerichtsbarkeit[129].

---

[125] *Brohm* (Fn. 23) § 13 Rdn. 19; *Schmidt-Aßmann* (Fn. 7) 193 (objektive Gewichtigkeit als „ein Evidenzkriterium").

[126] Selbstverständlich wird nach wie vor überprüft, ob der Plan zur Verwirklichung der plangesetzlichen Bestimmung geeignet und im Hinblick auf das Gebot des geringsten Eingriffs auch erforderlich ist; vgl. *Bartlsperger* in: Erbguth (Fn. 1) 98f.; *Redeker* NVwZ 1996, 126, 128.

[127] Zu einer solchen Willkürkontrolle durch den EuGH: *Pache* DVBl. 1998, 380, 386; *Herdegen/Richter* in: Frowein (Hrsg.), Die Kontrolldichte bei der gerichtlichen Überprüfung von Handlungen der Verwaltung, 1993, 209, 246f. – Zur Diskussion einer Vertretbarkeitsprüfung und von Beurteilungsspielräumen der Verwaltung: *Brohm* DVBl. 1986, 321, 330f.; *Burmeister* (Fn. 83) 61 (zum Vorrang der Verwaltungsverantwortung).

[128] *Sendler* in: FS für Schlichter, 1995, 55, 69f.; *ders.* in: Kormann (Hrsg.), Aktuelle Fragen der Planfeststellung, 1994, 9, 25ff.; für eine intensive gerichtliche Abwägungskontrolle aber die verwaltungsgerichtliche Praxis: *Storost* NVwZ 1998, 797, 801f.; *Bonk* in: Stelkens/Bonk/Sachs, VwVfG, 5. Aufl. 1998, § 75 VwVfG Rdn. 39 (strikte verfassungskonforme Auslegung und Anwendung).

[129] Zum vergleichbaren Kriterium des „erreur manifeste d'appreciation" oder des „clear error in judgement" vgl. *Nolte* in: Frowein (Fn. 127) 278, 288.

F. Optimierung durch Verwaltungsverfahren

I. Zur Neuorientierung des Verwaltungsverfahrens

Die beschränkte rechtliche Steuerungskraft der Abwägungs- und rechtlichen Optimierungsgebote verlagert die Aufgabe der optimierenden Rechtskonkretisierung in das Verwaltungsverfahren. Hier geht es um prozedurale Optimierung, um Optimierung durch Verfahrensgestaltung. Im Planungsverfahren und künftig verstärkt in Genehmigungsverfahren mit Abwägungsvorbehalten hat die Verwaltung einen beträchtlichen rechtlichen Gestaltungsspielraum und erhält eine besondere Verfahrensverantwortung[130]. Je weniger es um Gesetzesvollzug geht und je mehr multipolare Konfliktlagen unter Beachtung vielfältiger rechtlicher Zielsetzungen rechtsgestaltend zu lösen sind, desto eher ist ein Verfahrensmanagement angebracht, das auf eine optimierende Verwaltungsentscheidung zielt, die zudem Akzeptanz aller Verfahrensbeteiligten findet. Für diese nicht mehr nur der Rechtsfindung dienende[131], sondern integrierende und konfliktlösende rechtsschöpfende Funktion des Verwaltungsverfahrens streitet, daß die Rechtsordnung keine klaren Entscheidungsmaßstäbe zu geben vermag und der gebotene Grundrechtsschutz nur durch die Gestaltung des Verwaltungsverfahrens gewährleistet werden kann[132]. Dies fordert, dem Bürger bei der Suche nach der optimalen Entscheidung eine aktive Verfahrensstellung zuzubilligen[133].

Diese Neuorientierung vom traditionellen inquisitorischen zum adversatorischen Verwaltungsverfahren[134] liegt auf der Linie der allgemeinen Verfahrensdiskussion, die den überkommenen Rechtsschutzverfahren prozeduralkommunikative Verfahren der Rechtsfindung[135] zur Seite stellt. Für das Ver-

---

[130] *Schmidt-Aßmann* (Fn. 7) 178; grundlegend zu den Funktionen des Verwaltungsverfahrens: *Wahl* VVDStRL 41 (1983) 153ff.

[131] Zur Kritik an der dienenden Rolle des Verwaltungsverfahrensrechts in der deutschen Konzeption: *Schoch* in: Schmidt-Aßmann/Hoffmann-Riem (Hrsg.), Strukturen des europäischen Verwaltungsrechts, i. E., Fn. 11 m.w.N.

[132] BVerfGE 53, 30; 56, 216, 238ff.; *Blümel* in: ders. (Hrsg.), Frühzeitige Bürgerbeteiligung bei Planungen, 1982, 23ff.; *Held* Der Grundrechtsbezug des Verwaltungsverfahrens, 1984, 68ff., 80ff.; *Hufen* Fehler im Verwaltungsverfahren, 3. Aufl., 1998, Rdn. 8ff., 586ff.

[133] Hierzu *Hoffmann-Riem* DVBl. 1994, 1381f.; *ders.* AöR 119 (1994) 590, 599 m.Nachw.; *Schmidt-Aßmann* (Fn. 7) 95f.

[134] Zum Übergang von einer etatistisch orientierten Verwaltungskultur mit ihrem inquisitorischen Verfahren zu einer Kultur der offenen Verwaltung mit einem adversatorischen Verfahren vgl. *Scharpf* Die politischen Kosten des Rechtsstaats, 1970; *Würtenberger* (Fn. 64) 24ff.; *Hill* in: Steger (Hrsg.), Lean Administration, 1994, 49, 57; *ders.* JZ 1993, 330; *ders.* in: Blümel/Pitschas (Hrsg.), Reform des Verwaltungsverfahrensrechts, 1994, 339ff.; *ders.* DÖV 1994, 279, 285f. (zur Gestaltung kommunikativen Rechts).

[135] *Wagner* JZ 1998, 836 m.w.N.

waltungsverfahren hat dies zweierlei zur Folge: In die Verwaltungsverfahren können zunächst Konflikte von Prinzipien bzw. Interessen ebenso von den Behörden wie von den Antragstellern und verfahrensbeteiligten Bürgern eingebracht werden (sog. Konfliktoffenheit des Verwaltungsverfahrens). Sodann ist nach einem optimalen Ausgleich zwischen konfligierenden Prinzipien und Interessen zu suchen. Gefordert ist eine verfahrensrechtliche Rahmensetzung, die Verfahrensgerechtigkeit garantiert[136]. Die Verwaltung muß ein ausführliches Rechts- und Sachgespräch ermöglichen, externen technischen oder naturwissenschaftlichen Sachverstand in das Verfahren einbeziehen[137], den Diskurs der Experten[138] der Verfahrensbeteiligten leiten, inadäquaten Pressionen entgegentreten und im Erörterungstermin Gelegenheit zu einem offenen Diskurs geben. All dies setzt ein Verfahrensmanagement voraus[139], das sich an einer akzeptanzfähigen Optimierung innerhalb des rechtlichen Gestaltungsspielraums orientiert[140].

Ob sich eine optimierende Entscheidung verfahrensmäßig finden läßt, hängt in hohem Maß von der behördlichen Verfahrensgestaltung ab. Gefragt ist ein Verfahrensmanager, dem von den Beteiligten Objektivität zugetraut wird und der über die rechtlichen Vorgaben hinaus für eine transparente und nachvollziehbare Entscheidungsfindung sorgt. Diese Fähigkeiten zur ausgleichenden Konfliktschlichtung tragen mehr zur Optimalität der Entscheidung bei als normative Vorgaben, die wenig Flexibilität ermöglichen[141]. Ist Optimierung der Verwaltungsentscheidung weitgehend von erfolgreicher Verfahrensmittlung abhängig, so sollte man wie im angelsächsischen Bereich auch in der deutschen Ausbildung auf die Vermittlung der entsprechenden Fähigkeiten mehr Wert legen.

---

[136] Vgl. die Vorschläge bei *Würtenberger* (Fn. 64) 124ff.; *Schmidt-Aßmann* DVBl. 1997, 281, 289; *Hoffmann-Riem* AöR 119 (1994) 590, 600f.

[137] Zur prozeduralen, von Art. 19 Abs. 4 GG gebotenen Einbeziehung des erforderlichen Sachverstands in das Verwaltungsverfahren, soll die gerichtliche Kontrolle eingeschränkt werden: *Breuer* (Fn. 33) 200ff.

[138] Zur Kooperation der Verwaltung mit den Experten: *Di Fabio* (Fn. 57) 452f.

[139] *Würtenberger* (Fn. 64) 120ff.; allzu skeptisch *Breuer* (Fn. 33) 180 mit der These, es gebe keine Gewähr dafür, daß die Vollzugsbehörden bei Einzelfallentscheidungen den externen naturwissenschaftlichen oder technischen Sachverstand heranziehen.

[140] Die Öffentlichkeitsbeteiligung, der im europäischen Verfahrensrecht eine eigenständige Rolle zukommt, ist ein zentraler Eckpunkt der Konfliktoffenheit und der auf Akzeptanz zielenden Optimierungsverfahren. Insofern ist bedenklich, daß das Verwaltungsverfahrensrecht die Öffentlichkeit des Erörterungstermins (§ 73 Abs. 6 S. 6 i.V.m. § 68 VwVfG) oder die Öffentlichkeit des Scoping-Termins ausschließt (*Würtenberger* [Fn. 64] 116ff., 121ff.).

[141] In der Praxis sind in Einwendungsverfahren wiederholt Emissionsbegrenzungen durchgesetzt worden, die aufgrund neuer Technologien möglich waren und unterhalb der normativen Standards lagen.

Für eine akzeptanzfähige Optimierung streiten die diskursethischen Begründungen des Demokratieprinzips und die neueren Strömungen der Wahrheitstheorie[142]. Die relative Richtigkeit von rechtlichen Entscheidungen – wie der Wahrheitsgehalt von Aussagen – liegt in einem diskursiven Verfahren begründet. Die diskursive Begründung von Verwaltungsentscheidungen sollen alle betroffenen Behörden und Bürger aufgrund ihrer Teilnahme am Diskurs für richtig oder zumindest für vertretbar halten können. Eine solche diskursive Begründung ist naheliegend, wenn es Prinzipien und Interessen zu gewichten und gegeneinander abzuwägen gilt. Dies kann nur im Hinblick auf die Interessen der Verfahrensbeteiligten und die jeweiligen örtlichen und zeitlichen Verhältnisse erfolgen. Wenn man den Verfahrensbeteiligten Spielräume bei der Gewichtung der Prinzipien und Interessen sowie bei der Abwägung einräumt, respektiert man deren Autonomie. Damit führt eine akzeptanzfähige Optimierung bei der Lösung von Prinzipien- und Interessenkollisionen auch zur Optimierung lokaler Autonomie[143]. Derartige Optimierungsleistungen sollten Leitlinien von Verwaltungsverfahren sein, die einer freiheitlichen und demokratischen Gesellschaft angemessen sind[144].

II. Zur Rücknahme rechtlicher Optimierungsgebote und des Rechtsschutzes

Geschieht eine Optimierung in einem rechtlich geordneten Verfahren, so kann man fragwürdige rechtliche Optimierungsgebote zurücknehmen. Auf so selbstverständliche Gebote, daß landwirtschaftliche Flächen nur im notwendigen Umfang für andere Nutzungsarten in Anspruch genommen werden dürfen (§ 1 Abs. 5 S. 3 BauGB) oder daß mit Grund und Boden sparsam und schonend umzugehen ist (§ 1a Abs. 1 BauGB), kann verzichtet werden. Derartige Optimierungsgebote geraten zudem rasch mit dem Optimierungsgebot des § 50 BImSchG, nämlich der Trennung unverträglicher Nutzungen, in Konflikt, so daß die gebotene Abwägung zwischen Optimierungsgeboten zwar den Entscheidungsprozeß komplizierter macht, zur Steuerung der Planung aber wenig beiträgt. Es ist ausreichend, daß der Gesetzgeber durch Planungsleitlinien steuernd dem Verwaltungshandeln repräsentativ-demokratische Legitimität vermittelt und lokal eine an Par-

---

[142] *Müller* in: FS für Schindler, 1989, 617ff.; *Dürr* Diskursives Recht, 1994; *Watzlawick* (Hrsg.), Die erfundene Wirklichkeit, 1985; *Alexy* in: Rechtstheorie, Beiheft 14 (1994) 143ff.; *ders.* Theorie (Fn. 3) 17ff., 134ff., 233ff.

[143] *Würtenberger* (Fn. 64) 152f.; zum Ausbau kooperativer gesellschaftlicher Selbstregulierung *Hoffmann-Riem* AöR 119 (1994) 590, 607ff. m.Nachw.

[144] BVerfGE 90, 1, 20f.: „Die freie Diskussion ist das eigentliche Fundament der freiheitlichen und demokratischen Gesellschaft", ein Grundsatz, der, soll er nicht folgenlos bleiben, auch die Gestaltung des Verwaltungsverfahrens bestimmen muß.

tizipation orientierte Selbststeuerung erfolgt[145]. Im Idealfall werden die Verwaltungsentscheidungen durch Elemente der repräsentativen und partizipativen Demokratie legitimiert[146], also durch eine optimierende Verantwortungsteilung zwischen Staat und gesellschaftlichen Akteuren. Während die Verwaltung die Verfahrensorganisation, die Beachtung übergreifender öffentlicher Interessen und die Wahrung des rechtlichen Rahmens der Entscheidung zur Aufgabe hat, fällt die optimierende Entscheidung auch in die rechtliche Verantwortung jener Subjekte, die die ökonomischen, ökologischen und anderen Folgen zu tragen haben[147].

Diese Integration von staatlicher Verantwortung für das Gemeinwohl und gesellschaftlicher Selbststeuerung erfordert Veränderungen in der Verwaltungskultur. Die traditionelle rechtsstaatliche Verwaltung, mit ihrer Distanz zu den Betroffenen als Credo, verändert sich zu einer demokratischen Verwaltung, die den Bürger als Subjekt ernst nimmt. Solche Annäherungen an die angelsächsische Verfahrenskultur bleiben für die Rechtsschutzkonzeption nicht folgenlos. Der funktionale Zusammenhang zwischen Verwaltungs- und Gerichtsverfahren gewinnt eine neue Akzentsetzung[148]: Die Verfahrenskontrolle tritt in den Vordergrund, die Inhaltskontrolle wird sekundär.

Von der Gestaltung des Abwägungs- und Optimierungsdiskurses ist die Erforderlichkeit verwaltungsprozessualen Rechtsschutzes weitgehend abhängig. Wurde die Planungsentscheidung oder Anlagengenehmigung unter Beachtung des skizzierten Verfahrensrahmens mit dem Antragsteller, den Betroffenen und den Trägern öffentlicher Belange entwickelt, genügt die Entscheidung dem Ideal der diskursiven Richtigkeit. Der verwal-

---

[145] Diese Trennung des policy making von dem service delivery entspricht im übrigen den neuen Managementkonzeptionen für den öffentlichen Sektor: *Domkowski/Precht* Public Management, 1995, 141 f. m.w.N.

[146] Zu einem derartigen Zusammenspiel von Steuerung und Selbststeuerung: *Lange* VerwArch 82 (1991) 1, 11 (die Entscheidung über das Maß staatlicher Steuerung und gesellschaftlicher Selbststeuerung trifft der Gesetzgeber); zurückhaltend *Dreier* (Fn. 58) 275: Furcht vor einer Entgegensetzung von Partikular- und Popularwillen, vor einer Zerfaserung des demokratischen Gesamtzusammenhangs und vor einer Gefährdung der gesamtgesellschaftlichen Integration.

[147] Ähnlich *Volkmann* VerwArch 89 (1998) 363, 387; *Schrader* NuR 1998, 285, 290, der gemeinsam mit den Verfahrensbeteiligten und den am Umweltschutz beteiligten Gruppen „unterschiedliche Wertvorstellungen, Wahrnehmungen und Interessen in einem rationalen Verfahren zum Ausgleich" bringen möchte; *Weinreich* NVwZ 1997, 949, 956: „Integration der Vorhabenzulassung in ein gestuftes System der gesellschaftlichen Selbststeuerung".

[148] Hierzu *Schmidt-Aßmann* DVBl. 1997, 281, 287; *ders.* (Fn. 7) 197: Je stärker „die eigenständige, rechtssichernde Aufgabe des Verfahrensrechts" betont wird, desto eher lassen sich „administrative Letztentscheidungsbefugnisse" bejahen.

tungsgerichtliche Schutz eines sachgerechten Optimierungsverfahrens dadurch, daß die nach wie vor umstrittenen Punkte im Diskurs mit den Verfahrensbeteiligten am Maßstab einer Plausibilitäts- und Willkürkontrolle[149] nachgearbeitet werden, erübrigt eine verwaltungsgerichtliche Überprüfung der Entscheidungsrichtigkeit. Vom Gesetzgeber der 6. VwGO-Novelle und des Genehmigungsbeschleunigungsgesetzes ist dies freilich nicht begriffen worden. Statt das Augenmerk auf eine Verfahrensordnung zu richten, die einen Rahmen für die diskursive Konkretisierung der rechtlichen Planungs- und Gestaltungsspielräume der Verwaltung setzt, wird durch großzügige Heilungsvorschriften die Verfahrensverantwortung der Verwaltung degradiert[150].

G. Schlußbemerkung

Ist das Thema als Frage gestellt, erwartet man am Schluß eine Antwort des Referenten. Diese muß er aus verschiedenen Gründen schuldig bleiben: Die Frage nach rechtlichen Optimierungsgeboten oder Rahmensetzungen und damit nach einer optimierenden Zuordnung beider Steuerungsmodi fordert ihrerseits Fragen heraus, über deren Beantwortung man trefflich streiten mag: Wo endet die Effektivität gesetzlicher Steuerung? In welchem Maße garantiert das Verwaltungsverfahren eine Annäherung an optimale Entscheidungen? Welche Maßstäbe der Verfahrensgerechtigkeit und der rechtlichen Richtigkeit sind gerichtlicher Kontrolle zugänglich? Im Prinzip ist demokratisch zu entscheiden, in welchen Bereichen die Verwaltung durch klare rechtliche Rahmensetzungen, durch optimierendes Abwägen und rechtliche Optimierungsgebote oder lediglich durch allgemein gehaltene rechtliche Verfahrensvorgaben gesteuert wird. Neubestimmungen einer optimierenden Funktionenteilung erfolgen in einem multipolaren Spannungsfeld. Dieses umfaßt die überkommene Rechtskultur und Dogmatik, rechtliche Reform nicht nur durch den Gesetzgeber, sondern auch durch das Richterrecht, und nicht zuletzt durch europarechtliche Einflüsse.

---

[149] Zum „Nacharbeiten" als Leitvorstellung: BVerfGE 85, 26, 58 (zur bloßen Nachvollziehung gegebener Begründungen); *Gerhardt* in: Schoch/Schmidt-Aßmann/Pietzner, Vor § 113 VwGO Rdn. 20 (zum diskursorientierten Modell des Verwaltungsprozesses, das dem diskursorientierten Verwaltungsverfahren entspricht); *Schmidt-Aßmann* DVBl. 1997, 281, 288; *Schoch* (Fn. 131) D II, 2 c; zur Einschränkung der gerichtlichen Prüfungsdichte von Prognosen nach § 43 UGB *Schrader* NuR 1998, 285, 289; ähnlich *Breuer* (Fn. 33) 212f.

[150] Krit. zur Abwertung des Verwaltungsverfahrens *Schenke* NJW 1997, 81, 86ff.; *Redeker* NVwZ 1996, 521, 522ff.; *Schoch* (Fn. 132) B II, 2.

Leitsätze des 1. Berichterstatters über:

Rechtliche Optimierungsgebote oder Rahmensetzungen für das Verwaltungshandeln?

A. Fragestellung

1. Neben die Rechtsfindung durch Subsumtion tritt die Rechtskonkretisierung durch Abwägung. Die prinzipienrechtliche Abwägung sucht Rechtsprinzipien entsprechend ihrem Geltungsanspruch und ihrer Wertigkeit nach den jeweiligen tatsächlichen und rechtlichen Möglichkeiten in einem möglichst hohen, optimalen Maß zu verwirklichen.

2. Die Entscheidung für rechtliche Optimierungsgebote oder Rahmensetzungen hängt davon ab, zu welchen Steuerungsleistungen das Recht im Bereich des abwägenden und optimierenden Verwaltungshandelns faktisch in der Lage ist sowie normativ im demokratischen und föderativen Rechtsstaat sein muß und sein darf. Soweit optimierende Entscheidungen im Verwaltungsverfahren rechtsgestaltend zu erarbeiten sind, gelangt das Spannungsfeld von gesetzlicher Steuerung und Selbststeuerung der Gesellschaft in den Blick.

B. Gegenwärtige Erscheinungsformen rechtlicher Optimierungsgebote

I. Optimierung der Freiheit als Prinzip der Verfassungsauslegung?

3. Optimierung liegt, in ihrer Reichweite umstritten, der Verfassungsauslegung zugrunde. So zielen etwa der Verhältnismäßigkeitsgrundsatz und der Grundsatz praktischer Konkordanz auf eine optimale Realisierung grundrechtlicher Freiheit.

4. Das Verwaltungsrecht steht unter dem Gebot einer bisweilen übersteigerten verfassungsorientierten Optimierung.

II. Spezifisch verwaltungsrechtliche Optimierungsgebote

5. Unbestimmte Rechtsbegriffe zielen vielfach auf eine am Verhältnismäßigkeitsprinzip orientierte, optimierende Abwägung zwischen privaten und öffentlichen Interessen.

6. Das planungsrechtliche Abwägungsgebot ist funktionellrechtlich ein allgemeines Optimierungsgebot bei der Lösung von Konflikten. Durch rechtliche Op-

timierungsgebote verlangt der Gesetzgeber die vorrangige Realisierung eines Rechtsprinzips. Solche rechtlichen Optimierungsgebote lassen sich auch als Maximierungsgebote qualifizieren.

7. Verfahrensrechtliche Optimierungsgebote zielen auf bestmögliche Ergebnisse, ohne allerdings, wie bei der „best practice" im Umweltrecht, klare rechtliche Vorgaben zu normieren.

C. Die historische Entwicklung des Optimierungsdenkens

I. Traditionslinien des Optimierungsdenkens

8. Rechtliche Optimierungsgebote als Prinzipien der Verfassungsauslegung und der verwaltungsrechtlichen Steuerung wurzeln in der deutschen Entwicklung zum Rechtsstaat. Die vernunftrechtlichen Traditionen im Naturrecht des ausgehenden 18. Jahrhunderts und die Rechts- und Staatsphilosophie Kants übten einen starken Einfluß auf die geistigen Grundlagen der Entwicklung der Verwaltungsrechtsordnung im 19. Jahrhundert aus.

9. Die Rechtsschutzgarantie des Art. 19 Abs. 4 GG und das Konzept des materiellen Rechtsstaates beförderten den richterrechtlichen Zugriff auf rechtliche Optimierung. Hierfür stehen u. a. das Bemühen, die einzig rechtlich richtige Entscheidung für jeden Einzelfall durch richtiges Anwenden der rechtlichen Vorgaben zu finden, sowie eine verfassungsrechtliche Aufladung des einfachen Rechts, wie sie anderen Rechtsordnungen unbekannt ist.

II. Von ordnungsrechtlichen Rahmensetzungen zu Optimierungsgeboten als Weg zu einer demokratischen und am Umweltschutz orientierten Verwaltung

1. Ordnungsrechtliche Rahmensetzungen für das Verwaltungshandeln

10. Das Regelungsmodell des liberalen Rechtstaates sowie des wirtschafts- und sozialpolitischen Interventionsstaates sieht für das Verwaltungshandeln klare, konditionale rechtliche Rahmensetzungen vor.

2. Demokratisierung der Verwaltung durch rechtliche Rahmensetzungen und Zielsteuerung

11. Durch die finale Programmierung wird die Verwaltung zum einen auf ein demokratisch legitimiertes Ziel- und Handlungsprogramm verpflichtet, zum anderen aber auch der Gedanke der demokratischen Dezentralisation verwirklicht. Die rechtlich strukturierte Gemeinwohlverwirklichung erfolgt in einem funktionsadäquaten Zusammenspiel zwischen demokratisch legitimierter Zielbestimmung und exekutivischer ebenso wie lokal zu legitimierender Verantwortung für die Sachgerechtigkeit der Abwägung.

3. Rechtliche Optimierungsgebote als Mittel zur Verwirklichung des Umweltschutzes

12. Die rechtlichen Optimierungsgebote aus dem Bereich des Umweltschutzes schränken die Abwägungsabhängigkeit der Umweltbelange ein und liegen auf der Linie einer Entwicklung zur Ökologisierung der Verfassungs- und Rechtsordnung.

D. Die entscheidungstheoretische Problematik von Optimierungsgeboten

I. Unsicherheit über die Wirkungszusammenhänge

13. Optimierende Steuerung im Bereich dynamisch miteinander vernetzter Wirkungsketten gelingt nur, wenn die jeweiligen Effekte erkannt und erforscht sind, was wegen des Komplexitätsdilemmas nur sehr bedingt möglich ist. Wegen der Unsicherheit über Wirkungszusammenhänge und zukünftige Entwicklungen bedarf es sachverständiger Beratung der Verwaltung und vielfach eines Diskurses zwischen unterschiedlichen Richtungen wissenschaftlich-technischer Forschung. In Zukunftsabschätzungen und Zukunftsszenarien sind alle vertretbaren wissenschaftlichen Erkenntnisse in Erwägung zu ziehen.

II. Schwierigkeiten der rechtlichen Bewertung

14. Das Grundgesetz und die Rechtsordnung geben nur grobe Anhaltspunkte für die Bewertung und Gewichtung der abzuwägenden Rechtsprinzipien. Ein normativ bestimmbares objektives Gewicht eines Rechtsprinzips, mit dem es im Abwägungsprozeß in die Waagschale gelegt wird, gibt es nicht. Auch das Gewicht rechtlicher Optimierungsgebote läßt sich erst im Abwägungsprozeß konkret bestimmen.

III. Zwang zur situativen Konkretisierung des Rechts

15. Die konkreten Lebensverhältnisse und die multilateralen Betroffenheiten, wie sie von der Verwaltung wahrgenommen und eingeschätzt werden, steuern in hohem Maß den Entscheidungsprozeß der Verwaltung. Diese bestimmt unter Berücksichtigung der Präferenzautonomie der am Entscheidungsprozeß Verfahrensbeteiligten das Gewicht der in den Abwägungsprozeß einzustellenden Rechtsprinzipien und Belange.

IV. Keine Garantie optimaler Entscheidung

16. Optimierung ist entscheidungstheoretisch lediglich eine regulative, letztlich an der Gerechtigkeit orientierte Idee, deren Erfüllung aber nur sehr beschränkt rechtlich erwiesen werden kann. Das Ziel rechtlicher Optimierung überschätzt die menschliche Fähigkeit, die optimale als einzig richtige Entscheidung erkennen zu können.

E. *Verfassungsrechtliche Grenzen von Optimierungsgeboten*

I. *Grenzen der verfassungsrechtlichen Optimierungsprinzipien*

17. Grenzen einer verfassungsrechtlich gebotenen Optimierung sind dadurch gezogen, daß die Verfassung als Rahmenordnung eine große Bandbreite rechtlicher Gestaltung zuläßt. Daher ist z. B. bei der Verhältnismäßigkeitsprüfung lediglich das angemessene Verhältnis von Zweck und Mittel, also Proportionalität, der normative Maßstab. Dies verwehrt es der Verfassungs- und Verwaltungsgerichtsbarkeit, die optimierende Abwägung der Verwaltung durch eine eigene zu ersetzen.

II. *Begrenzung durch die Garantie kommunaler Selbstverwaltung*

18. Die gewaltenteilende föderative Demokratie zielt auf eine funktionsadäquate Steuerungsteilung zwischen zentraler parlamentarischer Steuerung und lokal geprägter Eigensteuerung. Die kommunale Selbstverwaltung kann durch rechtliche Optimierungsgebote ausgehöhlt werden, die die kommunale Zielsetzungs- und Konfliktlösungsautonomie verengen und einer intensiven verwaltungsgerichtlichen Kontrolle unterwerfen.

III. *Bedenken gegen eine Ausgestaltung der Kontrollerlaubnis als Optimierungsentscheidung*

19. Es ist ein Perspektivenwechsel, wenn die finale Normstruktur des supranationalen Umweltrechts die deutsche konditionale Normstruktur der Kontrollgenehmigung überlagert. Leitidee einer Integration beider Regelungsmodelle sollte sein: Soweit möglich wegen des grundrechtlich gebotenen Prinzips der gebundenen Kontrollerlaubnis konditionale Kontrollverantwortung, soweit aus Gründen der Effektivität des Umweltschutzes oder europarechtlich nötig optimierende Verfahrensgestaltung durch Eröffnung von Entscheidungsspielräumen. Dabei beginnen Abwägung und Optimierung erst jenseits der sicherheitsrechtlichen Gefahrenabwehr, die auch weiterhin konditional zu programmieren ist.

IV. *Grenzen richterrechtlicher Kontrolle bei optimierendem Abwägen und rechtlichen Optimierungsgeboten*

20. Wo wegen hoher Komplexität oder besonderer Dynamik der geregelten Materie die Determinierung durch das Recht endet, beginnt die exekutivische Eigenverantwortung. Die Verwaltung hat die adäquate Organstruktur, verfahrensmäßig Konflikte abzuarbeiten, dezentrale Legitimationsleistungen zu erbringen sowie sach- und raumadäquate Entscheidungen zu treffen. Für Bereiche der exekutivischen Eigenverantwortung, die von der Judikative zu respektieren sind, sprechen die vom Grundgesetz vorausgesetzte Eigenständigkeit der Verwaltung, ihre demokratische Legitimation sowie ihre Legitimation durch Verfahren der diskursiven Konfliktlösung.

21. Es ist bedenklich, wenn die abwägungsrelevanten Prinzipien und die rechtlichen Optimierungsgebote entsprechend ihrer objektiven Gewichtigkeit in die Abwägung eingestellt werden und ihr Ausgleich nach dem Maßstab des Verhältnismäßigkeitsgrundsatzes erfolgt. Bereits durch diese Begrifflichkeit wird ein rechtlicher Kontrollrahmen vorgetäuscht, der entscheidungstheoretisch nicht einzulösen ist.

22. Wenn nur offensichtliche Abwägungsmängel zur gerichtlichen Aufhebung führen, so ist dies keine bedenkliche Verkürzung des rechtsstaatlichen Abwägungsgebots, sondern entspricht der entscheidungstheoretisch und funktionell richtigen sowie in anderen Rechtsordnungen geläufigen Abgrenzung von Verwaltung und Verwaltungsgerichtsbarkeit.

F. Optimierung durch Verwaltungsverfahren

I. Zur Neuorientierung des Verwaltungsverfahrens

23. Die beschränkte rechtliche Steuerungskraft der Abwägungs- und rechtlichen Optimierungsgebote verlagert die Aufgabe der Rechtskonkretisierung in das Verwaltungsverfahren. Je weniger es um Gesetzesvollzug geht und je mehr multipolare Konfliktlagen unter Beachtung vielfältiger rechtlicher Zielsetzungen rechtsgestaltend zu lösen sind, desto eher ist ein Verfahrensrahmen angebracht, der auf eine optimierende Verwaltungsentscheidung zielt.

24. Für das Verwaltungsverfahren ist eine verfahrensrechtliche Rahmensetzung erforderlich, die Konfliktoffenheit und die Möglichkeit der Konfliktlösung in Verfahrensgerechtigkeit garantiert. Die Verwaltung muß ein ausführliches Rechts- und Sachgespräch ermöglichen, externen wissenschaftlich-technischen Sachverstand in das Verfahren einbringen (lassen), den Diskurs der Experten der jeweiligen Verfahrensbeteiligten leiten, inadäquaten Pressionen entgegentreten und im Erörterungstermin Gelegenheit zu einem offenen Diskurs geben.

25. Für eine akzeptanzfähige Optimierung durch Verfahren streiten die diskursethische Begründung des Demokratieprinzips und die neueren Strömungen der Wahrheitstheorie. Vor allem sind diskursive Begründungen naheliegend, wenn es Prinzipien und Interessen zu gewichten und gegeneinander abzuwägen gilt. Räumt man den Verfahrensbeteiligten Spielräume bei der Gewichtung der Prinzipien und Interessen ein, trägt man zugleich zur Optimierung lokaler Autonomie bei.

II. Zur Rücknahme rechtlicher Optimierungsgebote und des Rechtsschutzes

26. Eine Optimierung durch Verfahren erlaubt die Rücknahme rechtlicher Optimierungsgebote und zum Teil auch verwaltungsgerichtlicher Kontrolldichte. Im Idealfall werden Verwaltungsentscheidungen durch Elemente der repräsentativen wie auch der partizipativen Demokratie legitimiert, d.h. durch eine Verantwortungsteilung zwischen Staat und gesellschaftlichem Bereich.

27. Der verwaltungsgerichtliche Schutz eines sachgerechten Optimierungsverfahrens dadurch, daß die nach wie vor umstrittenen Punkte mit den Klägern am Maßstab einer Plausibilitäts- und Willkürkontrolle nachgearbeitet werden, erübrigt eine verwaltungsgerichtliche Überprüfung der Entscheidungsrichtigkeit. Dann aber darf die Verfahrensverantwortung der Verwaltung entgegen der gegenwärtigen Tendenz nicht durch großzügige gesetzliche Heilungsvorschriften degradiert werden. Bei der Gestaltung des Verwaltungsverfahrensrechts verdient die diskursive Konkretisierung der rechtlichen Abwägungs- und Gestaltungsspielräume der Verwaltung besondere Beachtung.

G. Schlußbemerkung

28. Neubestimmungen einer optimierenden Funktionenteilung von Gesetzgebung, Verwaltung und Rechtsprechung stehen in einem multipolaren Spannungsfeld. Dieses umfaßt die überkommene Rechtskultur und Dogmatik, rechtliche Reform nicht nur durch den Gesetzgeber, sondern auch durch das Richterrecht, und nicht zuletzt auch durch europarechtliche Einflüsse.

Zweiter Beratungsgegenstand:

Rechtliche Optimierungsgebote oder Rahmensetzungen für das Verwaltungshandeln?

2. Bericht von Prof. Dr. *Herbert Haller, Wien*[*]

[*] Anmerkung der Redaktion: Leider konnte dieser Bericht nicht in dem Tagungsband erscheinen, da der 2. Berichterstatter sich außerstande erklärt hat, die schriftliche Fassung seines Referats für die Drucklegung fertigzustellen.

Leitsätze des 2. Berichterstatters über:

Rechtliche Optimierungsgebote oder Rahmensetzungen für das Verwaltungshandeln?

A. Themenstellung

1. Der Gesetzgeber gebietet immer Optimierung und setzt immer Entscheidungsrahmen.

B. Erfahrungen aus der österreichischen Entwicklung

I. Text – Umfeld – Interpretation

2. Beweisaufnahme und Norminterpretation unterliegen verschiedensten Einflüssen, die sich zum Teil kaum rechtlich fassen lassen. Das System der Höchstgerichtsbarkeit hat jedenfalls erheblichen Anteil am Ergebnis.

II. Problemfelder

3. Die Problemfelder der Determinierungsdebatte wie Privatwirtschaftsverwaltung, besondere Gewaltverhältnisse und Ermessen sind zum Teil „befriedet".

III. Gelockerte Legalität

4. Ein nach Sachbereichen differenzierendes Legalitätsprinzip hat sich durchgesetzt. Vorhersehbarkeit der Entscheidung wird in unterschiedlichem Maß durch Verfahren und dessen Kontrolle ergänzt und ersetzt.

C. Möglichkeiten der Veränderung

I. Die Ausgangsposition

5. Die Debatte zum Legalitätsprinzip ergibt immer noch Warnungen vor einem „Ersticken des Rechtsstaates". Die angegebenen Gründe für die Gefahr sind nur zum Teil die wahren Gründe der Probleme.

II. Verzicht auf Regelungen

6. Die Reduzierung der Rechtsmasse durch Verzicht auf Regelungen kann nur selten die Lösung sein und ist ein schwer durchsetzbarer Kraftakt.

III. Einfachere Regelungen

7. Vereinfachung von Regeln ist ein wesentlicher Beitrag zur Entlastung und kann die Manövrierfähigkeit der Verwaltung sowie der nachprüfenden Gerichtsbarkeit des öffentlichen Rechts wiederherstellen.

IV. Verbesserung von Optimierungsgeboten

8. Die Verbesserung von Optimierungsgeboten ist vielfach unverzichtbar, wenn man die Vorhersehbarkeit von Einzelentscheidungen beibehalten will.

D. Verlagerung von Entscheidungsgewalt in die Verwaltung

I. Hindernisse

9. Mißtrauen gegen die Verwaltung im Verband mit Argumenten, wie Verlust der Gleichbehandlung und Kostensteigerung, stehen gegen sachgerechte Anpassung.

II. Ausgestaltungsmöglichkeiten

10. Die verschiedenen Ausgestaltungen eines Verwaltungsvollzuges im größeren Rahmen bringen Erprobungsphasen und Vielfalt sowie eine demokratie-politisch vertretbare Nutzung des beweglichen Instruments Verordnung.

E. Einfluß europäischer Rechtsetzung

I. Gebote der Rechtsstaatlichkeit

11. Zur europäischen Rechtsstaatlichkeit gehört eine abgestufte Legalität, die freilich nur geringe Mindeststandards erreicht. Die Verwaltung hat mit der Orientierung am EU-Recht eine zweite Rechtskultur zu bestehen.

II. Kontrolle durch den EuGH

12. Die Rechtskontrolle durch den EuGH orientiert sich an unterschiedlich determinierenden Normenbeständen. Sie ist ungeachtet dessen fallbezogener und interpretativ großzügig – Verfassungsrecht durch Richterspruch. Sie entwickelt sich zu einer an Formeln orientierten Grobkontrolle im Inhaltlichen mit verstärkter Nachschau in Verfahrensfragen.

F. Ausblick

13. In einigen Bereichen wird es gelingen, den spürbaren Kostendruck zur Verbesserung des Rechtsstaats zu nutzen. Eine Konvergenz zwischen staatlicher und europarechtlicher Determinierung – sachadäquate Differenzierung mit Wertungswidersprüchen, die aus politischem Willen und Zeitgebundenheit der Regelung resultieren – wird sich einstellen.

Zweiter Beratungsgegenstand:

Rechtliche Optimierungsgebote oder Rahmensetzungen für das Verwaltungshandeln?

3. Bericht von Prof. Dr. *Eibe Riedel*, Mannheim

Gliederung

A. Konkretisierung des Themas

Der Auftrag des Vorstands an mich, im Anschluß an die Berichte zur deutschen und europarechtlichen Situation den Beratungsgegenstand in rechtsvergleichender Perspektive vorzustellen, erweist sich als reizvoll, aber auch als schwierig: die wichtigen Ausführungen zum deutschen und europäischen Recht sind bereits kompetent gemacht worden und meiner Darstellung verbleibt somit nur der Versuch einer Arrondierung durch Rechtsvergleich. Ich hoffe aber, daß ein Blick auf das französische und englische Recht dennoch nützlich ist, um zu erfahren, ob und in welcher Weise der Optimierungsgedanke in diesen benachbarten Rechtsordnungen eine Rolle spielt. Anliegen eines solchen Vergleiches ist aber auch, festzustellen, ob die Rechtsintegration in der Europäischen Gemeinschaft zugleich eine stärkere Harmonisierung der Verwaltungsverfahren und des Verwaltungsrechts der Mitgliedstaaten gebietet oder ob – ganz im Sinne des Subsidiaritätsgedankens – nicht vielmehr die Bewahrung der Eigenständigkeit der Verwaltungsrechtsordnungen als spezifischen Kulturleistungen der einzelnen Rechtsordnungen zu respektieren ist. Denn ehe einer weiterreichenden Harmonisierung des Verwaltungsverfahrens und des materiellen Verwaltungsrechts das Wort geredet wird, bedürfte es des sorgfältigen Nachweises gemeinsamer Rechtsauffassungen und -traditionen als Grundlage denkbarer gemeineuropäischer Verwaltungsstandards neben gemeineuropäischen Verfassungsprinzipien.

Um das wichtigste Ergebnis meiner Untersuchung vorwegzunehmen: trotz redlicher Suche konnte ich weder im französischen noch im englischen Recht Optimierungsgebote finden, die, wie etwa im Schrifttum zum deutschen Bauplanungsrecht[1] erörtert, nach Art der gewichteten Abwägungsdirektiven das Abwägungsergebnis weitgehend steuern und letztlich sogar vorgeben können. Überhaupt stellt sich die Frage einer Abgrenzung oder Alternativität von Optimierungsgeboten oder Rahmensetzungen für das Verwaltungshandeln in England und Frankreich so nicht. Es ist eine sehr deutsche Diskussion, und dies allein ist Grund genug, ihre Grundlagen vor dem Hintergrund der Situation in unseren Nachbarländern kritisch zu beleuchten. Hinter der allgemeinen Frage-

---

[1] Zum ganzen vgl. *Hoppe* Die Bedeutung von Optimierungsgeboten im Planungsrecht, DVBl. 1992, 853 (854); *Battis* Öffentliches Baurecht und Raumordnungsrecht, 3. Aufl., 1992, 111; *Bartlsperger* Planungsrechtliche Optimierungsgebote, DVBl. 1996, 1 ff.; *Kühling* Fachplanungsrecht, 1988, 101 f.; *Sendler* Die Bedeutung des Abwägungsgebots in § 1 Abs. 6 BauGB für die Berücksichtigung der Belange des Umweltschutzes in der Bauleitplanung, UPR 1995, 41 ff.; *Steinberg* Neue Entwicklungen in der Dogmatik des Planfeststellungsrechts, DVBl. 1992, 1501 ff.

stellung nach Optimierungsgeboten oder Rahmensetzungen für das Verwaltungshandeln verbergen sich die schon reichlich bearbeiteten Themen der unbestimmten Rechtsbegriffe[2] und damit verbundener Beurteilungsspielräume[3], der Ermessenseinräumung[4] in ihren verschiedenen Variationen, aber auch im Rahmen der Gewaltenteilung die Frage nach der Bindung der Exekutive durch Legislative und Judikative sowie damit einhergehend nach der Kontrolldichte richterlicher Überprüfung von Verwaltungsentscheidungen[5] mit den allfälligen Verweisen auf das *gouvernement des juges,* die allgemeine Normenflut und die Verrechtlichung der Politik. Die hinter allen diesen Themen stehende Grundfrage lautet: wer im gewaltenteiligen Rechtsstaat soll das letzte Wort haben dürfen: das Parlament, die Exekutive oder die Richterschaft? Aus dieser Perspektive lassen sich trotz des Fehlens einer spezifischen Optimierungsdebatte in Frankreich und England m.E. sinnvolle Vergleiche herstellen.

Vorab sind jedoch die Begriffe Optimierungsgebote und Rahmensetzungen in der deutschen Terminologie kurz zu erläutern, ehe nach entsprechenden Rechtsfiguren im französischen und englischen Recht gesucht wird.

---

[2] Statt aller *Maurer* Allgemeines Verwaltungsrecht, 11. Aufl., 1997, 129; *Sachs* in: *Stelkens/Bonk/Sachs* Verwaltungsverfahrensgesetz, 5. Aufl., 1988, § 40 Rdn. 32ff. mit umfangreichen Nachweisen zum Streitstand.

[3] Vgl. statt vieler *Wolff/Bachof/Stober* Verwaltungsrecht I, 10. Aufl., 1994, 368ff.; *Peine* Allgemeines Verwaltungsrecht, 3. Aufl., 1997, Rdn. 75f.; *Maurer* (Fn. 2) 135f.; differenziert *Herdegen* Beurteilungsspielraum und Ermessen im strukturellen Vergleich, JZ 1991, 747f., m.w.N.

[4] *Maurer* (Fn. 2) 127f.; *Peine* (Fn. 3) Rdn. 76ff.; *Alexy* Ermessensfehler, JZ 1986, 701ff.; krit. zur Unterscheidung zwischen Ermessen und unbestimmten Rechtsbegriffen *Rupp* Grundlagen der heutigen Verwaltungsrechtslehre, 2. Aufl., 1991, 177ff., 213ff.; *ders.* „Ermessen", „unbestimmter Rechtsbegriff" und kein Ende, FS Zeidler, 1987, 455, 466f., m.w.N.; *Bullinger* Das Ermessen der öffentlichen Verwaltung, 1984, 1001ff.; *Starck* Verwaltungsermessen im modernen Staat – Rechtsvergleichender Generalbericht, in: *Bullinger* (Hrsg.), Verwaltungsermessen im modernen Staat, 1986, 15ff.

[5] Vgl. statt vieler nur *Maurer* (Fn. 2) 136; *Schmidt-Aßmann* in: *Mainz/Dürig/Herzog* Art. 19 Abs. 4, Rdn. 183; *Schenke* in: Bonner Kommentar, Art. 19 Abs. 4, Rdn. 327; *Schulze-Fielitz* in: *Dreier* GG, 1996, Art. 19 Abs. 4, Rdn. 87ff.; *ders.* Neue Kriterien für die verwaltungsgerichtliche Kontrolldichte bei der Anwendung unbestimmter Rechtsbegriffe, JZ 1993, 772; *Jarass* in: *Jarass/Pieroth* GG, Art. 19, Rdn. 42f.; *Krüger* in: *Sachs* GG, 1996, Art. 19, Rdn. 140f.; *Kutscheidt* Verfahrensbeschleunigung und richterliche Kontrolldichte, NWVBl. 1995, 121f.; für den Bereich des Planungsrechts *Sendler* (Fn. 1) 41; *Bartlsperger* (Fn. 1) 10; zur europäischen Dimension *Schwarze* Das Verwaltungsrecht unter europäischem Einfluß, 1996, 197ff.

I. Optimierungsgebote

1. Der Optimierungsgedanke wird in der rechtstheoretischen Diskussion vor allem im Verfassungsrecht bei der Unterscheidung von Rechtsregeln und Prinzipien verwendet. Nach *Robert Alexy*[6] sind Rechtsregeln definitive deontologische Pflichtsätze relativ geringen Abstraktionsgrades mit Konditionalprogramm, die eine bestimmte Rechtsfolge gebieten. Sie können stets erfüllt oder nicht erfüllt werden. Ein Beispiel für eine solche Regel ist etwa § 5 Abs. 1 der StVO, demzufolge links zu überholen ist[7]. Prinzipien stellen demgegenüber Optimierungsgebote dar, die dadurch gekennzeichnet sind, daß sie in unterschiedlichen Graden erfüllt werden können und „daß das Maß ihrer Erfüllung nicht nur von tatsächlichen, sondern auch von den rechtlichen Möglichkeiten abhängt"[8]. Prinzipien des Verfassungsrechts zeichnen sich nach dieser Unterscheidung vor allem dadurch aus, daß sie in Konkurrenz zu gegenläufigen Prinzipien treten können – etwa Grundrechten als Verfassungsprinzipien – und dann eine Abwägung im Sinne von Gewichtungen verlangen. Diese Gewichtung wird in Form einer Güterabwägung durchgeführt, aufgrund derer im konkreten Anwendungsfall auch bei abstrakt gleichrangigen Belangen ein Prinzip hinter das andere zurücktritt[9]. Der Optimierungsgedanke gebietet folglich, jedes Prinzip *prima facie* in tatsächlicher wie rechtlicher Hinsicht in möglichst großem Umfang zu realisieren. Im Falle der Kollision mit gegenläufigen Prinzipien entpuppt sich eines dann in der konkreten Anwendung als Vorrangregel, die aber erst in einem Prozeß der wertenden Abwägung gefunden wird. Nach gründlicher Analyse der möglichen Einwände gegen diese Kategorisierung gelangt *Alexy* zu der Auffassung, daß „eine Ordnung der Werte oder Prinzipien, die das grundrechtliche Entscheiden in allen Fällen intersubjektiv zwingend festlegt, nicht möglich ist"[10]. Immerhin sei aber durch die Rechtsprechung des Bundesverfassungsgerichts ein Netzwerk konkreter Präferenzentscheidungen entstanden[11], bei denen die Abwägung im Wege rationaler juristischer Argumentation erfolge[12]. Damit wird eine inhaltliche Festlegung auf bestimmte Prinzipien nicht begründet, aber die verfahrens- und argumentationsmäßige Kanalisierung von Präferenzentscheidungen eröffnet. In dieser letztlich prozeduralen Theorie wird

[6] *Alexy* Theorie der Grundrechte, 1985, 71ff., insbes. 75ff.
[7] *Alexy* (Fn. 6) 76.
[8] *Alexy* (Fn. 6) 76.
[9] *Alexy* (Fn. 6) 79f.
[10] *Alexy* (Fn. 6) 142.
[11] *Alexy* (Fn. 6) 143.
[12] *Alexy* (Fn. 6) 152.

über die inhaltliche Fixierung bestimmter zu optimierender Werte jenseits hochabstrakter Staatsstrukturprinzipien wenig gesagt, jedoch der Weg zur Ermittlung solcher Prinzipieninhalte gewiesen. Der Inhalt bestimmt sich nach konkreten Fallentscheidungen über zu präferierende Prinzipien, mithin durch Wertentscheidungen des Normanwenders, speziell des Bundesverfassungsgerichts.

Zweierlei bleibt für unser Thema festzuhalten: *erstens* bedeutet Optimierung hier Einräumung relativen Vorrangs bei Prinzipien, die im Gegensatz zu Rechtsregeln häufig wesentlich abstrakter formuliert sind und *zweitens* eröffnen sich trotz der Optimierungsaufgabe für jedes einzelne Prinzip grundsätzlich Abwägungsspielräume, sobald es auf andere Prinzipien stößt. Die Abwägung im konkreten Einzelfall bildet damit den Angelpunkt der Entscheidung. Dem Rechtsanwender – nach Art. 1 III GG jeder Inhaber staatlicher Gewalt – wird somit die Prinzipienoptimierung als Abwägungsleistung abverlangt.

2. Auf der Ebene unterhalb des Verfassungsrechts werden unter Optimierungsgeboten im juristischen Sinne Abwägungsdirektiven für die Verwaltung verstanden, die grundsätzlich durch die Legislative vorgegeben werden und vor allem im Planungsrecht von Bedeutung sind[13]. Nach herrschender Meinung sind Optimierungsgebote etwa das aus § 1 I 1 FStrG abgeleitete Gebot eines möglichst störungsfreien Verkehrsflusses[14]; die Vermeidung von schädlichen Umwelteinwirkungen auf schutzbedürftige Gebiete nach § 50 BImSchG[15]; beim Bau oder der wesentlichen Änderung öffentlicher Straßen die Vermeidung von schädlichen Umwelteinwirkungen durch Verkehrsgeräusche, die nach dem Stand der Technik vermeidbar sind (§ 41 I BImSchG)[16], oder auch das Gebot zur Minimierung vermeidbarer, naturschutzrechtlicher Eingriffe gem. § 8 II und III BNatSchG,[17] vor allem aber die Ziele des § 1 V 1 und 3 BauGB[18], nach denen Bauleitpläne eine nachhaltige städtebauliche Entwicklung und eine dem Wohl der Allgemeinheit entsprechende sozialgerechte Bodennut-

---

[13] Vgl. hierzu die in Fn. 1 genannten Autoren.

[14] BVerwGE 71, 163 (165 f.).

[15] BVerwGE 71, 163 (165).

[16] BVerwG v. 13. 7. 1989 – 4 NB 20/89, unveröffentlicht, zit. nach *Hoppe* (Fn. 1) 853 (855) und *Bartlsperger* (Fn. 1) 7.

[17] BVerwG NVwZ 1991, 69 (70); BVerwGE 85, 348 (362).

[18] BVerwGE 90, 329 (332). Ausdrücklich kein Optimierungsgebot enthält nach der jüngsten Rspr.-§ 8a Abs. 1 S. 1 BNatSchG, BVerwGE 104, 68 (72, 74 f.). Vgl. zu dieser Frage u.a. *Sendler* (Fn. 1) 46; *Müller* Die Eingriffsregelung des § 8 a BNatSchG als elementarer Planungsgrundsatz städtebaulicher Planung, NVwZ 1994, 850; *Felder* Naturschutzrechtliche Eingriffsregelung im Bauleitplanungsrecht gemäß § 8 a Abs. 1 S. 1 BNatSchG, NuR 1994, 53 ff.

zung gewährleisten und dazu beitragen sollen, eine menschenwürdige Umwelt zu sichern, die natürlichen Lebensgrundlagen zu schützen und zu entwickeln (Satz 1), und nach denen landwirtschaftliche, als Wald oder für Wohnzwecke genutzte Flächen nur im notwendigen Umfang für andere Nutzungen in Anspruch genommen werden sollen (Satz 3).

Diese Auflistung erlangt Anspruch auf Gültigkeit nur auf der Grundlage der herrschenden Meinung. Gelegentlich wird in einem weiten, an die Begrifflichkeit *Alexys* erinnernden Sinne von Optimierungsgeboten allerdings schon dann gesprochen, wenn ein bestimmter Belang überhaupt dem Abwägungsvorgang unterworfen wird, wie z.B. im Falle des § 1 V 2 BauGB[19]. Nach der ganz herrschenden, auch von der Rechtsprechung geteilten Ansicht hingegen ist von Optimierungsgeboten erst dann zu sprechen, wenn einem bestimmten Belang durch gesetzliche Vorschrift ein besonderer, hervorgehobener relativer Rang zuerkannt wird[20]. Die Beeinträchtigung eines solchen Belanges bedarf dabei besonders gewichtiger, sachlicher Rechtfertigung. Die Argumentationslast ist zu seinen Gunsten verschoben. Der Punkt, an dem die Planung nicht mehr abgewogen erscheint, wird eher erreicht. Den engsten Begriff vertritt schließlich *Hoppe*[21]. Optimierungsgebote seien ein plus und ein aliud gegenüber relativen Vorrangregeln, ihre Steuerungskraft stärker und zugleich anders: Anstelle eines proportionalen Ausgleichsverfahrens stehe nurmehr ein Optimierungsverfahren, das einen bestimmten Belang bevorzuge. Damit überwinden Optimierungsgebote die übliche Abwägung im Planungsrecht. Die durch das Optimierungsgebot favorisierten Belange müßten möglichst vollständig realisiert werden – auch gegenüber gewichtigen anderen Belangen. Das geschehe durch Maximierung der zu optimierenden und Minimierung der entgegenstehenden Belange. Einer Gewichtungsphase des zu optimierenden Belanges folge eine Ausgleichsphase, bei der dann nicht nur das Optimum zu realisieren, sondern konfligierende Belange ohne Rücksicht auf die Proportionalität zurückzustellen seien. Die Ausgleichsentscheidung ziele also nicht mehr auf Verhältnismäßigkeit, sondern auf Optimierung und Minimierung. Zugleich werde so die planerische Gestaltungsfreiheit eingeschränkt und die gerichtliche Kontrolldichte erhöht. Erst wenn sich zwei zu optimierende Belange gegenüberstünden, sei ein Ausgleich mittels des Verhältnismäßigkeitsgrundsatzes wieder möglich. Wegen dieser starken Bindung warnt

---

[19] *Battis* (Fn. 1) 111.

[20] *Erbguth/Schink* UVPG-Kommentar, 1992, § 12 UVPG, Rdn. 64; *Funke* Die Lenkbarkeit von Abwägungsvorgang und Abwägungsergebnis zugunsten des Umweltschutzes, DVBl. 1987, 511/516ff.; *Hoppe* (Fn. 1) 855, Fn. 27 m.w.Hinw.

[21] *Hoppe* (Fn. 1) 859f.

Hoppe allerdings vor einer allzu großzügigen Auslegung von Vorschriften als Optimierungsgebote, da sie als materielle Rechtsbegriffe durch die Gerichte voll überprüfbar seien[22].

Optimierungsgebote im Rahmen der planerischen Gestaltungsfreiheit weisen im Ergebnis Ähnlichkeiten mit Soll-Vorschriften im Rahmen des sonstigen Verwaltungsermessens auf. In beiden Fällen ist eine verstärkte Bindung der Verwaltung gewollt, die jedoch – wenn nicht die Meinung *Hoppes* zugrundegelegt wird – bei Soll-Vorschriften mit ihrer Regelfallbindung stärker ausfällt als bei Optimierungsgeboten, die nur möglichst weitgehende Beachtung fordern. In jedem Fall bewirken Optimierungsgebote eine sehr starke Bindung der Gestaltungsfreiheit der Verwaltung, die eine Ausdehnung dieser im Planungsrecht entwickelten Rechtskategorie in andere Rechtsbereiche jedenfalls nicht nahelegt. Auf eine genauere Begriffsanalyse kann ich verzichten und verweise insoweit auf die Ausführungen von Herrn *Würtenberger*.

II. Rahmensetzungen

In seiner weiteren Bedeutung kennzeichnet der rechtlich nicht speziell besetzte Begriff „Rahmensetzung" demgegenüber jegliches legislative Handeln: Der Gesetzgeber fixiert einen normativen Rahmen, innerhalb dessen Akteure in gewissen Grenzen rechtlich frei sind und keiner gerichtlichen Überprüfung unterliegen. Beispiele für spezielle Formen der Rahmensetzung lassen sich in unterschiedlichsten Formen finden, etwa als Rahmengesetzgebung des Bundes nach Art. 75 GG. Der Bund erläßt hier ausfüllungsbedürftige und ausfüllungsfähige Gesetze, die nur ausnahmsweise detaillierte Regelungen enthalten dürfen. Den Ländern wird dadurch ein Rahmen für eigenes legislatives Handeln vorgegeben. Bei Überschreitung des Rahmens sind die ausfüllenden Gesetze mangels Kompetenz oder wegen Verletzung des Art. 31 GG nichtig[23]. Eine andere Art von Rahmensetzung stellen EG-Richtlinien dar, die das Verhältnis der gemeinschaftsrechtlichen zur innerstaatlichen Rechtsetzung betreffen. EG-Richtlinien weisen allerdings im Unterschied zu Rahmengesetzen nach Art. 75 GG häufig sehr detaillierte Regelungen auf und belassen dem nationalen Gesetzgeber bei ihrer Umsetzung wenig Freiraum. Hinsichtlich ihres materiellen Gehalts rücken sie damit in die Nähe von EG-Verordnungen[24]. Ihr Rahmencharakter wird weiterhin dadurch ge-

---

[22] *Hoppe* (Fn. 1) 861; ähnlich *ders.* „Verwirrung" und „Entwirrung" beim Abwägungsgebot (§ 1 Abs. 6 BauGB), UPR 1995, 201 f.

[23] Vgl. etwa *Degenhart* in: *Sachs* GG, 1996, Art. 75 Rdn. 1 ff., 39 ff.

[24] Statt vieler *Streinz* Europarecht, 3. Aufl., 1996, Rdn. 384 ff.

schwächt, daß sie nach Ablauf der vorgesehenen Umsetzungsfrist unmittelbare Wirkung entfalten können[25].

Allgemeiner gesprochen bezeichnet der Begriff „Rahmen" rechtliche Vorgaben, innerhalb derer sich staatliche Institutionen bei der Setzung von Rechtsakten frei und ohne Kontrolle durch andere Instanzen bewegen können. „Rahmen" bestehen folglich nicht nur für die parlamentarische Gesetzgebung, sondern auch für die Rechtsetzung der Exekutive und für einzelne Entscheidungen der Verwaltung[26].

Will der Gesetzgeber Normsetzungsbefugnisse delegieren, kann er dies dadurch bewirken, daß er dem Verordnungsgeber einen Rahmen absteckt, innerhalb dessen dieser frei ist, die im Rahmen enthaltenen Zwecksetzungen zu verwirklichen, solange Art. 80 I 2 GG gewahrt bleibt[27]. Im Grunde genommen kann aber auch jede Regelung, die der Verwaltung ein Ermessen einräumt, als Rahmenregelung verstanden werden. Bedeutsam wird die Verwendung des Begriffes „Rahmen" dann bei der konkreten Ausübung von Ermessen. Im Unterschied zu „Optimierung" legt „Rahmensetzung" größere Gestaltungsfreiheit für die Ermessen ausübende Verwaltung nahe und verringert somit tendenziell die gerichtliche Kontrolldichte.

Vor diesem Hintergrund möchte ich nunmehr Optimierungsgebote und Rahmensetzungen im französischen und englischen Recht untersuchen, obgleich diese Kategorisierung – wie eingangs gesagt – dort so nicht getroffen wird.

B. Optimierungsgebote und Rahmensetzungen im französischen Recht

I. Stellung der Judikative in Frankreich

In Frankreich gibt es keine umfassende Kodifikation des allgemeinen Verwaltungsrechts. Der *Code Administratif* ist lediglich eine redaktionelle Zusammenstellung einzelner Gesetze und Verordnungen. Inhaltlich ent-

---

[25] *Streinz* (Fn. 24) Rdn. 394ff.

[26] Rechtsetzungsakte der Exekutive unterliegen bereits insofern der Rahmensetzung, als etwa Planungsentscheidungen, die sich stets innerhalb des durch das Gebot gerechter Abwägung gesetzten Rahmens bewegen müssen, nicht nur als Verwaltungsakte in Form von Planfeststellungsbeschlüssen ergehen, sondern auch in Form von Rechtsnormen, wie etwa Bebauungspläne als Satzungen (§ 10 I BauGB) oder sogar, wie im Falle Hamburgs, als Landesgesetze (vgl. § 246 II 1 BauGB).

[27] Zur Delegation an den Verordnungsgeber vgl. *Kischel* Delegation of legislative power to agencies: a comparative analysis of United States and German Law, Administrative Law Review 46 (1994) 213 (228ff.).

halten die Gesetze häufig nur organisatorische Regelungen, selten materiellrechtliche Vorgaben für das Verwaltungshandeln[28]. Das allgemeine Verwaltungsrecht in Frankreich ist somit weitgehend Richterrecht. Entscheidungen der obersten Gerichte werden dementsprechend als eigene Rechtsquelle angesehen. Die Grundsatzurteile des *Conseil d'Etat* bilden hierbei wesentliche Versatzstücke, zumal der *Conseil d'Etat* nur höchst selten von seinen Urteilen abweicht und die Verwaltung sich an seine Rechtsprechung in gleichem Maße wie durch Gesetze gebunden fühlt. Trotz der besonderen Bedeutung judikativer Maßstäbe für exekutives Handeln ist die gerichtliche Kontrolldichte verglichen mit der deutschen Rechtslage gering. Seit den Zeiten des *Ancien Régime* hat sich in der französischen Bevölkerung – ganz anders als in Deutschland – ein solides Mißtrauen gegenüber der Gerichtsbarkeit gehalten, wodurch eine starke Stellung der Exekutive im französischen System der Gewaltentrennung begünstigt wurde[29]. Im deutschen Recht stehen die individuellen Grundrechte im Vordergrund: dies ist in Frankreich nicht in solchem Ausmaß der Fall. Andererseits genügt in Frankreich für die Klagebefugnis ein *intérêt pour agir*, während in Deutschland eine mögliche Verletzung subjektiver Rechte des Klägers vorliegen muß[30]. Bei alledem wird in Frankreich der Sicherung der Funktionsfähigkeit und Leistungsfähigkeit der Verwaltung eine herausragende Bedeutung beigemessen. Dahinter steht auch die Furcht vor einem *gouvernement des juges*, vor einem „Richterstaat"[31]. Die Unterschiede im deutschen und französischen Verwaltungsrecht erklären sich somit aus der unterschiedlichen Geschichte, Tradition und Mentalität, worauf schon Herr *Würtenberger* hingewiesen hat. Der *Conseil d'Etat* sieht sich selbst mehr als Partner denn als Gegenspieler der Verwaltung und übt sich meist in *„contrôle restreint"*, richterlicher Zurückhaltung. Diese Rolle richterlicher Zurückhaltung wird ihm auch dadurch erleichtert, daß er neben der nachträglichen Rechtsprechung vorab Rechtsgutachten für die Regierung erstellen kann, von denen er in einem späteren Gerichtsverfahren verständlicherweise kaum abweichen wird[32].

---

[28] Zum folgenden vgl. *Vedel/Delvolvé* Droit administratif, Bd. 2, 12. Aufl., 1992, 19ff.; *Chapus* Droit administratif général, Bd. 1, 11. Aufl., 1997, 667ff., 713ff.; *Braibant/Stirn* Le droit administratif français, 4. Aufl., 1997, 443ff.; *Grote* Ermessenslehre und Ermessenspraxis in Frankreich, NVwZ 1986, 269ff.

[29] *Schwarze* Europäisches Verwaltungsrecht, Bd. I, 1988, 109.

[30] *Schwarze* (Fn. 29) 109; *Classen* Die Europäisierung der Verwaltungsgerichtsbarkeit, 1996, 57ff.; s. a. *Woehrling* Die französische Verwaltungsgerichtsbarkeit im Vergleich mit der deutschen, NVwZ 1985, 21ff., 24.

[31] *Woehrling* (Fn. 30) 22; *Grote* (Fn. 28) 269f.

[32] *Von Danwitz* Rechtliche Optimierungsgebote oder Rahmensetzungen für das Verwaltungshandeln, DVBl. 1998, 928ff., 933; vgl. auch *Fleck/Müller/Perret* Der Conseil

Aufgrund der geringen Bedeutung der ohnehin nur punktuellen Verwaltungsgesetze und der starken Zurückhaltung des *Conseil d'Etat* in der Ausübung seiner gerichtlichen Kontrolle läßt sich bereits vorab vermuten, daß das Verwaltungshandeln im französischen System der Gewaltentrennung durch gesetzlich vorgegebene oder richterrechtlich bestimmte Optimierungsgebote oder Abwägungsdirektiven nicht sehr eingeschränkt wird. Für das Thema dieses Berichts bedeutet dies, daß sich das französische Verhältnis der Exekutive zu Legislative oder Judikative über den Begriff des Handlungsspielraums innerhalb weit gezogener rechtlicher Rahmenregelungen erheblich besser begreifen und erfassen läßt.

II. Grundlagen der gerichtlichen Kontrolle

Da sich das französische Verwaltungsrecht vor allem über das Richterrecht und das streitige Gerichtsverfahren entwickelt hat, erfährt es eine im Vergleich zum deutschen Recht sehr prozessuale Prägung: Das Verwaltungsrecht richtet sich an den möglichen Verwaltungsfehlern, den Klagegründen (*cas d'ouverture*) sowie den einschlägigen prozessualen Klagearten aus[33]. Schon hieraus ergibt sich, daß im Mittelpunkt weniger die Vorgaben für das materielle Verwaltungshandeln (als materielle Abwägungsdirektiven) stehen, sondern vielmehr die (vom Prozeßrecht formulierte) Frage, wann die Verwaltung den ihr gesetzten äußeren rechtlichen Rahmen etwa aufgrund von Form- und Verfahrensfehlern (*vice de forme*) oder Gesetzesverletzungen (*violation de la loi*) überschritten hat[34].

Das französische Recht unterscheidet drei Arten der gerichtlichen Verwaltungskontrolle: Normalkontrolle (*contrôle normal, plein contrôle*); Minimalkontrolle (*contrôle minimum, contrôle restreint*); Maximalkontrolle (*contrôle maximum, théorie du bilan*).

---

d'Etat, o.J., 10; i.d.S. vgl. generell *Mestre* Le Conseil d'Etat – Protecteur des Prérogatives de l'Adminstration, 1974; *Favoreu* Le Conseil d'Etat - Défenseur de l'Exécutif, in: Mélanges en hommage à Jean Boulois, 1991, 237ff.; ferner *Müller* Der Conseil d'Etat, AöR 117 (1992) 338ff., 354ff.

[33] Vgl. zum ganzen *Schlette* Die verwaltungsgerichtliche Kontrolle von Ermessensakten in Frankreich, 1991, 73ff., 180ff., 192; s.a. *Woehrling* Die deutsche und französische Verwaltungsgerichtsbarkeit an der Schwelle zum 21. Jahrhundert, NVwZ 1998, 462ff.

[34] Vgl. statt vieler *Varadinek* Ermessen und gerichtliche Nachprüfbarkeit im französischen und deutschen Verwaltungsrecht und im Recht der Europäischen Gemeinschaft, 1993, 44f.; zur Ermessensproblematik, die hier nicht vertieft werden kann, vgl. statt vieler *Schwarze* (Fn. 29) 248; *Starck* (Fn. 4) 15ff.; *Bleckmann* Ermessensfehlerlehre, 1997, 97ff., 171ff.; *Gaudemet* Pouvoir discrétionnaire de l'administration moderne, in: *Bullinger* Verwaltungsermessen im modernen Staat, 1986, 113ff.

Damit sind unterschiedliche Kontrolldichten vorgezeichnet, deren genaue Abgrenzung umstritten bleibt. Im Bereich der Normalkontrolle findet grundsätzlich eine volle Überprüfung der Verwaltungsentscheidung statt[35]. Dabei müssen jedoch zwei bedeutende Einschränkungen dieser „vollen Überprüfbarkeit" herausgestellt werden, die die Ähnlichkeiten zum deutschen Verwaltungs- und Verwaltungsprozeßrecht stark minimieren:

Im Bereich des materiellen Rechts üben die Gerichte eine gewisse Zurückhaltung und legen den Schwerpunkt ihrer Kontrolle auf die Einhaltung des formellen Rechts, also einschlägiger Anhörungs-, Beteiligungs- und Verfahrensrechte. Zudem wird in den häufigen Fällen des Ermessens, das im französischen Recht auch unbestimmte Rechtsbegriffe umfaßt, nur die sogenannte Minimalkontrolle durchgeführt, bei der die Subsumtion des Sachverhalts unter den Tatbestand nur bei offensichtlichen Bewertungsfehlern der Verwaltung (*erreurs manifestes d'appréciation des faits*)[36] gerichtlich zu beanstanden ist. Dasselbe gilt in einer Reihe hier nicht näher darstellbarer Ausnahmen. Dazu zählen etwa Verwaltungsentscheidungen, die technische Detailkenntnisse voraussetzen, v.a. im Bau- und Umweltrecht, bei Flächennutzungs- und Bebauungsplänen sowie der Baugenehmigung[37]. Ebenso zählen dazu Verwaltungsentscheidungen, bei denen der spezifisch politische Inhalt eine geringere gerichtliche Kontrolle erforderlich macht, etwa im Ausländer- und Ordnungsrecht[38]. Im einzelnen bleibt ein erheblicher Einschätzungsspielraum des Richters dahingehend, welcher Kontrollmaßstab zur Anwendung gelangt. Die Übergänge zwischen den verschiedenen Kontrollmaßstäben sind fließend[39]. Obgleich die Minimalkontrolle nur als Ausnahme zur Normalkontrolle konzipiert wurde, stellt sie in der gerichtlichen Praxis die häufigste Form der Kontrolle dar.

Vor allem bei der Minimalkontrolle wird der exekutive Gestaltungsspielraum einer nur den Rahmen absteckenden Verwaltungsbindung im Sinne einer Rahmensetzung deutlich. Im Rahmen der *erreurs manifestes* kann die Verwaltung frei handeln und bleibt in ihrer Ermessensausübung unkontrolliert[40].

---

[35] *Lerche* Landesbericht Frankreich, in: Frowein (Hrsg.), Die Kontrolldichte bei der gerichtlichen Überprüfung von Handlungen der Verwaltung, 1993, 1ff., 11; *Varadinek* (Fn. 34) 50; *Peiser* Contentieux administratifs, 9. Aufl., 1995, 149ff.; *Debbasch/Ricci* Contentieux administratif, 5. Aufl., 1990, 586ff.

[36] *Lerche* (Fn. 35) 9; *Varadinek* (Fn. 34) 70; *Schlette* (Fn. 33) 270.

[37] *Schlette* (Fn. 33) 253ff.; 256f., 271.

[38] *Lerche* (Fn. 35) 11; *Schlette* (Fn. 33) 257ff.; aber auch im Wirtschaftsverwaltungsrecht, Beamtenrecht und im Prüfungsrecht, vgl. dazu ausführl. *Varadinek* (Fn. 34) 55.

[39] *Grabenwarter* Verfahrensgarantien in der Verwaltungsgerichtsbarkeit, 1997, 179.

[40] *Lerche* (Fn. 35) 9, 11.

Die dem deutschen Recht ähnlichste Kontrolle bildet die Maximalkontrolle (*contrôle maximum*). Im Rahmen einer sogenannten Bilanzierung (*théorie du bilan*) wägt der Conseil d'Etat den Nutzen eines geplanten Vorhabens für die Allgemeinheit gegen die damit verbundenen Nachteile für unmittelbar Betroffene und die Allgemeinheit sorgfältig ab. Elemente des Verhältnismäßigkeitsgrundsatzes (*principe de proportionnalité*) können daneben als Gesichtspunkte im Rahmen einer Argumentation mit dem allgemeinen Gerechtigkeitsprinzip berücksichtigt werden[41]. Voraussetzung für die Maximalkontrolle ist, daß Grundrechte (*libertés publiques*) besonders betroffen sind. Die Anwendung der *théorie du bilan*, ursprünglich zum Schutz gegen Grundrechtseingriffe der Gemeindepolizei entwickelt, wurde in den letzten Jahren von der Verwaltungsgerichtsbarkeit vor allem bei Enteignungen kontinuierlich ausgedehnt[42]. In der Literatur werden regelmäßig die folgenden Fallgruppen als Kandidaten für eine Maximalkontrolle genannt:

- Maßnahmen des Polizei- und Versammlungsrechts[43],
- Enteignungen/Eigentumsbeschränkungen zugunsten öffentlicher Bauvorhaben,
- Verwaltungsentscheidungen, die bewußt von einem Bebauungsplan abweichen[44],
- das Disziplinarrecht der Beamten[45] und
- die Entlassung geschützter Arbeitnehmer[46].

Beispielhaft möchte ich drei Entscheidungen herausgreifen, die verdeutlichen, unter welchen Voraussetzungen der *Conseil d'Etat* anstelle seiner regelmäßigen Rahmen- oder Minimalkontrolle die von der Verwaltung vorgenommene Abwägung einer intensiven rechtlichen Prüfung unterzieht:

---

[41] *Schwarze* (Fn. 29) 666f.; *Varadinek* (Fn. 34) 85; *Schlette* (Fn. 33) 300ff.; zur *théorie du bilan coûts-avantages* s.a. *Schwarze* Grundlinien und neuere Entwicklungen des Verwaltungsrechtsschutzes in Frankreich und Deutschland, NVwZ 1996, 22ff., 25.

[42] *Lerche* (Fn. 35) 13; *Grabenwarter* (Fn. 39) 183; *Varadinek* (Fn. 34) 77; maximaler gerichtlicher Kontrolle unterliegt hier die für eine Enteignung erforderliche Gemeinnützigkeitserklärung (*déclaration d'utilité publique*), st.Rspr. seit C.E. 28. 5. 1971, *Ville Nouvelle-Est*, Rec. 409.

[43] St.Rspr. seit C.E. 19. 5. 1933, *Benjamin*, Rec. 541; *Lerche* (Fn. 35) 18.

[44] C.E. 18. 7. 1973, *Ville de Limoges*, Rec. 530; *Lerche* (Fn. 35) 14f.

[45] *Grabenwarter* (Fn. 39) 183.

[46] C.E. 5. 5. 1976, *S.A.F.E.R. d'Auvergene c/Bernette*, Droit social 1976, 345; alle Beispiele bei *Long/Weil/Braibant* Les grands arrêts de la jurisprudence administrative, 10. Aufl., 1993, 659.

In der *Rechtssache Benjamin* (1933)[47] hatte der Bürgermeister von Nevers eine geplante öffentliche Vortragsveranstaltung wegen befürchteter gewalttätiger Ausschreitungen untersagt. Der *Conseil d'Etat* hielt die Verbotsverfügung für rechtswidrig, weil die öffentliche Ordnung (*ordre public*) auch mit milderen Mitteln als mit einem Veranstaltungsverbot hätte aufrechterhalten werden können. Mit dieser Entscheidung erkannte der *Conseil d'Etat* den Grundsatz der Verhältnismäßigkeit bei *libertés publiques* an.

Die zweite und für das französische Planungs- bzw. Enteignungsrecht noch immer grundlegende Entscheidung, ist die Rechtssache *Ville nouvelle Est* (1971)[48]. In einem Vorort von Lille sollten eine neue Universitätsstadt entstehen und bestehende Siedlungen dafür abgerissen werden. Der *Conseil d'Etat* überprüfte die Gemeinnützigkeitserklärung der vorgesehenen Enteignungen (*déclaration d'utilité publique*). Nach der Bilanztheorie sprach sich der *Conseil d'Etat* nach Abwägung aller Vor- und Nachteile für das neue Universitätsprojekt aus, so daß die Klage letztlich abgewiesen wurde. In die Abwägung der Vor- und Nachteile des Projekts wurden Eingriffe in das Privateigentum, finanzielle Aufwendungen des Staates und die „sozialen Kosten" wie beispielsweise Umweltverschmutzung und Eingriffe in das natürliche und kulturelle Erbe des Landes eingestellt. Obwohl eine Abwägung vorgenommen wurde, kam den Grundrechtsargumenten ein höherer Rang im Sinne eines Optimierungsgebotes letztlich nicht zu. Die Klage der Betroffenen wurde abgewiesen.

Ein Jahr später hatte der *Conseil d'Etat* in der Rechtssache *Société civile Sainte-Marie de l'Assomption,* (1972)[49] Gelegenheit, seine Rechtsprechung fortzuentwickeln. In dem Fall ging es um den Bau einer Umgehungsstraße in Nizza. Ein Anschlußstück sollte über das Grundstück einer psychiatrischen Klinik führen, die dadurch aller ihrer Grünflächen beraubt worden wäre. Der *Conseil D'Etat* räumte den Belangen der Klinik letztlich Vorrang ein. Im Unterschied zu *Ville nouvelle Est* war hier nicht ein öffentliches Interesse gegen ein Privatinteresse abzuwägen, vielmehr war zwischen zwei öffentlichen Belangen zu entscheiden, nämlich den Interessen des Gesundheitswesens und denen der Verkehrsplanung und Förderung der Infrastruktur (*santé publique / circulation*). In der französischen Literatur stießen diese und weitere vergleichbare Entscheidungen[50]

---

[47] C.E. 19. 5. 1933, vgl. *Schwarze* (Fn. 29) 664; *Long/Weil/Braibant* (Fn. 46) 214 ff.; *Schlette* (Fn. 33) 219 f.

[48] C.E. 28. 5. 1971, D. 1972, 194; *Varadinek* (Fn. 34) 78 f.; *Long/Weil/Braibant* (Fn. 46) 648 ff.

[49] C.E. 20. 10. 1972, Rec. 657; *Long/Weil/Braibant* (Fn. 46) 655; *Varadinek* (Fn. 34) 79.

[50] *Grassin*, C.E. 26. 10. 1973, Rec. 598; *Varadinek* (Fn. 34) 79 f.; *Schwarze* (Fn. 29) 666;

auf Kritik, weil es nicht Aufgabe des Gerichts sondern der Verwaltung sei, zwischen zwei jeweils schützenswerten öffentlichen Belangen eine Hierarchie aufzustellen.

Im Vergleich mit dem deutschen Recht finden sich bei der Maximalkontrolle starke Ähnlichkeiten hinsichtlich der allgemeinen Kontrolldichte und auch der allgemeinen Abwägungsgebote: öffentliche und private Belange werden eingehend gerichtlich geprüft. Gleichwohl gibt es nur wenige konkrete Entscheidungen, die mit Hilfe der *théorie du bilan* durch die Gerichte aufgehoben worden sind[51]. Dabei ist die Tendenz festzustellen, daß die erfolgreichen Anwendungsfälle für diese Theorie allenfalls Verwaltungsentscheidungen mit lokalem Bezug waren, nicht jedoch solche von regionaler oder gar nationaler Bedeutung[52]. Überhaupt soll die *théorie du bilan* weniger eine echte materiellrechtliche Kontrolle durch die Rechtsprechung als vielmehr überhaupt die Vornahme einer Abwägung im Vorfeld der zu treffenden Verwaltungsentscheidung sicherstellen[53]. Zwar werden Verwaltungsentscheidungen im Rahmen der Maximalkontrolle uneingeschränkt nachvollzogen, *de facto* aber nur höchst selten aufgehoben.

Legt man nun an diese dogmatischen Unterscheidungen des französischen Rechts die Elle der Optimierungsgebote oder Rahmensetzungen an, könnte man behaupten, daß die Minimalkontrolle einer Rahmensetzung ähnelt, die Maximalkontrolle hingegen schlichten Abwägungsgeboten – und damit Optimierungsgeboten im weitesten Sinne – nahekommt[54]. Dabei stellt die Minimalkontrolle (also eine gerichtliche

---

Ville de Limoges, C.E. 18. 7. 1973, Rec. 530; *Schlette* (Fn. 33) 312. Mit dem Gesetz Nr. 76–1285 v. 31. 12. 1976 wurde die Dispenserteilung legislativ allerdings erheblich eingeschränkt, so daß die *Ville de Limoges*-Rspr. weitgehend zum Erliegen kam; so *Schlette* (Fn. 33) 313 m.w.N.

[51] *Hélin* Le contrôle juridictionnel des décisions administratives dans les domaines de l'économie, de la planification et de l'énergie nucléaire en France, in: *Schwarze/Schmidt-Aßmann* Das Ausmaß der gerichtlichen Kontrolle im Wirtschaftsverwaltungs- und Umweltrecht, 1992, 63ff., 86.

[52] *Long/Weil/Braibant* (Fn. 46) 658.

[53] *Hélin* (Fn. 51) 105.

[54] Ein Blick in die neueren französischen Gesetze zeigt, daß lediglich klassische Abwägungs- oder Berücksichtigungsgebote normiert werden. Dabei wird aber keine optimale Geltung der Belange gefordert, sondern nur eine Berücksichtigung, bzw. Einstellung in den Abwägungsvorgang. Typische Formulierungen des Gesetzgebers sind dafür „*prendre en compte*", „*tenir compte*", „*prendre en considération*", vgl. etwa Art. L 110, L 122–1, L 122-1-1; 123–1, Code de l'urbanisme. Deutsche Optimierungsgebote i.e.S. sind dagegen durch Formulierungen wie „im notwendigen Umfang", „besonders Rechnung tragen", „soweit wie möglich vermeiden", etc. gekennzeichnet. Ein Optimierungsgebot könnte lediglich in der Formulierung des Art. L 200–1 Code rural, s. 59, 60 im Code de l'Environnement,

Rahmenkontrolle) den Regelfall dar. Die Bedeutung von Optimierungsgeboten und Rahmensetzungen im französischen Recht erschließt sich in der Untersuchung der Rechtsprechung in jedem Einzelfall. Die Bestimmung der Kontrollstufe (*contrôle minimum – normal – maximum*) für den jeweiligen Fall wird nicht von der Gesetzgebung vorgegeben, sondern von den Gerichten weitgehend autonom festgelegt. Es ist somit schwerpunktmäßig die Rechtsprechung, die nach französischer Tradition entscheidet, welchen rechtlichen Bindungen die Verwaltung unterliegt.

III. Die Bindung der Verwaltung an legislative Abwägungsdirektiven

In einzelnen Rechtsgebieten bestehen allerdings Ausnahmen, bei denen Abwägungsdirektiven in Gesetzen und Dekreten nachweisbar sind[55]. So wird etwa im Umweltrecht der Gedanke des Umweltschutzes zum Gegenstand des „öffentlichen Interesses" *(d'intérêt général)* erhoben und kommt somit auch in anderen Rechtsgebieten als zusätzlicher Abwägungsgesichtspunkt zum Zuge:

„*La protection des espaces naturels et des paysages, la préservation des espèces animales et végétales, le maintien des équilibres biologiques auxquels ils participent et la protection des ressources naturelles contre toutes les causes de dégradation qui les menacent sont d'intérêt général*[56]." Dies trifft etwa auf die Anwendung des Gesetzes über die Bewahrung historischer Bauwerke, auf das Landschaftsschutzgesetz und auf das Architekturgesetz zu[57].

Im französischen Verwaltungsverfahren steht das Kernanliegen der Erhaltung der Funktionsfähigkeit der Verwaltung an vorderster Stelle. Demgegenüber tritt der materielle Schutz des Einzelnen, so wie wir ihn in Deutschland gewohnt sind, stark zurück. In der Praxis führt dies dazu, daß das französische Verwaltungsverfahrensrecht zwar bezüglich der Beteiligung möglicher Interessenten sehr großzügig verfährt, aber nur selten materiellen gerichtlichen Schutz gegen die Verwaltungsmaßnahmen bereitstellt[58]. Anstelle von Optimierungsgeboten und Abwägungsdirektiven zur materiellen Kontrolle planerischer Verwaltungsentscheidungen verla-

---

Loi no. 76–629, v. 10. 7. 1976 gesehen werden. Obgleich der Wortlaut dies nahezulegen scheint, entspricht dies jedoch nicht den deutschen Optimierungsgeboten, da es gerade an der für deutsche Optimierungsgebote charakteristischen vollen gerichtlichen Kontrolle fehlt; vgl. Fn. 2, 3 zu Art. L 200–1 Code rural; s. a. *Auby/Périnet-Marquet* Droit de l'urbanisme et de la construction, 5. Aufl., 1998, 20ff., 59ff.; *Morand-Deviller* Droit de l'urbanisme, 4. Aufl., 1998, 38ff., 47ff., 57ff.

[55] *Grabenwarter* (Fn. 39) 182.

[56] Art. 1 des Gesetzes Nr. 76–629 v. 10. 7. 1976.

[57] *Lerche* (Fn. 35) 20.

[58] *Woehrling* Umweltschutz und Umweltrecht in Frankreich, DVBl. 1992, 887.

gert der Gesetzgeber formelle präventive Verfahrensgarantien in das Vorfeld der Entscheidung. Hat die Verwaltung eine formell korrekte Kosten-Nutzen-Analyse durchgeführt, wird die materielle Planungsentscheidung nur sehr selten aufgehoben. Der Richter beschränkt seine Kontrolle in diesen Fällen auf die Existenz und Vollständigkeit des vorbereiteten Verwaltungsverfahrens[59].

Das wichtigste Verfahren im Umwelt- und Planungsrecht ist die „öffentliche Untersuchung" (*enquête publique*), vergleichbar in etwa dem deutschen Planfeststellungsverfahren[60]. Bei der allerdings nur seltenen öffentlichen Anhörung, vor der jedermann die relevanten Akten einsehen kann und auch schriftliche oder mündliche Einwendungen erhoben werden dürfen, verfaßt ein unabhängiger, vom Präsidenten des Verwaltungsgerichtes eingesetzter *commissaire enquêteur* am Ende der Anhörung einen Bericht und einen Entscheidungsvorschlag. Im Verfahren braucht zwar keine persönliche Betroffenheit nachgewiesen zu werden, doch zielt das französische Verwaltungsverfahren darauf ab, die zweckmäßigste Entscheidung zu treffen, nicht primär die betroffenen Bürger zu schützen.

Bei technischen Großprojekten[61] muß eine *enquête publique* durchgeführt werden, bei der für die Planungsphase mindestens folgende Analyseschritte einzuhalten sind:

(1) eine Bau- und Instandhaltungskostenanalyse,
(2) eine finanzielle Rentabilitätsberechnung,
(3) eine Begründung, weshalb das Projekt in Angriff genommen wurde, sowie schließlich
(4) eine Analyse der Projektvereinbarkeit mit den anwendbaren Flächennutzungsplänen.

Bei Kernkraftwerken und anderen besonders klassifizierten Anlagen kommt darüber hinaus den Verfahrensgarantien der Umweltverträglichkeitsprüfungen große Bedeutung zu[62]. Die UVP muß danach mindestens die Untersuchung des Ursprungszustandes, sodann die Einwirkung auf

---

[59] *Hélin* (Fn. 51) 87; s.a. *Fromont* Le pouvoir discrétionnaire et le juge adminstratif français, in: FS Hermann Jahrreiß, 1974, 67ff.

[60] Zum ganzen *Hélin et al.* Les nouvelles procédures des enquêtes publiques, 1986; *Braibant/Stirn* (Fn. 28) 441; *Woehrling* (Fn. 58) 887, m.w.Hinw.

[61] *Woehrling* (Fn. 58) 887.

[62] *Woehrling* (Fn. 58) 887; *Ladeur* Die Umsetzung der EG-RL zur Umweltverträglichkeitsprüfung in nationales Recht und ihre Koordination mit dem allgemeinen Verwaltungsrecht – Das Beispiel Frankreichs und Deutschlands, UPR 1996, 419ff.; *Lerche* (Fn. 35) 21ff.

die Umwelt enthalten, ferner die Gründe, weshalb das konkrete Vorhaben geplant und wie die Wahl zwischen verschiedenen Varianten durchgeführt worden ist. Auch ist zu Maßnahmen Stellung zu beziehen, durch welche schädliche Auswirkungen auf die Umwelt abgemildert werden. Wiederum kann jedermann diese Unterlagen einsehen und bei der öffentlichen Anhörung kommentieren. Wesentliche Verfahrensfehler bei der UVP (*vice de forme*) führen zur gerichtlichen Aufhebung des Genehmigungsbescheids[63]. Von der UVP wird inhaltlich verlangt, daß sie vollständig und seriös ist, gleichwohl unterliegt sie inhaltlich lediglich dem Maßstab der Minimalkontrolle. Bei der Durchführung der UVP und der Gestaltung des Verwaltungsverfahrens für klassifizierte Anlagen, etwa Kernkraftwerken, bedient sich der zuständige Minister behördeneigener Inspektoren, die in einem Anhörungsverfahren die Entscheidung des Präfekten oder des zuständigen Ministers vorbereiten. Die Inspektoren haben aber nur die Aufgabe, Fakten zu ermitteln und die behördliche Entscheidung vorzubereiten. Die eigentliche Abwägung etwa sozialer, wirtschaftlicher, finanzieller und politischer Interessen gegenüber Umweltbelangen trifft der Präfekt[64].

Zusammenfassend kann festgehalten werden, daß in der neueren Gesetzgebung Frankreichs eine verstärkte Verfahrensbeteiligung vorgesehen ist. Die gerichtliche Kontrolle beschränkt sich aber nur auf den Nachweis der Vollständigkeit des vorbereitenden Verwaltungsverfahrens[65]. Der Gesetzgeber legt der Verwaltung nur wenige materielle Beschränkungen auf, und die Gerichte legen ihrerseits den Schwerpunkt der Kontrolle auf die Einhaltung formeller Verfahrensschritte. Nur bei eindeutigen Abwägungsfehlern (*erreurs manifestes*) in besonders grundrechtssensiblen Bereichen greift eine Evidenzkontrolle am Maßstab der Verhältnismäßigkeit[66].

C. Optimierungsgebote und Rahmensetzungen im englischen Recht

Wenden wir uns nun dem englischen Recht zu. Wie eingangs betont, wird dort keine Optimierungsdebatte geführt. Wenn überhaupt, lassen sich verschiedene Versionen der Rahmensetzung im Verhältnis der Legislative zur Exekutive und speziell zur Kommunalverwaltung ausmachen. Daneben wird eine lebhafte Debatte zur prozeduralen Selbstbindung des

---

[63] *Ladeur* (Fn. 62) 423; *Lerche* (Fn. 35) 21.

[64] *Woehrling* (Fn. 58) 891.

[65] *Hélin* (Fn. 51) 87.

[66] *Von Danwitz* (Fn. 32) 940; *Lagasse* L'erreur manifeste d'appréciation, 1986, 192ff., 450ff.

Parlaments im Bauplanungsrecht geführt. Die Gerichte haben zwar in den letzten Jahrzehnten die Kontrolle der Verwaltung durch eine reiche, zunehmend spezialisierte Judikatur verfeinert, doch beschränkt sich die Kontrolle im wesentlichen auf formelle Verfahrensverstöße. Erst in allerjüngster Zeit sind hier wie in Frankreich unter dem Einfluß des Europarechts und der Europäischen Menschenrechtskonvention Anzeichen für eine beschränkte materiellrechtliche Überprüfung des Verwaltungshandelns zu erkennen.

I. Stellung der Judikative im englischen Recht

Zwei grundlegende Verfassungsprinzipien prägen die britische Rechtslage des Verhältnisses von Parlament und Judikative bis zum heutigen Tage: die Souveränität des Parlaments und die *Rule of Law*[67]. Zwar hatte das Parlament in der *Glorious Revolution 1688/89* im Verbund mit der *Common Law*-Richterschaft die Willkürherrschaft der Stuarts beseitigt, gesiegt hatte letztlich aber nur das Parlament. Anders als später in Frankreich und in den USA konnte die Richterschaft in England nicht die gleiche Stellung im Gewaltenverschränkungsmodell für sich beanspruchen wie das Parlament[68]. Hatten sich die Richter zu Beginn des 17. Jahrhunderts unter *Lord Chief Justice Coke* noch selbstbewußt als Löwen unter dem Thron *„lions under the throne"* bezeichnet, um damit ihre Unabhängigkeit und Wächterfunktion im Falle von Machtmißbrauch durch den Monarchen zu charakterisieren, verloren sie diese privilegierte Stellung im 18. Jahrhundert zunehmend. Überspitzt formuliert läßt sich sagen: an die Stelle des mit absoluter Macht ausgestatteten Königs trat seither die absolute Macht des Parlaments, begrenzt nur durch den *„good sense of the British people"* und durch die Annahme, daß kein Parlament willkürliche Gesetze erlassen würde[69]. Die folgenden 300 Jahre Verfassungspraxis haben diese optimistische Behauptung weitgehend bestätigt. Statt eines zu erwartenden Machtkampfes zwischen der ersten und dritten Staatsgewalt gab es im Vereinigten Königreich eine Kombination von nachdrücklich geforderter und auch in Anspruch genommener Parlamentssouveränität und richterlicher Selbstbeschränkung, deren Berechtigung und genauer Umfang bis zum heutigen Tage nicht ausdiskutiert ist[70]. Das Verhältnis

---

[67] *Riedel* Kontrolle der Verwaltung im englischen Rechtssystem, 1976, 231 ff., 252 ff.

[68] *Riedel* (Fn. 67) 204 ff.

[69] *Riedel* (Fn. 67) 196 ff., insbes. 204 f.

[70] Statt vieler *Taswell-Langmead* English Constitutional History from the Teutonic Conquest to the Present Time, 11. Aufl., 1960, 418 ff., 465 f., 538 ff.; s. a. *Wade* Einführung zu

von Legislative und Judikative wird seit 1689 von einer eindeutigen Suprematie des Parlaments geprägt, die diesem für alle wesentlichen Fragen der Nation das Recht des ersten Zugriffs und der Letztentscheidung vorbehält. Den verbleibenden Spielraum innerhalb dieser Grundorientierung haben die Gerichte in der Folgezeit mit Hilfe der *rule of law* jedoch sehr kreativ zu nutzen gewußt[71].

Neben der Parlamentssouveränität kommt nämlich der *rule of law*, der Herrschaft des Rechts, ganz wesentliche Bedeutung zu. Die *rule of law* verlangt zunächst, daß sich jedes exekutive Handeln – von wenigen Ausnahmen der verbliebenen Prärogativrechte der Krone abgesehen – durch Gesetz legitimieren lassen muß, oder, wie Herr *Starck* dies zutreffend formuliert hat, „alles staatliche Handeln nur im Rahmen der Souveränität des Parlaments erlaubt ist"[72]. Strikte gesetzliche Grundlagen werden nach der *rule of law* für alle Verwaltungsmaßnahmen verlangt, die Rechte, Pflichten oder Freiheiten von Personen betreffen (*principle of legality*)[73]. Die *rule of law* bildet somit den Gegenpol zur Parlamentssouveränität, wird aber im britischen Schrifttum zunehmend sogar als integrierter Bestandteil dieser Souveränität begriffen[74]. Da eine gerichtliche Prüfung der Gesetze in England nach herrschender Auffassung nicht stattfindet – zu den Einflüssen des EG-Rechts komme ich später –, wirkt die *rule of law* nicht für die Gesetzgebung, sondern als Maßstab für die Verwaltung, aber auch für alle nachgeordneten Gesetze, *statutory instruments und bye-laws*. In diesen Bereichen entfaltet die Richterschaft wesentliche Kontrollfunktionen, auf die sich nicht zuletzt ihr großes Ansehen in der Bevölkerung stützt. Da Parlamentsgesetze der Verwaltung vielfach weite Beurteilungs- und Ermessensspielräume zubilligen, kommt der Judikative bei der Kontrolle administrativer Maßnahmen im Rahmen der *rule of law* eine gewichtige Rolle zu. *Wade* bezeichnet es deshalb als vornehmste Aufgabe der am *Common Law* geschulten Richterschaft, zwischen den Zeilen der Gesetze zu lesen und allgemeine Prinzipien zu entwickeln, *„for keeping executive power within proper guidelines, both as to substance and as to procedure"*[75]. Wie wir sehen werden, ist eine materiellrechtliche *„substance"*-Kontrolle aber nur in sehr engen Grenzen möglich.

Dicey Introduction to the Study of the Law of the Constitution, 10. Aufl., 1961, ‚c', Fn. 1; *Trevelyan* History of England, 3. Aufl., 1945, 378.

[71] *Riedel* (Fn. 67) 225ff., 229.

[72] *Starck* (Fn. 4) 19.

[73] *Wade* Adminstrative Law, 6. Aufl. 1992, 20; *Craig* Adminstrative Law, 3. Aufl. 1994, 27ff., 30.

[74] *Wade* (Fn. 73) 38f.

[75] *Wade* (Fn. 73) 23.

Generell läßt sich sagen, daß die richterliche Kontrolldichte – wie in Frankreich – in dem Maße zunimmt, je weiter von der Zentralregierung entfernt, je nachgeordneter die angegriffene Verwaltungshandlung ist. Die Bereitschaft der Richterschaft zur Legalitätskontrolle wird auch um so größer, je mehr es um die Kontrolle der *delegated legislation*, der den Parlamentsgesetzen nachgeordneten Rechtsvorschriften und der darauf gestützten Verwaltungsentscheidungen geht. Hintergrund für diesen Befund ist, daß die Bevölkerung der Exekutive und Administration in England grundsätzlich größeres Vertrauen entgegenbringt, als dies in Deutschland der Fall ist. Die als selbstverständlich empfundene Konzeption der Regierung als Treuhand im Sinne *John Lockes*, des *government as trust*[76], markiert nur das Unverständnis gegenüber dem kontinentaleuropäischen Credo „Vertrauen ist gut, Kontrolle ist besser". Daraus abgeleitet wird die treuhänderische Verwaltung auch wie selbstverständlich mit größtmöglicher *discretion*, Ermessensfreiheit, ausgestattet, begrenzt nur durch die Parlamentsgesetze, Grundprinzipien der *rule of law*, parlamentarische Verantwortlichkeit des zuständigen Ministers (*ministerial responsibility*)[77] und eine stets wachsame Öffentlichkeit. Hieraus wird deutlich, weshalb Ermessen in Großbritannien eine wesentlich größere Rolle als etwa in Deutschland einnimmt und weshalb die Richterschaft bei der Ermessenskontrolle wesentlich größere Zurückhaltung an den Tag legt.

II. Grundlagen der gerichtlichen Kontrolle

1. Ermessen

Ermessen (*discretion*) als solches wird im englischen Recht nicht gesetzlich definiert. Ausdrücklich Bezug genommen wird auf *discretion* auch nur in wenigen Vorschriften[78]. Seine nähere Ausgestaltung findet es im richterrechtlich entwickelten *common law*. Die Literatur bescheidet sich mit knappsten Definitionen. Typisch ist hierfür die Äußerung von *DeSmith/Brazier*: „Eine Ermessensermächtigung setzt Wahlfreiheit voraus. Die zuständige Behörde kann selbst entscheiden, ob sie handeln will oder nicht, und wenn ja, wie (...). Ermessen impliziert die Befugnis (*power*), zwischen alternativen Verhaltens- und Vorgehensweisen zu wäh-

---

[76] *Riedel* Die Eigentumsgarantie als Problem der allgemeinen Staatslehre und des Verfassungsrechts am Beispiel Großbritanniens, in: *Schwartländer/Willoweit* Das Recht des Menschen auf Eigentum, 1983, 129ff.

[77] *Riedel* (Fn. 67) Kap. 16, 252ff.

[78] Zum folgenden *Brinktrine* Verwaltungsermessen in Deutschland und England, 1998, 181ff.

len"[79]. Die konkrete Auswahl soll auf der Grundlage vernünftiger oder plausibler Erwägungen erfolgen. Eine allein richtige Entscheidung soll es aber objektiv nicht geben können; also Plausibilitäts-, nicht Wahrheits- oder Richtigkeitsanspruch. Dem Entscheider wird damit in engen, meist formalen Grenzen des Rechts die Kompetenz zur letztverbindlichen Festlegung bescheinigt.

Anders als im deutschen Recht – aber wie in Frankreich – erstreckt sich Ermessen auf eine umfassende Abwägung aller entscheidungsrelevanten Gesichtspunkte. Es erfaßt mithin sämtliche Tatsachenfeststellungen, Interpretationsspielräume sowie Subsumtionsprozesse, vereinigt folglich aus deutscher Sichtweise unbestimmte Rechtsbegriffe und Beurteilungsspielräume auf der Tatbestandsseite wie auch die gesamte Ermessensproblematik auf der Rechtsfolgenseite[80]. Zur Lenkung und Steuerung der Ausübung von *discretion* begrüßen es weite Teile der Literatur, wenn der Gesetzgeber oder die Verwaltung den Gebrauch von Ermessensbefugnissen durch möglichst umfassende und genaue Entscheidungsvorgaben vorstrukturieren[81]. Die Ausübung dieser *discretionary power* wird zumeist im ermächtigenden Gesetz vorgezeichnet. Die Norm kann sowohl Ziele als auch Zwecke als Orientierungswerte – *nicht* jedoch Optimierungswerte! – vorgeben, die in den Abwägungsprozeß der Einzelfallentscheidung einzustellen oder nicht einzustellen sind[82]. Daneben gibt es verschiedene Möglichkeiten, unterhalb von Zwangsmaßnahmen (*coercive measures*)[83] auf das Entscheidungsverhalten nachgeordneter Behörden, vor allem Kommunalverwaltungen, Einfluß zu nehmen. Als Selbstbindung der Verwaltung durch übergeordnete Behörden reicht die Palette solcher Einflußnahme von extensiven schriftlichen Gesetzeserläuterungen und Entscheidungsanleitungen (*guidance, circulars* oder *codes of practice*)[84] über konkrete, einzelfallbezogene Empfehlungen (*recommendations*) bis hin zu informalen Techniken wie Besprechungen und Diskussionen. Diese Entscheidungsgrundlagen unterliegen keiner gerichtlichen Kontrolle. Daneben gibt es

---

[79] *De Smith/Brazier* Constitutional and Administrative Law, 7. Aufl., 1994, 83f., 617; *Craig* (Fn. 72) 272.

[80] *Brinktrine* (Fn. 78) 191; *Beatson/Matthews* Administrative Law, Cases and Materials, 1989, 73; *Peiris* Jurisdictional Review and Judicial Policy: The Evolving Mosaic, Law Quarterly Review 103 (1987) 66ff., 100f.

[81] Vgl. *Cane* An Introduction to Administrative Law, 2. Aufl., 1992, 133; *Craig* (Fn. 73) 397.

[82] *Brinktrine* (Fn. 78) 321ff., 327.

[83] Zu solchen stärkeren Einflußmaßnahmen vgl. *Bailey* Cross on Principles of Local Government Law, 1992, 272.

[84] *Turpin* British Government and the Constitution, 3. Aufl., 1995, 350.

eine Fülle von verwaltungsinternen Ermessenssteuerungen durch *policies* und *administrative rules*, mit denen die Ressortpolitik der Verwaltung gelenkt oder der Erlaß ermessensgelenkter Richtlinien gesteuert wird[85]. Sie bedürfen keiner gesetzlichen Grundlage, unterliegen jedoch beschränkter Rechtskontrolle durch die Gerichte. Vor allem müssen sie *intra vires* ergehen, d.h. sich im Rahmen der geschriebenen oder ungeschriebenen Handlungsermächtigungen der Verwaltung halten[86].

2. *Ultra vires-Kontrolle*

Die zentrale Kategorie der Legalitätskontrolle der Rechtsprechung bildet dabei die *ultra vires*-Lehre. Dahinter steht die Frage, wie weit das Ermessen der Verwaltungsbehörden bei der Ausübung ihrer Entscheidungsbefugnisse letztlich reicht[87]. Die klassische Formulierung der *ultra vires*-Prinzipien von *Lord Greene* findet sich im *Wednesbury-Fall* aus dem Jahre 1948[88] und markiert die Grenze, bis zu der Gerichte in ihrer Kontrollfunktion bei öffentlich-rechtlichen Streitigkeiten zu gehen bereit sind. In dem Fall ging es darum, ob die Stadtverwaltung der Stadt *Wednesbury* eine Filmaufführerlizenz mit der Auflage verbinden durfte, Kindern unter 15 Jahren weder mit noch ohne Begleitung Erwachsener Zugang zu Filmveranstaltungen zu gestatten. Das Gericht sah hierin keinen Ermessensfehlgebrauch. Wie *Lord Irvine of Lairg* jüngst ausführte, sind es vier Grundprinzipien, die die Kontrolldichte der Entscheidungen durch die Gerichte letztlich bestimmen:

(1) Das Gericht darf sich nicht als Berufungsinstanz über die Verwaltungsentscheidung begreifen;
(2) es darf seine Meinung nicht an die Stelle der Verwaltungsentscheidung setzen;
(3) es befindet nur über die Rechtmäßigkeit einer Entscheidung, nicht darüber, ob sie inhaltlich richtig ist; und
(4) wird sich nur mit der Art der Entscheidungsfindung, nicht mit der

---

[85] Vgl. hierzu ausführl. *Baldwin/Houghton* Circular Arguments: The Status and Legitimacy of Administrative Rules, Public Law 1986, 239ff., 241f.

[86] *Brinktrine* (Fn. 78) 331f.; *Craig* (Fn. 73) 392; s.a. *Galligan* The Nature and Function of Policy within Discretionary Power, Public Law 1976, 332ff., 336.

[87] *Riedel* (Fn. 67) Kap. 7, 88ff.

[88] *Associated Provincial Picture Houses Ltd. v. Wednesbury Corporation*, 1947, 2 All ER 680, 683ff., per *Lord Greene, M.R.* „The court is entitled to investigate the action of the local authority with a view to seeing wether it has taken into account matters which it ought not to take into account, or conversely, has refused to take into account or neglected to take into account matters which it ought to take into account ...".

materiellen Begründetheit der Verwaltungsentscheidung befassen (*substantive merits of the decision*)[89].

Es befaßt sich nur mit der Frage, ob die Behörde *ultra vires*, d.h. außerhalb der ihr eingeräumten Befugnisse entschieden hat. Der Behörde kommt deshalb zunächst ein breites Ermessen hinsichtlich aller Belange zu, die bei der Entscheidungsfindung zu berücksichtigen sind. Begrenzt wird dieses Ermessen allenfalls durch Gesetze, die ausdrücklich die Berücksichtigung oder Nichtberücksichtigung eines bestimmten Belangs vorschreiben. Sobald die Behörde zu berücksichtigende Belange festgelegt hat, unterliegt es ihrem freien Ermessen, welches Gewicht den einzelnen Belangen zukommt. Die Gerichte heben Entscheidungen der Verwaltung nur dann als *unreasonable*, als sachlich unangemessen auf, wenn ihre Unangemessenheit ein solches Ausmaß erreicht, daß kein vernünftiger Entscheidungsträger sie hätte fällen können („the *decision will only be struck down as unreasonable where it is so unreasonable that no reasonable decision-maker could have made it*")[90], etwa die Entlassung einer Lehrerin nur wegen ihrer roten Haare[91]. Die heutige Position der Richter hob *Lord Templeman* im *Nottinghamshire*-Fall (1986) hervor:

„Parliament [is] exercising the supremacy of power conferred on Parliament by the unwritten constitution of the United Kingdom, subject to quinquennial democratic control and to the daily force of public opinion[92].

Die Kritik am *Wednesbury*-Test stützt sich im wesentlichen auf drei Entwicklungen aus neuester Zeit: *erstens* hat die Rechtsprechung die Konturen dieses Tests gleich in zwei Richtungen abzuändern versucht und damit abgeschwächt: einmal erweiternd ausgelegt, soweit sich Kläger auf Menschenrechtsverletzungen beriefen, zum anderen restriktiv interpre-

---

[89] *Lord Irvine of Lairg* Judges and Decision-Makers: The Theory and Practice of Wednesbury Review, Public Law 1996, 59ff., 60.

[90] *Lord Irvine of Lairg* (Fn. 89) 62.

[91] Die darin liegende erhebliche richterliche Selbstbeschränkung ist weit weg von der Definition der Obersten Richter *Coke* in *Bonham's Case* und *Hobart* in *Day v. Savage* zu Beginn des 17. Jahrhunderts, die noch mutig formulierten: „when an act of parliament is against common right and reason, or repugnant, or impossible to be performed, the common law will control it, and adjudge such act to be void ..." oder „even an act of parliament itself made against natural equity ... is void in itself, for iura naturae sunt immutabilia, and they are leges legum", zit. in *Lord Irvine of Lairg* (Fn. 89) 61 m.w.Hinw.

[92] *R. v. Secretary of State for Environment, ex parte Nottinghamshire County Council*, 1986, 1 A.C. 240, 265.

tiert, wenn es um Fragen der nationalen Sicherheit oder Wirtschaftspolitik ging; *zweitens* hat die Rechtsprechung in einer ganzen Serie von Entscheidungen die Klagegründe erweitert und prüft jetzt materiellrechtlich auch Verstöße gegen *natural justice*, natürliche Gerechtigkeit, zu der etwa rechtliches Gehör, *fairness* und Unvoreingenommenheit (*impartiality*), das Recht auf einen Rechtsbeistand, sowie das Verbot der Befangenheit (*rule against bias*), zählen[93]. Als drittes und schlagkräftigstes Argument wird von der Literatur der zunehmende Einfluß des Europarechts und der anderen Rechtsordnungen der EG sowie der EMRK vorgebracht[94]. Zwei typische Fälle zu Menschenrechtsfragen mögen dies verdeutlichen: Im *Laker Airways-Fall* (1977)[95] hatte der zuständige Minister der zivilen Luftfahrtbehörde eine Verhaltensrichtlinie (*guidance*) auferlegt. In Anwendung dieser Ermessensbindung der Luftfahrtbehörde wurde *Laker Airways* zunächst eine Fluglizenz erteilt, die jedoch später nach einem Regierungswechsel widerrufen werden sollte. Der *Court of Appeal* hob die ministeriell angeleitete Entscheidung der CAA auf und begründete dies damit, daß dem Minister nach dem Luftverkehrsgesetz zwar erhebliches Ermessen in vier Fallkonstellationen zukomme, nämlich in Kriegszeiten, zur Wahrung nationaler Sicherheit, im Bereich der internationalen Beziehungen und zum Schutze der Umwelt. Ein darüber hinausgehendes allgemeines Recht des Widerrufs von Lizenzen könne aus dem Gesetz jedoch nicht hergeleitet werden. Der Minister habe folglich kompetenzwidrig, *ultra vires*, gehandelt. Auch sei gegen *natural justice* in Form der Verweigerung rechtlichen Gehörs verstoßen worden.

Betrachtet man die *ultra vires*-Rechtsprechung etwas näher, so stellt sich heraus, daß die Gerichte bei Verfahrensfehlern oder evidenten Formverstößen generell eher geneigt sind, Entscheidungen der Verwaltung aufzuheben. Anders liegt dies, wenn materiellrechtliche Probleme im Vordergrund stehen.

Im Falle *Brind* (1991)[96] hatten sich Journalisten gegen eine Weisung des Innenministers gewandt, mit der dieser, gestützt auf eine Ermächtigung im Fernsehgesetz von 1981, die BBC anwies, Terrorismusverdächtigen keine Gelegenheit zum Auftritt in ihren Sendungen zu geben. Das *House of Lords* wies die dagegen gerichtete Klage mit der Begründung ab, daß keine „*unreasonableness*" im Sinne des *Wednesbury*-Tests vorliege. Es gäbe

---

[93] Zum ganzen *Riedel* (Fn. 67) Kap. 8, 106ff.

[94] *Jowell/Lester* Beyond Wednesbury: Substantive Principles of Administrative Law, Public Law 1987, 368ff.

[95] *Laker Airways Ltd. v. Department of Trade*, 1977, Q.B. 643 (C.A.); vgl. auch *Turpin* (Fn. 84) 479ff.

[96] *R. v. Secretary for the Home Department, ex parte Brind*, 1991, 1 A.C. 697.

Abwägungsspielraum, den der Minister zulässigerweise genutzt habe. Das Argument des Klägers, das Gericht solle den Grundsatz der Verhältnismäßigkeit anwenden, da der Minister hier einen Vorschlaghammer zum Knacken einer kleinen Nuß gewählt habe, wurde von Lordrichter *Slade* zwar als ein sehr schönes Bild für den *Wednesbury*-Test bezeichnet, konkret habe der Minister aber eben keinen Vorschlaghammer benutzt. Weitere Versuche, eine unmittelbare Anwendung der Meinungsfreiheit des Art. 10 EMRK zu erreichen, schlugen fehl[97].

Dennoch gibt es vereinzelt Fälle, in denen schon heute der Verhältnismäßigkeitsgrundsatz, abgeleitet aus den EMRK-Verpflichtungen, wenigstens in unteren Instanzen direkt angewendet wird[98]. Die Oberrichter halten entgegen verbreiteter Auffassung in der Literatur einstweilen aber noch an der im *Brind*-Fall bekräftigten restriktiven Anwendung von Verhältnismäßigkeitskriterien fest.

Ganz anders stellt sich die Lage bezüglich der unmittelbaren Auswirkungen des EG-Rechts auf das britische Verwaltungsrecht dar. Dem Gemeinschaftsrecht wird generell Vorrang vor widersprechendem innerstaatlichem Recht eingeräumt. Die Gerichte haben sich insoweit konsequent und nachdrücklich bereitgefunden, entgegen dem Suprematieanspruch des Parlaments Gesetze zu suspendieren[99], ausdrücklich nicht anzuwenden[100] oder für schlicht rechtswidrig und nichtig zu erklären[101], wenn sie gegen geltendes Gemeinschaftsrecht verstießen. Seit der *Francovich*-Entscheidung des EuGH sprechen britische Gerichte sogar Entschädigungsansprüche für Schäden zu, die durch gemeinschaftswidrige Gesetze verursacht wurden[102]. Es kann also keinem Zweifel unterliegen, daß das immer dichter werdende gemeinschaftsrechtliche Netz das Verhältnis der Legislative zur Judikative in England nachhaltig verändern wird. Dabei nimmt das EG-Recht fast die Rolle ein, die sonst eine geschriebene Verfassung vermittelt. Schon gibt es vereinzelt Fälle, in denen kein unmittelbarer Gemeinschaftsrechtsbezug mehr besteht und die Gerichte dennoch unter Verweis auf *Factortame* (No. 2) entgegen früherer Praxis einstweiligen Rechtsschutz gegen die Krone gewähren[103] oder die teleolo-

---

[97] Zum ganzen vgl. *Turpin* (Fn. 84) 489f.

[98] So etwa in den Fällen *R. v. Barnsley* M.B.C., ex parte Hook, 1976, 1 W.L.R. 1052; *R. v.Highbury Corner Justices, ex parte Uchendu*, The *Times*, 28. 1. 1994.

[99] *R. v. Secretary of State for Transport, ex parte Factortame Ltd.* (No. 2) 1991, 1 A.C. 60.

[100] *Marshall v. Southampton and West Area Health Authority* (No. 2) 1994, 2 W.L.R. 292.

[101] *R. v. Secretary of State für Employment, ex parte Equal Opportunities Commission*, 1995, 1 A.C. 1.

[102] *Lord Irvine of Lairg* (Fn. 89) 75, m.w.Hinw.

[103] *M.v. Home Office*, 1994, 1. W.L.R. 327.

gische Gesetzesauslegung des Gemeinschaftsrechts entgegen der klassischen, an der *literal interpretation* ausgerichteten Auslegungsregel auch auf einen Fall ohne unmittelbaren Gemeinschaftsrechtsbezug anwenden. *Lord Irvine* bezeichnet dies zu Recht als einen erstaunlichen „*Spillover*"-*Effekt*, der das britische Verwaltungsrecht künftig revolutionieren könnte[104]. Nach alledem scheint es – wie *Jürgen Schwarze* dies jüngst formuliert hat – nur eine Frage der Zeit, bis das Verhältnismäßigkeitsprinzip formell Eingang in das britische Verwaltungsrecht findet[105].

III. Ausschluß richterlicher Kontrolle durch Gesetze (Ouster Clauses)

Angesichts des immerwährenden Streits über die Kontrolldichte der richterlichen Entscheidungen im Verhältnis zur Legislative und Exekutive hat der britische Gesetzgeber immer wieder versucht, die Gerichtskontrolle durch gesetzliche Ausschlußklauseln, sog. „*ouster clauses*", zu begrenzen. Dabei wurden verschiedenste Formen solcher Klauseln entwickelt, doch sind die Richter stets bemüht, ihre Reichweite einzuschränken. Vollständige Ausschlußklauseln, sog. „*Henry* VIII-clauses", mit Formulierungen wie „*shall not be questioned in any court of law*" werden von den Gerichten argwöhnisch beäugt und letztlich selten akzeptiert[106].

Die mäandernde Kasuistik zu dieser Frage unterscheidet im übrigen hauptsächlich drei Fallgruppen, die entweder unstreitig unüberprüfbares Ermessen gewähren oder dies zumindest nicht gänzlich in Abrede stellen. Es sind dies sog. „subjektive" Sprachwendungen, daneben „objektive" Sprachwendungen und schließlich unpräzise oder vage Gesetzesbestimmungen. Nur objektive Sprachwendungen und in geringerem Umfang vage Gesetzesbestimmungen werden als *Einfallstore* für begrenzte richterliche Kontrolle betrachtet, bei denen erhöhte Anforderungen an Plausibilität und Nachvollziehbarkeit der behördlichen Abwägung gestellt werden[107].

---

[104] Vgl. *Lord Irvine of Lairg* (Fn. 89) 75ff.

[105] *Schwarze* Die Europäisierung des Nationalen Verwaltungsrechts, ebd., 789ff., 793; sowie *Jowell/Birkinshaw* Britischer Landesbericht in: Schwarze (Hrsg.), Das Verwaltungsrecht unter europäischem Einfluß, 1996, 272ff., 282ff.; *Jowell/Lester* Proportionality: Neither Novel nor Dangerous, in *Jowell/Oliver* New Directions in Judicial Review, 1988, 51ff., 59ff.

[106] Zum ganzen vgl. *Craig* (Fn. 73) 600; *Wade* (Fn. 72) 724; *Cane* (Fn. 80) 186ff.

[107] Bei subjektiven Wendungen lauten die Klauseln „*if the Minister is satisfied*" (s. 68, Education Art 1944) oder „*if the Secretary of State deems his deportation to be conducive to the public good*" (s. 3 (5) (b) Immigration Act 1971). Solche Klauseln schließen die richterliche Kontrolle des behördlichen Ermessens in tatsächlicher wie rechtlicher Hinsicht aus. Anders liegen die Dinge bei Sprachwendungen, die objektiver gefaßt sind: „*as if enacted in*

Ähnlich verfährt die Rechtsprechung mit unterstellten Ermessensspielräumen aufgrund der Verwendung unbestimmter oder vager Rechtsbegriffe (*„imprecise, open or vague terms"*) wie *„reasonably necessary"* oder *„not required"*. Bei aller Skepsis gegenüber solchen Klauseln heben die Gerichte darauf gestützte Ermessensentscheidungen nur selten auf[108].

IV. Selbstbindung der Exekutive durch Tribunals und Inquiries

1. Da eine spezialisierte Verwaltungsgerichtsbarkeit in England nicht entwickelt wurde, gleichzeitig aber seit dem 1. Weltkrieg ein immer dichteres Netz von Gesetzen mit großen Ermessensspielräumen für die Verwaltung auf allen Ebenen gespannt wurde und die Entscheidungsprozesse der Verwaltung immer undurchschaubarer wurden, entwickelten sich in der Folge zahlreiche *Tribunals* anstelle von Verwaltungsgerichten. Die weit über 2000 Tribunals[109] sind in einer Grauzone zwischen rein verwaltungsinterner und gerichtlicher Kontrolle angesiedelt. Einige ähneln Gerichten in Aufbau, Zusammensetzung und Verfahren fast völlig, andere schließen weitere Kontrolle durch ordentliche Gerichte bewußt aus und überlassen es dem Ressortminister, eine verwaltungsinterne Kontrolle auszuüben. Grundsätzlich unterscheidet man heute zwischen *„administrative"* und *„domestic tribunals"*, zwischen *Tribunals*, die aufgrund eines Gesetzes entstanden und solchen, die freiwillig von Clubs, Verbänden, Gesellschaften, Gewerkschaften aufgrund vertraglicher Vereinbarungen errichtet worden sind[110]. Bei den gesetzlich errichteten *Tribunals* finden sich vor allem solche, die sich mit Baurecht, Planungsrecht,

---

this Act", oder eine ministerielle Bestätigung *„shall be conclusive evidence"*, daß die gesetzlichen Erfordernisse erfüllt seien. Grenzfälle, bei denen „subjektive" und „objektive" Wendungen gekoppelt werden, etwa: *„if the Minister has reasonable cause to believe"* oder *„where the controller has reasonable grounds to believe"*, führen dazu, daß die „objektiven" Komponenten *„reasonable"* oder *„appear to be necessary"*, jedenfalls häufig als Einfallstore für begrenzte richterliche Kontrolle betrachtet werden. Die Richter stellen dann mindestens erhöhte Anforderungen an die Plausibilität und Nachvollziehbarkeit der behördlichen Abwägung; vgl. dazu *Brinktrine* (Fn. 78) 202ff.; *Craig* (Fn. 73) 603.

[108] In der Literatur werden noch zahlreiche weitere Klassifizierungsversuche unternommen, so etwa von *Craig* (Fn. 73) 600ff. oder von *Wade/Forsyth* Administrative Law, 7. Aufl., 1994, 456ff. Stichworte dafür sind *„finality clauses"*, *„certiorari clauses"*, *„shall no be questioned clauses"*. Die jüngste Novellierung des Tribunals and Inquiries Act, 1992, s. 12 (1) hat jedenfalls die Berufungsmöglichkeit in Rechtsfragen trotz solcher *„ouster clauses"* offengehalten, vgl. *Craig* (Fn. 73) 604.

[109] Vgl. statt vieler nur *Wade* (Fn. 73) 948ff.

[110] Zum folgenden ausführl. *Riedel* (Fn. 67) 120ff.; und *Foulkes* Administrative Law, 1990, 131ff.; *Jones* Garner's Administrative Law, 7. Aufl., 1989, 275ff.; *DeSmith/Brazier* (Fn. 79) Kap. 31; *Wiesner* Administrative Tribunals in Großbritannien, 1973, 79ff.

Sozialrecht, Transportrecht, dem materiellen Gesundheitswesen und zahlreichen anderen speziellen Verwaltungsbereichen befassen. Stets geht es darum, Ermessensentscheidungen von Verwaltungsbehörden zu überprüfen. Die *Tribunals* haben jedoch keine einheitliche Gestalt. Einige *Tribunals* führen vollständige Zweckmäßigkeitskontrollen wie Verwaltungsbehörden durch, andere überprüfen wie Gerichte formelle Gesetzesverstöße und befassen sich mit den rechtlichen Grenzen der Ermessensausübung. Überragende prozedurale Prinzipien für sämtliche *Tribunals* sind die Grundsätze der *„openness, fairness, impartiality"*. Verstöße gegen diese formalen Rechtsgrundsätze führen regelmäßig zur Aufhebung von Ermessensentscheidungen der Verwaltung. Weiterreichende inhaltliche Kontrollen finden sich in unterschiedlichster Form in Spezialgesetzen, die sich einer einheitlichen Kategorisierung versperren.

Gleichwohl können die Ermessen einräumenden Gesetze häufig als Rahmensetzungen verstanden werden. Ihre Ausfüllung erfolgt erst durch den Rechtsanwender. Die Gerichte heben solche Ermessensentscheidungen der Verwaltung, aber auch die Ermessensausübung überprüfenden verwaltungsexternen Tribunalentscheidungen nur sehr selten aus Rechtsgründen auf. Mehr noch als beim allgemeinen Ermessen beschränkt sich die Kontrolle der Gerichte bei Ermessensentscheidungen der Verwaltung, die einer zusätzlichen Überprüfung durch *Tribunals* unterliegen, auf formale Verfahrensfragen. Eine Inhaltskontrolle wird nur in den engen Grenzen der *ultra vires*-Doktrin und unter dem Einfluß des EG-Rechts zugelassen, sofern dafür Anhaltspunkte im nationalen Kontext gegeben sind. Viele Streitigkeiten ranken sich um Enteignungsentschädigungen, Mietstreitigkeiten oder um das planerische Ermessen der Behörden bei der Verabschiedung von *structure plans*, aber auch bei konkreten *planning permissions*, Bauleitplänen und Stadtsanierungsmaßnahmen (*slum clearance*). In allen diesen Fällen besteht die Möglichkeit des Widerspruchs beim zuständigen Minister (*appeal*), gegen dessen Letztentscheidung nur eine sehr begrenzte richterliche Kontrolle möglich ist[111]. Die Rücknahme der Kontrolldichte wird in allen diesen Fällen hingenommen, weil der betroffene Bürger ein judiziäres oder quasi-judiziäres Überprüfungsverfahren der Ermessensentscheidung vor *Tribunals* zur Verfügung hat, das eine umfassendere Kontrolle durch die ordentlichen Gerichte weniger angezeigt erscheinen läßt. Da aber sowohl die Gerichte als auch die *Tribunals* ihre Kontrolle im wesentlichen auf Verfahrensfehler beschränken, ist mit

[111] Auf Einzelheiten soll hier nicht eingegangen werden; vgl. *Jones* (Fn. 110) 275ff.; *Riedel* Europäische Verwaltungsverfahrenssysteme im Vergleich – Sachverhaltsermittlung und Rechte der Betroffenen, in: Schwarze/Starck (Hrsg.), Vereinheitlichung des Verwaltungsverfahrensrechts in der EG, Europarecht, Beiheft 1/1995, 59ff., 61ff.

dem Hinweis, daß im Streitfalle ein *Tribunal* entscheidet, das zweifellos die meisten Kriterien eines Gerichts erfüllt, für den rechtsuchenden Bürger nicht sehr viel gewonnen. Aus der Sicht der Exekutive bürgt dieses System für schnelle Entscheidungen, niedrige Kosten und die gewünschte inhaltliche Letztentscheidung bei der Exekutive, nicht den Gerichten. Außerdem sind die *Tribunals* aufgrund ihrer Tätigkeit häufig stilbildend und strukturieren somit die Ausübung des behördlichen Ermessens vor.

2. Ähnlich wie bei *Tribunals* gibt es auch bei Anhörungsverfahren (*inquiries*) eine Typenvielfalt[112]. Der typische Verfahrensablauf läßt sich am Beispiel des Planungsverfahrens darstellen. Zunächst muß die Genehmigung bei der zuständigen Kommunalbehörde beantragt werden, im Falle der Kommunalbehörde direkt beim Minister. Der Antragsteller kann bei ablehnendem Bescheid innerhalb einer kurz bemessenen Frist Beschwerde einlegen. Vor der Widerspruchsentscheidung muß der Minister sowohl der Kommunalverwaltung als auch dem Antragsteller rechtliches Gehör einräumen. Hierfür bieten sich drei Möglichkeiten: Der Minister kann entweder schriftliche Einlassungen anfordern, aufgrund derer er seine Entscheidung trifft, er kann aber auch unter Ausschluß der Öffentlichkeit einen Ministerialbeamten beauftragen, die Parteien anzuhören bzw. ein Hearing abzuhalten, und schließlich kann der Minister statt dessen ein öffentliches Anhörungsverfahren (*public inquiry*) abhalten lassen. Im Unterschied zu vielen *Tribunals*, die verbindliche Entscheidungen erlassen können, ist es Aufgabe des die Anhörung durchführenden Inspektors, am Schluß einen zusammenfassenden Bericht und Entscheidungsvorschlag für den Minister zu erstellen, der hieran jedoch nicht gebunden ist. Ministerielle Ermessensentscheidungen werden von den Gerichten nur in sehr begrenztem Umfang überprüft. Lediglich Formverstöße, Verweigerung rechtlichen Gehörs oder Verletzung der sonstigen Prinzipien der *natural justice*[113] eröffnen gerichtliche Kontrollmöglichkeiten. Bei Anhörungsverfahren sind die Anforderungen an die Klagebefugnis gering[114]. Jedermann, also auch ein Verband, der ein Interesse an dem in Frage stehenden Projekt hat, kann partizipieren. Dies entspricht ganz der französischen Rechtslage. Der großzügigen Verfahrensbeteiligung korrespondiert jedoch eine fast ausschließlich auf Verfahrensverstöße gerichtete Kontrolle. Dies wird von den meisten britischen Kommentatoren aber

---

112 *Riedel* (Fn. 67) 136; ausführl. auch *Boussard* L'enquête publique en Angleterre, 1969, 22 ff.; *Friedmann* Kontrolle der Verwaltung in England, Fallstudien zur Beschwerdebehandlung im britischen Unterhaus, 1970, 85 ff.

113 *Riedel* (Fn. 67) Kap. 8, 106 ff., m.w.Hinw.; *ders.* (Fn. 110) 56 ff.; *Craig* (Fn. 73) 324 f.

114 *Craig* (Fn. 73) 142 ff.; *Riedel* (Fn. 111) 55 f.

nicht als Nachteil, sondern als Vorteil empfunden: alle wesentlichen Fragen der Politik, zu denen auch Planungsentscheidungen zählen, sollen politisch verantwortet und mit gesetzlichen Ermessensspielräumen versehen von der Exekutive wahrgenommen werden. Eine zu stark an materiellrechtlichen Erwägungen ausgerichtete Inhaltskontrolle der Gerichte würde *„judicial activism"*, ein *„gouvernement des juges"* produzieren, und die Handlungsfähigkeit der Exekutive und letztlich auch des Parlaments entscheidend schwächen[115]. Inhaltskontrolle, wenn überhaupt, könne nur krasse Fälle von Ermessensfehlgebrauch, *unreasonableness* im *Wednesbury*-Test, oder evidente Rechtsverstöße erfassen. Die gegenläufige Tendenz, über einen *Spillover*-Effekt des Gemeinschaftsrechts in britisches Recht und die allmähliche Anerkennung des Verhältnismäßigkeitsprinzips und des Menschenrechtsschutzes nach der EMRK größeren Rechtsschutz zu erreichen, hat mittlerweile zu einem fundamentalen Umdenken geführt[116]. Die Rechtsprechung befleißigt sich demgegenüber aber noch großer Zurückhaltung. Gleichwohl ist der auf den Gleisen des Europarechts und der EMRK abgefahrene Zug wohl nicht mehr aufzuhalten.

D. Schlußbetrachtung

Der Vergleich der französischen und englischen Rechtslage mit der deutschen Situation läßt nun einige Schlüsse zu. Weder das französische noch das englische Verwaltungsrecht befassen sich mit Optimierungsgeboten. Nur wenn Optimierung als schlichtes Berücksichtigungsgebot, als Verpflichtung zur Einstellung relevanter Belange in den behördlichen Abwägungsvorgang begriffen wird, finden sich Parallelen zur deutschen Diskussion. Hauptgrund für das Fehlen einer Optimierungsdebatte in den beiden herangezogenen Rechtsordnungen ist die mit dem Optimierungsgedanken zentral verbundene Vorstellung einer formellen und inhaltlichen Vollkontrolle der behördlichen Entscheidungen. Ein solches auf Mißtrauen gegenüber der Exekutive gegründetes Vorverständnis fehlt

[115] *Lord Irvine of Lairg* (Fn. 89) 77, jedoch mit Einschränkungen; dagegen *Jowell/Lester* (Fn. 94) insbes. 374ff.; am Beispiel des Planungsrechts auch *Purdue* Material Considerations: An Ever Expanding Concept?, Journal of Planning and Environmental Law 1989, 156ff., 161; *Carnwath* The Reasonable Limits of Local Authority Powers, Public Law 1996, 144ff., 258f.

[116] Zurückgehend auf den Artikel von *Jowell/Lester* (Fn. 94) insbes. 374ff., der von *Sir Robert Carnwath* insoweit als *„trail-blazing"* gekennzeichnet worden ist, vor allem durch Einbeziehung der Menschenrechtsdimension der EMRK, vgl. *Carnwath* (Fn. 115) 260f., mit Verweis auf *R. v. Coventry City Council, ex parte Phoenix Aviation,* 1995, 3 All E.R. 27, 62; sowie *West Glamorgan C.C. v. Rafferty,* 1987, 1. W.L.R. 457.

sowohl in England als auch in Frankreich. Ausdruck dieses von den jeweiligen Bevölkerungen getragenen Grundvertrauens ist die für deutsche Verhältnisse kaum verständliche Akzeptanz großer Ermessensspielräume für die Verwaltung. Gerichtliche Kontrolle wird lediglich als notwendiges Legalitätskorrektiv für gravierenden Mißbrauch in Fällen grober Verfahrensfehler oder evidenter materiellrechtlicher Verstöße, *„erreurs manifestes"* oder *„errors of law on the face of the record"* begriffen, ansonsten aber vornehmlich als Verfahrenskontrolle, nicht als Inhaltskontrolle gesehen. Ausnahmen hierzu bilden die in jüngster Zeit unter dem Eindruck des Europarechts entwickelten materiellen Grundrechtsgesichtspunkte und der aus dem Gemeinschaftsrecht übernommene Verhältnismäßigkeitsgrundsatz. Wenn dadurch auch eine allmähliche Annäherung an deutsche materiellrechtliche Kontrollparameter bewirkt wird, so werden einstweilen nach noch herrschender Auffassung im französischen und englischen Schrifttum Grundrechtspositionen zwar als Abwägungsgesichtspunkte neben anderen öffentlichen Gemeinwohlbelangen berücksichtigt, anders als in Deutschland bilden sie aber – außer in Fällen direkter Anwendung des EG-Rechts – keine Abwägungstrümpfe, die andere Gemeinwohlbelange im Zweifel auszustechen vermögen. Vielmehr stehen Sie gleichrangig neben diesen. Die Bestimmung des Verhältnisses aller einschlägigen Belange zueinander wird der Exekutive in der konkreten Abwägung überlassen. Die Gerichte in England und Frankreich fordern dabei keine optimierte Geltung bestimmter Belange, sondern allenfalls eine grundsätzliche Berücksichtigung durch Einstellung in den Abwägungsvorgang der Behörde. Die einschlägigen gesetzlichen Vorgaben konzentrieren sich zumeist auf verfahrensrechtliche und organisatorische Regeln und überlassen etwa in Frankreich alles weitere der eher verwaltungsfreundlichen Judikative.

Besonders klar wird diese Grundeinstellung am Beispiel des *Conseil d'Etat:* Er betont sehr deutlich die objektive Kontrollfunktion, die die Verwaltungsgerichtsbarkeit vermittele. Dem Individuum wird eine eigene Rechtsstellung folglich nur in Konkretisierung der primär objektiv-rechtlichen Rechtswahrungsfunktion der Verwaltungsgerichtsbarkeit gewährt[117]. Der *Conseil d'Etat* sieht sich also in der Rolle eines *„protecteur des prérogatives de l'ad-ministration"* und als *„défenseur de l'executif"*[118]. Entsprechend erfüllen von den fünf Abteilungen des *Conseil d'Etat* auch vier eine Regierungsberatungsfunktion durch Erstellung von Gutachten zu Gesetz- und Verordnungsentwürfen nach Art. 37–39 der Verfassung. Dabei beschränkt sich

[117] *Von Danwitz* (Fn. 32) 993.
[118] *Favoreu* (Fn. 32) 237 ff.

ihre Prüfung nicht nur auf die Rechtmäßigkeit, sondern erfaßt ebenso Zweckmäßigkeitsgesichtspunkte[119]. Die enge Vertrautheit mit den Entscheidungsprozessen in den Behörden fördert diese exekutivfreundliche Grundeinstellung des *Conseil d'Etat*. Dies mag aus deutscher Sicht verfassungsrechtlich bedenklich erscheinen, unterstreicht jedoch die stärker an Gemeinwohlinteressen als an Individualrechtsschutz orientierte Verwaltungsgerichtspraxis in Frankreich und mit wenigen Abstrichen auch in England. Eine Ausnahme bilden in Frankreich Enteignungsfälle. Hier werden bei der Überprüfung der Unbedenklichkeitsbescheinigung seit der grundlegenden, oben dargestellten Entscheidung des *Conseil d'Etat* im Fall „*Ville nouvelle Est*"[120] die Vor- und Nachteile vom Gericht gegeneinander abgewogen. Im Ergebnis sind aber nur sehr wenige Unbedenklichkeitsbescheinigungen für rechtswidrig erklärt worden. Auch in diesen Fällen geht es letztlich nicht um Belange, die optimal zur Geltung gebracht werden müßten; vielmehr wird die Verwaltungsentscheidung nur aufgehoben, wenn keine rationalen Gründe seitens der Verwaltung vorgebracht wurden. Dies entspricht weitgehend den *Wednesbury*-Regeln des englischen Rechts.

Nur auf den ersten Blick grundlegend anders stellt sich die Lage im englischen Recht dar. Wenn im Planungsrecht bei der Überprüfung des Abwägungsvorgangs durch die Gerichte vom Gesetzgeber leicht mißverständlich die Berücksichtigung aller relevanten Umstände, aller Planungsbelange (*planning consideration* oder die Einhaltung einer *good planning policy)* verlangt wird, so beschränken sich die Gerichte dennoch auf die Forderung, daß der Normanwender solche Überlegungen überhaupt anstellt – die Abwägung selber bleibt gerichtlicher Nachprüfung entzogen[121].

Der Ermessensrahmen ist im übrigen in beiden Rechtsordnungen weiter gesteckt als in Deutschland. Jedenfalls im Grundsatz soll das Letztentscheidungsrecht primär bei der Exekutive und in England allenfalls noch beim Parlament, nicht bei den Gerichten liegen. Eine Trennung des Ermessens von unbestimmten Rechtsbegriffen auf der Tatbestandsseite wird nicht für erforderlich gehalten. Je mehr Fragen des Tatbestandes thematisiert werden, desto größer wird das den Behörden eingeräumte Ermessen bezüglich der Sachverhaltsaufklärung und der Subsumtion. Stets wird die Gefahr der Justizialisierung politisch zu verantwortenden Ermessens beschworen.

So nimmt es nicht wunder, daß auch in Deutschland der Ruf nach einer Rücknahme gerichtlicher Kontrolldichte bei gleichzeitig größerem

---

[119] *Perret* Der Conseil d'Etat, o.J. 14f.; *Müller* (Fn. 32) 338ff., 354ff.
[120] Vgl. o. Fn. 42, m.w.Hinw.
[121] *Riedel* (Fn. 111) 62ff.

Entscheidungsspielraum der Verwaltung und nach einer Konzentration auf Verfahrenssicherungen immer lauter wird. *Rüdiger Breuer* und viele andere haben dies ausführlich analysiert[122]. Am Beispiel des Umweltrechts geht es im Kern um das Anliegen, daß „an die Stelle des zähen, als quälend und unfruchtbar empfundenen Ringens um die juristische Deduktion der einzig richtigen, letztlich von den Gerichten aufzufindenden Umweltrechtsauslegung und -anwendung (...) der offene, breite und unverkrampfte Disput über umfassend ermittelte und abgewogene, nachvollziehbare und angemessene, faktisch und rechtlich vertretbare Lösungen" trete[123]. Dies stehe in Übereinstimmung mit Vorbildern aus anderen Rechtsordnungen wie etwa Frankreich, Großbritannien, aber auch Italien, Österreich, Schweiz, Spanien und den USA. Überdies haben immer mehr Kommentatoren, wie *Ossenbühl, Wahl, Pietzcker, Schulze-Fielitz, Hufen* – um nur einige zu nennen -zahlreiche Einwände gegen die wachsende Verrechtlichung erhoben[124]. Der § 43 UGB-KomE mit seiner deutlich beschränkten gerichtlichen Überprüfbarkeit von Prognosen und Bewertungen setzt dieser Tendenz die Krone auf. Der Kampf um die Prärogativen der Exekutive gegenüber zu großer Kontrolldichte durch die Gerichte steht mithin kurz vor dem Sieg, wenigstens im Bereich des Umweltrechts. Da dieses Rechtsgebiet aufgrund seiner Querschnittsfunktionen in zahlreiche weitere Rechtsmaterien hineinwirkt, könnte der neue § 43 UGB-KomE aber, wenn er denn Gesetz würde, in den Worten von Herrn *Breuer* „über 50 Jahre Verwaltungsrechtsdogmatik den Stab bre-

---

122 *Breuer* Tendenzwende des Rechtsschutzes? Betrachtungen zu den §§ 43ff. UGB-KomE, in: Jahrbuch des Umwelt- und Technikrechts, 1998, 161ff.

123 *Breuer* (Fn. 122) 166.

124 Vgl. *Ossenbühl* Die gerichtliche Überprüfung der Beurteilung technischer und wirtschaftlicher Fragen in Genehmigungen des Baus von Kraftwerken, DVBl. 1978, 1ff. 9; *ders.* Grundrechtsschutz im und durch Verfahrensrecht, in: FS Eichenberger, 1982, 183ff., insbes. 194f.; *ders.* Verwaltungsverfahren zwischen Verwaltungseffizienz und Rechtsschutzauftrag, NVwZ 1982, 465ff., insbes. 472; *Wahl* Verwaltungsverfahren zwischen Verwaltungseffizienz und Rechtsschutzauftrag, VVDStRL 41 (1983) 153ff., 159ff.; *Pietzcker* Das Verwaltungsverfahren zwischen Verwaltungseffizienz und Rechtsschutzauftrag, ebd., 194ff., insbes. Thesen 9 und 17, 229ff.; *Wahl* Risikobewertung der Exekutive und richterliche Kontrolldichte – Auswirkungen auf das Verwaltungs- und das gerichtliche Verfahren, NVwZ 1991, 409ff., 414; *Scholz* Technik und Recht, in: FS zum 125-jährigen Bestehen der juristischen Gesellschaft zu Berlin, 1984, 691ff., 707; *Schulze-Fielitz* (Fn. 5) 772ff., 781; *Sendler* Skeptisches zum unbestimmten Rechtsbegriff, in FS Ule, 1987, 337ff., inbes. 352f., 358; *ders.* Die neue Rechtsprechung des Bundesverfassungsgerichts zu den Anforderungen an die verwaltungsgerichtliche Kontrolle, DVBl. 1994, 1089ff.; *Fraußen* 50 Jahre Verwaltungsgerichtsbarkeit in der Bundesrepublik Deutschland DVBl. 1998, 413ff., 417ff.; s.a. *Hufen* Fehler im Verwaltungsverfahren, 3. Aufl. 1998, 356, m.w.Hinw.; ferner *Breuer* (Fn. 123) 161ff., 168 m.w.Hinw.

chen"[125]. Auf den ersten Blick überzeugen die Argumente der Kritiker: Eine Beschränkung der gerichtlichen Kontrolle auf evidente Fehler erscheint plausibel und funktioniert nach Meinung ausländischer Beobachter hinreichend, um auch in Deutschland praktiziert werden zu können.

Vor einer endgültigen Entscheidung sollten jedoch die Gegenargumente sorgfältig bedacht werden: Als Alternative käme unter anderem in Betracht, daß der Gesetzgeber – wie im Umweltrecht üblich – verstärkt Standardisierungsermessen einräumte, wie dies bei den Umwelt- und Technikstandards, etwa der TA-Luft, TA-Abfall, der Fall ist. Hierbei handelt es sich nach *Breuer* um eine konditionierte Letztverantwortung der Exekutive für „Gesetzeskonkretisierung", die ähnlich der Letztverantwortung der Minister in Frankreich und Großbritannien administrative Standardisierungsspielräume schaffe[126]. Da diese Spielräume nicht mit den voll kontrollierbaren Beurteilungsspielräumen verwechselt werden dürfen, ist hier ein Bereich, in dem aufgrund der Technizität und Komplexität der Materie eine Rücknahme der Kontrolldichte noch am ehesten hinnehmbar erscheint. Die gerichtliche Kontrolle beschränkt sich dann darauf, ob die in den Technikstandards niedergelegten Wertungen in Bezug auf die wissenschaftlich-technische Streitfrage „den Anforderungen der Willkürfreiheit, Plausibilität und Vertretbarkeit genügen[127]. Aber selbst wenn man die Anerkennung größerer Entscheidungsprärogativen für die Exekutive als Gebot der gegenseitigen Rücksichtnahme zwischen Staatsgewalten für grundsätzlich berechtigt hält, etwa weil die Voraussetzungen eines umfassenden Mißtrauens gegenüber einer machtbesessenen, Arkanbereiche pflegenden und nur dem Staat, nicht seinen Bürgern verpflichteten Exekutive seit 1949 entfallen sind, läßt sich unter dem Grundgesetz eine völlige *volte-face* meines Erachtens nicht rechtfertigen.

Dabei sollte zunächst bedacht werden, daß bei stärkerer Verfahrensorientierung anstelle materiell-rechtlicher Überprüfung die Probleme häufig nicht gelöst, sondern nur verlagert werden. Wie *Woehrling* für Frankreich dargelegt hat[128], führt der strikte Vorrang verfahrensrechtlicher Fragen nicht selten zu Urteilen, die die wichtigsten Streitpunkte nicht lösen: wenn z. B. eine Genehmigungsversagung wegen eines Verfahrensfehlers aufgehoben wird, ohne daß das Gericht sich zur materiellen Rechtmäßigkeit der Verwaltungsentscheidung geäußert hat, können solche aufgehobenen Entscheidungen sogleich durch neue Genehmigungen ersetzt werden.

---

[125] *Breuer* (Fn. 122) 167.

[126] *Breuer* (Fn. 122) 142 ff.

[127] Vgl. *Breuer* (Fn. 122) 177.

[128] *Woehrling* (Fn. 33) 462 ff.; *ders.* (Fn. 58) 884 ff.

Der gewichtigere Einwand gegenüber einer starken Abkehr von der gerichtlichen Vollkontrolle ergibt sich jedoch aus dem Verfassungsrecht: Die grundgesetzlichen Verfassungsvorgaben erfordern eine strikte Beachtung der Rechtsschutzgarantie, der Gewaltenteilung sowie des Vorrangs und Vorbehalts des Gesetzes. Zentrale Bedeutung kommt dabei Art. 19 IV GG zu[129]. Seine Bedeutung liegt vor allem darin, daß kein Akt der Exekutive, der in Rechte des Bürgers eingreift, richterlicher Nachprüfung entzogen werden kann[130]. Zum Justizgewährleistungsanspruch gehört deshalb die Möglichkeit einer grundsätzlich umfassenden, tatsächlichen und rechtlichen Prüfung des Streitgegenstands[131] durch ein Gericht[132]. Das Bundesverfassungsgericht hat gleichwohl mehrfach betont, daß unbestimmte Rechtsbegriffe aufgrund hoher Komplexität der geregelten Materie so vage und ihre Konkretisierung im Nachvollzug der Verwaltungsentscheidung so schwierig sein können, daß die gerichtliche Kontrolle an die Funktionsgrenzen der Rechtsprechung stößt[133]. Das Gericht hat letztlich also selber Eigenbereiche der Verwaltungsentscheidungen konzediert.

Der aus Art. 19 IV GG folgende Grundsatz der vollständigen gerichtlichen Überprüfung wird folglich durch das Gewaltenteilungsprinzip und die von ihm geforderten Eigenbereiche der vollziehenden Gewalt eingeschränkt[134]. Bestimmte sich die Kontrolldichte allein nach Art. 19 IV GG, so bliebe von der eigenständigen Bedeutung der gesetzesvollziehenden Verwaltung nicht viel übrig[135]. Daraus folgt aber, daß das Grundgesetz einen radikalen Wechsel weg von materiellrechtlicher hin zu bloßer Verfahrenskontrolle ausschließt.

Anders als in Frankreich und Großbritannien verbietet darüber hinaus der Gesetzesvorbehalt, Entscheidungsspielräume für die Exekutive durch vage, allgemein und abstrakt gehaltene Generalklauseln zu schaffen. Vielmehr muß der Entscheidungsspielraum entsprechend der Regelung gemäß Art. 80 I 2 GG nach Inhalt, Zweck und Ausmaß hinreichend bestimmt sein[136]. Die britische Lösung, daß bei unbestimmter Gesetzesfor-

---

[129] *Riedel* Access to Justice as a Fundamental Right in the German Legal Order, in: Riedel (Hrsg.), German Reports of Public Law, 1998, 55ff.

[130] BVerfGE 10, 164 (167).

[131] BVerfGE 85, 337 (345).

[132] BVerfGE 15, 275 (282).

[133] BVerfGE 84, 134 (150f.).

[134] So *Schmidt-Assmann* Art. 19 IV GG als Teil des Rechtsstaatsprinzips, NVwZ 1983, 1ff., 5 ff; *Schulze-Fielitz* in: *Dreier* GG, Art. 19 Abs. 4, Rdn. 88; *Kutscheidt* Verfahrensbeschleunigung und richterliche Kontrolldichte, NWVBl. 1995, 121f.; *Kissel* Grenzen der rechtsprechenden Gewalt, NJW 1982, 1777, 1781f.

[135] So *Kühling* Fachplanungsrecht, 1988, 68.

[136] Vgl. nur *Schenke* (Fn. 5) Rdn. 304ff., 334ff., 341ff.; *Schulze-Fielitz* (Fn. 134) Rdn. 88.

mulierung ein weiter Ermessensbereich der Exekutive angenommen wird, scheidet unter dem Grundgesetz folglich aus.

Abgesehen von diesen Verfassungsschranken muß bei der Bestimmung des Ausmaßes von Entscheidungsspielräumen stets der in 50 Jahren verfestigte und dominierende Einfluß der Grundrechte beachtet werden. Je stärker nämlich der Grundrechtsbezug ist, desto intensiver wirkt sich auch die Kontrolle durch die Gerichte aus. Grundrechte sind aber bei fast allen Verwaltungsentscheidungen zumindest mitbetroffen. Nach alledem scheidet eine grundsätzliche Verlagerung von materiellrechtlicher hin zu nur verfahrensrechtlicher Kontrolle in Deutschland aus.

Ein gangbarer Weg scheint mir jedoch der Ausbau des Standardisierungsgedankens zu sein, wie ihn Herr *Breuer* jüngst beschrieben hat. Im übrigen sollte die weitere europarechtliche Integration geduldig abgewartet werden. Der stetige Kontakt mit den Rechtsvorstellungen der Nachbarländer und die zunehmenden grenzüberschreitenden Wirkungen des Verwaltungshandelns gebieten ein behutsames Aufeinanderzugehen der EG-Mitgliedstaaten, dem sich *à la longue* auch Deutschland nicht entziehen kann. Über das Europarecht läßt sich vermutlich auch das dem deutschen Recht nachgebildete Verhältnismäßigkeitsprinzip auf einen Wesenskern zurückführen: Anstelle eines Kontrollmaßstabes, der die behördliche Abwägungsentscheidung allzu häufig durch eine „im engeren Sinne verhältnismäßige", „angemessene" oder „zumutbare" Sicht der Gerichte ersetzt, könnte stärker auf die letztlich verfahrensgeleitete Abwägungsverpflichtung und Beachtung der Zweck-Mittel-Relation abgestellt werden, wie dies in vielen Entscheidungen des Bundesverfassungsgerichts vorgezeichnet wurde.

Mein Ausflug in das französische und englische Recht hat im Ergebnis keine grundstürzenden Veränderungen für das deutsche Recht nahegelegt. Der Blick in diese Rechtsordnungen hat allerdings gezeigt, daß der Bonus für die Exekutive und Administrative erheblich größer als in Deutschland ist. Dies erhöht dort zweifellos Entscheidungsfreude und Flexibilität des Verwaltungshandelns, freilich häufig um den Preis der Interessen der unmittelbar betroffenen Einzelnen. Insgesamt aber entwikkeln sich die drei Rechtsordnungen aus ihren bei idealtypischer Betrachtung entgegengesetzten Ausgangssituationen aufeinander zu. Dies wird auf künftige Harmonisierungsbestrebungen in der Europäischen Union sicher großen Einfluß haben. Der Subsidiaritätsgedanke zwingt aber bei so stark traditionsgebundenen Materien zu einer sehr sorgfältigen Vorbereitung weiterer Integrationsschritte.

Aus der Analyse der in Frankreich und Großbritannien praktizierten *enquêtes publiques* und *public inquiries* mit ihren zahlreichen prozeduralen Abstufungen ließe sich jedoch eine stärkere Hinwendung zu Formen informellen Verwaltungshandelns, der Mediation, Konfliktmittlung und generell zu größeren Beteiligungsmöglichkeiten für Einzelne und Interessenverbände im Vorfeld der eigentlichen Verwaltungsentscheidungen entwickeln[137]. Dies könnte in Deutschland der Tendenz zu immer stärkerer Inanspruchnahme der Gerichte entgegenwirken. An der prinzipiellen Kontrollmöglichkeit der Gerichte in Deutschland sollte und kann dies aber nichts ändern.

[137] Statt vieler: *Würtenberger* Die Akzeptanz von Verwaltungsentscheidungen, 1996, 13 ff., 98 ff.; *Hoffmann-Riem* Konfliktmittler in Verwaltungsverhandlungen, 1989; *Schmidt-Aßmann* Verwaltungsverfahren, in: *Isensee/Kirchhof*, Handbuch des Staatsrechts III, 1988, § 70, Rdn. 12, 14 ff.; *Hoffmann-Riem/Schmidt-Aßmann* Konfliktbewältigung durch Verhandlungen, 2 Bde., 1990; *Kunig/Rublack* Aushandeln statt Entscheiden? Das Verwaltungsverfahrensrecht vor neuen Herausforderungen, Jura 1990, 1 ff., jedoch mit Betonung rechtsstaatlicher Grenzen, 7 ff.; *Schoch* Der Verfahrensgedanke im allgemeinen Verwaltungsrecht, Die Verwaltung 25 (1992) 21 ff., insbes. 51 ff.; *Maurer* (Fn. 2) § 15, Rdn. 14 ff.

Leitsätze des 2. Berichterstatters über:

Rechtliche Optimierungsgebote oder Rahmensetzungen für das Verwaltungshandeln?

A. Konkretisierung des Themas

1. Verfassungsrechtlich finden sich Optimierungsgebote in allen Prinzipien, die – im Gegensatz zu Rechtsregeln – in Konkurrenz untereinander erst durch Abwägung im konkreten Einzelfall konkretisiert werden können. Optimierung bedeutet hier Einräumung relativen Vorrangs im Rahmen bestehender Abwägungsspielräume bei der Rechtsanwendung im Einzelfall.

2. Verwaltungsrechtlich wird unter Optimierungsgeboten als Fachbegriff aus dem Bereich des Planungsrechts nur selten die Abwägung zwischen verschiedenen Belangen im allgemeinen verstanden, sondern in aller Regel die gesetzgeberische Heraushebung eines einzelnen Belanges, dem in der Abwägung gegenüber anderen Belangen vorrangige Bedeutung zukommen soll und dessen Beeinträchtigung besonders gewichtiger sachlicher Rechtfertigung bedarf. Gelegentlich wird dabei so weit gegangen, bei der erforderlichen Maximierung oder Minimierung keine Rücksicht auf das Verhältnismäßigkeitsprinzip mehr zu nehmen.

3. Rahmensetzung als rechtlich nicht speziell besetzter Begriff bezeichnet die Aufstellung von Vorgaben, innerhalb derer sich staatliche Institutionen bei der Setzung von Rechtsakten frei und ohne Kontrolle durch andere Instanzen bewegen können. Rahmen dieser Art können für Gesetzgebung wie Exekutive bestehen.

4. Im Gegensatz zu Optimierungsgeboten legt Rahmensetzung größere Gestaltungsfreiheit und tendenziell geringere Kontrolldichte nahe.

B. Optimierungsgebote und Rahmensetzungen im französischen Recht

I. Stellung der Judikative in Frankreich

5. Bedingt durch traditionelles Mißtrauen gegenüber der Gerichtsbarkeit und Furcht vor einem gouvernement des juges kommt der Exekutive im französischen Verwaltungsrecht eine herausragende Stellung gegenüber den Gerichten zu. Auch der Conseil d'Etat sieht sich nicht als Gegenspieler der Verwaltung und übt meist richterliche Zurückhaltung.

II. Grundlagen der gerichtlichen Kontrolle

6. Der Begriff der discrétion unterscheidet nicht zwischen unbestimmten Rechtsbegriffen und Ermessen im Sinne der deutschen Dogmatik.

7. Das französische Recht unterscheidet bei der gerichtlichen Kontrolldichte Normal-, Minimal- und Maximalkontrolle. Welcher dieser fließend ineinander übergehenden Kontrollmaßstäbe im Einzelfall zur Anwendung kommt, ist nicht gesetzlich festgelegt, sondern unterliegt der Einschätzung der Gerichte.

8. Die Normalkontrolle führt zur grundsätzlich vollen Überprüfung der Verwaltungsentscheidung, jedoch mit Schwerpunkt im Bereich des formellen, nicht des materiellen Rechts.

9. Im Rahmen der Minimalkontrolle wird die Subsumtion nur auf offensichtliche Bewertungsfehler (erreurs manifestes d'appréciation des faits) überprüft. Sie ist die häufigste Form der Kontrolle und greift vor allem bei Ermessensentscheidungen der Verwaltung, aber auch etwa bei Verwaltungsentscheidungen, die technische Detailkenntnisse voraussetzen oder die einen spezifisch politischen Inhalt aufweisen.

10. Die Maximalkontrolle greift ein, wenn libertés publiques besonders betroffen sind, und findet ein prominentes Anwendungsfeld bei Enteignungen im Bereich des Planungsrechts. Hier wird der Nutzen eines geplanten Vorhabens für die Allgemeinheit mit den Nachteilen für die Allgemeinheit und unmittelbar Betroffene abgewogen. Trotz der scheinbaren Ähnlichkeit mit Optimierungsgeboten in ihrem weitesten Sinn als schlichte Abwägungsgebote dient diese théorie du bilan in der Praxis weniger dazu, eine echte materiellrechtliche Kontrolle durch die Rechtsprechung sicherzustellen, als vielmehr überhaupt eine Abwägung durch die Verwaltung im Vorfeld der zu treffenden Entscheidung zu gewährleisten. Entsprechend führt auch die Maximalkontrolle nur höchst selten zu aufhebenden Entscheidungen.

III. Die Bindung der Verwaltung an legislative Abwägungsdirektiven

11. Nur vereinzelt gibt der französische Gesetzgeber Abwägungsdirektiven vor, wie etwa den Umweltschutz als Gegenstand öffentlichen Interesses im Umweltrecht.

12. Tendenziell tritt im französischen Verwaltungsrecht an die Stelle materieller Optimierungsgebote und Abwägungsdirektiven die Prävention durch formelle Verfahrensgarantien im Vorfeld der Entscheidung, etwa durch die enquête publique im Umwelt- und Planungsrecht.

C. Optimierungsgebote und Rahmensetzungen im englischen Recht

13. Eine Optimierungsdebatte wird in England nicht geführt. Es lassen sich allenfalls Variationen der Rahmensetzung im Verhältnis der Legislative zur Exekutive und speziell zur Kommunalverwaltung ausmachen.

14. Die gerichtliche Kontrolle beschränkt sich im wesentlichen auf formelle Verfahrensverstöße. Unter dem Einfluß des Europarechts werden Ansätze zu einer beschränkten Inhaltskontrolle des Verwaltungshandelns erkennbar.

I. Stellung der Judikative im englischen Recht

15. Die Souveränität des Parlaments und die „rule of law" bestimmen bis zum heutigen Tage das Verhältnis von Parlament und Exekutive zur Judikative. Die „rule of law" wirkt nicht als Maßstab für die Gesetzeskontrolle, sondern als Maßstab für die Verwaltung sowie für alle nachgeordneten Gesetze.

II. Grundlagen der gerichtlichen Kontrolle

16. Der Begriff Ermessen (discretion) erfaßt – anders als in Deutschland – sämtliche Tatsachenfeststellungen, Interpretationsspielräume sowie Subsumtionsprozesse.

17. Eine Inhaltskontrolle von Verwaltungsentscheidungen wird in erster Linie auf die ultra vires – Lehre und auf Grundsätze der „natürlichen Gerechtigkeit" (natural justice) gestützt. Verwaltungsentscheidungen werden nur aufgehoben, wenn sie sachlich so unangemessen (unreasonable) sind, daß kein vernünftiger Entscheidungsträger sie hätte fällen können.

18. In der mäandernden Kasuistik wird die Kontrolle teils intensiviert, insbesondere bei Menschenrechtsfragen, teils zurückgenommen, etwa bei Fragen der nationalen Sicherheit oder Wirtschaftspolitik. Daneben verstärkt sich die Kontrolldichte auch unter dem zunehmenden Einfluß des Europarechts.

III. Ausschluß richterlicher Kontrolle (ouster clauses)

19. Ein vollständiger gesetzlicher Ausschluß der Gerichtskontrolle wird von den Gerichten selten akzeptiert. Sie verzichten jedoch weitgehend auf eine richterliche Ermessenskontrolle bei subjektiv gefaßten Ausschlußklauseln. Bei objektiver formulierten Klauseln werden hingegen zumindest Plausibilität und Nachvollziehbarkeit der behördlichen Abwägung von den Gerichten überprüft.

IV. Selbstbindung der Exekutive durch Tribunals und Inquiries

20. Bei „tribunals" richtet sich die Kontrollintensität nach der Art ihrer Handlungsbefugnisse. Soweit ihnen Abwägungen unter Zweckmäßigkeitsaspekten gestattet sind, findet keine Ermessenskontrolle statt. Soweit sie eine Legalitätskontrolle vornehmen, unterliegen Verstöße gegen formale Verfahrensgrundsätze wie bei Anhörungsverfahren (public inquiries) einer Gerichtskontrolle.

D. Schlußbetrachtung

21. Hauptgrund für das Fehlen einer Optimierungsdebatte im französischen wie englischen Recht ist die fehlende Fixierung auf eine formelle und inhaltliche Vollkontrolle sowie das traditionelle Vertrauen und nicht Mißtrauen gegenüber der Verwaltung. Die grundsätzliche Beschränkung materieller Kontrolle auf grobe oder evidente Fehler und die Konzentration auf die Überprüfung des Verfahrens wird in jüngster Zeit vor allem unter dem Eindruck des Europarechts durch materielle Grundrechtsgesichtspunkte und den Verhältnismäßigkeitsgrundsatz ergänzt, wenn auch nicht grundlegend umgestaltet. Die Gefahr der Justizialisierung politisch zu verantwortenden Ermessens wird auch weiterhin stets beschworen. Behutsam aber entwickeln sich französisches, englisches und deutsches Recht aufeinander zu.

22. Die Vorstellungen der betrachteten ausländischen Rechtssysteme können nur vorsichtig und unter Beachtung der – insbesondere verfassungsrechtlichen – Besonderheiten in die deutsche Rechtsordnung übertragen werden. Durch eine stärkere Konzentration auf Verfahrenssicherungen werden Probleme oft nicht gelöst, sondern nur verlagert.

23. Eine Rücknahme der Kontrolldichte ist am ehesten in Bereichen hoher tatsächlicher Technizität und Komplexität hinnehmbar, etwa durch Einräumung eines Standardisierungsermessens an den Gesetzgeber.

24. Verfassungsrechtlich wird eine Beschränkung der Kontrolldichte vor allem durch die Rechtsschutzgarantie des Art. 19 Abs. 4 GG begrenzt, die in einem Spannungsverhältnis zu dem vom Gewaltenteilungsgrundsatz garantierten Eigenbereich der Exekutive steht. Daneben beschränkt der Vorbehalt des Gesetzes den Einsatz vager Generalklauseln und fordert der für das deutsche öffentliche Recht kennzeichnende Einfluß der Grundrechte eine mit steigendem Grundrechtsbezug zunehmende Intensität der Kontrolle.

25. Wünschenswert für die zukünftige Entwicklung ist nicht eine grundlegende Veränderung der deutschen Konzeption zur Kontrolldichte, sondern – auch unter dem Einfluß der fortschreitenden europäischen Integration – eine behutsame Anpassung etwa durch verstärkte Konfliktvermeidungsstrategien im Vorfeld der Verwaltungsentscheidungen (informelles Verwaltungshandeln, Mediation, verbesserte Beteiligungsmöglichkeiten). An der prinzipiellen Kontrollmöglichkeit der Gerichte ändert dies nichts; sie sind aber bei der Ausübung ihrer Kontrollfunktion im Rahmen der bereits bestehenden Maßstäbe aufgerufen, Augenmaß zu beweisen.

4. Aussprache und Schlußworte

Rechtliche Optimierungsgebote oder Rahmensetzungen für das Verwaltungshandeln?

Vorsitzender (Breuer): Verehrte Kolleginnen und Kollegen, ich eröffne die Aussprache zum zweiten Beratungsgegenstand unserer Tagung.

Die Optimierungsgebote und die Rahmensetzungen sind in dem Thema mit einem Fragezeichen versehen worden und bewußt in einen Gegensatz gestellt worden. Es dürfte durch die drei erhellenden Referate von Herrn *Würtenberger,* Herrn *Haller* und Herrn *Riedel* klar geworden sein, daß es hierbei zum einen um einen gleichsam archetypischen Gegensatz zwischen verwaltungsrechtlichen Normierungen und Aufträgen an die Verwaltung geht und daß zum anderen die Rechtsvergleichung dabei eine ganz zentrale Rolle spielt. Die Beobachtung war, das darf ich noch einmal an den Anfang stellen, daß die verwaltungsrechtlichen Gesetze in der jüngsten Zeit immer mehr anspruchsvolle, ehrgeizige, eben optimierende Zielsetzungen vorgeben, und die Frage ist, ob dies in unserem Rechtsstaat durchgehalten werden kann und justitiabel ist. Hierzu haben die Referenten Antworten gegeben, die das Thema aufgenommen haben und zu unterschiedlichen Schlüssen gekommen sind. Ich möchte im ersten Teil dieser Diskussion die Wortmeldungen aufrufen, die sich mit der Frage befassen, ob eigentlich die Gegenüberstellung von positiven Optimierungsgeboten und negativen Rahmensetzungen überzeugend und tragfähig ist oder ob insoweit methodenkritische Grundsatzbemerkungen zu machen sind. Im zweiten Teil soll es dann um rechtsvergleichende Überlegungen und konkretere Bewertungen und schließlich um die Schlußfolgerungen gehen. Es gehört, soviel darf ich vorab sagen, offenbar zu den Besonderheiten des deutschen Verwaltungsrechts, daß der deutsche Idealismus oder auch ein anspruchsvoller vernunftrechtlicher Horizont, wie Herr *Würtenberger* ihn dargestellt hat, in Rechtsform gegossen werden soll. Der frühere Präsident des Bundesverwaltungsgerichts *Fritz Werner* hat dies in verschiedenen Vorträgen und Publikationen sehr deutlich zum Ausdruck gebracht. „Recht und Gericht in unserer Zeit", so lautet der Titel seines Werkes, und wir sollten nach Jahrzehnten dieser Entwicklung in Deutschland kritisch reflektieren, wie weit dieser Weg auf die Dauer tragfähig ist, wie weit wir uns vielleicht Selbstbeschränkungen im Sinne der Rahmensetzungen unterwerfen sollten und was die ausländischen Rechtsordnungen wie auch das Europarecht dazu beizutragen haben.

Bullinger: Meine sehr verehrten Damen und Herren Kollegen. Ich habe den Konzeptionen der Referenten, der großen von Herrn *Würtenberger* und den beiden ergänzenden von Herrn *Haller* und Herrn *Riedel*, nichts Gleichwertiges entgegenzusetzen, wage aber eine Frage zu stellen: Wie kann man solche Optimierungs- oder Rahmengesetze überhaupt verwirklichen? Im Jahre 1991 besuchte eine Freiburger Schulklasse eine Behörde in Weimar und fragte die Dame, die ihr zur Verfügung stand: Was machen Sie da? Sie sagte: Ich warte. Ich habe eine Akte zu bearbeiten. Dabei ist ein neues Gesetz anzuwenden, und ich komme damit nicht zurecht. Es heißt darin: „Unter Berücksichtigung von ... kann die Behörde ...". Wie soll ich eine solche Vorschrift anwenden? Wir waren gewohnt, in solchen Fällen in Berlin anzurufen, und die haben das Weitere bestimmt. Ich versuche es die ganze Zeit, aber da meldet sich niemand mehr.

Dieser Vorgang läßt nachdenken. Wie kann man, wenn ein offenes Gesetz erlassen wird, überhaupt erreichen, daß es ausgefüllt und angewendet wird? Die Frage hat auch Herr *Würtenberger* gestellt. Wie läßt sich, das ist die erste Frage, eine Verwaltung schaffen und mobilisieren, die eine so schwierige Aufgabe der Vollendung dessen, was der Gesetzgeber offen gelassen hat, zu bewerkstelligen vermag? Welche fachliche Ausbildung, welche Schulung und welchen Enthusiasmus des Einsatzes für das Gemeinwohl braucht eine solche Verwaltung? Mit der bloßen Vollzugsbereitschaft ist es ja nicht getan. Es muß Gestaltungsermessen ausgeübt werden, und dazu bedarf es der Bereitschaft zur Gestaltung. Das zweite, nicht weniger Wichtige scheint mir folgendes zu sein: Für den Normadressaten ist der Partner auf der Seite des Staates herabgestuft. Aus dem mächtigen Gesetzgeber wird eine bloße Behörde. Infolgedessen ist die Frage: Wie bekommt man, etwa im Umweltschutz, im Hochschul- oder Rundfunkwesen die Normadressaten dazu, sich im Rahmen der Ausfüllung offener Normen der Behörde kooperativ zur Verfügung zu stellen? Man kann offene Normen nicht einfach vollziehen wie Gesetze, in denen steht, was der Bürger zu tun und zu unterlassen hat. Infolgedessen braucht man als Begleitfigur offener Normen meines Erachtens die Schaffung von Strukturen, die den Vollzug unter Mitwirkung der Betroffenen ermöglichen. Man muß also unter anderem Anreize (incentives) schaffen. Die bei den Betroffenen vorhandenen Interessen an effektivem Gesetzesvollzug müssen geweckt, neue Interessen geschaffen werden, verbunden mit einer gewissen Bereitschaft, sich für das Gemeinwohl einzusetzen. Wie in England und Frankreich sollten wir jeweils überlegen, wie weit eine Öffnung des Gesetzes statt starrer Regelung im Endergebnis einen höheren Beitrag zum Gemeinwohl erbringen kann und wie man Behörden wie Bürger dafür mobilisieren muß. Ich bedanke mich.

Engel: Ich möchte zuerst zu bestimmen versuchen, was der Begriff Optimierung in unserem Zusammenhang meinen könnte. Ich möchte dann zweitens eine der möglichen Deutungen dieses Begriffs herausgreifen und daran deutlich machen, welche Kosten dieses Streben nach Optimierung hat. Schließlich möchte ich drittens fragen, ob diese Kosten nicht zu hoch sind.

Zunächst also: Was kann Optimierung in unserem Zusammenhang bedeuten? Herr *Riedel* hat sich ja gleichsam die verwaltungsdogmatische Brille aufgesetzt. Optimierungsgebote greifen dann einen bestimmten Belang heraus und geben ihm ein Prae gegenüber anderen Belangen. Ich glaube aber nicht, daß damit unser Thema erschöpft wird. Eine zweite Deutung würde vom Rechtsanwender verlangen, daß er mehrere, vom Gesetz abschließend aufgezählte Belange in ein angemessenes Verhältnis setzt. Bei der dritten Deutung verzichtet der Gesetzgeber auch auf diese Aufzählung und verlangt vom Rechtsanwender ganz allgemein, daß er alle im Einzelfall relevanten Belange gegeneinander abwägt. So liegt es etwa beim integrierten Umweltschutz.

Der Gesetzgeber kann auch noch in einer zweiten Dimension variieren. Im strengsten Fall muß der Rechtsanwender nur zwei vom Gesetz vorher definierte Instrumente mit Blick auf die relevanten Belange vergleichen. Das ist noch einigermaßen gut zu bewältigen. Schon schwieriger wird es, wenn das Gesetz eine Vielzahl von Instrumenten zur Auswahl stellt. Schließlich kann auch hier der Gesetzgeber ganz auf einen Katalog verzichten und verlangen, daß das beste Instrument gewählt wird. Wiederum ist der integrierte Umweltschutz das prominenteste Beispiel. Optimierung heißt hier also, daß jedes nur denkbare Instrument in Beziehung zu jedem nur denkbaren relevanten Belang gesetzt werden muß.

Von dieser – zugegeben extremen, aber eben auch praktischen – Deutung des Begriffs der Optimierung möchte ich im folgenden ausgehen. Die Kosten solch eines Optimierungsgebots lassen sich relativ einfach in den Kategorien des Demokratieprinzips und des Rechtsstaatsprinzips beschreiben. Das Demokratieprinzip muß dann auf das Gebot der sachlichen demokratischen Legitimation des Verwaltungshandelns durch das Gesetz verzichten. Es bleibt natürlich die persönliche demokratische Legitimation. Der Verwaltungsbeamte ist ja in einem demokratischen Verfahren in sein Amt gelangt. Sie wird ergänzt um etwas, das man organisatorische und prozedurale demokratische Legitimation nennen könnte. Aber das bleibt weniger als sachliche Legitimation.

Der zweite Punkt auf der Verlustliste ist, das hat auch Herr *Riedel* deutlich hervorgehoben, der Rechtsstaat. Der Rechtsschutz muß dann nämlich von einer materiellen auf eine bloß prozedurale Kontrolle zurückgenommen werden. Denn kontrollieren können die Gerichte die Erfüllung des beschriebenen Optimierungsgebots nicht mehr. Sie könnten die Verwaltungsentscheidung bestenfalls kreativ nachschöpfen. Damit wären aber die Grenzen überschritten, die der dritten Gewalt gezogen sein müssen. Der Rechtsschutz wird dadurch zwar nicht sinnlos. Die Gerichte sinken dann aber zu Instanzen herab, die dem Bürger Tauschmasse für Verhandlungsprozesse mit der Verwaltung zuweisen. Je nachdem, wieviel Verfahrenslast sie der Verwaltung auferlegen, geben sie dem Kläger mehr oder weniger Möglichkeiten, in Verhandlungen mit der Verwaltung etwas herauszuschlagen.

Ich frage nun, ob dieser Preis nicht zu hoch ist. Natürlich kann man diese Frage nicht abstrakt beantworten. Vielmehr hängt vom jeweiligen Gegenstand ab, wie dringlich uns erscheint, daß die Verwaltungsentscheidung so gerecht wie möglich wird. Trotzdem sollte man, glaube ich, eher zur Vorsicht raten als zu mutigem Voranschreiten. Warum das so ist, macht ein Seitenblick auf die Ökonomie deutlich. Dort ist das Optimum ja ein alltäglicher Begriff. Es bezeichnet einen Zustand, der auf keine Weise mehr verbessert werden kann. Mir scheint, daß wir im Verwaltungsrecht genau dahin streben – also zu einer Utopie. Der Wirklichkeit vollständig gerecht werden zu wollen, heißt ihr ungerecht werden zu müssen. Wir sollten deshalb wieder stärker darauf achten, was eine Rechtsordnung sinnvoll noch kann, wenn Rechtsstaat und Demokratie im wesentlichen erhalten bleiben sollen. Wirkungszusammenhänge sind ubiquitär. Die zentral handelnde Rechtsordnung muß sich damit begnügen, Wirkungszusammenhänge herauszufiltern, die solches Gewicht haben, daß ihre Reaktion erforderlich wird. Wenn wir in diesem Sinne Relevanzschwellen definieren, haben wir zugleich den legitimen Bereich der Verwaltungsautonomie bestimmt.

Vorsitzender: Als nächsten Redner darf ich Herrn *Fromont* bitten, die rechtsvergleichende Perspektive gleichsam authentisch zu eröffnen.

Fromont: Für einen Franzosen ist es gar nicht leicht, in diese Debatte einzuspringen. Erstens ist der Begriff der Optimierung im französischen Verwaltungsrecht gar nicht üblich, wie Herr *Riedel* schon bemerkt hat. Im Grunde genommen handelt es sich entweder um die Abwägung von Belangen oder um die Vorrangstellung von bestimmten Belangen. Dann kommt die zweite Schwierigkeit hinzu: Nur selten, zum Beispiel im Planungsrecht, setzt das Gesetz klar fest, welche Belange zu beachten sind und mit welchem Vorrang. In vielen Fällen sind solche Abwägungsgebote und Vorrangstellungen im Gesetz nur implizit geschrieben. Deshalb kann die Frage der Optimierung, aus der Sicht der französischen Rechtsdogmatik, nur mit großen Schwierigkeiten gefaßt werden.

Nun zur Grundsatzfrage: Soll das Gericht die Interessenabwägung bzw. die Vorrangstellung durch die Verwaltungsbehörde prüfen? Wie es aus den Berichten hervortritt, sind die französischen und englischen Richter etwas zurückhaltend. Der Grund liegt weniger in der Tatsache, daß die Richter dort eine nicht so starke Stellung wie in Deutschland innehaben, als vor allem in der Tatsache, daß die Verwaltungsbehörden in der Regel dort in starkem Maße als demokratisch legitimiert betrachtet werden. Tatsächlich werden die wichtigsten Verwaltungsentscheidungen von Ministern oder sogar, wie öfters in Frankreich, von der ganzen Regierung getroffen, das heißt von Leuten, die eine politische Verantwortung tragen. Insoweit hat es der Richter nicht so leicht, eine demokratisch legitimierte Behörde zu tadeln. Zum Beispiel habe ich gerade in der Zeitung gelesen, daß die Entscheidung der Regierung, die den langen Streik der französischen Lastwagenführer zum Schluß gebracht hatte, vor drei Tagen vom Conseil d'Etat aufgehoben wurde. In solchen Fällen hat der Richter das Demokratieprinzip und das Rechtsstaatsprinzip in praktische Konkordanz zu bringen. Das erklärt, warum der französische Richter nur ausnahmsweise die Abwägung von Belangen durch die Verwaltung überprüft; sonst würde er einfach an der Stelle der politisch verantwortlichen Behörden entscheiden.

Dann zu den Methoden der richterlichen Kontrolle. Hier muß zwischen normaler Kontrolle und Minimalkontrolle unterschieden werden. Bei der normalen Kontrolle werden sowohl das Verfahren und die Form als auch die Subsumtion vom Richter voll geprüft. Es wurde heute gesagt, die Verfahrensrügen würden vom Richter bevorzugt. Es trifft zu, aber es ist leicht zu rechtfertigen: Gerade weil die Verwaltung eine demokratisch legitimierte Behörde ist, kann der Richter leichter einen Verfahrensfehler rügen als einen Subsumtionsfehler (insbesondere einen Abwägungsfehler, soweit der gesetzliche Tatbestand eine Abwägung von Interessen einschließt). Deshalb werden die Verfahren und die Form zuerst geprüft, und erst wenn sie fehlerfrei sind, prüft der Richter die Subsumtion. Hinzu kommt, daß die Beachtung von Verfahrensregeln aus französischer und englischer Sicht besonders wichtig sind: Ein berühmter amerikanischer Jurist, J.N. Hazard, sagte, Anwendung von sowjetischem Recht nach amerikanischem Verfahren sei noch besser als Anwendung von amerikanischem Recht nach sowjetischem Verfahren. Deswegen bedauere ich sehr die 6. Verwaltungsgerichtsordnungsnovelle, nach der die Verfahrensfehler heilbar geworden sind. Dann zur Minimalkontrolle: Auch im Bereich der Minimalkontrolle wird die gerichtliche Nachprüfung immer dichter, gerade weil neuere Arten von Rechtsnormen unmittelbar anwendbar geworden sind, insbesondere völkerrechtliche und verfassungsrechtliche Rechtsnormen. Zum Beispiel wird die Konformität mit völkerrechtlichen Vorschriften immer häufiger vom Richter geprüft, insbesondere im Asyl- und Ausländerrecht (Genfer Konvention, Europäische Menschenrechtskonvention). Auch die verfassungsrechtlichen Grundsätze verengen immer mehr das Ermessen. Nach der Entscheidung „Bléton" des Conseil d'Etat vom 16. 12. 1988 verbietet zum Beispiel der Artikel 6 der Erklärung der Menschen- und Bürgerrechte von 1789, daß die Verwaltung jemanden zum Beamten ernennt, der überhaupt keine Fähigkeit zur Ausübung des betroffenen Amtes beweisen kann, auch wenn das Gesetz keine besondere Fähigkeit verlangt. Das heißt: Auch im Bereich der Minimalkontrolle prüft der Richter nicht nur Form- und Verfahrensmängel, sondern ebenso die Beachtung materiellen Rechts, soweit Rechtsnormen die Macht der Verwaltung (d.h. das Ermessen) begrenzen und zwar in allen Fällen die Tatsachenfeststellung und die Rechtsfindung, aber auch, allerdings mit Zurückhaltung, die Subsumtion. Es ist klar, daß bei der Minimalkontrolle die Abwägung und die Vorrangstellung von Belangen nur selten geprüft werden; sonst würde der französische Richter das Gefühl haben, er treibe mehr Politik als Jurisprudenz. Danke schön.

Vorsitzender: Herzlichen Dank, Herr *Fromont*, für diese grundsätzlichen Darlegungen zur gerichtlichen Kontrolle in Frankreich, auch für die Bemerkungen zur Annäherung zwischen den Rechtssystemen, und wenn ich dies richtig sehe, ist Ihre kritische Bemerkung zur 6. Änderungsnovelle der Verwaltungsgerichtsordnung bei manchen wohl ebenfalls auf fruchtbaren Boden gefallen.

Alexy: Die Formulierung unseres heutigen Beratungsgegenstandes, „Rechtliche Optimierungsgebote oder Rahmensetzungen für das Verwaltungshandeln", erweckt den Eindruck, als ob es sich um eine echte Alternative, ein Entweder/Oder handele. Das möchte ich in Frage stellen. Wenn man das Verhältnis zweier Begriffe bestimmen will, muß man diese zunächst definieren. Optimierungsgebote sind sowohl von Herrn *Würtenberger* als auch von Herrn *Riedel* als Prinzipien charakterisiert worden, die gebieten, daß etwas relativ auf die tatsächlichen und die rechtlichen Möglichkeiten in möglichst hohem Maße realisiert wird. Das ist ein Prinzipienbegriff, der an die Struktur ökonomischer Erwägungen anknüpft, aber sich nicht in diesen erschöpft. Er ist auch der juristischen Abwägung zugrunde zu legen. Immer dann, wenn abgewogen wird, werden Prinzipien im dargelegten Sinne vorausgesetzt. Die Relativierung auf die tatsächlichen Möglichkeiten impliziert die Grundsätze der Geeignetheit und Erforderlichkeit, und diese jene. Das eine folgt logisch aus dem anderen. Der Relativierung auf die rechtlichen Möglichkeiten korrespondiert die Verhältnismäßigkeit im engeren Sinne und damit die Abwägung als solche. Das Gegenstück zum Prinzip ist die Regel. Regeln sind definitive Gebote, unter die zu subsumieren ist. Bevor der Frage nachgegangen wird, ob die „Rahmensetzungen" in der Formulierung unseres Beratungsgegenstandes Regelcharakter haben, sei noch ein Blick auf die Optimierungsgebote im Sinne des Bundesverwaltungsgerichts geworfen. Das Bundesverwaltungsgericht spricht ihnen ein „besonderes Gewicht" zu. Das läßt sich dadurch erfassen, daß sie als Optimierungsgebote eingestuft werden, die sich von den normalen Optimierungsgeboten, wie sie in allen Abwägungen vorkommen, nur dadurch unterscheiden, daß in sie ein Prima-facie-Vorrang eingebaut ist. Sie sind also normenlogisch nichts Neues, sondern stellen nur eine etwas kompliziertere Figur des allgemeinen Optimierungsgebots dar. Auf der Seite der Optimierungsgebote ist die Sache damit klar. Die entscheidende Frage lautet somit, was ist das, was in unserem heutigen Thema ihnen entgegengesetzt wird, was ist eine Rahmensetzung?

Herr *Riedel* hat trefflich ausgeführt, daß der Begriff der Rahmensetzung, ich darf aus seinen Leitsätzen zitieren, ein „rechtlich nicht speziell besetzter Begriff" ist. Wie wahr! Die Dinge wären nun einfach, wenn wir die Rahmensetzungen schlicht als Regeln auffassen könnten. Unser Problem wäre gelöst. Die Spielräume im Rechtssystem könnten allesamt abwägungsfrei durch Subsumtion bestimmt werden. Genau das ist jedoch nicht möglich. In allen schwierigen Fällen lassen sich die Spielräume nicht abwägungsfrei und damit nicht ohne Optimierung bestimmen. Natürlich würde ich gerne wissen, wie Sie, Herr *Riedel*, zu der Frage stehen, ob die Rahmensetzung sich in Regelsetzung erschöpfen kann.

Wenn Regeln allein aber nicht ausreichen, um den Rahmen zu setzen, was soll es dann sein, wodurch er bestimmt wird? Die These kann nur lauten: Es sind wesentlich Optimierungsgebote. Dabei ist zentral, daß die Idee der Optimierung nicht, wie es häufig anklingt, identisch ist mit der Idee der einzig richtigen Antwort oder der einzig richtigen rechtlichen Lösung. Das Gegenteil ist der Fall. Beide Referate haben dargelegt, daß die Abwägung kein Verfahren ist, das in allen Fällen die richtige Lösung garantiert. Herr *Würtenberger* hat ausdrücklich die Unbestimmtheit der Abwägung hervorgehoben. Abwägung und damit Optimierung implizieren notwendig Spielräume. Natürlich, und Herr *Würtenberger* hat diesen Begriff zu Recht ins Spiel gebracht, behält die richtige Antwort den Charakter einer regulativen Idee. Wir erwarten von der Verwaltung, daß sie nach der besten Lösung strebt und nicht nach irgendeiner. Was würden wir von einer Behörde sagen, die das folgende erklärt: „Wir haben uns für die Lösung A entschieden, obwohl die Lösung B unter rechtlichen als auch unter Zweckmäßigkeitsgesichtspunkten viel besser ist. Aber die Wahl der Lösung B ist eine hervorragende Möglichkeit, unsere – Herr *Würtenberger* verwendet diesen Begriff – Präferenzautonomie zu demonstrieren." Wir würden das als ungehörig ansehen. Die Behörde hat nach der besten Lösung zu suchen. Das ist ohne weiteres damit vereinbar, daß das Gericht nicht die Kompetenz hat, seine Vorstellung der besten Lösung stets der Vorstellung der Verwaltung von der besten Lösung entgegenzusetzen, und genau dies ergibt sich aus dem Gedanken der Optimierung. Herr *Würtenberger* hat in seiner 20. These Prinzipien, also Optimierungsgebote, genannt, die für Spielräume sprechen. So ist dort die Rede von der vom Grundgesetz vorausgesetzten Eigenständigkeit der Verwaltung, deren demokratischer Legitimation sowie deren Legitimation durch Verfahren der diskursiven Konfliktlösung. Das sind formelle oder prozedurale Prinzipien. Um zu Spielräumen der Verwaltung zu gelangen, ist es lediglich erforderlich, den materiellen Prinzipien, deren isolierte Betrachtung vielleicht zu einer überzogenen Idee der einzig richtigen Antwort verleiten könnte, die formellen oder prozeduralen Prinzipien zur Seite zu stellen. Zu letzteren gehört auch das Prinzip der Effektivität der Verwaltung, das, wie stets bei Optimierungsgeboten, natürlich nicht grenzenlos, sondern nur im Rahmen der tatsächlichen und rechtlichen Möglichkeiten zu realisieren ist. Wenn man dies alles berücksichtigt, und das ist mein letzter Punkt, kommt man zu einer Theorie der abgestuften Kontrollintensität, und zwar nicht in Entgegensetzung zur Idee der Optimierung, sondern auf ihrer Basis. Die Rahmensetzung erweist sich also als ein Problem der Optimierung.

Ich schließe, nachdem ich soeben von einem abgestuften System der Kontrollintensitäten gesprochen habe, mit einer Frage. Herr *Würtenberger*, habe ich Sie richtig verstanden, daß Sie in allen Abwägungsfällen nur eine Offensichtlichkeits- oder Evidenzkontrolle zulassen wollen, also für ein einheitliches System der Kontrollintensität plädieren? In diesem Fall müßte ich, unbeschadet der Tatsache, daß ich Ihnen in fast allen Punkten zustimme, doch mit Nachdruck widersprechen.

Isensee: Ich möchte den drei Referaten weithin zustimmen, soweit ich sie verstanden habe. Mein Beifall steht unter Optimierungsvorbehalt. Immer wenn von Optimierung die Rede war, blieb ich mehr oder weniger ratlos. Hier und da versuchte ich, mir den Sinn der „optimierungs"-haltigen Sätze dadurch zu erschließen, daß ich das ominöse Wort einfach ignorierte, also statt „optimierender Abwägung" schlicht „Abwägung" registrierte – nun meinte ich, zu verstehen, um was es ging. Das Thema der Referate hätte nach herkömmlichem Sprachgebrauch lauten können „Verwaltungsentscheidung zwischen Gesetzesbindung und richterlicher Kontrolle", vielleicht auch zugespitzt: „Substitution der Gesetzesanwendung der Exekutive durch Eigenwertung der Judikative". Doch die drei Referenten müssen die Last der Semantik tragen, machen aus ihrer Not eine Tugend und optimieren, was ihnen vor die rechtstheoretische Flinte kommt. Zu meinem Staunen höre ich, daß die Optimierungsregeln zu verbessern seien, daß also dem Superlativ noch ein Komparativ übergestülpt werden kann. Am Ende weiß ich nicht, ob ich stolz oder traurig sein soll, nicht in England oder Frankreich zu leben, jenen Ländern, in denen, wie uns berichtet wurde, die Optimierungsdebatte noch nicht begonnen habe. Glauben wir, daß die Engländer oder Franzosen etwas versäumen?

Vor 25 Jahren erlebte ich so etwas wie eine Generalprobe der heutigen Vortragsveranstaltung, und zwar beim Habilitationsvortrag eines Betriebswirts, dem ich als Mitglied der Rechts- und Wirtschaftswissenschaftlichen Fakultät der Universität des Saarlandes zuzuhören hatte: Der angehende Habilitand benutzte in auffälliger Häufigkeit das Wort „Optimierung", auch wenn er nicht annähernd die Optimierungsdichte des heutigen Vormittags erreichte. Ein Strafrechtler, den der ihm fremde Terminus der schon damals amerikanisierten Betriebswirtschaftslehre reizte, bediente sich der Parallelwertung in der Laiensphäre und fragte den Kandidaten, was denn Gegenstand und Maßstab der Optimierung sei; im Referat sei es im wesentlichen um Minimierung der Steuern und um Maximierung des Gewinns gegangen – aus der Sicht der staatlichen Allgemeinheit und aus der Sicht des Kunden bedeute das eher eine Pessimierung. Der Kandidat wußte auf die Frage des Außenseiters keine Antwort. Der Habilitationsvater Kilger räumte ein, es sei zuviel „optimiert" worden. Die genuin betriebswirtschaftliche Kategorie der Optimierung ist auf dem Umweg angelsächsischer Rechtstheorie und jener Herrn *Alexys* in die Verwaltungsdogmatik eingedrungen.

Der Sinn des Wortes „Optimierung" changiert. Ich versuche, Bedeutungen, die das Wort in den Referaten des Vormittages angenommen hat, zu unterscheiden und es in die herkömmliche Fachsprache zu übersetzen. „Optimierung" bedeutete zuweilen soviel wie „Rechtsanwendung", zuweilen auch „Wirksamkeit" des Gesetzes. Hier klingt die Unterscheidung an zwischen Geltung und Wirksamkeit des Gesetzes: einerseits der normative Anspruch des Gesetzes auf Geltung, andererseits die reale Einlösung des Anspruchs, seine Wirksamkeit also. Die Normadreassaten haben den Geltungsanspruch mit der Intensität und dem Inhalt zu verwirklichen, wie das Gesetz es vorgibt. Doch sie haben diesen nicht zu optimieren. Das könnte nämlich ein Weniger sein als vorgegeben oder ein Mehr. Das Maß der Optimierung ergäbe sich nicht aus dem Gesetz, sondern aus dem Gusto des Anwenders. Hier und da tritt das Wort Optimierung an die Stelle von „Effektivität", im Sinn der Auslegungsmaxime, daß Normen im allgemeinen oder nur eine bestimmte Sorte (die Grundrechtsnormen etwa) auf „Effektivität" hin zu interpretieren seien – sei es die im Gesetzesprogramm angestrebte Effektivität, sei es die durch freie Selektion des Gesetzesanwenders bestimmte. „Optimierung" kann aber auch im Sinne von „Richtigkeit" verstanden werden; daß die jeweilige Norm „richtig" umgesetzt werde. Wiederum erhebt sich die Frage, ob es um die normimmanente Richtigkeit geht oder um eine externe Richtigkeit, wie sie sich aus dem Verfassungs- und dem Europarecht und aus der Idee der Gerechtigkeit ergibt, oder um eine Richtigkeit, die sich nach der Willkür des Interpreten bestimmt. Entsprechende Probleme tauchen auf, wenn die sinnvariable Vokabel auf das Verhältnis des gesetzesakzessorischen zum gesetzesfreien Verwaltungssektor bezogen wird. Im Namen der „Optimierung" verwischen sich die Grenzen zwischen Rechtmäßigkeit und Zweckmäßigkeit, zwischen Legalität und Opportunität.

Angesichts der verwirrenden Semantik erhebt sich die Frage, auf welcher Ebene die Kategorie zu verorten ist. Handelt es sich um Verwaltungsethik, die auf das Zustandekommen möglichst guter Entscheidungen ausgeht, um verwaltungsrechtliche Dogmatik oder einfach um Rechtstheorie? Richtet sich die Kategorie an den Handelnden, also an den Rechtsanwender, oder an den Beobachter, der von der Warte einer Theorie aus auf die Verwaltung hinabschaut, ohne den Ehrgeiz, sich in das Treiben einzumischen? Auch in ihren grundrechtlichen Bezügen erweist sich „Optimierung" als semantischer Wechselbalg, der grundrechtliche Wertordnung bedeuten kann, Ausstrahlung, Wechselwirkung, schonendsten Ausgleich, Vorbehalt des Möglichen, vor allem aber Abwägung.

„Optimale Abwägung": Norm steht gegen Norm, Rechtsgut gegen Rechtsgut – welche Norm, welches Rechtsgut soll aber optimiert werden? Wenn alles optimiert wird, ergibt sich eine Pattlage. Falls das grammatikalische Unwort erlaubt ist – was ist „optimaler": der öffentliche oder der private Belang? Der eine wie der andere läßt sich nicht ohne weiteres als höher oder niedriger einstufen, weil eine Stufenordnung fehlt. Die Grundrechte stehen nicht von vornherein höher als Belange der Allgemeinheit, zumal sie selbst, in ihrer Dimension als objektive Werte und Institutionen, öffentliche Belange darstellen und als solche mit der subjektiven Position des Einzelnen kollidieren können. Was wiegt mehr: das Abwehrrecht des Störers oder der Schutzanspruch des Opfers? Die Fragen führen in das Verwaltungsrecht zurück, zu der Dreierkonstellation Staat – Störer – Opfer, wie sie sich im Polizei- wie im Umweltrecht finden. Jenseits der Optimierungsbegrifflichkeit werden die kollidierenden Positionen des Störers und des Opfers gewahrt durch das Übermaßverbot auf der einen und das Untermaßverbot auf der anderen Seite; zwischen den zwei Margen bleibt Spielraum für Zweckmäßigkeitserwägungen praktischer Verwaltungsvernunft. Alle juridischen Distinktionen werden jedoch verwischt, indem eine der beiden Positionen oder beide „optimiert" werden. Wenn das Baugesetzbuch der Verwaltung disparate gesetzliche Ziele vorgibt, so verlangt es im konkreten Fall des Zielkonfliktes den Ausgleich der Ziele und statuiert für die jeweils relevanten Ziele einen Mindeststandard an praktischer Wirksamkeit, also ein Anwendungsfall des Untermaßverbotes. Die Formel der Optimierung bietet keine praktische Hilfe. Eher sorgt sie für Verwirrung, wenn alles, was die Dogmatik bisher unterschieden hat, unter den einen semantischen Hut gebracht wird.

Ich möchte von mir aus eine Probe aufs Exempel versuchen für das Zusammentreffen von Normen unterschiedlicher Qualität: die Kriterien des Zugangs zum öffentlichen Dienst, der gemäß Art. 33 Abs. 2 GG jedem Deutschen nach Eignung, Befähigung und fachlicher Leistung offensteht. Es gibt Eignungskriterien, die klare Grenzen stecken und der entscheidenden Stelle in der Regel nur ein Ja oder Nein gestatten; das Erfordernis der Staatsangehörigkeit, das Bestehen der laufbahnentsprechenden Eignungsprüfung, das Höchstalter. Neben diesen Kriterien des Entweder/Oder gibt es Kriterien des mehr oder wenigen Guten: Noten des Prüfungszeugnisses, Einstufung der fachlichen Eignung nach dienstlichen Beurteilungen. Die Eignungsauslese für den öffentlichen Dienst soll darauf hinwirken, allen Bewerbern ein faires Verfahren zu sichern, zu verhindern, daß eine ungeeignete Person mit einem öffentlichen Amt betraut wird – das gehört in den Bereich rechtlicher Regeln –, aber auch tunlichst den geeignetsten Kandidaten herauszufinden und ihm das Amt zu übertragen: das allerdings ist ein Prinzip, ein Optimierungsgebot, das über Rechtsanwendung hinausgeht und die autonome Wertung des Inhabers der Personalhoheit fordert. Diesem kommt die Prärogative in der Beurteilung der Bewerber zu. Das Gericht hat die Primärkompetenz der Verwaltung zu respektieren und bescheidet sich mit einer Vertretbarkeitskontrolle. Die Funktion, die dem Begriff der Optimierung in diesem Kontext zufallen kann, ist eher bescheiden, und auch der bescheidene Rest ist verzichtbar, weil sich die Sache, um die es geht, unprätentiös und unmißverständlich ausdrücken läßt.

Gleichwohl übt die Formel heute einen Sog aus. In ihr wirkt die Tendenz, die Richtermacht auf Kosten der Exekutive, aber auch der Legislative zu stärken, weil es letztlich die Richter sind, die kraft ihrer Willkür darüber befinden, ob ein Verwaltungsakt oder ein Gesetz den jeweiligen Optimierungsvorstellungen Genüge tut. In der Formel verwischen sich die Kompetenz- und Verantwortungsbereiche. Das Recht wird einerseits entgrenzt, andererseits aufgeweicht, verflüssigt, dynamisiert, verprozessualisiert. Es bildet nicht die feste Ordnung des gesellschaftlichen Lebens, sondern Bewegung, nicht den vorgegebenen Gegenstand der Interpretation, sondern das Stichwort einer permanenten, unabschließbaren Diskussion. Nicht zufällig ist nicht die Rede vom „Optimum" und nicht vom „optimalen Ergebnis" – das wäre eine vielleicht unerreichbare, doch der Idee nach feste Zielvorgabe. „Optimierung" aber ist dauernde Bewegung, die nicht nach dem Ziel fragt und die des Zieles nicht bedarf: progressus in infinitum.

Die Dogmatik kommt ohne das dynamische Moment nicht aus. Das zeigt die Rechtsfigur der Abwägung. Doch wenn sie wieder festen Boden unter den Füßen zurückgewinnen möchte, sollte sie sich der ersten Funktion des Rechts erinnern, der Abgrenzung. Ceterum censeo: den Vorrang der Abgrenzung vor der Abwägung wiederherzustellen. Abwägung (optimierende wie nichtoptimierende) also nur dort, wo sie nicht durch Abgrenzung ersetzbar und von der Sache her unvermeidlich ist!

Gröschner: Herr Vorsitzender, meine Damen und Herren, gestatten Sie mir die angekündigte methodenkritische Bemerkung, und zwar zum Umgang mit zwei Begriffspaaren: Optimierung und Maximierung einerseits sowie Subsumtion und Abwägung andererseits. Da ich im wesentlichen an Herrn *Isensee* anschließen kann, glaube ich, eine optimale Nutzung der verbleibenden Diskussionszeit garantieren zu können. „Optimierung" setzt nach meinem Verständnis voraus, daß wir mindestens zwei Größen haben, deren relatives Gewicht zueinander erst und nur im Vorgang der Abwägung bestimmt wird, die also kein Gewicht an sich haben oder deren Ansichgewicht jedenfalls aus Methodenperspektive im Vorgang der Abwägung irrelevant ist. Anders bei der „Maximierung". Dort, denke ich, setzt ein methodenbewußter Gebrauch des Begriffs voraus, daß wir eine fixe Größe oder eine Größe mit einem ganz genau bestimmten Gewicht haben, dergegenüber dann eine Variable höchstmögliche Wirkung entfalten soll. Ich wage die Behauptung, daß wir es bei der Rechtsanwendung auf allen Gebieten des Rechts niemals mit solchen Begriffen zu tun haben, die quasi apriorisch, also außerhalb des Rechtsfindungsvorgangs, bestimmbar sind. Deswegen wäre aus meiner Sicht der Begriff Maximierung für eine methodenbewußte Jurisprudenz ein verbum prohibitum. Ich würde bei der Optimierung nicht so weit gehen, verbum prohibitum zu sagen, aber gegenüber einer gewissen Optimierungseuphorie doch auch Zurückhaltung im Sinne von Herrn *Isensee* empfehlen. Darf ich zum zweiten Aspekt ganz kurz kommen: Subsumtion und Abwägung. Ich glaube, die Methodenlehre ist sich heute klar, daß auch die Subsumtion unter konditionale Normen – der Luhmannsche Begriff wurde von Herrn *Würtenberger* heuristisch ja wirklich sehr fruchtbar gemacht – natürlich kein formallogischer Vorgang, keine formallogische Deduktion, sondern Argumentation ist: Auslegung und Anwendung als argumentativer Auswahlprozeß, wie *Reinhold Zippelius* sehr schön alliterierend formuliert hat. Und aus dieser methodologischen Perspektive scheint mir jene heuristische Unterscheidung von Konditional- und Finalnormen nicht sehr weit zu tragen, und meine Frage wäre, Herr *Würtenberger*: Würden Sie das im Prinzip, wenn wir uns jetzt wirklich auf Methodenfragen konzentrieren, auch so sehen? Herrn *Riedel* möchte ich sehr zustimmen, weil er uns aus rechtsvergleichender Perspektive klar gesagt hat, letztlich sei alles eine Frage der Kontrolldichte, so daß, ich darf zusammenfassen, es aus meiner dialogischen Sicht des Rechtsfindungsprozesses immer um Argumentationen geht und die Frage allein ist, wie weitgehend wir die Argumente durch die Gerichte überprüfen lassen wollen.

Rossen-Stadtfeld: Herr Vorsitzender, meine Damen und Herren, meine beiden Anmerkungen betreffen überwiegend das Referat von Herrn *Würtenberger*. Der erste Einwand knüpft bei dem Begriff des Optimierungsgebots an, genauer gesagt, bei der Prinzipienabwägung, auf die dieses Gebot hinzielt. Ich habe nie verstanden, wie Prinzipien abgewogen werden könnten. Rechtsprinzipien haben keine Berührungsflächen. Sie existieren berührungsfrei nebeneinander und stehen alle gleichermaßen unter dem Vorbehalt ihrer Optimierung. Solche Prinzipien können erst in irgendwelchen rechtlichen Operationen eingeführt werden, nachdem sie vorher auf die Ebene der Regeln – Herr *Alexy* hat diese Begrifflichkeit weit entfaltet – heruntergebrochen worden sind. Anhand welcher normativen Maßstäbe sollten Prinzipien denn auch abgewogen werden können? Es müßten ja Maßstäbe sein, die jenseits dieser Prinzipien existierten, außerhalb ihrer selbst sozusagen. Das scheint mir schwer möglich zu sein. Es sind also immer nur Regeln, die wir abwägen. Und wenn wir dann noch ein wenig genauer hinsehen, dann wird, so glaube ich, ein ganz heterogener Mix von höchst verschiedenen Gesichtspunkten sichtbar, die in eine konkrete Abwägungs- und Entscheidungslage einfließen. Gesichtspunkte, die teils rechtlicher Herkunft und Art sind, teils aber auch Tatsachen betreffen, die situativ gebildet werden, Gelegenheitsstrukturen abgezogen werden usw. Das ist die Situation, in der sich der Verwalter „vor Ort" meistens befindet. Das ist der Verwaltungsalltag. Recht ist hier ein Gesichtspunkt, aber eben nur ein Gesichtspunkt unter anderen. Vielleicht auch oft kein vorrangiger Gesichtspunkt. Und damit bin ich auf dem Gebiet der Verwaltungslehre und bei meinem zweiten Einwand angekommen. Wer ist das eigentlich, der hier entscheidet und für den unter den Gesichtspunkten der Optimierung und der Rahmensetzung Entscheidungsfreiräume geschaffen werden sollen? Die Antwort lautete: Verwaltung. Demgegenüber sagt uns die Verwaltungslehre, daß die Verwaltungsentscheidung vielfach eben gerade nicht mehr, jedenfalls nicht mehr allein, *von* der Verwaltung, sondern *in* ihrerseits wiederum einigermaßen unübersichtlichen, vielgestaltigen Netzwerken getroffen wird. *In* Netzwerken, in denen sich staatliche mit gesellschaftlichen Akteuren verbinden. Wenn die Verwaltungsentscheidung in diesem Geflecht entsteht, dann drängt sich doch die Frage auf, wie das noch gesteuert wird. Kann das überhaupt noch durch Recht gesteuert werden? Wir rechnen immer noch vorwiegend mit gesetzlich angeleiteten staatlichen Akteuren. Wir können ja auch kaum anders verfahren. Die Normen zwingen uns dazu, letztlich die der Verfassung. Aber wir tun das auf schwankendem Boden, denke ich. Selbstverständlich gilt das nicht für alle Bereiche der Verwaltung. Die maßgeblichen und sich dynamisch entwickelnden Referenzbereiche des modernen Verwaltungsrechts aber, so scheint mir, sind von dieser tatsächlichen Unklarheit im Hinblick auf Urheber, Ort und Maßstäbe der Verwaltungsentscheidung geprägt. Vor diesem Hintergrund kann das Wort von der Verantwortungsteilung eigentlich nur als ein Euphemismus verstanden werden. Vielen Dank.

Starck: Herr Vorsitzender, meine Damen und Herren. Es ist jetzt schon viel über das Thema gesprochen worden, und deswegen möchte ich nur noch einmal festhalten, daß die Referate und Diskussionsbeiträge sehr schön gezeigt haben, wie sehr die Gegenüberstellung von Optimierungsgeboten und Rahmensetzung für die Anwendung von Normen, die Abwägungsvorgaben, Finalbestimmungen und Ermessensbestimmungen enthalten, eine fruchtbare Klärung eines verwaltungsrechtlichen Grundproblems wesentlich beiträgt.

Der zweite Gesichtspunkt, der mich veranlaßt hat, mich zu melden, ist, daß unsere Thematik Rechtsvergleichung geradezu herausfordert, und zwar eine Rechtsvergleichung auf der Basis von Rechtsordnungen, die man als rechtsstaatlich und demokratisch bezeichnen kann. Bei dieser Rechtsvergleichung geht es zunächst um die Vergewisserung des eigenen Weges, den wir gehen. Ebenso wichtig und damit verbunden ist aber, daß viele dieser Rechtsordnungen Grundlagen für die Herausbildung eines Verwaltungsrechts der Europäischen Gemeinschaft sind und daß letzten Endes auch in diesem Zusammenhang gemeineuropäisches Verwaltungsrecht entstehen wird, das auf die einzelnen nationalstaatlichen Verwaltungsrechtsnormen einwirken wird.

Dieser Prozeß der Bildung eines gemeinen europäischen Verwaltungsrechts trifft auf ganz erhebliche rechtskulturelle Unterschiede, die Herr

Riedel, aber auch schon Herr *Würtenberger* und selbstverständlich auch Herr *Haller* herausgearbeitet haben. Wenn man die Ergebnisse unter soziologischen Gesichtspunkten kurz zusammenfaßt, kann man sagen, daß in England und Frankreich ein relativ großes Vertrauen in die Verwaltung besteht, während bei uns traditionellerweise eher der Richterschaft vertraut, der Verwaltung aber mißtraut wird. Herr *Bullinger* hat insoweit auf einen wichtigen Punkt hingewiesen. Wenn auf die Dauer das Vertrauen in die Verwaltung gestärkt werden soll, setzt das geeignete Organisation und personelle Ausstattung insbesondere mit Know-how voraus. Insoweit sind die rechtskulturellen Unterschiede nicht für immer fixiert; vieles kann sich ändern, was zu hoffen ist. Es setzt auch voraus, daß die Richterschaft das Vertrauen in die Verwaltung nicht immer wieder neu zerstört, indem sie Zweckmäßigkeitsfragen über das verfassungsrechtliche Verhältnismäßigkeitsprinzip zu Rechtsfragen hochstilisiert. Das Vertrauen in die Verwaltung kann dadurch gefördert werden, daß in den Urteilsgründen der Rahmencharakter des Rechts stärker betont wird. Selbstverständlich muß das Gericht eingreifen, wenn die Verwaltung von Lobbyismus, von parteipolitischem Einfluß und sachfremden Gesichtspunkten bestimmt wird.

Bei Herrn *Riedel* hat dann zu Recht der Unterschied der Verfassungsrechtsordnungen der in Vergleich gezogenen Länder eine große Rolle gespielt. Er hat sich mit der Rechtsweggarantie des Art. 19 Abs. 4 GG beschäftigt und die Problematik auf die Frage der Kontrolldichte zugespitzt. Das schien uns bei der Themenstellung in der Tat am wichtigsten. Wie Herr *Würtenberger* deutlich gezeigt hat, führen Optimierungsgebote zwangsläufig zum Einsickern von Zweckmäßigkeitsfragen in die gerichtliche Rechtskontrolle, d.h. zur Verwischung der Grenzen von Rechts- und Zweckmäßigkeitskontrolle, die die §§ 68 Abs. 1 S. 1, 113 Abs. 1 VwGO so fein säuberlich zu trennen versuchen. Wie kann man diese Trennung in der Praxis erreichen und die Kontrolldichte der Verwaltungsgerichte vermindern, gewissermaßen auf den gemeineuropäischen Stand bringen? Hier sehe ich wenige Möglichkeiten für die Gesetzgebung. Werden die Gesetze deutlicher als Rahmenrecht formuliert, so kommen die Richter über die Grundrechte, über das Verhältnismäßigkeitsprinzip dazu, die einzige richtige Lösung zu verlangen. Die Umkehr muß von der Rechtsprechung ausgehen und vom Bundesverfassungsgericht gebilligt werden. Es muß also eine gerichtliche Umsteuerung vonstatten gehen. Darüber ist ja schon viel gesprochen worden, so über die Änderung oder Neuauslegung des § 114 VwGO, indem man den Ermessensbegriff so faßt, daß auch die unbestimmten Rechtsbegriffe darunter fallen und andere offene Normen, Beurteilungsspielräume usw.

Ein anderer Punkt, der in den Referaten nicht angesprochen worden ist, und damit will ich schließen, ist die Frage der Gerichtsorganisation. Wir haben hier eine merkwürdige Situation in Deutschland. Die Unzahl von Prozessen führte zu einer ständigen Vermehrung der Richterschaft. Und wenn man viele Richter hat, kann man die Geschäfte so verteilen, daß sich spezialisierte Fachkammern und Fachsenate bilden. Je mehr spezialisierte Spruchkörper es gibt, und je mehr die Richter über lange Jahre immer nur mit Rechtsfragen aus einem Fachgebiet beschäftigt sind, um so genauere Spezialisten des Baurechts, des Gemeindesteuerrechts und dergleichen werden sie. Die Frage ist, ob man nicht auch über die interne Gerichtsorganisation eine Umsteuerung erreichen kann. Nur wenn die Richterschaft sehr spezialisiert ist, traut sie sich zu, auf die optimale Gesetzesanwendung hinzuarbeiten und dadurch die Optimierungsfrage zur Rechtsfrage zu stilisieren.

Paul Kirchhof: Wenn wir heute die Frage nach den rechtlichen Handlungsaufträgen stellen, bei denen der Entscheidungsmaßstab nur prinzipiell vorgegeben ist, stehen wir im Grunde vor der Frage, was das Recht leisten kann und was das Recht leisten soll. Hier kennen wir die herkömmliche und richtige Antwort: Das Recht schreibt erprobte Rechtserfahrung fest, sichert bewährte Werte, eröffnet verläßliche Entscheidungs- und Erneuerungsverfahren und sagt, was unbedingt sein muß und was keinesfalls sein darf. In diesem Rechtsverständnis haben wir eine befriedigende, vielleicht auch eine gute Rechtsordnung hergestellt. Jetzt aber drängt es uns zum Besseren, nein es drängt uns zum Besten, selbst wenn es, Herr *Alexy*, mehrere beste Lösungen gibt. Mit diesem Streben nach dem Besten bringen wir eine gewaltige Dynamik, aber auch eine Unstetigkeit, eine Unruhe, in unsere Rechtsordnung. Deswegen möchte ich eine am Beispiel des Verfassungsrechts formulierte Frage an die Referenten richten, wobei ich Herrn *Würtenberger* ein bißchen von seiner eindrucksvollen Theorie ins Konkrete locken und Herrn *Riedel* bitten möchte, die schöne Brücke, die er von England und Frankreich nach Deutschland geschlagen hat, noch weiter in Richtung Mitteleuropa zu betreten. Das Grundgesetz ist das Gedächtnis unserer Demokratie. Es will das, was unverbrüchliches Recht ist, festschreiben und bewahren. Deshalb hat diese Verfassung im Prinzipiellen stets etwas Beharrendes, etwas Statisches. In dieses bewahrende Verfassungsrecht haben sich nun aber Superlativtatbestände eingeschlichen – der schonendste Ausgleich, der geringstmögliche Eingriff, die kostengünstigste Lösung, das wirtschaftlichste Angebot. Nehmen wir diese Superlativtatbestände beim Wort, so drängen sie die Rechtsanwendung immer auf ein Optimum, auch wenn vielleicht ein Beharren bei der guten die verläßlichere Lösung wäre. Wir verlassen das Gute in der Hoffnung, das Bessere zu erreichen, ohne aber zu wissen, wo wir letztlich ankommen. Deswegen genügt der schonende Ausgleich, der maßvolle Eingriff, die sparsame und wirtschaftliche Lösung.

Dieses Bemühen um die gediegene Rechtsordnung, die in ihrer rechtsstaatlichen Stetigkeit und ihrer demokratischen Legitimationsbedürftigkeit nicht stets die beste sein kann, ist nicht nur Inhalt des Verfassungsrechts, das nur das schlechthin unaufgebbare Recht bündelt und deswegen ein besonderes Beharrungselement enthält. Unser Problem läßt sich ebenso am Planungsrecht veranschaulichen, bei dem von vornherein Abwägungsfragen im Mittelpunkt stehen und damit Optimierungsstrategien nicht fernliegen. Nehmen wir als Beispiel den klassischen Plan, den Haushaltsplan: Hat der Haushalt ein Volumen von 600 Milliarden DM, so bieten sich soviele Abwägungslösungen, als diese Summe durch DM teilbar ist. Bei diesen Optimierungsperspektiven schwirrt selbst dem abstraktesten Theoretiker der Kopf, weil er allein von der Zahl her kaum einen Orientierungspunkt gewinnt. Unsere Rechtsordnung reagiert auf diese Entscheidungslast durch Kompetenzzuweisung. Sie sagt zunächst, daß über den Haushalt der Gesetzgeber entscheidet und daß nach der Entscheidung durch das Gesetz die Verwaltung ermächtigt ist. Sie muß den Haushalt nicht vollziehen, sie kann z.B. sparsamer sein als der Gesetzgeber, darf aber von den Ermächtigungen des Haushaltsgesetzes Gebrauch machen. Die haushaltsgesetzliche Ermächtigung enthält die Befähigung zum finanzwirtschaftlichen Handeln im Rahmen der gesetzlichen Vorgabe als Blankettermächtigung, die von der Verwaltung mit dem Stolz wahrgenommen wird, aus diesem abstrakten Dürfen etwas Konkreteres, etwas Gewichtigeres zu machen, als der Gesetzgeber vorschreiben könnte. Unser Optimierungsauftrag ist also letztlich ein Problem präzise definierter Kompetenzzuweisung und maßvoller Gesetzesbindung. Für die Konkretisierung ist dann entscheidend, ob die Kompetenz der Verwaltung oder zugleich der Rechtsprechung zugewiesen wird. Innerhalb der Rechtsprechung darf dann der Instanzenzug wiederum nicht als Optimierungsabstufung verstanden werden. Anderenfalls spräche die Vermutung dafür – ich wage kaum, dieses zu sagen –, daß die letzte Instanz es stets am besten weiß. Dadurch entstünde eine Sogwirkung, wonach sich alle Entscheidungen schließlich in der letzten Instanz sammeln und diese dann im Optime zusammenbrechen lassen.

Eine letzte Bemerkung verfahrensrechtlicher Art, die auch wieder die Abwägung zwischen gegenläufigen Zielen ins Konkrete wenden will. Wendet sich ein Bürger mit der Urteilsverfassungsbeschwerde gegen eine Gerichtsentscheidung, so verlangt er vom Verfassungsgericht eine andere Ausbalancierung von individueller Freiheit und Gemeinwohl. In dieser Abwägungskonzeption stellt sich die Frage, ob ein solcher Prozeß nicht einen Generalanwalt braucht, der das öffentliche Interesse vertritt. Hat die letzte Instanz der Fachgerichte zum Nachteil des Gemeinwohls entschieden und dem Bürger etwas mehr an Rechten gegeben, als ihm von Verfassungs wegen zusteht, so gibt es dagegen keinen Rechtsbehelf. Auch hier tritt das Anliegen zutage, die Ausgewogenheit und Stetigkeit der gebotenen Abwägungen durch Kompetenzzuweisungen und Verfahrensregeln zu sichern.

Schulze-Fielitz: Herr Vorsitzender, meine Damen und Herren, erlauben Sie mir drei kurze Anmerkungen. Die ersten beiden zur Rechtsvergleichung. Herr *Riedel* hat festgestellt, daß es so etwas wie einen Annäherungsprozeß unterschiedlicher Verwaltungsrechtskulturen im Sinne eines harmonisierenden Angleichungsprozesses gibt. Soweit das eine empirische Beobachtung ist, bin auch ich davon überzeugt. Sobald dabei aber unterstellt wird, daß wir diesen Prozeß in dem Sinne instrumentell auffassen sollten, daß wir unsere Verwaltungsrechtskultur automatisch anpassen oder ändern sollten, dann würde ich um eine Klarstellung bitten. Ich bin lernbereit und würde auch nicht irgendwelche Status-Quo-Garantien aus Art. 19 Abs. 4 GG zu weitgehend ableiten wollen, aber ich würde doch bitten, daß man die Gründe der unterschiedlichen Verwaltungsrechtskulturen in England, Frankreich und Deutschland mit einbezieht. Unsere extrem legalistisch geprägte Kultur (etwa ablesbar in der Zahl der Richter oder in der Art der Rechtsordnung, der Ausgestaltung) ist doch Antwort auf eine in Jahrzehnten oder Jahrhunderten gewachsene Tradition, und wenn wir jetzt anfangen, an Symptomen zu kurieren und schnell mal umzusteuern, weil wir uns irgendwie „anpassen" wollen, laufen wir Gefahr, solche – wenn man so will – Errungenschaften deutschrechtsstaatlicher Prägung vielleicht mit aufzugeben. Mit anderen Worten: Allein der Vergleich dogmatischer Figuren bringt uns nicht weiter. Dann noch eine Nebenbemerkung: Wenn man Art. 19 Abs. 4 GG hochhält – Herr *Würtenberger*, Sie sprachen von „Verfassungsimperialismus"! – fällt die Technik auf, positiv und negativ besetzte Begriffe in einem Begriff zusammenzuführen, z.B. der „totale Rechtsstaat" oder „Menschenrechtsrhetorik". Sie soll den positiv besetzten Begriffsteil kritisieren, aber man läuft so Gefahr, diesen positiven Wert dadurch auch zu entwerten, und deswegen bin ich gegen solche Begriffe. Daher sollte man noch einmal darüber nachdenken, ob man sie gebrauchen soll.

Zweite Bemerkung. Wir haben hier unter den Gesichtspunkten Ermessen, unbestimmter Rechtsbegriff, Planungsdogmatik, Optimierung verglichen. Herr *Riedel* hat uns das sehr schön vorgeführt, und als Tendenz ist uns der alte Gedanke der Verschiebung der Schwerpunkte der Rechtskontrolle von der materiellen Nachprüfung hin zur Verfahrenskontrolle nahegelegt worden. Aber ich meine, man müßte auch zusätzliche Äquivalente in den fremden Rechtsordnungen mit einbeziehen. Zwei Beispiele: Die Rolle der Verwaltungsöffentlichkeit, das Recht auf Verwaltungsinformation, das ja für die Art und Weise, für die Ausgestaltung des Verfahrens erhebliche Bedeutung haben soll, spielt in den anderen Ländern eine ganz andere Rolle. Wie weit muß man dementsprechend unser Verfahrensrecht umgestalten, ehe man den Schritt zur Abkehr von der materiellen Prüfung geht? Zweites Beispiel: Das Verwaltungsorganisationsrecht wurde heute zwar weithin ausgeklammert. Herr *Würtenberger* hat aber gefordert, aller Sachverstand soll in der Verwaltung gesammelt werden, die dafür zuständig und funktionsadäquat ausgerichtet ist. Aber müssen wir nicht dann auch, ehe wir eine Rücknahme der Kontrolle hinnehmen, z.B. Organisationsgarantien über die Art und Weise der Berücksichtigung des Sachverstandes weit mehr, als wir sie jetzt haben, gleich mit hinzudenken? Das heißt, der Zusammenhang von materiellem und formellem Recht hätte uns zu beschäftigen, bevor wir kurzschlüssig punktuelle Dogmatikfolgerungen ziehen.

Letzte Bemerkung: Warum gibt es eigentlich das Bedürfnis nach Optimierungsklauseln oder Optimierung? Der Kern unseres Themas ist doch der, daß offenbar die Steuerungsfähigkeit von Recht nicht die Kapazität hat, um all diese Prozesse zu lenken oder zu kontrollieren, die eine immer komplizierter werdende moderne Industriegesellschaft auszeichnen. Und die Optimierung ist der Versuch, trotzdem das Recht noch wirken zu lassen, weil es eben nicht mehr mit den klaren eindeutigen Regeln konditionaler Programmierung funktioniert. Wenn das aber so ist, und wenn das Recht oft vergeblich angerufen wird, dann müssen wir, weit mehr als bisher, uns weniger selbst bescheiden auf Rechtsdogmatik, sondern wir müssen, in Anknüpfung an ältere Traditionen, äquivalente Formen der Steuerung und Kontrolle mit in das Verwaltungsrecht aufnehmen, wir müssen die Verwaltungswissenschaft einbeziehen, etwa Effektivitätskontrollen, Kosten-Nutzen-Analysen, alles das, was die traditionellen Verwaltungswissenschaften oder vielleicht Staatswissenschaften mit einbezogen haben, und wir dürfen nicht sagen, das sei kein Recht mehr. Moderne Verwaltung läßt sich möglicherweise eben nicht nur rechtlich steuern, auch wenn wir es versuchen, indem wir etwas als Optimierung etikettieren. Schönen Dank.

Vorsitzender: Wir kommen jetzt zu den Zwischenworten, und zwar in der Reihenfolge der Referate.

Würtenberger: Als erster Punkt sei herausgestellt, daß offenbar Konsens dahin besteht, daß die Betonung des Verfahrensgedankens sehr wichtig ist. Vor allem Herr *Fromont* hat hierauf mit Nachdruck hingewiesen, aber auch in anderen Stellungnahmen ist das angeklungen. In diesem Zusammenhang hat Herr *Bullinger* die Frage nach dem Personal in der Verwaltung gestellt, das in der Lage ist, ein Verwaltungsverfahren so zu führen, wie es in meinen Ausführungen entwickelt wurde. In diese Richtung gingen ebenfalls die Fragen von Herrn *Schulze-Fielitz* und Herrn *Rossen-Stadtfeld*. Die Frage nach dem Personal ist in der schriftlichen Fassung deutlicher angesprochen, als es aus Zeitgründen in dem mündlichen Vortrag möglich gewesen wäre. Es erscheint mir äußerst wichtig, daß das Verwaltungspersonal und das Verwaltungsmanagement den Anforderungen an ein modernes Verwaltungsverfahren gerecht werden. So gehört es bereits seit langem zum Lehr- und Forschungsprogramm der angelsächsischen Universitäten, die Verwaltung, ebenso wie die Anwälte im Umgang mit Konfliktlösungsstrategien zu schulen. Hier geht es nicht nur um die Vermittlung rhetorischer Fähigkeiten beim Umgang mit Einwendern oder Sachverständigen, sondern auch darum, zu lernen, wie das Recht in einer sach- und interessenadäquaten Weise konkretisiert werden kann. Vermittelt wird der Umgang mit Nutzen-Kosten-Analysen, mit wissenschaftlich-technischem Sachverstand, mit der interessierten Öffentlichkeit u. a. mehr. In der Bundesrepublik Deutschland fehlt es bislang wohl weitgehend an einer derartigen fachlichen Schulung.

Unmittelbar im Zusammenhang hiermit steht die ebenfalls angesprochene Frage, ob man nicht auch andere Bürger braucht, die stärker als bislang aus Gemeinsinn heraus darauf hinwirken, daß die sachlich richtige Entscheidung von der Verwaltung getroffen wird. Aus meiner Sicht kann sich der Bürger auf einen liberal orientierten Egoismus beschränken. Wenn die Bürger im Verwaltungsverfahren ihre Interessen gegeneinander und miteinander durchsetzen und wenn die „Egoismen" der Bürger verfahrensmäßig abgearbeitet werden können, kann dies zur relativen Richtigkeit von Verwaltungsentscheidungen wesentlich beitragen. Diese Überlegungen führen zu der bereits angesprochenen Präferenzautonomie zurück, die sich hier fruchtbar machen läßt. Wenn eben jeder seine Präferenzen in das Verfahren einbringen kann, so steht zu erwarten, daß sich ein Optimum an Entscheidungsautonomie verwirklichen läßt.

Von Herrn *Rossen-Stadtfeld* ist gegenüber dem hier entwickelten Ansatz kritisch angemerkt worden, daß die Verwaltung nach den modernen Verwaltungswissenschaften eher als Netzwerk zu verstehen sei. Solche theoretischen Netzwerkvorstellungen scheinen mir wenig sinnvoll zu sein. Wer die Praxis der Planungs- und Genehmigungsverfahren kennt, muß nicht auf den Begriff Netzwerk zurückgreifen, um zu beschreiben, daß der Antragsteller etwas will, daß die zahlreichen mitbeteiligten Behörden nicht nur Vertreter eines öffentlichen Interesses, sondern vielfältiger unterschiedlicher öffentlicher Interessen sind, daß die Einwender ebenfalls unterschiedliche Interessen in das Verfahren einbringen und daß nicht zuletzt auch der Rückgriff auf den Sachverstand interessengeleitet sein kann. Das Charakteristische an einem Verwaltungsverfahren ist der Diskurs, der zwischen sehr unterschiedlichen Vertretern privater und öffentlicher Interssen geführt wird und aus dem, bei einem gewissen Optimismus, „gute" Entscheidungen hervorgehen.

Sehr ausführlich wurde die Methodenfrage diskutiert. Herr *Alexy* hat sehr pointiert seinen methodischen Ansatz vorgestellt, der in meinem Referat zum Teil rezipiert worden ist. Herr *Isensee* hat ebenso pointiert ein Gegenmodell entwickelt, nach dem der Begriff der Optimierung und der damit verbundene methodische Zugriff auf die Abwägung im Recht wenig nützlich seien. Dieser Frontalangriff auf Begrifflichkeit und Methode kann aus meiner Sicht zunächst darum nicht überzeugen, weil der Begriff „Optimierung" ein Begriff ist, der in der Rechtsprechung des Bundesverfassungsgerichts, in der verwaltungsgerichtlichen Rechtsprechung, im Verwaltungsrecht sowie in der Rechtstheorie deutliche Konturen gewonnen hat. Die juristische Dogmatik und das juristische Denken sind also durch diesen Begriff geprägt, wobei sich dann die weitere Frage anschließt, ob dieser Begriff, in einem hegelianischen Sinn, etwas Vernünftiges umschreibt. Hier haben mich Herr *Gröschner* und andere Diskussionsbeiträge darin bestärkt, daß der Begriff Optimierung deshalb sinnvoll ist, weil er zwischen einer konditionalen Programmierung einerseits und der Vorgabe von Abwägungsspielräumen durch Verfassung und Gesetz andererseits unterscheiden hilft. Auf der einen Seite steht in der alten Tradition der Methodenlehre die Auslegung von Rechtsnormen, auf der anderen Seite steht die Abwägung zwischen gegenläufigen Prinzipien und zwischen gegenläufigen Interessen. Stärker als bei der Auslegung geht es bei der Abwägung um eine rechtschöpfende Tätigkeit. Kommt man um die Kategorie der Abwägung im Recht nicht herum, so stellt sich die wichtige Aufgabe, wo im Bereich der Abwägung die Schnittpunkte zwischen exekutivischem und judikativem Bereich liegen. Davon abgesehen ist die Optimierungsidee im Planungsrecht ausgesprochen oder unausgesprochen eine Leitvorstellung. So will etwa ein Bebauungsplan nicht allein die vielfältigen und in sich heterogenen Vorgaben des Baugesetzbuchs erfüllen, sondern er sucht eine bestimmte bauplanerische Konzeption in optimaler Weise zu verwirklichen.

Haller: Herr *Bullinger* hat die Frage gestellt: Wie sind die anspruchsvolleren Konzepte mit der bestehenden Verwaltung realisierbar? Ich hatte dieselben Bedenken und habe deshalb den Verzicht auf Regelung, die Vereinfachung von Regelung und die Verbesserung des Bestehenden befürwortet, um für die Bereiche, in denen wir von der Verwaltung durch Rahmensetzung mehr haben wollen als bisher, Freiräume zu geben. Als jemand, der ein wenig in der Beamtenschulung tätig ist, weiß ich, daß die Verwaltung noch nicht immer für allzu hohe Aufgaben reif ist. Ich würde deshalb die Frage von Herrn *Bullinger* mit einem Ja beantworten, aber auch ich zweifele. Herr *Engel* hat Demokratieverluste und Rechtsstaatsverluste zur Erwägung gestellt. Wollen wir wirklich verzichten auf Vorhersehbarkeit, auf inhaltliche Kontrolle? Sie haben vielleicht gesehen, daß ich gewisse Bedenken im Rahmen des EU-Rechts geäußert habe. Wollen wir wirklich diese großen Ermessensräume, und wollen wir wirklich diese Verfahrenskontrolle unter Aufgabe inhaltlicher Gesichtspunkte? Ich glaube auch, daß das im Referat von Herrn *Riedel* sehr stark zum Ausdruck gekommen ist. Herr *Alexy* hat gefragt: Optimierungsgebote und Rahmensetzung – ist das ein Gegensatz? Ich habe versucht, dem auszuweichen. Herrn *Isensee* vorausahnend, habe ich das Wort Optimierung nur ein einziges Mal verwendet, gerade um nicht das Thema zu verfehlen. Weil auch ich hier Bedenken hatte, habe ich mich mehr beschäftigt mit den Fragen „Wie weit ist Determinierung möglich?", „Wie weit ist die Kontrolldichte?" – so, wie Herr *Gröschner* es angesprochen hat. Daß die Verwaltung, wenn sie zwischen der Determinierung des Gesetzes und der Kontrolle des Gerichts steht, selbst – ob Netzwerk oder nicht – zwischen politischen Parteien, Parteien, die etwas wollen, und Lobbies steht, habe ich mehrfach angesprochen. Ich glaube, daß das Umfeld neben den schönsten Konzepten eben sehr stark beachtet werden sollte. Herr *Starck* hat vom Mißtrauen gegenüber der Verwaltung gesprochen. Ich habe das besonders betont: Mißtrauen gegenüber der Politik gegen einer Überlegenheit, gegenüber einer zu starken Machtposition der Verwaltung. Auch bei den Fragen von Herrn *Kirchhof* nach der Leistungsfähigkeit des Rechts und der Unruhe möchte ich reklamieren, daß ich relativ stark für die Verbesserung des Bestehenden plädiert habe, um das, was erreicht ist, nicht zu gefährden. Ich glaube, daß Fragen der Qualität der Beamten, ihrer Schulung und des Umfeldes wichtig sind und daß hier Verbesserungen liegen sollten. Diesen Fragen kann man natürlich nicht so sehr mit Konzepten und Worten, sondern eher mit der Anerkennung der Realitäten begegnen. Ich glaube also, daß die Fragen, die in der Diskussion angesprochen worden sind, mir ein wenig bestätigen, daß ich versucht habe, das Thema für mich zurechtzurücken, und es nicht ganz verfehlt habe. Danke schön.

Riedel: Da ich heute morgen schon reichlich Gelegenheit hatte, mein Exposé vorzustellen, muß ich mich jetzt knapp fassen und kann deshalb nur einige Punkte der Diskussion aufgreifen. Zunächst ganz kurz eine Bemerkung zu den Ausführungen von Herrn *Alexy*. Fast alle haben sich ja dazu geäußert. Ich habe ihn so verstanden, daß bei der Ausarbeitung von Konditional- und Finalprogrammen die Unterscheidung von Regeln und Prinzipien im Zentrum seines rechtstheoretischen Interesses lag, daß es bei der Optimierung, bei den Prinzipien, primär um Abwägungsoffenheit geht, nicht um Richtigkeit, etwa im Sinne etwa von *Larenz'* „Richtiges Recht", sondern um Plausibilität, um Nachvollziehbarkeit. Wenn man das so versteht, ist der Einwand oder die Frage von Herrn *Isensee* gleich mitbeantwortet. Ein Beispiel für Regeln wäre etwa die von Herrn *Alexy* – allerdings in einer Fußnote – genannte Bestimmung des § 5 der Straßenverkehrsordnung, daß man links überholen müsse und nicht rechts. Der Unterschied zwischen der Regel und dem Prinzip besteht dann ja wohl darin, daß man mit einem Prinzip ohne eine nähere Abwägungs- und Konkretisierungsarbeit keinen einzigen Sachverhalt direkt und sofort subsumieren kann, sondern es bedarf dann stets noch der Normkonkretisierung. Bei einer Regel, etwa dem Gebot links vor rechts, oder rechts vor links in Großbritannien, besteht prinzipiell die Möglichkeit, eine Subsumtion sofort und unmittelbar durchzuführen. Wenn das so ist, dann muß man natürlich auch die Ausnahmen beachten, auf die ich jetzt aber nicht eingehen möchte. Herr *Rossen-Stadtfeld* hat von Netzwerken gesprochen und davon, daß nicht nur die Verwaltung entscheidet, sondern daß es hier auch gesellschaftliche Strukturen gibt, die Entscheidungen mitprägen. Herr *Würtenberger* ist schon darauf eingegangen, so daß ich das hier nicht wiederholen möchte. Herr *Würtenberger* hat dabei den Diskursaspekt hervorgehoben. Auch ich möchte betonen, daß diese Netzwerke, die die gesellschaftlichen Strukturen prägen, sicher bedeutsam sind, und in meiner allerletzten These habe ich versucht, dies auch anzudeuten. Es handelt sich dabei aber um den Bereich *vor* der eigentlichen Verwaltungsentscheidung. Die eigentliche Entscheidung muß am Ende eines Tages stets voll von der Verwaltung als Exekutive oder Administrative verantwortet werden. Es geht also um das Vorfeld der Entscheidung, und da stimme ich Ihnen insoweit zu. Lassen Sie mich noch die Frage von Herrn *Kirchhof* herausgreifen: „Was kann das Recht leisten, was soll es leisten?" Er sprach von einer Unruhe in der Rechtsordnung, die durch eine solche Fragestellung hervorgerufen wird. Ich hatte ja in der Tat das Bekenntnis unserer Rechtsordnung zum Grundgesetz herausgestellt und über allen Verfassungsvergleich gestellt. So nützlich der Verfassungsvergleich ist, es gibt gewisse Grundparameter, die unverzichtbar, unverhandelbar und auch über Rechtsvergleichung nicht relativierbar sind. Insofern weist unsere Rechtsordnung eine gewisse verharrende und statische Tendenz auf, die durch eine solche Grundgesetzfixierung bewirkt wird. Herr *Kirchhof* thematisierte dann noch die sogenannten „Superlativtatbestände". In der Tat muß man sich fragen, ob nicht anstelle der Kategorien des schonendsten Ausgleichs, der kostengünstigsten Regelung oder des mildesten Mittels, die stets eine schlechthin richtige Lösung suggerieren, nicht schon ein „schonender", „kostengünstiger" oder „milder" Ausgleich reicht. Wenn ich Sie recht verstehe, Herr *Kirchhof*, so darf man diese Bemerkung aber auch als ein Plädoyer für größeren „judicial self-restraint" des Bundesverfassungsgerichts verstehen. Die Nachvollziehung im Sinne einer Abwägungsnachvollziehung ist das Entscheidende, worauf es mir heute morgen ankam. Nach meiner Einschätzung hat das französische Recht, worauf auch Herr *Fromont* hingewiesen hat, deutlich gemacht, daß es nicht so sehr um eine Abwägungsalternative geht, die entweder von der Exekutive oder von der Judikative vorgenommen wird, sondern darum, daß die Judikative sich mit guten Gründen jedenfalls in Frankreich auf einen Nachvollzug der Abwägung beschränkt.

Die weitere Frage, ob nicht ein Vertreter des öffentlichen Interesses, ein Generalanwalt europarechtlicher Prägung, vielleicht eine sinnvolle Änderung wäre, halte ich für eine interessante Anregung, die der Vertiefung bedürfte, zumal man darauf hinweisen kann, daß mehr als 80% der Entscheidungen des EuGH, soweit ich es übersehe, den Empfehlungen der Generalanwälte folgen. Und so sage ich den Studenten immer: Lest das Schlußplädoyer des Generalanwalts. Dort finden sich sehr sorgsam abgewogen alle Argumente, die oftmals in der Urteilsbegründung des EuGH zu kurz kommen.

Das Verhältnis von Freiheit und Gemeinwohl ist zweifellos die große Frage, die hinter allen Fragen der ersten Runde stand. Herr *Bullinger* hat es mit der Kulturbedingtheit des Rechts angesprochen, und ich finde es bemerkenswert, daß sich etwa Großbritannien mit seiner Rule of Law, die nicht nur prozedural wirkt, hierauf stützt. Es erinnert mich an die Forderungen des formellen Rechtsstaates im Sinne *Otto Mayers* zu Beginn dieses Jahrhunderts. Diese Forderungen ebneten bekanntlich erst den Weg für die späteren Forderungen des materiellen Rechtsstaats. In Großbritannien ist 1689 durch die Glorious Revolution ein Machtkampf entschieden worden, ich hatte es heute morgen nur angedeutet, in der schriftlichen Version ist es enthalten. Gestritten hatten Parlamentarier und Richter im Verbund gegen die Prärogativrechte der Krone. Gewonnen hat aber nur das Parlament. An die Stelle eines absoluten Monarchen trat 1689 im Ergebnis ein prinzipiell absolutes Parlament, das nur durch den good sense of the British people begrenzt wurde. Jetzt, unter dem Einfluß des EG-Rechts und der dadurch beflügelten Rechtsvergleichung, die in Großbritannien konsequent unternommen wird, ist ein deutliches Umdenken erkennbar, und ich bin Ihnen sehr dankbar, Herr *Bullinger*, daß Sie darauf hingewiesen haben. Vielen Dank.

Vorsitzender: Ich möchte nun einen Schnitt machen, wie bereits angedeutet. Die bisherige, sehr grundsätzliche Diskussion hat vielleicht ein wenig in den Hintergrund treten lassen, daß es so etwas wie real existierende Optimierungsgebote gibt, ob man sie nun gutheißt oder nicht. Lassen Sie mich ein praktisches Beispiel nennen, das zugleich zu den europarechtlichen Fragen überleitet. Es gibt bekanntlich eine EG-Richtlinie über die Umweltverträglichkeitsprüfung. Deren Umsetzung hat gerade in der Bundesrepublik Deutschland erhebliche Schwierigkeiten bereitet. Die Richtlinie ist eben geändert worden. Ich fürchte, daß erneute schwierige Prozeduren der Umsetzung ins Haus stehen. Der Europäische Gerichtshof hatte nun vor etwa zwei Jahren darüber zu entscheiden, ob und wie die Bundesrepublik ihren Pflichten genügt hatte. Offensichtlich hat die Umsetzung in Deutschland deshalb so große Schwierigkeiten bereitet, weil diese Richtlinie mit der Umweltverträglichkeitsprüfung und vielen verbal umschriebenen Anforderungen so etwas wie optimalen Umweltschutz aufleuchten ließ. Jedenfalls hat man dies in Deutschland so verstanden. Und deshalb ist die Umsetzung viel zu spät gekommen. Deshalb haben auch die Behörden eine Tendenz erkennen lassen, die Anwendbarkeit dieser Richtlinie so lange zu verneinen, wie es sich irgendwie vertreten ließ, und die Gerichte haben diese Interpretation weitgehend geteilt. In dem Rechtsstreit vor dem Europäischen Gerichtshof kam es nun darauf an, ob die Richtlinie hinreichend und rechtzeitig umgesetzt war und ob ihre Anwendung hinreicht. Im Grundsatz hat der Gerichtshof entschieden, daß die Richtlinie nicht fristgerecht umgesetzt worden ist und daß sie auch in dem entschiedenen Fall entgegen der Meinung der deutschen Behörde hätte angewandt werden müssen. Aber entgegen dem gestellten Klageantrag ist die Bundesrepublik nicht verurteilt worden, weil der Europäische Gerichtshof entschieden hat, es habe ja eine behördliche Ermittlung stattgefunden; die Frage der Vereinbarkeit mit der Umweltsituation sei geprüft worden, und deshalb liege in der Sache kein Rechtsverstoß vor. Salopp formuliert kann man dazu sagen: „Gerade noch einmal Glück gehabt." Das Problem scheint mir darin zu liegen, daß nach deutscher Rechtsvorstellung hier ein optimierter Umweltschutz verlangt sein soll. Dagegen hat der Europäische Gerichtshof offenbar aufgrund der Rechtskultur der anderen Mitgliedstaaten entschieden, daß zwar das Umsetzungsgebot und das Anwendungsgebot streng zu handhaben seien, aber in der Sache doch genügend geschehen sei. Natürlich hat diese Entscheidung sofort einen vehementen Protest auf der Seite der deutschen Umweltrechtler ausgelöst. Die unterschiedlichen Philosophien der einerseits optimierten oder angeblich optimierten Vorstellung des Umweltschutzes und der andererseits in der Sache sehr gemäßigten, dafür aber im Umsetzungszwang und im Verfahren strengen Auffassung des Europäischen Gerichtshofes ist meines Erachtens anhand dieses Falles so deutlich geworden wie kaum jemals.

Pernice: Meine sehr verehrten Damen und Herren. Ich würde gerne auch zu dieser Frage Stellung nehmen. Aber das war nicht geplant. Es war ja nur ein Beispiel von Ihnen, und alte Dinge sollen nicht wieder ausgegraben werden. Ich hätte gerne zwei Vorbemerkungen und fünf kleine Bemerkungen vorgetragen. Aber zunächst meinen Dank an den Vorstand dafür, daß die rechtsvergleichende Dimension schon heute in den zweiten Beratungsgegenstand dieser Tagung eingeführt worden ist. Ich fand es überaus ertragreich und erhellend, was dann auch Herr *Riedel* vorgetragen hat. Eine zweite Vorbemerkung zum Thema selbst: ‚Optimierung oder Rahmensetzung'. Ich meine in der Tat, das beides gehört zusammen. Eines geht nicht ohne das andere und beides zusammen ist im Grunde ein Abbild dessen, was die Verwaltung in Deutschland auch heute macht und ist. Nämlich, und jetzt komme ich zu meiner ersten Bemerkung: Es geht gar nicht so sehr, wie man herkömmlich immer denkt, um Vollzug. Es geht um eine eigenverantwortliche Gestaltungsaufgabe, die die Verwaltung wahrnimmt anhand bestimmter Optimierungsgebote, die, seit wir von der Wertordnung des Grundgesetzes wissen, vor allem durch Grundrechte gesteuert wird. Also insofern stimme ich voll dem zu, was Herr *Würtenberger* ausgeführt hat, und ich finde, es trifft den Kern dessen, was unsere Verwaltung heute ist oder vielleicht besser sein sollte. Ein Zweites ist ein Wort von Herrn *Würtenberger* zum europäischen Einfluß. Ich habe verstanden, daß diese Entwicklung, die er beschrieben hat, primär auf einem europäischen Einfluß beruht, und er sah da wohl auch etwas Kritisches. Ich sehe das, das werden Sie mir nachsehen, wenn es so wäre, gar nicht so kritisch. Aber ich denke auch, der europäische Einfluß ist nicht so eindeutig, und möchte bei der Gelegenheit auf die Richtlinien – vor allem natürlich wieder im Umweltbereich – hinweisen, wo es durchaus sehr umfassende konditionalprogrammierte Regelungen gibt und daneben natürlich auch Optimierungsgebote. Konditionalprogrammierte Regelungen sind z. B. Grenzwertfestsetzungen. Da ist das Ziel klar. Ein Grenzwert darf nicht überschritten werden, er muß innerstaatlich realisiert werden. Wie das gemacht wird, bleibt jedem Staat überlassen. Das würde doch eher unter „Regel" fallen als unter „Optimierungsgebot". Ein zweites Beispiel konditionalprogrammierter Dinge sind natürlich die Regelungen in Richtlinien über Verwaltungsverfahren. Sie werden in Deutschland zum Teil nicht so gern gesehen. Aber was für mich bedeutsam ist, ist etwa, daß die Kontrollgenehmigung im Umweltbereich etwa bei Abfallanlagen oder Industrieanlagen europaweit erst durch solche Richtlinien eingeführt worden ist. Also die Kontrollgenehmigung oder konditionalprogrammierte Entscheidungsvorgaben gibt es durchaus auch im europäischen Recht. Das europäische Recht nimmt natürlich Elemente auf von verschiedenen Mitgliedstaaten, auch englische und französische, und führt diese zusammen. Aber es ist eben auch deutsches Denken sehr deutlich in den Richtlinien zu finden. Mein vierter Punkt: Herr *Würtenberger* hat auf die Verfahrensbedeutung seines Verständnisses der Verwaltung aufmerksam und dort einige für mich sehr wertvolle Vorschläge gemacht. Es geht um die Optimierung in einem prozeduralisierten Vorgang durch Partizipation. Besonders wichtig ist dabei die Überlegung, daß sich hier eine andere Art von Legitimation entwickelt. Nämlich: Legitimation – demokratisch parlamentarische Legitimation – bezieht sich auf das Gesetz. Aber ist die Legitimation der Verwaltungsentscheidung, wenn sie in derartigen Verfahren situativ getroffen wird – autonom, lokal autonom – nicht eine ganz andere, eben eine Legitimation durch Diskurs zwischen den Betroffenen? Und darüber, meine ich, sollte man etwas weiter nachdenken. Dies führt mich zu dem letzten Punkt, der etwas grundsätzlicher ist und das Verhältnis von Staat und Gesellschaft betrifft. Verwaltung wird, so meine ich, wenn man Herrn *Würtenberger* folgt, wie der „Staat" selbst, mehr und mehr ein Element gesellschaftlicher Selbststeuerung. Also: Verwaltung steht nicht mehr dem Bürger gegenüber, sondern ist ein Instrument der Gesellschaft zur Selbststeuerung, nämlich zur Produktion optimaler oder, ich würde sagen, einzelfallgerechter oder billiger Entscheidungen. In diesem Zusammenhang wäre dann die lokale Produktion von Entscheidungen durch die Partizipation der Betroffenen spezifisch oder „prozedural" legitimiert. Legitimitätsgrundlage ist zudem eine staatliche Entscheidung auf der höheren Ebene, nämlich das demokratisch legitimierte Gesetz, und man müßte darüber nachdenken, ob und wie ggf. die europäischen Vorgaben des staatlichen Handelns in einer Kombination demokratischer und weiterer Legitimationsformen ihre Geltungsgrundlage finden. Vielen Dank.

Spannowsky: Der Prozeß der Ausbalancierung der Belange der gestaltenden Verwaltung einerseits und der richterlichen Kontrolle andererseits ist schon schwieriges Geschäft genug. Ich bin den Referenten sehr dankbar, daß sie heute die europäische Dimension in die Thematik miteinbezogen haben. Damit wird es freilich noch etwas komplizierter. Herr *Breuer* hat bereits einleitend die spezielle Problematik bezüglich der Projekt-UVP dargelegt. Verschärft stellt sich die Frage nach der Systemverträglichkeit, wenn die angebahnte Entwicklung künftig durch die Einführung einer Umweltverträglichkeitsprüfung für Pläne und Programme fortgeführt wird. Die zunehmend notwendige Integration von gemeinschaftsrechtlichen Verfahrens- und Prüfungsanforderungen im planungsrechtlichen Abwägungsprozeß führt zu systemwidrigen Erosionen. Verträglichkeitsprüfungen nach der FFH- und der Vogelschutzrichtlinie, nach der Projekt-UVP- und in absehbarer Zeit möglicherweise auch der Plan-UVP-Richtlinie lassen sich in den Abwägungsvorgang nicht reibungslos integrieren. Die Verträglichkeit von Plänen und Programmen ist aufgrund eigenständiger Verfahrensanforderungen zu prüfen, ist nicht nur reiner Abwägungsvorgang. Vielmehr sind dieser Prüfung eigenständige Verfahrensschritte zugeordnet. Die Planer müssen bei der Rechtsanwendung jeweils gesonderte verfahrensmäßige Prüfungsperspektiven einnehmen. Rechtsanwender sind die Planer und die Entscheidungsträger. Juristen haben mit diesem Vorgang relativ wenig zu tun. Und für die Planer und Gemeinderäte ist die Abstufung der Belange unseres komplizierten, an materiellen Erfordernissen ausgelegten Kontrollsystems noch etwas schwerer zugänglich. Es zeigt sich, daß über das Gemeinschaftsrecht verfahrenssichernde Modelle in das deutsche Recht integriert werden müssen und daß sich diese Integration ohne Systemkorrektur nicht mehr reibungslos vornehmen läßt. Korrekturen zur Entfrachtung des an materiellen Rechtskontrollen ausgerichteten deutschen Rechtssystems sind daher meiner Auffassung nach notwendig. Sie wurden durch Ausweitung der Heilungsmöglichkeiten an den Randzonen bereits vorgenommen. Immer wichtiger wird es aber im europäischen Rechtsetzungsprozeß sein, dafür zu sorgen, daß eine Systemkompatibilität im Vorfeld hergestellt wird. Es erscheint seltsam, daß die Abwägung immer komplexer, inhaltlich immer mehr aufgeladen und die nicht mehr gegebene Praktikabilität dann durch Ausdehnung der Heilungsmöglichkeiten hergestellt werden muß. Notwendig erscheint vor diesem Hintergrund der Abbau überzogener Differenzierungs- und der Abbau inhaltlicher Kontrollanforderungen. Zu viele Optimierungsklauseln lösen die Anforderung an eine gerechte Interessenabwägung nicht auf. Im Gegenteil, sie machen die Rechtsanwendung in der Praxis schwerfällig. Optimierungsklauseln werden auch in ihrem Anspruch auf relativen Vorrang dadurch relativiert, daß sie mit anderen im Bund-Länder-Verhältnis normhierarchisch vorrangigen Bundesregelungen und höheres Gewicht beanspruchenden gemeinschaftsrechtlichen Anforderungen in Beziehung gesetzt werden müssen. Deshalb bin ich der Meinung, daß Schritte hin zu einer materiellen Deregulierung, hin zu einer Entfrachtung des Abwägungsvorgangs, getan werden müssen. Meine Frage an die Referenten geht daher dahin, ob und inwieweit sie die Normierung von Optimierungsklauseln, wie wir sie im materiellen Recht vorfinden, z.B. die Bodenschutz-, die Landwirtschaftsklausel im BauGB oder jetzt auch neuerdings die landesrechtlichen Bestimmungen, die die Anordnung der Regenwasserversickerung zum Ziel haben, als verzichtbar beurteilen.

Oeter: Meine Damen und Herren, ich möchte ein Problem aufnehmen, auf das Herr *Sachs* gestern in der Diskussion schon kurz hingewiesen hat – nämlich die Frage der bundesstaatlichen Rückwirkung des Dranges zu möglichst detailgenauen Konditionalprogrammen und Optimierungsgeboten mit materieller Steuerungsintention und das Problem dann gedanklich verlängern in die europarechtliche Dimension der Verkoppelung von gemeinschaftlicher Rechtsetzung und mitgliedstaatlichem Vollzug. Ich kann dabei unmittelbar anknüpfen an die These 18 von Herrn *Würtenberger*. In dieser These lesen Sie: „Die gewaltenteilende föderative Demokratie zielt auf eine funktionsadäquate Steuerungsteilung zwischen zentraler parlamentarischer Steuerung und lokal geprägter Eigensteuerung. Die kommunale Selbstverwaltung kann durch rechtliche Optimierungsgebote ausgehöhlt werden." Das gilt nun nicht nur für die kommunale Selbstverwaltung, sondern das gilt in mindestens genau dem gleichen Umfang auch für das Bundesstaatsprinzip. Um das ganz knapp zu erläutern: Sieht man das deutsche Bundesstaatsmodell, ganz simplifiziert und idealtypisch formuliert, als eine Zuordnung von weitgehend dem Bund zugewiesener Gesetzgebungskompetenz und weitgehend den Ländern zugewiesener Verwaltungskompetenz, dann ist die Frage der Rechtsbindung der Verwaltung bzw. des Ausmaßes der Rechtsbindung der Verwaltung und des komplementären Ausmaßes der Handlungs- und Entscheidungsspielräume der Verwaltung eine Frage der Verkoppelung nicht nur von Gesetzgebung und Verwaltung, sondern auch der Verkoppelung von Bundesstaatsgewalt und von Landesstaatsgewalt. Jede Veränderung des Leitbildes – um es anders zu formulieren: des Ausmaßes der Rechtsbindung der Verwaltung – verändert dann die Statik dieser Zuordnungskonstruktion im Bundesstaatsmodell. Einzelne Autoren haben das schon sehr früh unter dem Grundgesetz gesehen, ohne daß sie dabei große Beachtung gefunden hätten, wie etwa *Arnold Köttgen*. Wenn man, wie sie sehr früh gesehen haben, von der traditionalen Vorstellung der Verwaltung als einer eigenständigen Gewalt mit sehr weitgehenden Entscheidungsspielräumen abgeht zugunsten eines mit rechtsstaatlichen Erwägungen begründeten Modells möglichst detailgenauer Rechtsbindung der Verwaltung, verschiebt man völlig die Zuordnung dieser beiden Gewalten. Ich möchte es noch einmal ganz kraß formulieren: Wenn man die Systementscheidung des Verwaltungsrechts für eine solche möglichst punktgenaue detaillierte Rechtsbindung der Verwaltung konsequent zu Ende denkt, dann höhlt man letztlich das Bundesstaatsprinzip aus in der Konstruktion, die es unter dem Grundgesetz gefunden hat – mit allen Problemen, die sich bis hin zu Art. 79 Abs. 3 GG dabei ergeben. Es stellt sich dann natürlich, das möchte ich zugeben, automatisch die Frage, die Herr *Kirchhof* gestern aufgeworfen hat: Wie weit reicht eigentlich das

Maß der gesellschaftlich hingenommenen Verschiedenheit und Ungleichheit? Oder anders herum formuliert im Blick dieser Frage: Der Drang zur konsequenten Rechtsbindung der Verwaltung stimmt natürlich völlig überein mit der Präferenz für Einheitlichkeit, die die Bundesstaatsgeschichte der Bundesrepublik gezeichnet hat.

Das führt letzten Endes meines Erachtens zu der Frage, die Herr *Fromont* gestern aufgeworfen hat: der merkwürdigen Diskrepanz zwischen der Begeisterung für das Subsidiaritätsprinzip im Blick auf das Europarecht und der Skepsis der Verfassungsrechtslehre im internen Gebrauch gegenüber dem Subsidiaritätsprinzip. Man beschwört immer wieder das Phänomen der Überformung des Verwaltungsrechts durch europarechtliche Vorgaben. Sieht man dieses Phänomen, sieht man es zusammen mit dem hier aufgegriffenen Diskussionsstrang des Ausmaßes der Rechtsbindung der Verwaltung, dann verwundert doch immer wieder, mit welcher Vehemenz man die so hoch gehaltene Forderung nach einer möglichst punktgenau gesetzesgesteuerten oder rechtsgesteuerten Verwaltung verteidigt. Ich würde eigentlich meinen, die Konsequenz müßte genau umgekehrt lauten: Eigentlich müßte der pure Selbsterhaltungstrieb das deutsche Verwaltungssystem dazu zwingen, seine Vorstellung von einer möglichst punktgenauen Rechtssteuerung der Verwaltung oder Rechtsdeterminierung der Verwaltung zu überdenken. Denn ich glaube, nur dann kann man überhaupt dem Dilemma, das aus dieser Überformung des Verwaltungsrechtssystems resultiert, entgehen und nationale Entscheidungsspielräume in irgendeiner Form noch bewahren in einem System der Verkoppelung gemeinschaftsrechtlicher Rechtsetzung und mitgliedstaatlichen Vollzuges der Verwaltung. Soviel einfach nur als kurze Bemerkung zu der Frage, die Sie, Herr *Breuer*, am Anfang der Diskussion aufgeworfen hatten, wieweit die deutsche Systementscheidung für eine möglichst weitgehende Rechtssteuerung der Verwaltung konsequent durchhaltbar ist in der Zukunft.

Vorsitzender: Bisweilen neigen Deutsche, vielleicht auch deutsche Verwaltungsrichter, dazu, sich das Leben sehr schwer zu machen. Dies mag sein. Aber wenn diese Erkenntnis durch Rechtsvergleich in der gebührenden Deutlichkeit gewonnen und das rechte Mittelmaß wieder gefunden wird, wäre schon etwas erreicht.

Zuleeg: Herr *Riedel* hat für Großbritannien und Frankreich festgestellt, daß die Frage, die das Thema aufwirft, für diese beiden Staaten keine Rolle spielt. Dasselbe ist für die Europäische Union anzunehmen. Ich meine, daß auch Herr *Würtenberger* und Herr *Haller* in diese Richtung gehen; denn sie haben ja in der Hauptsache den ersten Punkt betont: die

Optimierungsgebote. Dazu möchte ich einige Bemerkungen machen. Eine Bemerkung zu Herrn *Würtenberger* kann ich mir allerdings schenken. Herr *Pernice* hat schon dazu Stellung genommen, inwieweit konditional gebundene Programme im Gemeinschaftsrecht vorhanden sind. Herr *Würtenberger*, Sie nehmen bei den Grundrechten ein Kontrolldefizit auf europäischer Ebene an. Ich bin immer wieder erstaunt, in welchem Maße der Europäische Gerichtshof die europäische Rechtsordnung anreichert, indem er Material aus dem deutschen Recht entnimmt und in das europäische Recht einfügt. Meine Kollegen am Europäischen Gerichtshof haben mich immer wieder gefragt: Wieso besteht in Deutschland oft großer Unmut, ja Empörung, über die Entscheidungen des Europäischen Gerichtshofs? Er hat doch den europäischen Grundrechtsschutz dem deutschen mit dessen Ausgestaltungen angeglichen, etwa mit den Schranken und Schranken-Schranken. Der Grundsatz der Verhältnismäßigkeit war in den anderen Mitgliedstaaten weithin unbekannt. Der Gerichtshof hat ihn übernommen, andere objektive Grundsätze wie den Vertrauensschutz dazu und weitere Institutionen des deutschen Rechts. Aber immer noch wird darüber geklagt, daß in Europa rechtliche Defizite auftreten. Ich glaube, man sollte etwas genauer hinsehen. Dann wird man beobachten, daß die Gemeinschaft in einem großen Ausmaß Anregungen aus Deutschland aufgegriffen hat.

Herr *Haller*, ich habe den Eindruck, daß Sie die Gesetzgeber der Gemeinschaft und deren Rechtsprechung zu sehr gezaust haben. Zum einen haben Sie der Kommission vorgeworfen, daß sie auf Sachverständige nicht genügend höre. Nach aller Erfahrung, die ich von der Arbeit der Kommission habe, sind eher zu viele Experten für sie tätig. In vielen Ausschüssen und Gutachten wird Fachwissen eingebracht und verwertet. Dies geschieht auf mehreren Stufen. Die Kommission ist ja lediglich vorschlagsberechtigt. Auch der Rat schaltet Sachverständige ein. Zum anderen vermissen Sie auf europäischer Ebene eine systematische Gesetzgebung. Ich möchte aber darauf hinweisen, daß eine diffuse Regelung häufig auf die Mitgliedstaaten zurückzuführen ist, die bestimmte Abrundungen nicht akzeptieren und in ihrer Meinung auseinandergehen. Das Dritte, was ich zu Ihrem Vortrag sagen will, betrifft den Vorbehalt des Gesetzes. Er ist schon seit Jahren in die europäische Rechtsordnung eingeführt. Im Urteil Hoechst hat der Gerichtshof so entschieden. Von da ab habe ich keine Entscheidung angetroffen, die das Gegenteil ausgesprochen hat. Hier haben wir wieder ein Beispiel für die Rechtsfortbildung auf europäischer Ebene vor uns, die eine Anleihe bei der deutschen Rechtsordnung macht.

Zum Schluß möchte ich hervorheben, daß es mehrere Punkte gibt, die in der europäischen Rechtsordnung originär ausgestaltet sind und eng mit der Optimierung zu tun haben. Erstens: Der Gerichtshof hat es sich schon seit 1963 bis heute angelegen sein lassen, daß die subjektiven Rechte aus dem Gemeinschaftsrecht Schutz genießen. Insofern ist die Gemeinschaft kein bloßer Staatenverbund. Der Gerichtshof hat ausdrücklich gesagt, daß die Gemeinschaft die Verfassung einer Rechtsgemeinschaft hat, in der die subjektiven Rechte geschützt werden. Zweitens: Die Ziele einer Gesetzgebung müssen nach Gemeinschaftsrecht in der Präambel eines Rechtsakts als Begründung wiedergegeben werden. Das verschafft die Möglichkeit, die teleologische Auslegung daran anzuknüpfen, weil die Ziele bekannt sind. Es wäre vielleicht sehr gut, wenn in Deutschland und anderswo die Gesetze zwangsweise mit der Angabe der Ziele verbunden würden. Dritter und vorletzter Punkt: Der Gerichtshof ist darauf aus, daß die Rechtsordnung nicht nur in der Rechtsprechung vorkommt, sondern auch effizient verwirklicht wird. Die Effizienz des Gemeinschaftsrechts wird durch verschiedene Instrumente gewährleistet, die ich aus Zeitgründen hier nicht aufzählen kann. Schließlich hat der Gerichtshof stets betont, daß die einheitliche Geltung des Gemeinschaftsrechts in allen Mitgliedstaaten sichergestellt sein muß. Es bedeutet eine Optimierung des Rechts, wenn aus der europäischen Rechtsordnung keine Teile herausgeschossen werden dürfen, sei es durch Gesetzgebung der Mitgliedstaaten, sei es durch nationale Rechtsprechung. Auch die bloße Unanwendbarkeit des Gemeinschaftsrechts aufgrund eines Spruchs eines nationalen Gerichts durchkreuzt die Einheit der Rechtsordnung. Effiziente und einheitliche Geltung des Gemeinschaftsrechts ist ein Stück Optimierung.

Dörr: Herr Vorsitzender, meine Damen und Herren, ich möchte nur zwei Punkte herausgreifen, die mich am Referat von Herrn *Riedel* besonders interessieren, und zwar im Zusammenhang mit Ihrem faszinierenden Blick auf das englische Rechtssystem. Sie haben uns dieses Rechtssystem vorgestellt, die unterschiedlichen Traditionen deutlich gemacht und deshalb auch vor einer vorschnellen Übertragung auf die deutsche verwaltungsgerichtliche Kontrolle gewarnt, aber in der Tendenz für etwas weniger gerichtliche Kontrolle plädiert. Ich glaube, Sie haben einen sehr wichtigen Punkt angesprochen, den ich noch etwas vertiefen und zu dem ich auch eine Frage stellen will. Sie haben nicht nur dafür plädiert, die gerichtliche Kontrolle entsprechend dem englischen System in Deutschland ein wenig zurückzunehmen, sondern auch die Prognose gewagt, daß sich das englische System ein wenig unserem System annähern wird und annähern muß und haben dabei auch die Menschenrechte angesprochen. Ich meine, daß diese Prognose zutreffend und auch zwingend ist. Denn die Menschenrechte der EMRK, die ja bisher die englischen Gerichte nicht veranlaßt haben, eine vertiefte Kontrolle vorzunehmen, werden die englischen Gerichte dazu zwingen, weil man immer sehen muß, daß diese Menschenrechte der EMRK, an die kraft völkerrechtlichen Vertrages Großbritannien gebunden ist, auch Gemeinschaftsgrundrechte sind. Insoweit knüpfe ich an die Bemerkung von Herr *Zuleeg* an und weise darauf hin, daß sie nunmehr auch durch ausdrückliche Bezugnahme im Vertrag selber Gemeinschaftsgrundrechte darstellen. Schon im Maastricht-Vertrag war dies der Fall, wenn auch mit einer Schwäche, daß nämlich die Bestimmung des Art. F Abs. 2 EUV formal nicht der Kontrolle des EuGH unterlag. Aber das hat der Amsterdamer Vertrag geändert, und damit ist der Menschenrechtskatalog ausdrücklich Bestandteil der Gemeinschaftsgrundrechte geworden. Dies führt, gerade wenn man der englischen Systematik folgt, wonach der Vorrang des Gemeinschaftsrechts durchaus anzuerkennen und bei der Kontrolldichte zu berücksichtigen ist, dazu, daß diese Menschenrechte als materielle Schranken von Verwaltungsentscheidungen zwingend zu beachten sind. Aber trotzdem führt dies nicht etwa zur gleichen Kontrolldichte wie in Deutschland. Zwar ist es beim Europäischen Gerichtshof für Menschenrechte durchaus so, daß er das Verhältnismäßigkeitsprinzip prüft. Aber er prüft es, wenn ich es richtig analysiere, doch deutlich anders als deutsche Gerichte. Es ist vielleicht eine Schwäche bei den bisherigen Entscheidungen des Europäischen Gerichtshofs für Menschenrechte, daß er dies nicht hinreichend deutlich gemacht hat. Leider liegen detaillierte Entscheidungen zu den Menschenrechten bisher nur vom Europäischen Gerichtshof für Menschenrechte vor, insoweit muß ich Herrn *Zuleeg* widersprechen. Der EuGH bekennt sich ebenfalls zu den Menschenrechten in ihrer Eigenschaft als Gemeinschaftsgrundrechte und zur entsprechenden Menschenrechtsdogmatik. Aber er führt bisher in seinen Entscheidungen keine im einzelnen systematisierte Grundrechtsprüfung anhand dieser Maßstäbe durch, und ich glaube, dies erzeugt ein wenig Unbehagen in manchen Mitgliedstaaten und meines Erachtens nicht ganz zu Unrecht.

Obwohl bisher keine ganz klare Dogmatik besteht, kann man sagen, daß der Europäische Gerichtshof für Menschenrechte bei der Verhältnismäßigkeit im engeren Sinne die Prognose-, Beurteilungs- und Abwägungsspielräume wesentlich stärker betont, wenn es in diesem Zusammenhang auch widersprüchliche Entscheidungen gibt. Es wird allerdings, glaube ich, dafür zu sorgen sein, daß man dabei eine gewisse Systematik entwickelt, wie sie im englischen Recht tendenziell vorhanden ist, also Bereiche anerkennt, wo die Kontrolle stärker vorzunehmen ist, und Bereiche, wo sie zurückzuschrauben ist. Daher frage ich Sie, Herr *Riedel*, ob Sie glauben, daß man eine solche Systematik vielleicht entwickeln und daraus dann für die deutsche Rechtsordnung gewisse weiterführende Rückschlüsse erzielen kann.

Zweitens möchte ich kurz bemerken, daß ich nicht glaube, daß die Vorschrift des Art. 19 Abs. 4 GG im Hinblick auf die Kontrolldichte entscheidende Aussagen trifft, wenn man sie sachgerecht auslegt. Die Bestimmung des Art. 19 Abs. 4 GG enthält nach meiner Auffassung entscheidende Aussagen nur darüber, daß gerichtliche Kontrolle sein muß. Wie weit die Abwägungsprozesse wirklich von den Gerichten kontrolliert werden müssen, entscheidet sich m.E. nicht am Maßstab des Art. 19 Abs. 4 GG.

Öhlinger: Anknüpfend an die europarechtliche Debatte möchte ich eine Frage an Herrn *Riedel* richten: Herr *Riedel*, Sie haben für eine allenfalls vorsichtige Annäherung des deutschen Kontrollsystems, der deutschen Kontrolldichte an den europäischen Standard oder an den Standard, wie er von anderen europäischen Nationen vorgegeben wird, plädiert, aber doch im wesentlichen für eine Beibehaltung des deutschen Systems gesprochen. Ich stelle die Frage zugespitzt: Wie verhält es sich, wenn die deutsche Verwaltung unmittelbar Europarecht anzuwenden hat, sei es, daß Einzelfallentscheidungen aufgrund von Verordnungen der Gemeinschaft zu treffen sind, sei es, daß sie Normkonkretisierungen in Ausführung von Richtlinien der Gemeinschaft zu treffen hat? Mir ist bewußt, daß die Anwendung des europäischen Rechtes im Kontext nationaler Dogmatik und nationalen Verfahrensrechtes zu erfolgen hat, aber es gibt doch auch gemeinschaftsrechtliche Grenzen. Und bedeutet nicht eine unterschiedliche Kontrolldichte letztlich auch eine unterschiedliche Anwendung mit Rückwirkung auf den Gehalt der Norm? Herr *Haller* hat das angedeutet, wenn auch unter einem spezifisch österreichischen Aspekt. Er meinte, es gebe auf österreichischem Territorium zwei unterschiedliche Normenkomplexe, die unter dem Gesichtspunkt der gesetzlichen Bestimmtheit, der Entscheidungsfreiheit der Verwaltungsorgane, des Abwägungsgebotes, das Verwaltungsorgane zu befolgen haben, zwei unterschiedliche Komplexe bilden: das traditionelle österreichische Recht und das europäische Recht, die eben unter diesen Gesichtspunkten unterschiedlichen Prinzipien unterliegen. Er hat das mit großem Unbehagen gesehen. Es gibt viele Gründe für dieses Unbehagen. Ob es allerdings die richtige Strategie ist, mit diesem Problem fertig zu werden, ist eine andere Frage.

Und damit noch einige Bemerkungen zum Referat von Herrn *Haller*. Ich stimme dem Ausgangspunkt zu, und es ist dies im ersten Teil dieser Diskussion ja vielfach ausgeführt worden, daß „Optimierungsgebot“ und „Rahmensetzung“ keine scharfen Gegensätze bilden. Ich bin nur wiederum auch nicht der Meinung, daß sie völlig identisch sind und daß man daher das Kapitel Optimierungsgebote eigentlich aus dem Thema eliminieren könnte. Zumindest graduelle Unterschiede bestehen, und Sie haben ja Ansätze aufgezeigt, die man nur vielleicht unter dem Aspekt dieser Thematik doch etwas vertiefen könnte. Ich stimme dem Ansatz zu, daß diese Problematik auch eine Frage der Gesetzgebung ist und daß es unter beiden Gesichtspunkten, Optimierung wie Rahmensetzung, letztlich um die Frage geht, welche Freiräume der Gesetzgeber der Verwaltung überlassen kann und darf. In Österreich ist dies auch ein spezifisches verfassungsrechtliches Problem. Es gibt allerdings Ansätze eines differenzierten Verständnisses des damit angesprochenen Legalitätsprinzips. Die Frage ist, inwieweit diese unter dem Aspekt der Optimierung ausbaufähig sind.

Diese Begriffe spielen aber, auch das ist in der Diskussion schon oft angesprochen worden, vor allem für die richterliche Nachkontrolle des Verwaltungshandelns eine große Rolle, und da hätte es mich doch interessiert, inwieweit man in der österreichischen Verwaltungsgerichtsbarkeit eine Respektierung der vom Gesetzgeber legitimerweise der Verwaltung eingeräumten Freiräume – wie immer man diese versteht: als Rahmen der Verwaltung oder als Optimierungsgebote – findet. Immer noch ist doch die These herrschend, daß bei unbestimmten Gesetzesbegriffen der Verwaltung keine Abwägungsfreiräume eingeräumt werden, sondern daß hier eine einzig richtige Entscheidung zu finden ist. Und diese Entscheidung weiß das Gericht, sehr oft sagt es aber nicht, inwieweit es gerade seine Gesetzesauslegung als die einzig mögliche begründen kann. Mich würde interessieren, inwieweit zu dieser Frage in der österreichischen Rechtsprechung auch schon etwas differenziertere Ansätze entwickelt wurden. Danke.

Vorsitzender: Ich bin sicher, daß Ihre Frage nach den differenzierteren Ansätzen gleich von den Referenten beantwortet wird. Als nächsten Diskussionsredner bitte ich Herrn *Autexier*, das Wort zu nehmen. Wir kommen noch einmal zum französischen Recht zurück und sind gespannt darauf, was Sie uns über die Determinanten des Verwaltungsrechts in Frankreich sagen können.

Autexier: Herr Vorsitzender, meine Damen und Herren. Herrn *Riedel* kann ich zu seiner Darstellung des französischen Rechts nur beglückwünschen. Im Grundsätzlichen stimme ich ihm zu. Leider fehlt mir die Zeit, die angesprochenen Aspekte im einzelnen Revue passieren zu lassen. Daher wende ich mich sofort dem Ergebnis zu. Herr *Fromont* wies bereits darauf hin, daß es in Frankreich und England keine Optimierungsdebatte gebe. Warum? Herr *Riedel* antwortete darauf, daß die dortigen Rechtskulturen nicht dazu führten, diese Frage zu stellen. Bereits Herr *Würtenberger* hat in seiner letzten These den Finger auf diesen Punkt gelegt. Korrelativ ließe sich fragen: Warum löst die deutsche Rechtskultur eine Optimierungsdebatte aus? Warum aber stellt sich im französischen Rechtssystem die Frage nach der Optimierung nicht? Meines Erachtens hat sich der Blick auf die Ermittlung von Determinanten zu richten. Hier würde ich pointiert sagen: Eine der Hauptdeterminanten der deutschen Rechtsordnung könnte lauten: Im Anfang war das Wort – das Wort des Grundgesetzes selbstverständlich. Im französischen Verwaltungsrecht heißt die Determinante: Im Anfang war der Richter. Es ist ein Gemeinplatz, daß es in Frankreich zuerst Verwaltungsgerichte gab (Gesetz vom 24. Mai 1872), bevor das von den Richtern geschaffene spezifische Recht der Verwaltung entstand. Diese Richter haben das Verwaltungsrecht entwickelt – ein Prozeß, der unweigerlich die Frage nach der Akzeptanz der Verwaltungsgerichtsbarkeit und der verwaltungsgerichtlichen Rechtsprechung durch die aktive Verwaltung aufwirft. Eine Entwicklung, die auch Deutschland nicht fremd ist, denken wir nur an die Ausführungen von *Gneist* oder an die Zeiten des Preußischen Oberverwaltungsgerichts. Die damals in Preußen und Frankreich vorgeschlagenen Lösungswege waren sich im übrigen sehr ähnlich: Erstens ging es um die Nähe der Verwaltungsgerichtsbarkeit zur aktiven Verwaltung – ein Stichwort, das noch heute Gültigkeit für den Conseil d'Etat beansprucht; zweitens wurde self-restraint gefordert und umgesetzt, d.h. die Kontrolle der Verwaltung auf ein Minimum reduziert. Die verwaltungsgerichtliche Überprüfung konnte sich zunächst nur auf die Feststellung grober und evidenter Fehler beschränken; erst im Laufe der Zeit ging man auch zu einer Verhältnismäßigkeitsprüfung über. Der gemeinsame Nenner dieser beiden Bestrebungen ist, daß wir zu einer Globalisierung der Optimierung gekommen sind, zu einer Reduzierung der Optimierung auf bloße Abwägung. Insofern folge ich gerne Herrn *Isensee*.

Dogmatisch gesehen führt dies zu einer Minimierung der Fälle, in denen die Verwaltung in ihrem Eigenbereich gerichtlicher Kontrolle unterliegt. Minimierung der potentiellen Überprüfungsfälle – diese Möglichkeit besteht nach deutschem Recht aufgrund von Art. 19 Abs. 4 GG nicht! Trotz der referierten Einschränkungen der Rechtsschutzgarantie meine ich, daß Art. 19 Abs. 4 GG eine Maximierung von Nachprüfungsmöglichkeiten zur Folge hat. Währenddessen bewirken Entstehungs- und Entwicklungsgeschichte der französischen Verwaltungsgerichtsbarkeit eine Minimierung der Nachprüfbarkeit von Verwaltungsentscheidungen durch die Verwaltungsgerichte.

Dennoch kommen weder Optimierung noch Abwägung im französischen Recht zu kurz. Lassen Sie mich an dieser Stelle den Gedankengang von Herrn *Riedel* weiterführen. Besinnen wir uns auf die Leitentscheidung *Benjamin* aus dem Jahre 1933. Sie stellte zwei Grundsätze auf: Zum einen, und diesen Gesichtspunkt hob der Referent deutlich hervor, das Gebot der Abwägung, die Adäquation. Die Kontrollfrage lautet hier: Ist der konkrete Sachverhalt geeignet, die von der Verwaltung getroffene Maßnahme zu rechtfertigen? Besieht man dieses Gebot von näherem, so fällt auf, daß die von der französischen Rechtsprechung verwendeten Kriterien der Trias des Übermaßverbotes sehr nahe kommen. Zum anderen, und dies betonte Herr *Riedel* weniger deutlich, sprachen sich die Richter in der Entscheidung *Benjamin* für ein Verbot allgemeiner und absoluter Maßnahmen aus. Die Kontrollfrage stellt sich hier wie folgt: Wäre es nicht möglich gewesen, das Ziel auch durch andere mildere Mittel zu erreichen? Wäre es nicht möglich, das Ziel auch auf andere Weise zu verwirklichen? Diese Aussage bedeutet meines Erachtens nichts anderes, als daß die französische Rechtsprechung bereits im Jahre 1933 den Vorrang der Freiheit herausstellte und zum Gegenstand ihrer ständigen Rechtsprechung machte. Mit anderen Worten: Der Rechtsgedanke des Art. 19 Abs. 4 GG wird zwar im französischen Recht nicht expressis verbis zum Ausdruck gebracht, seine Existenz ist aber unbestreitbar. Das beweist die Richtigkeit des von Herrn *Riedel* gezogenen Schlusses, daß trotz bestehender – unter Umständen sogar unüberbrückbarer – Unterschiede diese nicht überwertet werden dürfen, sondern daß letztlich zwischen beiden Rechtssystemen, wenn auch versteckt, zahlreiche Konvergenzen festzustellen sind. Diese Schlußfolgerung kann nur von einem Rechtsvergleicher stammen. Nur einen Rechtsvergleicher schreckt es nicht, Grundzüge des nationalen Rechts für einen heuristischen Moment zurückzustellen – ein Schritt, den Rechtsgelehrte sonst nicht so leicht wagen, wie es die Intervention von Herrn *Schulze-Fielitz* zeigte. Das Ergebnis vermag nur Juristen aufzufallen, die nicht mehr eindimensional, d.h. nicht mehr eingebunden in das enge Korsett ihrer eigenen Rechtsordnung, denken. Ich freue mich, daß unser Vorstand das Thema des heutigen Sitzungstages um diese rechtsvergleichende Dimension erweitert und bereichert hat. Ich meine, daß wir diese Entwicklung vorantreiben müssen, und zwar aus einem zwingenden Grund, den wir bislang noch nicht richtig wahrgenommen haben: Unsere Studenten stehen vor einer qualitativen Veränderung ihres Berufes. Der Jurist von heute und morgen wird, im Unterschied zu dem Juristen, den wir bis heute bzw. vor 10 Jahren ausgebildet haben, immer häufiger mit der Situation konfrontiert werden, mit Juristen anderer Rechtskulturen in Berührung zu kommen oder gar verhandeln zu müssen. Auf diese Aufgabe müssen wie sie vorbereiten. Vielen Dank.

Vorsitzender: Herzlichen Dank, Herr *Autexier*, für diese wichtigen Bemerkungen nicht nur zum französischen Recht, sondern auch zur Rechtsvergleichung und für die Conclusio, die Sie daraus gezogen haben.

Sieckmann: Ich möchte auf die Frage eingehen, ob wir eine Optimierungskonzeption brauchen oder ob sie vielleicht eine deutsche Besonderheit ist, wie Herr *Riedel* sagte, die vielleicht eher überflüssig ist. Zunächst eine begriffliche Vorbemerkung: Ich sehe keinen Gegensatz zwischen Optimierungsgeboten und Rahmensetzungen. Beides ist natürlich zu unterscheiden, aber es gehört auch zusammen, denn Optimierungsgebote zielen ja gerade auf die Begründung konkreter Festsetzungen. Das heißt, beides muß zusammen gesehen werden, man kann das nicht trennen. Begrifflich natürlich schon, aber praktisch nicht. Worum geht es dann bei dem Gegensatz von Optimierungsgeboten und Rahmensetzungen? Der Unterschied ist, ob wir eine begründete Festsetzung haben wollen oder ob beliebige Festsetzungen ausreichen. Optimierungen dienen dazu, eine möglichst gute Begründung zu solchen Festsetzungen zu geben und beliebige Festsetzungen auszuschließen. Und wenn man nun weiter fragt, was eine gute Begründung ist, dann kommt man zu den Theorien rationaler Entscheidungen, die insbesondere in der Wohlfahrtsökononie entwickelt worden sind, aber seit einigen Jahren auch auf rechtliche Probleme angewandt werden. Die Frage ist: Brauchen wir eine solche Theorie der Optimierung als Theorie rationaler Entscheidungen im Bereich des Rechts? Herr *Würtenberger* hatte schon teilweise eine Antwort darauf gegeben. Wir haben Abwägungen im Recht, wir kommen ohne sie nicht aus, und wenn wir sie rational-wissenschaftlich durchdringen wollen, brauchen wir eine Optimierungskonzeption. Ich möchte das ergänzen durch einen anderen Aspekt, einen rechtsvergleichenden Aspekt in Anknüpfung an die Aussage von Herrn *Riedel*, daß Optimierung, jedenfalls der Ausdruck, im englischen und französischen Recht nicht vorkommt. Das ist sicher so richtig; als Rechtsterminologie gibt es das nicht, aber das bedeutet nicht, daß wir diese Strukturen und diese Rationalitätskonzeption nicht in den Rechtssystemen haben. Ich möchte mich auf das englische Rechtssystem beziehen. Natürlich haben wir dort keine solchen theoretischen Konzeptionen, aber implizit kann man sie auch dort feststellen. So werden vielleicht Optimierungüberlegungen nicht explizit gemacht, sie sind vielleicht nicht justitiabel, aber wenn man sich das englische Recht näher ansieht, kann man solche Strukturen feststellen. Aber ich möchte beginnen mit einer Analyse: „Was brauchen wir in einer Optimierungskonzeption?" Wir brauchen drei Elemente, erstens muß festgelegt werden, was optimiert werden soll. Das geschieht durch Rechtsprinzipien; es ist wichtig, daß es sich um rechtliche Prinzipien handelt, damit wir nicht in eine allgemeine nicht-rechtliche Abwägung geraten. Das zweite Element der Optimierung ist das der Abwägung, der rechtliche Maßstab ist hier im deutschen Recht der der Verhältnismäßigkeit, und das dritte Element ist die Frage der Entscheidungskompetenz zum einen des parlamentarischen Gesetzgebers gegenüber der Verwaltung, dann aber auch die Kontrollkompetenz der Gerichte gegenüber der Verwaltung. Das haben wir im deutschen Recht sehr stark ausdifferenziert; wir haben die grundrechtlichen Prinzipien extrem weit gefaßt, wir haben den Verhältnismäßigkeitsgrundsatz als allgemein anwendbaren Maßstab, und wir haben schließlich die Diskussion z.B. um die Kontrollkompetenzen der Gerichte, wo wir allerdings Probleme haben, klare Kriterien anzugeben. Wie sieht es nun im englischen Recht aus? Da finden wir auch alle drei Elemente, nur, sie werden eben nicht unterschieden, sondern man sieht am Ergebnis, daß in bestimmten Bereichen Gerichte durchaus substanzielle Erwägungen anstellen, in anderen Bereichen wiederum nicht. Und wenn man das etwas näher analysiert, dann kann man etwa materielle Prinzipien feststellen, wenn man fragt, wo Anhörungsrechte im Verwaltungsverfahren gewährt werden. Im englischen Recht gibt es kein allgemeines Anhörungsrecht, sondern in bestimmten Bereichen, z.B. wenn Berufsfreiheit oder Vertrauensschutz betroffen ist, wird ein Anhörungsrecht gewährt. Das heißt, wir finden hier eine ganz ähnliche Struktur zu unserem Grundrechtskatalog oder rechtsstaatlichen Prinzipien. Der zweite Punkt: Verhältnismäßigkeitsgrundsatz. Im englischen Recht haben wir natürlich traditionell nur das Kriterium der reasonableness, das ist formal schwächer, aber es gibt durchaus Tendenzen zu einer Verstärkung hin zu einer proportionality-Prüfung, auch beeinflußt durch das europäische Recht. Aber in einzelnen Bereichen haben wir durchaus auch substanzielle Abwägungen. Schließlich der dritte Punkt: Die Kontrollkompetenzen. Auch da haben wir durchaus unterschiedliche Kontrollmaßstäbe in der gerichtlichen Rechtsprechung. Nur, das alles wird nicht explizit gemacht. Man sieht es am Ergebnis, aber es wird nicht explizit gemacht. Und nun ist die Frage: Was ist besser? Wollen wir diese stark ausdifferenzierte deutsche Systematik, oder wollen wir diese eher implizite Prüfung im englischen Recht? Mir scheint weder in wissenschaftlicher Sicht noch in sachlicher Hinsicht viel für die englische Konzeption zu sprechen. In wissenschaftlicher Hinsicht muß Klarheit im Vordergrund stehen, und in sachlicher Hinsicht haben wir natürlich im englischen Recht weniger Kontrollkompetenzen der Gerichte. Sollen wir das deutsche Recht dem angleichen? Ich möchte das gar nicht in der Sache diskutieren, aber um was für ein Problem geht es denn hier? Es wurde darauf hingewiesen, Optimierung würde zu Einbußen an Demokratie und Rechtstaatlichkeit führen, wenn zu anspruchsvolle Ziele gestellt werden, aber das ist doch wiederum ein Optimierungsproblem. Das heißt, wir können diese Thematik der Kontrollkompetenzen überhaupt nicht anders erörtern als in einer Optimierungskonzeption, und insofern ist sie eindeutig überlegen auch gegenüber der Konzeption des englischen Rechts.

Ronellenfitsch: Ich muß entschuldigen, daß ich nach den Höhenflügen der Rechts- und Verfassungstheorie jetzt auf die Ebene des Verwaltungsrechts herabsteige. Ich habe Herrn *Würtenberger* den kategorischen Imperativ für alle Verwaltungsrechtler entnommen, wir sollten das Verwaltungsrecht nicht verfassungsrechtlich aufladen. Ein entsprechender kategorischer Imperativ bezieht sich auf die Rechtstheorie: Wir sollten aufpassen, daß wir nicht durch falsche Begrifflichkeiten zu Konsequenzen auf der verwaltungsrechtlichen Ebene beitragen, die nicht erwünscht sein können. Das Abwägungsgebot wurde ganz banal im Bauplanungsrecht entwickelt, also auf der Ebene der Gesamtplanung und Angebotsplanung. Dort kommt es darauf an, die öffentlichen und privaten Belange zu gewichten und zu sichten. Bestimmte Belange hat man nun mit einer Vorrangstellung versehen. Und das hat man Optimierung genannt. Es ging somit um eine stärkere Gewichtung bestimmter Belange. Das war im Rahmen der Gesamtplanung bei der Findung des Gemeinwohls, Herr *Bullinger* hat mit diesem Gesichtspunkt die Diskussion begonnen, adäquat und angebracht. Bei der Findung des Gemeinwohls auf lokaler Ebene ist es völlig legitim und richtig, wenn der Gesetzgeber bestimmte Belange für wichtiger erklärt als andere. In diesem Sinne ist die Optimierung akzeptabel und bereitet kaum Probleme. Schon schwieriger wird es, wenn man diesen Aspekt auf die Fachplanung überträgt. Ich greife den prekärsten Belang heraus. Das ist der Umweltschutz. Den Umweltschutz als Vorrangbelang bei der Bauleitplanung auszugestalten, ist akzeptabel. Bei der Fachplanung geht das nicht. Demgegenüber wurde gesagt, daß auch dort eine Abwägung stattfindet. Aber was wird hier abgewogen? Ein konkretes Projekt! Was muß jetzt also optimiert werden, das Projekt oder der Umweltschutz? Das ist der entscheidende Punkt. Wer jetzt immer noch den Umweltschutz optimieren will, liegt schief. Plötzlich werden Umweltbelange, sektorale Belange, der Fachplanung entgegengehalten, und die Fachplanung tritt zurück. Das ist falsch. Bei der Fachplanung kommt es vielmehr nur darauf an, das Projekt zu optimieren. Eigentlich ist das Optimierungsgebot hier ein Minimierungsgebot, nämlich das Gebot, bei Realisierung des Projekts den geringstmöglichen Eingriff in die Umwelt vorzunehmen. Es ist also schon problematisch, eine Kategorie der Gesamtplanung auf die Fachplanung zu übertragen. Ganz schlimm wird es dann bei der Kontrollerlaubnis mit planungsrechtlichem oder ohne planungsrechtlichen Einschlag. Optimierung der Kontrollerlaubnis klingt harmlos. In Wirklichkeit soll jedoch eine Unternehmergenehmigung optimiert werden. Was soll nun genau optimiert werden? Nicht der Umweltschutz, sondern das Vorhaben eines konkreten Unternehmers. Dieser muß bei gegenläufigen öffentlichen und privaten Belangen mit Restriktionen rechnen, das ist ganz klar. Aber Optimierung kann nicht bedeuten, einen sektoralen Belang zu Lasten des Unternehmers, der ein Projekt durchführt, zu maximieren. Also ist auch hier das Optimierungsgebot allenfalls ein Gebot, möglichst geringe Eingriffe in die Umwelt und Natur vorzunehmen unter Optimierung des Projekts aus der Sicht des Projektträgers und des Unternehmers. Das ist der erste Aspekt. Zweiter Aspekt: Ich stimme mit Herrn *Würtenberger* völlig überein, daß die Kontrollerlaubnis nicht durch Mechanismen des Optimierungsgebots bei der planerischen Abwägung verwässert werden darf. Wenn aber optimiert wird, gilt es die beste Lösung zu finden. Daran knüpft die Frage an: Wie finde ich das beste Ergebnis? Darüber streiten wir seit den 80er Jahren. Stellen wir auf die Verfahrensgestaltung ab, oder schauen wir auf das Ergebnis selbst – was ist als Ergebnis herausgekommen? Ich hatte gehofft, daß diese Diskussion endlich zur Ruhe gekommen ist, nachdem der Bundesgesetzgeber im letzteren Sinn die richtigen Regelungen getroffen hat. Aber da wir jetzt einen anderen Gesetzgeber haben, gehe ich davon aus, daß diese Regelungen wieder aufgehoben werden. Dann kommen die 80er Jahre in einem anderen Gewand zurück. Das schadet nichts. Ich bin immer noch der Überzeugung, daß das Ergebnis das Entscheidende ist und nicht das zum Selbstzweck betriebene Verfahren. Da sind Sie mir, Herr *Würtenberger*, zu blauäugig. In Deutschland ist es nicht wie in Frankreich oder sonstwo: „Am Anfang war das Wort". Für Deutschland gilt: „Am Anfang war der Verein". Sobald irgendein Verfahren zur Zulassung eines größeren Vorhabens durchgeführt wird, wird irgendein Verein gegründet, und alle möglichen Einwender werden beteiligt und müssen angehört werden. Idealtypisch ist das aber für die Optimierung richtig. Wenn wirklich alle angehört werden, alle Vereine, Gruppierungen und Interessenvertreter – das war auch in der Diskussion angeklungen –, wenn alle Belange repräsentiert sind, ist das in Ordnung. Nur ist das in unseren Genehmigungsverfahren eben nicht der Fall. Es findet kein idealtypischer diskursiver Prozeß statt; es kommen nur die zum Zug, die am lautesten schreien; es gilt der Grundsatz: „Qui clamat, optimat". Dadurch wird im Ergebnis nicht optimiert. Optimiert wird nur dann, wenn wir unsere Verfahrensgestaltung ändern. Wenn bei der Fachplanung und Kontrollerlaubnis nicht nur Einwendungen gehört werden, sondern auch Anregungen und Beschwerden über die vorhandene Situation. Ich sage es ganz kraß: Wenn Naturschutzverbände – womit zu rechnen ist – noch intensiver beteiligt werden, weil dadurch der Erfahrungshorizont der Behörde und deren intellektuelles Verständnis wächst, dann sollten gefälligst auch die Handwerkskammer, Industrie- und Handelskammern, die Arbeitnehmer- und Arbeitgebervertreter, der ADAC und wer auch immer beteiligt werden, um einen korrekten Optimierungsprozeß durchzuführen. Wenn Sie das machen, Herr *Würtenberger*, bestreite ich nicht mehr, daß durch die Verfahrensgestaltung ein optimales und korrektes Ergebnis herbeigeführt werden kann. Wenn Sie das aber nicht machen und auch noch die Dichte der Ergebniskontrolle relativieren, dann stimme ich mit Herrn *Riedel* überein, dann relativieren wir den Rechtsschutz. Und da halte ich immer noch das deutsche System hoch. Wir müssen weiterhin beim Ergebnis ansetzen und darauf schauen: Ist das für den Vorhabenträger ein optimales Ergebnis im Interesse aller Belange, oder wurde nur unzulässigerweise ein sektoraler Belang optimiert?

Masing: Ich möchte auf ein Moment zu sprechen kommen, das die Polarität zwischen Optimierungsgeboten und Rahmensetzungen noch einmal in einem anderen Licht erscheinen läßt, nämlich auf das Spannungsverhältnis von Einzelfallgerechtigkeit und Typisierungsnotwendigkeit. Mir scheint, daß sich nicht zuletzt auch hieraus die Attraktivität der Optimierungsgebote zunächst erklärt. Denn wie kommt es, daß die Optimierungsgebote solche Anziehungskraft haben? Man will dem einzelnen Fall möglichst optimal Rechnung tragen – und die Kosten, die eine Typisierung mit sich bringt, so vermeiden. In der Idee des Optimierungsgebots liegt es, daß man am Einzelfall mit seinen spezifischen Sachproblemen ansetzt und dabei alle Umstände berücksichtigen und zu einer optimalen, da maßgeschneiderten Entscheidung zusammenführen kann. Diesem Wunsch zur Optimierung im Einzelfall entspricht eine Angst vor Typisierung, d.h. vor Verallgemeinerung. Meines Erachtens ist diese Angst auch in vielen Entscheidungen des Bundesverfassungsgerichts zu erkennen, sie kommt also nicht etwa erst und allein aus dem Europarecht. Wenn es insoweit darum geht, dem jeweiligen Einzelfall Rechnung zu tragen und sich zugleich vorzubehalten, im nächsten Fall angesichts etwaiger Besonderheiten anders zu entscheiden, bricht sich das notwendig mit der Vorstellung des Rechts als verbindliche Rahmenvorgabe. Denn ein Rahmen kann natürlich stets nur typisierend allgemein wirken – er setzt eben gerade vor dem Einzelfall an. Bevor der Einzelfall da ist, wird durch ihn mit notwendigerweise einzelfallblinden, d.h. allgemeinen und groben Vorgaben verbindlich eine Grundsteuerung vorgegeben. Dabei wird man zunächst erkennen müssen, daß mit der Entwicklung zu den Optimierungsgeboten z.T. nur eine Reaktion gesucht wird, das Recht überhaupt den komplexen Vernetzungen der Sachgegebenheiten nachrücken zu lassen. Von daher ist ein Stück Attraktivität dieser Optimierungsgebote gut verständlich. Ich denke allerdings, daß gerade in dieser einzelfallbezogenen Struktur auch die besondere Problematik solcher Optimierungsgebote sichtbar wird, und zwar eine Problematik, in deren Folge im Extremfall das eigentliche Ziel, nämlich die Einzelfallgerechtigkeit, gerade verfehlt werden kann. In der Frage „Optimierungsgebot oder

Rahmensetzung?" geht es nämlich – gerade Herr *Würtenberger* hat dies in seinem Referat deutlich gemacht – auch um die Steuerungsfähigkeit des Rechts. Sofern die Entscheidung in den Einzelfall gelegt wird, läßt sich eine demokratische Steuerung kaum mehr vornehmen. Damit verbunden ist zugleich, daß die gesamte Entscheidungsstruktur in den Sachverhalt als Sachverhalt verlegt wird und so deren politische Dimension zunächst, zumindest scheinbar, eliminiert wird. Der Rechtsfindung liegt keine Satzung mehr zugrunde, sondern das Problem wird, sachangemessen, so wie es sich aus der Natur der Sache ergibt, möglichst optimal gelöst. Das Moment der Entscheidung des Politischen ist damit zunächst zurückgedrängt und minimalisiert – allerdings nur scheinbar. Denn letztlich kommt es – und da liegt die Problematik – als Politisierung der Einzelfallentscheidung an anderer Stelle doch wieder zum Vorschein und führt jetzt dazu, daß im Einzelfall der gesamte politische Ausgleich der vielschichtigen Entscheidungen getroffen werden muß und dabei der einzelnen Behörde obliegt. Die zuständige Behörde muß nun allein die aus der Natur der Sache sich ergebende Präferenzentscheidung in einem unter Umständen hochpolitischen Umfeld fällen. Ohne den Schutz einer verbindlichen gesetzlichen Vorgabe kann eine Behörde hiermit erheblich überfordert sein. Ausgesetzt den Pressionen der konkret Interessierten, kann dies zu Entscheidungen führen, die sich mehr an wirtschaftlichem Einfluß oder an kurzfristigen Vorteilen sonstiger Sachgegebenheiten orientieren als an der optimalen Lösung des Einzelfalls. Gerade die Entwicklung, die durch den integrierten Umweltschutz z. T. in der Europäischen Union stattfindet, kann, wenn sie nicht durch verbindliche Rahmensetzungen sinnvoll ergänzt und aufbereitet wird, dazu führen, daß die Behörden in den verschiedenen Ländern letztlich ohne bzw. jedenfalls nur mit wenigen strikten Maßstäben arbeiten müssen und somit ein verbindlicher Standard kaum gewährleistet erscheint. Darüber hinaus schlägt die vermeintlich optimierende Einzelfallentscheidung leicht auch dann gegen die Einzelfallgerechtigkeit, wenn es im Einzelfall um vielleicht anstößiges Verhalten von Außenseitern geht, das das Recht gerade schützen soll. Wenn dieses unter Abwägungsvorbehalte je nach Maßgabe der individuellen Situation gestellt wird, kann man sich vorstellen, daß eine politische öffentliche Meinung hier den Minderheitsschutz sehr viel schwerer macht, als wenn man sich auf etwas weniger differenzierte, aber allgemeine Rahmensetzungen zurückzieht. Das heißt natürlich nicht, und das ist mir gerade auch aus dem Referat von Herrn *Würtenberger* noch einmal deutlich geworden, daß es die eine Form generell gegenüber der anderen zu präferieren gälte. Optimierungsgebote und Rahmensetzung sind zwei Formen der Entscheidungsfindung, zwischen denen man bereichsspezifisch wird unterscheiden müssen. Hierbei scheint mir wichtig, was Herr *Schulze-Fielitz* betont hat: In den Fällen, in denen eine Steuerung gar nicht mehr möglich ist, sind Optimierungsgebote der Versuch, den Entscheidern zumindest doch überhaupt etwas an die Hand zu geben. Von daher darf man nicht das Kind mit dem Bade ausschütten und in Optimierungsgeboten nur noch eine Auflösung des Rechts erkennen wollen. Gerade im Umweltschutz bleibt im übrigen noch auf ein weiteres hinzuweisen: Es gibt ja auch Möglichkeiten, beide Elemente ein Stück weit zu verschränken. Denkbar ist es etwa, möglichst weitgehende Rahmenvorgaben mit strikten Grenzwerten zu verbinden mit einem darüber hinausgehenden Bewirtschaftungskonzept, das – dann freilich nur noch begrenzt – Optimierungsmaximen zum Einsatz bringen kann. Hier wären beide Aspekte möglicherweise sinnvoll verbunden. Ich danke Ihnen.

Geis: Herr *Würtenberger*, einige Anmerkungen zu Ihren Thesen, konkret zu F.I. Da sprechen Sie von einer Neuorientierung des Verwaltungsverfahrens. Nun, wenn man es genau nimmt, so neu sind ja die Thesen nicht. Genau genommen sind sie eigentlich schon ziemlich alt, eigentlich schon über 20 Jahre. Das war im Grunde die Diskussion im Vorfeld des VwVfG, und auf der Konstanzer Tagung 1982 sind ja ähnliche Forderungen auch schon erhoben worden: das Verfahren als Korrelat zu einer materiellen Inhaltsprüfung des Verfassungsrechts. Der Ansatz, dem ich ja eigentlich auch zuneige, ist für sich genommen als Theorie schlüssig. Aber im einzelnen muß man sich fragen: Jagen wir dann nicht zusammen einem Phantom nach? Denn – es ist jetzt auch schon angesprochen worden, und in Ihrer These 27 kommt es zum Ausdruck – durch ein Verwaltungsverfahren, das durch exzessive Heilungsvorschriften als Entscheidungsprozeß entwertet wird, kann Verfahrensgerechtigkeit, wie Sie sie ansprechen, nicht mehr adäquat garantiert werden. Der Verfahrensgedanke wird dadurch entwertet. Beim Widerspruchsverfahren wird es noch deutlicher. Das sollte ja sozusagen auch noch eine Inhaltskontrolle ermöglichen. Es ist noch nicht ausdrücklich nachgeforscht, wie sich in der Rückkopplung diese Heilungsvorschriften auf die verschiedenen Gestaltungen der Verfahren empirisch auswirken werden. Ich glaube eher, daß dabei nichts Gescheites herauskommt. Sie monieren auch in These 27 eine diskursive Konkretisierung als Forderung. Da fragt man sich, wo der Diskurs bleibt, wenn die Verwaltung im krassesten Fall, im GaA sozusagen, erst einmal so richtig einseitig obrigkeitlich handeln kann, also gegen Verfahrensrechte verstoßen kann, um dann abzuwarten, ob der Betroffene genug Geld und Nerven hat, um zu klagen, und dann im Zweifel immer noch den Joker des § 45 Abs. 2 VwVfG ziehen kann. Also ich glaube, die Wirklichkeit ist von dem einstigen Ideal des Verwaltungsverfahrensgesetzes und der damaligen Diskussion mehr denn je entfernt. Ein zweiter Punkt noch ganz kurz: In Ihrer These 26 plädieren Sie dafür, im Idealfall Elemente der repräsentativen und der partizipativen Demokratie miteinander zu verknüpfen, und Sie setzen das mit einer Verantwortungsteilung zwischen Staat und gesellschaftlichem Bereich gleich, wenn ich das richtig verstanden habe. Da denkt man natürlich, daß auf diese Art und Weise alte Geister beschworen werden, insbesondere durch den Begriff der partizipativen Demokratie, wenn dies, wie hier es zu sein scheint, mit dem gesellschaftlichen Bereich assoziiert wird. Nachdem ich nicht annehme, daß Sie hier die Speerspitze grüner Politik darstellen wollen, würde ich hier fragen, wie Sie sich das mit der partizipativen Demokratie etwas präziser vorstellen. Handelt es sich da nicht um die funktionale Beteiligung, also um den Gedanken aus dem Grundrechtsschutz heraus und weniger um den aus der staatstheoretischen Demokratie?

Götz: Unser heutiger Beratungsgegenstand betrifft die Normstruktur des Verwaltungsrechts. Aber dahinter steht doch letztlich und vor allem das Verhältnis der Verwaltung zur Verwaltungsgerichtsbarkeit, eine Thematik, die in der Vereinigung Tradition hat. Herr *Starck* hat heute bei der Eröffnung auf die früheren Tagungen '75, '80, '82 und '84 hingewiesen. Mir scheint, daß zu dieser Tradition der Vereinigung auch gehört, daß sie in diesem Zusammenhang stets den Begriff der Verwaltungsverantwortung positiv besetzt, während die richterliche Kontrolle unterschwellig dem Verdacht ausgesetzt wird, sie übertreibe bei dieser Kontrolle und bringe durch solche Übertreibungen eben die Verwaltungsverantwortung in Gefahr. Ich ergreife das Wort, um dieser Tendenz deutlich entgegenzutreten, und beziehe dabei meine Legitimation mit aller Bescheidenheit aus einer jetzt fast 30jährigen aktiven Tätigkeit in der Verwaltungsgerichtsbarkeit. Ich habe dabei gründlich die Baurechtspraxis kennengelernt. Das ist zugegebenermaßen nur ein kleiner Kosmos des Verwaltungsrechts. Aber man kann vieles darin erkennen. Die Gesetzmäßigkeitskontrolle der Bauleitpläne wird anhand einer gesetzlichen Rahmenregelung vorgenommen, und es findet die Anwendung einer bewährten Abwägungskontrolldogmatik statt. Dies ermöglicht, wie ich meine, in perfekter Weise auch die Gestaltungsfreiheit der Verwaltung, der planenden Verwaltung, zu wahren. Nun sind in der jüngsten Zeit die Optimierungsgebote im Baurecht aufgetreten, aber sie bringen überhaupt nichts grundstürzend Neues. Selbstverständlich kann man das Gebot, mit dem Boden schonend umzugehen oder die Eingriffe in den Naturhaushalt zu vermeiden, als Optimierungsgebote verstehen. Aber diese Gebote sind nicht derart, daß sie, um es auf eine Kurzformel zu bringen, das Bauen letztlich verhindern. In der Baurechtspraxis stoßen wir auf einen weiteren Gegenstand, die Zulässigkeit der Vorhaben. Hier wenden wir unbestimmte Rechtsbegriffe an, und allen, die irgendwie eine Herabsetzung der Kontrolldichte favorisieren, möchte ich entgegenrufen: An der vollständigen gerichtlichen Anwendbarkeit der die Zulässigkeit von Vorhaben bestimmenden Normen ist überhaupt nicht zu rütteln, auch wenn es sich dabei um unbestimmte Rechtsbegriffe handelt.

Die drei Referenten haben durch eine Rechtsvergleichung das Gebäude unserer Kontrolldogmatik durchleuchtet und auch durchlüftet. Sie haben, wenn ich sie recht verstehe, nicht dafür plädiert, daß die deutsche Verwaltungsgerichtsbarkeit bewährte Errungenschaften aufgibt. Ich meine deshalb, daß Herr *Schulze-Fielitz* bei den Referenten offene Türen einrennen müßte mit seinen Sorgen und Forderungen, solche rechtsstaatlichen Errungenschaften nicht aufzugeben. In den europäischen Dialog und Wettbewerb ist der deutsche Beitrag einzubringen. Die Optimierungsgebote sind nach allem, was wir gehört haben, trotz der vorsichtigen Annäherung von Herrn *Sieckmann,* keine Exportschlager. Auf sie können wir weitgehend verzichten. Aber es gibt gottlob Qualitätsartikel unseres Verwaltungsprozeßrechtes, die wir vorweisen können: Ich denke an den einstweiligen Rechtsschutz und vor allem die Verpflichtungsklage, die in Europa nicht vorhanden ist, die aber – ich wiederhole mich – ein Qualitätsartikel ist. Wir verdanken überhaupt die Entwicklung großer Teile unseres materiellen Rechtes der Existenz dieser Verpflichtungsklage. Es gäbe kein Schulrecht, es gäbe bestimmte Teile des Polizeirechts, Hochschulrechts usw. ohne diese Klage nicht. Ich glaube, daß es den Referenten hervorragend gelungen ist, das deutsche System in den europäischen Rechtsvergleich, in die europäische Dimension hineinzustellen.

Raschauer: Zunächst eine Vorbemerkung: Ich möchte unterscheiden zwischen dem Umfang der verwaltungsgerichtlichen Kontrolle und dem Umfang der rechtlichen Bindungen der Verwaltung. Die zweiteren sind wesentlich umfangreicher. Ich sage das deshalb, weil man leicht den Gedanken „Optimierungsgebot" durch Hinweise auf Überforderung der Verwaltungsgerichtsbarkeit umbringen könnte. Sehen wir das Gebot als Handlungsauftrag an die Verwaltung, so möchte ich eben die These vertreten, daß das zumindest kontraproduktiv ist. Herr *Alexy* hat uns eingeräumt, daß das Optimierungsgebot nicht dahin zu verstehen ist, daß es auf die optimale im Sinn von einzig richtige Entscheidung hinzielt. Nur, wenn das nicht der Fall ist, wenn es nicht um die optimale Entscheidung geht, dann sollte man das Verfahren auch nicht als Optimierungsverfahren bezeichnen. Zum zweiten merke ich zur Zeit im Umweltrecht den Kampf um Begriffe und damit auch den Kampf um die Besetzung der „Optimierung" im Umweltschutzrecht, die immer wieder dazu führt, daß materielle Umweltstandards abgebaut werden. Wie funktioniert das, was unter Optimierung figuriert, in der Praxis? Dazu ein ganz banales Beispiel, das es sicher auch im deutschen Forstrecht gibt: Die Rodungsbewilligung hat zur Voraussetzung, daß das öffentliche Interesse an dem Projekt das öffentliche Interesse an der Walderhaltung überwiegt. Ganz banal, entweder überwiegt es, oder es überwiegt nicht. Zu optimieren ist da nichts. Und das ist das Grundstrukturmodell eines Abwägungsvorgangs, und das finden wir im Naturschutzrecht wieder, im Denkmalschutzrecht, bei allen Abstandnahmebewilligungen. Ich will damit nur sagen, die Masse der Abwägungen hat überhaupt nichts mit Optimierungen zu tun. Jetzt zu Beispielen, welche die Referenten gebracht haben. Es waren ja leider sehr wenige Beispiele, an denen man diese zum Teil sehr abstrakten Theorien hätte überprüfen können. Aber Herr *Würtenberger* hat zum Beispiel das Anlagenrecht angesprochen. Da würde ich sagen, die Masse der anlagenrechtlichen Fallkonstellationen geht dahin, ob etwa bei einer Spritzlackiererei eine bestimmte Abluftreinigung Stand der Technik ist. Da gibt es nichts zu optimieren. Entweder kann sie dem Betreiber vorgeschrieben werden, oder sie kann ihm nicht vorgeschrieben werden. Das führt mich gleich weiter zum zweiten Beispiel, nämlich zum Umweltoptimierungsprinzip. Zur Zeit läuft es ja im ganzen deutschsprachigen Raum im Lichte der IPPC-Richtlinie darauf hinaus, den „Stand der Technik" abzuschaffen und durch die best available technologies zu ersetzen, durch die best practice, wie sie in These 7 angesprochen ist. Nur, das ist weniger als der Stand der Technik, und der ist schon weniger als der Stand der Wissenschaften. Kurz, im Anlagenrecht kann von einem Optimierungsgebot keine Rede sein. Dann haben Sie, Herr *Würtenberger* – nicht als Vorwurf, sondern nur, um es zu exemplifizieren – die Nachbesserung angesprochen. Wir haben auch in Österreich einen Trend – § 79 Gewerbeordnung – hin zur Nachbesserung, was impliziert, daß man am Anfang zu großzügig bei der Erstgenehmigung war. Das heißt aber, daß in der Rechtsordnung von vornherein einprogrammiert ist, daß Suboptimales beginnt und dann ergänzende Auflagen vorgeschrieben werden. In diesem Zusammenhang erleben wir den spezifischen Konflikt „Optimierung contra Verhältnismäßigkeit", denn den nachträglichen Vorschreibungen steht der Verhältnismäßigkeitschutz des Anlagenbetreibers entgegen. Mit Nachbesserungsmodellen ist also nie das optimale Projekt zu erzielen. Das waren ein paar Beispiele, wie sich nach meiner Sicht die Frage aus der Perspektive der Verwaltung darstellt. Das einzige, wo ich schwankend werden würde, ob es so etwas wie „Optimierung" gibt, und von dort dürfte ja auch der Begriff herkommen, ist das Planungsrecht. Trotzdem scheint es mir auch dort ein unangemessener Begriff zu sein. Überlegen Sie sich einmal, wie es zu einer Eisenbahntrasse kommt. Wie man in jahrelanger Arbeit Gewässerschutzgebiete, schützenswerte Wälder, Naturschutzbereiche, Denkmalobjekte, Straßenzüge, Jagdgebiete usw. erhoben hat und unter mühsamen Geburtswehen eine Trasse geboren hat, ist es undenkbar, ganz praktisch unvorstellbar, daß man der einen Trasse eine andere Trasse als besser gegenüberstellt. Man kann nur etwas, was in solchen jahrelangen Mühen geboren ist, punktuell falsifizieren, indem man sagt, ihr habt ja übersehen, daß da Naturdenkmäler sind, die kommen in eurem Umweltbericht nicht vor. Aber eine Optimierung von Großprojekten in dem Sinn, als gäbe es da mehrere Varianten, wobei dann der Richter sagt, das wäre eigentlich die optimale gewesen, ist nach meiner Überzeugung weltfremd. Daher komme ich zu dem Ergebnis, man sollte diesen Begriff in der Verwaltungsrechtsdogmatik unbedingt vermeiden. Er löst Erwartungshaltungen aus, die in der Verwaltung nicht vorgesehen sind, die nicht eingelöst werden können und, wie ich skizziert habe, auch gar nicht eingelöst werden sollen. Herr *Isensee* hat gesagt, die Verwaltung hat das Recht anzuwenden, und das ist eine gute Formulierung. Denn Handlungsauftrag der Verwaltung ist eben ein anderer.

Selmer: Ein kurzer Blick zurück noch auf den europarechtlichen Beitrag von Herrn *Zuleeg*: Ich stimme ihm in der Anerkennung der großartigen Integrationsleistung des Europäischen Gerichtshofes durchaus zu. Was speziell allerdings den durch diesen gewährleisteten Grundrechtsschutz gegen Akte der Gemeinschaftsgewalt betrifft, so kann ich ihm in der These, der Gerichtshof habe sich hier gegenüber Äußerungen aus der Bundesrepublik überaus offen gezeigt, nicht beipflichten. Denn bei aller Bewunderung der Gesamtleistung des EuGH: Dieser ist dem Vertrauensvorschuß, den ihm das BVerfG 1986 in seiner Solange II-Entscheidung (BVerfGE 73, 339, 383 ff.) insoweit entgegengebracht hatte, in den nachfolgenden Jahren keineswegs in überzeugender Weise gerecht geworden. In dieser Beurteilung sehe ich mich einig mit einer zunehmenden Zahl von Beobachtern, dabei keineswegs nur, wenn auch vorwiegend solchen aus der Bundesrepublik. Im einzelnen kann ich insoweit auf die Äußerungen von Herrn *Dörr* sowie auf eine eigene jüngere Darlegung Bezug nehmen. Interesse verdient hier freilich die durch den sogenannten Bananen-Streit, seine Entscheidung durch den EuGH sowie eine einschlägige Vorlage an das BVerfG veranlaßte Äußerung des Richters am EuGH *Günter Hirsch* anläßlich des Verwaltungsrichtertages in Mainz, grundrechtskritische Warnsignale aus Karlsruhe würden gegebenenfalls in Luxemburg größte Aufmerksamkeit finden. Sie vermittelt den Eindruck, daß sich der EuGH der grundrechtsdogmatischen Schwächen seiner Judikatur bewußt und bereit ist, in grundrechtsrelevanten Entscheidungen die Zügel künftig etwas straffer anzuziehen.

Jetzt zu meiner eigentlichen Fragestellung: Ausgangspunkt ist der Befund, daß die beiden ersten Referenten, wenn sie die Optimierung als eine der Gerechtigkeit verpflichtete Idee würdigen, dabei offenbar vor allem die Gerechtigkeit des konkreten Einzelfalles vor Augen haben. Ich verweise insoweit auf die von Herrn *Würtenberger* vor Leitsatz 15 verwendete Formel vom „Zwang zur situativen Konkretisierung des Rechts" und die von ihm in Leitsatz 15 genannten „konkreten Lebensverhältnisse", die in hohem Maß den Entscheidungsprozeß der Verwaltung steuerten. In einem gewissen Gegensatz hierzu sehe ich allerdings den immer wieder deutlichen Typisierungs- und Generalisierungshunger der Verwaltung auch dort, wo der Gesetz- oder Verordnungsgeber durch die Einräumung von Ermessen oder Beurteilungsspielräumen gerade auf die Möglichkeit einer einzelfallgerechten Lösung verweist. Die Gründe hierfür und damit für die Fülle ermessensleitender und normkonkretisierender Verwaltungsvorschriften liegen gewiß einmal in dem Drang der Exekutive nach abgesicherter Entscheidungserleichterung, daneben und nicht zuletzt aber auch in ihrem Bedürfnis nach Gewährleistung einer standardisierten Gleichbehandlung im Typus gleichartiger oder ähnlicher Fälle. Herr *Haller* hat auf diesen Aspekt, wenngleich in einem etwas anderen Zusammenhang, in Leitsatz 9 seiner Thesen verwiesen. Das BVerwG hat die darin liegende Verengung der durch den Gesetzgeber an sich eingeräumten situativen Konkretisierungsbefugnis durch Verwaltungsvorschriften bekanntlich hingenommen, solange nur der spezifischen Bewältigung gänzlich atypischer Fälle Raum gelassen sei. Meine Frage an die Referenten geht dahin, wie sich ihre Optimierungsvorstellungen zu der von mir kurz skizzierten Problematik verhalten.

Wallerath: Ich möchte zurückkommen auf die unterschiedlichen begrifflichen Grundlagen in den Referaten von Herrn *Haller* und Herrn *Riedel*. Herr *Haller* formuliert in These 1: „Der Gesetzgeber gebietet immer Optimierung." Diese Formulierung umgreift ersichtlich einen weiteren Optimierungsbegriff, der sich an dem Effizienzgedanken oder an der Effektivität, also der Steuerungskraft, des Gesetzes mißt. Demgegenüber verwendet Herr *Riedel* – ebenfalls in These 1 – einen engeren Begriff, wenn er auf die Auflösung von Kollisionen abstellt. Ich meine nun, daß beide Begriffe ihren Sinn haben, aber in unterschiedlichen Zusammenhängen, weil sie je verschiedene Funktionen erfüllen. Der enge Begriff ist vor allen Dingen ein dogmatischer Begriff; der weite Begriff ist ein Begriff, der insbesondere auf Gesetzgebungslehre und Verwaltungswissenschaft zielt. Um dies mit einer Überlegung zu verdeutlichen: Primäres Ziel eines jeden Gesetzes ist die Steuerung von gesellschaftlicher Wirklichkeit, deren Veränderung oder Stabilisierung. Aber es ist nicht ausgeschlossen, daß im Gesetz die Selbstdarstellung der Akteure mitschwingt.

Und je mehr diese dominiert, um so mehr wird das Problem der Effektivität virulent. Sie führt nämlich dazu, daß wir hier defizitäre Normverwirklichung oder gar programmiertes Vollzugsdefizit viel eher feststellen können als bei sonstigen Gesetzen. Hier ist vor allem die Perspektive der Effektivität, also praktisch der Optimierung in einem weiteren Sinne, zur Geltung zu bringen. Wenn es dagegen um die dogmatische Griffigkeit geht, scheint mir der engere Begriff, wie er von Herrn *Riedel* formuliert wurde, sehr viel adäquater zu sein. Er hat auch den Vorteil, daß er juristische Selbstbeschränkung anmahnt, daß die Juristen – es war eben die Rede davon, daß „im Anfang" das Wort war – nicht immer das letzte Wort zu allem und jedem haben.

Dies gibt mir das Stichwort für die zweite Überlegung, bei der ich an These 17 von Herrn *Würtenberger* anknüpfen möchte. Herr *Würtenberger* stellt die Optimierung in einen Zusammenhang mit dem Grundsatz der Proportionalität. Ich halte das für völlig richtig. Worauf ich nur hinweisen möchte, ist, daß wir gleichsam vorgelagert eine „Sollbruchstelle" haben. Es ist der Grundsatz des Gebotes des mildesten Mittels oder des Interventionsminimums. Diese Bruchstelle versperrt uns den Rückgriff auf eine andere Figur, die wir als Verwaltungsrechtler inzwischen weithin vernachlässigen, nämlich die der „Unzweckmäßigkeit" als Gegenbegriff der Zweckmäßigkeit. Was aber ist Zweckmäßigkeit? Zweckmäßigkeit ist die optimale Verwirklichung von Verwaltungszwecken. Freilich, wenn wir sie ausgrenzen wollen, müssen wir sie ausgrenzen von der gebotenen „rechtlichen" Optimierung, denn deren Verfehlung bedeutete Rechtswidrigkeit. Mir liegt daran, daß die negative Fassung des Gebots des mildesten Mittels zur Geltung kommt, wie dies überwiegend auch in der Rechtsprechung geschieht, um die Rechtsfigur der Unzweckmäßigkeit nicht zu einem historischen Relikt werden zu lassen. Tatsächlich markiert nicht zuletzt diese den Raum, den wir der Verwaltung als eigenständiger Staatsgewalt zubilligen müssen. Vielen Dank!

Vorsitzender: Wir sind damit am Ende der Liste der Diskussionsredner angelangt, und ich darf nun die Referenten bitten, am Schluß dieser Aussprache in komprimierter und vielleicht auch selektiver Form zu den gestellten Fragen und den Anregungen Stellung zu nehmen. In umgekehrter Reihenfolge darf ich nun zuerst Herrn *Riedel* um das Schlußwort bitten.

Riedel: Vielen Dank, Herr Vorsitzender, und ich bitte gleichzeitig um Nachsicht, daß ich nicht alle Diskussionsbeiträge der Reihe nach durchgehen werde und angesichts der Zeit nur einige wenige herausgreifen kann. Zunächst einmal möchte ich aber den Gedanken aufgreifen, den

Herr *Pernice* ganz zu Beginn unserer zweiten Runde ins Spiel gebracht hat, den Gedanken der Partizipation, der bei unserer Diskussion eine relativ geringe Rolle gespielt hat. Ich kann da nur noch einmal bekräftigen, was er dazu gesagt hat. In der Tat gibt es auf europarechtlicher Ebene eine andere Art von Legitimation. Es geht nicht so sehr um die Legitimation durch parlamentarische Gesetzgebung. Wie der Rechtsetzungsprozeß in der Europäischen Gemeinschaft zeigt, sind hier vielmehr die Gedanken der Vernetzung, der vielfältigen verfahrensmäßigen Beteiligungsformen, ja der Legitimation durch Diskurs, doch viel intensiver ausgestaltet, als das im innerstaatlichen Bereich der Fall ist. Deshalb stimme ich Ihrer Analyse, Herr *Pernice*, insofern zu. Mehrere Redner haben die Frage der Umsetzung des EG-Rechts im innerstaatlichen Recht thematisiert und die Frage der Rahmensetzung oder Optimierung daran festgemacht. Ich kann nur wiederholen, daß weder das englische Recht noch das französische Recht – und Herr *Fromont* sowie Herr *Autexier* haben dies für das französische Recht ausdrücklich bestätigt – den Optimierungsgedanken aufnehmen, es sei denn, man begreift ihn als Umschreibung für notwendige Abwägungsgebote ohne Fixierung auf ein einziges, richtiges Ergebnis. Herr *Zuleeg* und Herr *Dörr* haben sodann mögliche Divergenzen in der Rechtsprechung des EuGH und des EGMR thematisiert und die innerstaatliche Akzeptanz dieser Rechtsprechung erörtert. Soweit Großbritannien betroffen ist, binden Straßburger Menschenrechtsentscheidungen einstweilen nur völkerrechtlich, nicht unmittelbar innerstaatlich. Erst nach Erschöpfung des Rechtsweges können Beschwerdeführer das EMRK-Regime nutzen. Dies wird sich nach Inkrafttreten der neuen britischen *Bill of Rights* wohl ändern. Anders verhält es sich mit Urteilen des EuGH. Über die Grundrechtsrechtsprechung aus Luxemburg werden gemeineuropäische Grundrechts- und Verfassungsstandards unter Einbeziehung der Rechtsvergleichung gewonnen, in das innerstaatliche Recht übernommen, und sie genießen im Konfliktfall sogar Vorrang. Auf dem Umweg über Luxemburg gelangen so Grundrechtspositionen der Straßburger Institutionen als unmittelbar geltendes Recht in die britische Rechtsordnung und können deshalb auch schon in unteren Instanzen berücksichtigt werden. Man ist sich dabei aber voll bewußt, daß hier echter Konfliktstoff zwischen demokratisch legitimierten Entscheidungen des Parlaments und grundrechtsschützenden gegenläufigen Entscheidungen der Gerichte vorprogrammiert ist, wie es ihn seit 1689 nicht mehr gab. Und doch gehen die britischen Gerichte diesen Weg, aber mit großen Zahnschmerzen. Die Richter tun es nicht gerne, denn die Souveränität des Parlaments steht bei den Engländern nach wie vor sehr stark im Vordergrund. Ich hatte das heute morgen ja ausführlich dargestellt. Die EMRK und die Gemeinschaftsgrundrechte und vor allen Dingen die

Neuerungen der Gemeinschaftsgrundrechte im Vertrag von Maastricht, die abgewandelte Artikel F Abs. 2-Version, die gemeineuropäische Standards herausstellt, werden in Großbritannien sehr ernst genommen. Art. F Abs. 2 EUV war ja mit Art. L EUV verbunden, der keine direkte gerichtliche Überprüfung des Art. F zuließ. Die Überprüfung durch den EuGH konnte nur dadurch bewerkstelligt werden, daß dem Art. F Abs. 2 deklaratorische Wirkung zugesprochen wurde. Somit war ein dogmatisch sauberer Weg zur Anwendung der gemeineuropäischen Verfahrensstandards und -traditionen der Mitgliedstaaten gefunden, der im Vertrag von Amsterdam in den Art. 6 und 46 AV weitergehend fortgeschrieben wurde. Die Auseinandersetzung darüber ist von Herrn *Pernice*, Herrn *Schwarze*, Herrn *Frowein* und anderen ja ausführlich behandelt worden.

In Großbritannien ist die Diskussion um die Einführung der *Bill of Rights*, wie Sie wissen, nie verstummt, und es kann mit der baldigen Verabschiedung einer solchen Grundrechtscharta, gestützt auf die Formulierungen der EMRK, gerechnet werden. Die neuere Rechtsprechung dort nimmt im übrigen zunehmend auf diese europäischen Entwicklungen Rücksicht, vor allen Dingen auf Entwicklungen, die aus Straßburg kommen. Und der Vorrang des Gemeinschaftsrechts wird ernstlich befolgt, ja man übernimmt sogar die *Frankovich-Entscheidung* in viel größerem Maße, als das in einigen anderen Mitgliedstaaten der Fall ist.

Herr *Dörr* hatte dann das Verhältnismäßigkeitsprinzip als Beispiel für den europäischen Gerichtshof für Menschenrechte herangezogen, um zu zeigen, daß wir dort einen unterschiedlichen Standard haben. Das ist in der Tat so. Die Diskussion um den Verhältnismäßigkeitsgrundsatz auf Luxemburger und Straßburger Ebene ist zwar stark von deutschen Rechtsvorstellungen geprägt, aber *in concreto* dann doch sehr viel enger gefaßt. Woran liegt das? Weil es zwei Tendenzen in der Rechtsprechung in Straßburg gibt; einmal die Harmonisierungstendenz, und zum anderen die Pluralitätstendenz. Und das führt dann in der Praxis häufig zur Respektierung einzelstaatlicher Regelungen über die Figur der staatlichen Einschätzungsprärogativen (*marges d'appréciation*). Bei der Harmonisierungstendenz gibt es gewisse unveräußerliche, unantastbare, überall in Europa gleichermaßen durchzusetzende Grundsätze wie etwa, daß Prügelstrafe als Gerichtsstrafe und Schulstrafe verboten ist. Demgegenüber steht das Pluralitätsinteresse, das verschiedene, kulturell bedingte Unterschiede der Rechtsordnungen bewußt respektiert, in England etwa Verurteilungen wegen *contempt of court* (Mißachtung der Gerichtsbarkeit) bei Vorveröffentlichung von Verhandlungsabläufen, obwohl es in keinem anderen Mitgliedstaat der Europäischen Menschenrechtskonvention den Strafgrund *contempt of court* in dieser Form gibt. Der nationalen Rechtsordnung müsse deshalb eine *marge d'appréciation*, eine Einschätzungsprärogative im weitesten Sinne, verbleiben. Das schafft Unterschiede und Schwierigkeiten, und dieses Spannungsverhältnis zwischen Harmonisierung und Pluralitätssicherung ist letztlich ungelöst und wird noch lange die Gemüter bewegen, in Straßburg und letztlich auch in Luxemburg. In bezug auf den Beitrag von Herrn *Öhlinger* möchte ich nur kurz darauf hinweisen, daß das Vorabentscheidungsverfahren nach Art. 177 EGV, demnächst 234 AV, von den unteren Instanzen der deutschen Gerichte durchaus ernstgenommen wird, nicht jedoch in gleichem Maße von den Obergerichten. Ich erinnere nur daran, daß einige Entscheidungen des Bundesfinanzhofs sich mit der Umsetzung von EuGH-Urteilen sehr schwertun. Soviel zu konkreten Beiträgen.

Gestatten Sie mir an dieser Stelle, vielleicht noch einmal meine Kernthese ganz kurz zu benennen. Der Blick in benachbarte Rechtsordnungen zeigte mir, daß es keiner grundlegenden Umwandlung unserer Rechtsordnung bedarf, daß dies wegen Art. 19 Abs. 4 GG weder erforderlich noch angezeigt scheint. Die Ausführungen von Herrn *Schulze-Fielitz* haben das meines Erachtens bestätigt. In der Tat, Art. 19 Abs. 4 GG ist keine *carte blanche*, sondern muß im Zusammenhang mit den dahinterstehenden Grundrechtsgewährleistungen gesehen werden, aber auch im Zusammenhang mit Art. 80 Abs. 1 Satz 2 GG sowie mit einer stärkeren Rückbesinnung auf die Rolle der Dritten Gewalt als kontrollierende Gewalt ohne Gestaltungsauftrag. Optimierungsgebote sind, wie Herr *Götz* es treffend formulierte, folglich auch kein Exportschlager. Optimierung ist deshalb eher eng als Abwägungsgebot, als Einstellungsgebot zu begreifen, wie dies auch Herr *Wallerath* sieht. Dann rücken automatisch Verfahrensaspekte stärker in den Vordergrund, ohne dadurch die materiellrechtlichen Aspekte des Rechtsstaatsprinzips zu vernachlässigen, von denen wir uns im Kern nicht trennen können.

Was bleibt, ist ein Appell an *judicial self-restraint*, wie es englische und französische Richter in ihren Entscheidungen immer wieder betonen, aber nicht nur unter Vergießen von Krokodilstränen, um dann doch etwas anderes zu tun, sondern sie halten sich auch daran. Das sollte man vielleicht den Untergerichten stärker vor Augen führen. Im Vorfeld der eigentlichen Verwaltungsentscheidung ist der Blick in die anderen Rechtsordnungen meines Erachtens besonders ertragreich. *Tribunals, inquiries* oder *enquêtes publiques* liefern dort sehr interessante Beispiele, wie man die ganze Skala der Beteiligungsmöglichkeiten durch Vergleich schärfen kann.

Der Beitrag von Herrn *Starck*, und damit komme ich zum Schluß, hat mich angeregt, eine zusätzliche Bemerkung zur Rolle der Rechtsvergleichung anzuschließen, was sie letztlich leisten und was sie nicht bewirken kann. Sie liefert keine *blue prints*, keine Patentlösungen für innerstaatliche

Probleme. Die jeweilige Rechtsordnung produziert ihre eigenen Antworten, die nicht schlechthin gelten können und sollen, sondern meist zeitgebundene Antworten auf konkrete historisch-kulturelle Gegebenheiten darstellen. Aber Rechtsvergleichung schärft uns den Blick, typische Vor- und Nachteile einzelstaatlicher Lösungsversuche klarer herauszustellen, allerdings stets unter dem *ceteris paribus*-Vorbehalt. Die großen Rechtsvergleicher haben deshalb immer sehr sorgsam die Vorverständnisse im Sinne *Josef Essers* mitberücksichtigt und Rechtsvergleichung entweder vor dem Hintergrund des Kulturvergleichs, des Vergleichs der Rechtsstile, des Vergleichs der Institute oder als Vergleich der Sachregeldifferenzen betrieben. Nicht zuletzt, und darauf hat Herr *Starck* ja heute nachmittag zu Recht hingewiesen, dient Rechtsvergleichung der Vergewisserung des eigenen Weges. Für jeden Völkerrechtler und Europarechtler ist Rechtsvergleichung absolut unverzichtbar, schon weil im Rechtsquellenkanon nach allgemeinen Rechtsgrundsätzen gesucht wird, und das geht ohne Rechtsvergleichung nicht. Diese Rechtsvergleichungsdimension zwingt uns vor allem im Europarecht, mehr Rechtsvergleichung zu betreiben. Und damit möchte ich jetzt ganz zum Schluß meinen Dank an den Vorstand aussprechen, daß Sie dieses Thema gewählt haben und daß Sie den Mut hatten, dabei die Dimension der Rechtsvergleichung aufzugreifen. Ich hatte Angst, daß der Blick in die anderen Rechtsordnungen im Raume verharren und niemand sich angesprochen fühlen könnte. Ich bedanke mich für die dann doch sehr große Beteiligung an der Diskussion, die klar bewies, wie groß die versammelte Sachkompetenz der Vereinigung auch in Fragen der Rechtsvergleichung ist und daß in Zukunft, darum würde ich herzlich bitten, Rechtsvergleichung immer wieder einmal miteinbezogen wird. Vielen Dank.

Vorsitzender: Herr *Riedel*, ich danke Ihnen ganz herzlich für Ihr Referat und auch für die ergänzenden Ausführungen in der Diskussion. Ich glaube, daraus ist sehr deutlich geworden, wie wichtig die Rechtsvergleichung ist und daß es Ihnen vorzüglich gelungen ist, uns die Welt der Rechtsvergleichung und insbesondere das französische und das britische Recht vorzustellen. Herr *Haller*, Sie haben als nächster das Wort.

Haller: Zu Herrn *Pernice*, der auf das sehr unterschiedliche europarechtliche Material hingewiesen hat: Ich darf kurz auf einen Fall verweisen, den Herr *Öhlinger* dargestellt hat. Eine sehr präzise, ins Detail gehende EG-Richtlinie wird in Österreich durch ein bei weitem nicht so präzises Gesetz durchgeführt. Sie wird in einer dieses Gesetz durchführenden Verordnung wiederholt, so daß, wenn die Richtlinie, wie zu erwarten ist, sehr bald wieder verändert wird, wir nicht unser Gesetz verändern müssen, sondern mit dem schnelleren Instrument der Verordnung, auf dieses Gesetz formal gestützt, nachziehen können. Das Material ist wirklich sehr unterschiedlich. Zu Herrn *Spannowsky*, der die Frage gestellt hat, ob wir uns für eine materielle Deregulierung auf Europaebene aussprechen: Ja, im Sinne des Beispieles von Herrn *Breuer* sicherlich; im Rechtsetzungsprozeß viel Komplexes zu verlangen und in der Rechtsprechung dann davon Abstand zu nehmen – das ist sicherlich nicht ein der Rechtsklarheit dienendes Vorgehen. Lieber sind mir Mindesterfordernisse, die bewältigbar sind und deren Vollziehung man auch verlangt. Herr *Zuleeg* hat mir vorgeworfen, daß ich die Kommission zu sehr gezaust hätte. Ich habe mich hier sehr vorsichtig hinter der Kritik des Rechnungshofes versteckt und habe auch gesagt, daß das sicherlich ein Extremfall ist. Dort steht aber, daß die Kommission ohne Sachverstand und auch ohne Sachverständige in diesem Fall agiert hätte. Ich stehe auch voll und ganz zu meiner Aussage, daß das europäische Recht vielfach unsystematisch ist, und die Argumentation von Herrn *Zuleeg*, daß eben die Mitgliedstaaten dies oder jenes nicht zuließen, verstehe und kenne ich. Das ändert aber nichts daran, daß immer wieder schrittweise, wo man sich eben im Formelkompromiß einigt, nicht allzu systematisch vorgegangen wird, wie es ja bisweilen auch innerstaatlich geschieht. Ich habe darauf hingewiesen, daß es für einen Gerichtshof eben schwierig sein mag, bei diesem Material das Recht zur Wirkung zu bringen und gleichzeitig eine systematische Judikatur pflegen zu sollen. Zur Frage von Herrn *Öhlinger*, ob ich mir vorstellen kann, unter den speziellen Anforderungen der österreichischen Verfassung noch weitere Freiräume der Verwaltung zu öffnen: Ich habe versucht, etwa durch das Beispiel einer Verordnung mit längerem Inkrafttretenszeitraum und anschließendem Individualakt, der relativ leicht mit aufschiebender Wirkung versehen werden kann, anzudeuten, daß ich mir weitere Erweiterungen vorstellen kann, und ich glaube, daß die Judikatur dem auch folgen wird. Zur Frage, wie weit ich meine, daß der Verwaltungsgerichtshof Freiräume der Verwaltung respektiert: Ich habe auf das eingeschliffene Niveau der Nachprüfung beim unbestimmten Gesetzesbegriff und beim Ermessen und bei den Beurteilungsspielräumen hingewiesen, aber gleichzeitig gesagt, daß die Judikatur unterschiedlich ist bei 20 Senaten, die sich verändern. Sie betrifft zum Teil unterschiedliche Rechtsgebiete, die wieder unterschiedlich normiert sind. Ich habe erwähnt, daß Gerichte bisweilen die Verwaltung führen, wenn ein Senat zu sehr in die Entscheidungsvorgänge hineinsteigt. Wer besonders viel davon versteht, ist geneigt, genauer zu prüfen. Der Verwaltungsgerichtshof ist geneigt, genauer zu prüfen, wenn aus dem kontrollierten Akt hervorgeht, daß die Verwaltung mehr getan und mehr argumentiert hat. Dabei stellt man nicht immer auf die Richtigkeit ab, sondern man begnügt sich damit zu sagen, hier ist einiges geschehen, lassen wir es gut sein. Es ist also doch zum Teil eine Verfahrenskontrolle, was auch den Aufhebungsgründen des Verwaltungsgerichtshofsgesetzes entspricht. Dabei ist das Maß im Einzelfall sehr schwer nachzuvollziehen. Denn der Begründungsstil des Verwaltungsgerichtshofes ist nicht immer so, daß er Gegenargumente widerlegt und die eigenen darlegt, sondern vielfach begründet er die Entscheidung nur aus seiner Sicht, und die Argumente sind vielfach nur aus dem kompletten Akt, der ja nicht zugänglich ist, zu ersehen. Ich habe bisweilen schon Akten angefordert und daraus diesen Befund ziehen können. Zuletzt zu Herrn *Raschauer* und Herrn *Wallerath*. Herr *Raschauer* hat sehr stark den Begriff der Optimierung der Abwägung gegenübergestellt. Wenn wir die Abwägung verschiedener Werte als eine Optimierung bezeichnen, dann wäre auch die Abwägung bei der Rodungsbewilligung nach § 17 Forstgesetz eine Optimierung des Werts des Projekts gegenüber der Walderhaltung oder auch bei der Nachbesserung nach § 79 Gewerbeordnung. Es sind eben neue Umstände hinzugekommen, es muß nachgebessert werden, und die Werte, die vom Gesetzgeber angegeben sind, sind abwägend zu optimieren nach ihrem vom Gesetzgeber vorgesehenen Gewicht, was natürlich Schwierigkeiten bereitet. In diesem Sinne habe ich Optimierung in These 1 verwendet. Zuletzt gibt es den Typisierungshunger der Verwaltung, selbstverständlich. Ich wollte die konventionelle Art der Regelung, weitgehende Vorgaben des Gesetzgebers aufrechterhalten und nur verbessern und durch Beispiele zeigen, daß mir das durchaus ein Anliegen ist. Dazu dient etwa ein demonstrativer Katalog für die Verwaltung mit einer escape-Klausel für den Fall, daß es dann in concreto mit den Katalogvorgaben doch nicht stimmen sollte. Damit möchte auch ich mich bedanken, auch beim Vorstand. In einer Linie Nachfahre von Hugenotten, die in Preußen Aufnahme fanden, danke ich, daß ich wieder als Ausländer, aus Österreich kommend, in Potsdam aufgenommen wurde. Danke schön.

Vorsitzender: Herr *Haller*, haben auch Sie ganz herzlichen Dank für Ihr Referat und für die ergänzenden Stellungnahmen in der Diskussion. Es war uns natürlich klar, daß es für einen österreichischen Referenten besonders schwierig sein würde, mit dem Begriff der Optimierungsgebote umzugehen. Sie haben dazu zum Schluß in ihren Antworten die Begriffe der eingeschliffenen Judikatur und der konventionellen Prozeduren verwandt; vielleicht ist dies auch nicht das Schlechteste, der Begriff der Optimierungsgebote stellt eine Herausforderung dar, die zu kritischer Überprüfung Anlaß geben sollte. Sie haben uns die österreichische Sicht dazu vorgestellt, und hierfür sind wir Ihnen besonders dankbar. Herr *Würtenberger*, Sie haben als letzter das Schlußwort.

Würtenberger: Ich möchte zunächst auf die europarechtlichen Bemerkungen zu meinem Referat eingehen. Herr *Pernice* und Herr *Zuleeg* haben darauf hingewiesen, daß das Europarecht nicht nur mit best practice-Lösungen steuern würde, sondern auch einen beachtlichen Bereich konditionaler Steuerung aufweise. Dies findet natürlich meine Zustimmung. Gleichwohl zeigt die von mir als Beispiel herangezogene IVU-Richtlinie, daß das Europarecht zu gewissen Veränderungen in der nationalen Verwaltungskultur führen kann. Herr *Zuleeg* muß mich wohl mißverstanden haben, wenn er der Meinung war, daß ich den EuGH wegen mangelnder Grundrechtsrechtsprechung kritisiert hätte. Hierzu war im Referat nichts ausgeführt. In der Sache hat Herr *Selmer* zu dieser Frage soeben Stellung genommen.

In der ersten Diskussionsrunde hatten Herr *Engel* und Herr *Alexy* gefragt, wo der Rechtsschutz in meiner Konzeption der Abschichtung von Verwaltungsverfahren und Gerichtsverfahren bleiben würde. Sicherlich läßt sich hier eine abgestufte Theorie der Kontrollintensität entwickeln und nach der normativen Steuerungskraft der verwaltungsrechtlichen Begriffe fragen. Mir ging es jedoch um einen grundsätzlicheren Perspektivenwechsel: Das Verwaltungsverfahren sollte so angelegt sein, daß in ihm alle Streitpunkte in einer rechtlich vertretbaren Weise gelöst werden können. Dann bedarf es im Gerichtsverfahren lediglich einer Vertretbarkeits- und Plausibilitätskontrolle, nicht aber einer umfänglichen Richtigkeitskontrolle. Diese Vertretbarkeits- und Plausibilitätskontrolle würde dadurch stattfinden, daß das Gericht sich Gewißheit darüber verschafft, ob das Verwaltungsverfahren fair abgelaufen ist, der wissenschaftlich-technische Sachverstand, auch durch Gegengutachten, in das Verfahren einbezogen wurde, alternative Möglichkeiten der Gestaltung bewertet wurden etc. Herr *Ronellenfitsch* und Herr *Geis* gehen teilweise von einer anderen Philosophie des Verwaltungsverfahrens und seiner gerichtlichen Kontrolle aus. Wenn man von der Beteiligung interessierter Bürger und von einer diskursiven Verfahrensgestaltung nicht viel an Ergebnisrichtigkeit erwartet, so wäre es in der Tat besser, daß die Verwaltung in traditioneller Manier in Distanz zu den interessierten Bürgern und zur kritischen Öffentlichkeit ihre Entscheidungen fällt. Diese Konzeption freilich zwingt den Bürger in das Klageverfahren. Nach meiner Konzeption dagegen sind das Verwaltungsverfahren und das Gerichtsverfahren ein System kommunizierender Röhren. Wenn die wichtigen Fragestellungen, Probleme der Gewichtung, Würdigung des wissenschaftlich-technischen Sachverstandes etc. im Verwaltungsverfahren mit den Betroffenen abgearbeitet worden sind, wenn also im Verwaltungsverfahren die Betroffenen mit der Verwaltung um das Richtige gerungen haben, so kann im Gerichtsverfahren der Rechtsschutz weitgehend auf eine Kontrolle des Verfahrens zurückgenommen werden, also auf die Frage, ob aufgrund eines fairen Verfahrens eine rechtlich vertretbare Entscheidung gefunden wurde. Wenn jedoch die interessierten Bürger im Verwaltungsverfahren nur gehört werden, man sich mit ihnen aber nicht mit der erforderlichen Gründlichkeit auseinandersetzt, wenn die Erörterungstermine in der alten Manier verlaufen, daß man zwar das Wort erteilt, aber keine Diskussion ermöglicht, wenn es im Erörterungstermin abgelehnt wird, Sachverständige der Einwender zu hören, wenn man also mit dieser alten Verfahrenskultur fortfährt, führt dies zu einer Überlastung der Verwaltungsgerichte. Im verwaltungsgerichtlichen Verfahren muß all das nachgearbeitet werden, was im Verwaltungsverfahren nicht geleistet wurde.

Herr *Raschauer* hat mit einigen durchaus plausiblen Beispielen das optimierende Abwägen kritisch beleuchtet. Einem Beispiel möchte ich jedoch dezidiert widersprechen: Im Planungsrecht kann man durchaus dazu veranlaßt sein, auch alternative Trassen zu prüfen und zu erwägen. Gerade bei der UVP werden mehrere Planungsvarianten durchgespielt, um sodann eine optimierende Summe im Hinblick auf die Umweltbelastung zu ziehen.

Der rechtskulturelle Vergleich erscheint mir als ein äußerst wichtiger Punkt, der in den Diskussionen immer wieder angesprochen wurde. Herr *Riedel* hat mit Recht darauf hingewiesen, daß die Rechtsvergleichung auch im öffentlichen Recht wegleitend sein muß. Ich möchte dies nicht nur unterstützen, sondern um den folgenden Gedanken ergänzen: Ebenso wichtig ist eine Art historischer Rechtsvergleichung, die zu unseren rechtskulturellen Fundamenten führt und deren kritische Diskussion ermöglicht, aber uns gleichzeitig auch erkennen läßt, auf welchen rechtskulturellen Fundamenten andere Staaten ihr Rechtssystem bauen. Dies ist in einer Zeit besonders wichtig, in der an der Einheit Europas gearbeitet wird, die auch zu einer Vereinheitlichung in der Rechtskultur führt, zugleich aber auch im Sinne der Subsidiaritätsidee die Fundamente der Rechtskultur der Mitgliedstaaten der Europäischen Union zu berücksichtigen hat.

Abschließend möchte ich für die anregenden und weiterführenden Diskussionsbeiträge meinen Dank sagen. Zugleich möchte ich auch dem Vorstand danken, daß er mich mit der Thematik des heutigen Tages betraut hat.

Vorsitzender: Herr *Würtenberger*, ich danke Ihnen ebenfalls sehr herzlich für Ihr Referat, das uns in einer sehr tiefreichenden Weise bis in die historischen Grundlagen hinein, dann aber auch bis zu den aktuellen rechtlichen Fragen deutlich gemacht hat, daß man offensichtlich differenzieren muß zwischen Bereichen, in denen Optimierungsgebote mit einer bestimmten Funktion einen Sinn haben, und anderen Bereichen, wo strikte rechtliche Rahmensetzungen wohl nach wie vor das Richtige sind. Es wäre vermessen, am Ende einer solchen Diskussion ein Resumee ziehen zu wollen. Diesen untauglichen Versuch werde ich nicht unternehmen, Sie können beruhigt sein. Gleichwohl scheint es mir richtig zu sein, drei Punkte am Schluß hervorzuheben. Das Thema mit einem ungewohnten Begriff und einer ungewohnten Gegenüberstellung enthielt natürlich eine Provokation. Dies war beabsichtigt. Und so ist es auch nicht verwunderlich, daß manche am Begriff der Optimierungsgebote Anstoß genommen haben und daß andere versucht haben, die Optimierungsgebote in jeweils spezifischer Weise zu interpretieren oder fortzuentwickeln. Es ging dem Vorstand auch weniger um Begrifflichkeiten als vielmehr um ein Phänomen, das sich gerade in der deutschen Rechtsordnung mehr unterschwellig eingeschlichen hat, aber international und rechtsvergleichend eher auffällig ist. Es macht in der Tat einen Unterschied aus, ob man etwa auf der verfassungsrechtlichen Ebene ein positives Gebot der Verhältnismäßigkeit als angeblich verfassungsrechtliches Gebot versteht oder ob man lediglich ein Verbot der Unverhältnismäßigkeit verlangt. Letzteres scheint mir jedenfalls in den ausländischen Rechtsordnungen, die wir betrachtet haben, der Fall zu sein. Es dürfte auch im europäischen Recht weitgehend so verstanden werden, und im Prinzip schien mir das Ergebnis dieser Debatte darin zu bestehen, daß man auch im deutschen Recht eher Selbstbescheidung des Juristen pflegen und nicht in den Sternenhimmel im Sinne eines positiven Optimierungsgebotes der Verhältnismäßigkeit greifen sollte. Auf der verwaltungsrechtlichen Ebene kann man dies alles fortsetzen. Man kann beobachten, daß die Gesetzgeber in den einzelnen Staaten, insbesondere auch in Deutschland, und der Richtliniengeber der Europäischen Gemeinschaft sich in sehr ehrgeizigen, anspruchsvollen und fragwürdigen Wendungen im Sinne der Optimierung verlieren. Etwa im Bereich des Umwelt- und des Verfahrensrechts läßt sich dies aufzeigen. Insoweit scheint das rechte Maß der Dinge durch diese Diskussion jedoch wieder gefunden zu sein. Es macht, und da kann ich an die Schlußworte von Herrn *Würtenberger* anknüpfen, auch einen erheblichen Unterschied aus, ob man die Postulate der Gesetze und der europäischen Richtlinien als justitiable Rechtsbegriffe versteht, ob man sie also gerichtsadressiert interpretiert und insoweit den Gerichten das letzte Wort zuspielt, oder ob man diese Begriffe eher im Sinne eines Auftrages an die Exekutive versteht. Eine starke Tendenz schien mir in die zuletzt genannte Richtung zu gehen. Zum zweiten: Wir haben Rechtsvergleichung in dieser Aussprache miteinander betrieben; die Grundlage dafür bestand in den ausgezeichneten Referaten. Mir scheint, wenn ich der weiteren Bewertung etwas vorgreifen darf, daß dieses Experiment gelungen ist. Was Herr *Riedel* zum Schluß angedeutet hat, dürfte wohl ebenfalls zum Resumee dieser Veranstaltung gehören. *Otto Mayer* hat bereits in seiner berühmten Theorie des französischen Verwaltungsrechts von 1886 darauf hingewiesen, daß es notwendig sei, Rechtsordnungen anderer Staaten originär zu vermitteln; und seine Theorie des französischen Verwaltungsrechts ist nichts anderes als eine Darstellung des französischen Verwaltungsrechts in deutscher Sprache. Insbesondere Herr *Riedel* als Referent, aber auch mehrere Diskussionsteilnehmer sind insoweit in die Fußstapfen von *Otto Mayer* getreten, indem sie uns wieder diese Innensicht anderer Rechtsordnungen in Europa vermittelt haben. Zum dritten: Die Konvergenz ist wiederholt angesprochen worden. Herr *Würtenberger*, Herr *Riedel* und auch Herr *Haller* haben dies getan. Konvergenz ja, hier sind deutliche Linien erkennbar. Ich möchte aber auch im Sinne der Worte von Herrn *Götz* darauf hinweisen, daß die Konvergenz nicht darin bestehen kann, zu kopieren, was in anderen Mitgliedstaaten der Europäischen Gemeinschaft oder sonst in anderen Staaten dieser Welt gemacht wird, sondern daß es darum geht, die spezifisch deutsche Tradition des Rechtsstaates, der Gesetzmäßigkeit und der gerichtlichen Kontrolle einzubringen. Auch dazu hat aber die Debatte, wie ich meine, gute Ansätze geboten, die es fortzuführen gilt. Zum Schluß danke ich noch einmal den drei Referenten sehr herzlich für die Referate, die, wie gesagt, die Basis waren. Ich danke auch allen Diskussionsrednern für die Anregungen, die uns vermittelt worden sind, und schließe damit den wissenschaftlichen Teil dieser Staatsrechtslehrertagung.

Verzeichnis der Redner

Verzeichnis der Mitglieder der Vereinigung der Deutschen Staatsrechtslehrer

Stand 15. März 1999

Vorstand

1. *Starck*, Dr. Christian, o. Professor,
Universität Göttingen, Juristisches Seminar,
Platz der Göttinger Sieben 6, 37073 Göttingen,
(05 51) 39–7412 od. 7413, Fax (05 51) 39–7414

2. *Breuer*, Dr. Rüdiger, Professor,
Buschstr. 56, 53113 Bonn, (02 28) 21 79 72,
Fax (02 28) 22 48 32;
Universität Bonn, Adenauerallee 44, 53113 Bonn,
(02 28) 73 91 51, Fax (02 28) 73 55 82

3. *Thürer*, Dr. Daniel, o. Professor,
Abeggweg 20, CH-8032 Zürich, (00 41-1) 3 62 65 47;
Universität Zürich,
Institut für Völkerrecht und Ausländ. Verfassungsrecht,
Hirschgraben 40, CH-8001 Zürich, (00 41-1) 6 34-20 64 od. -20 59,
Fax (00 41-1) 6 34-49 93

Mitglieder:

1. *Abelein*, Dr. Manfred, o. Professor
Schafhofstraße 21, 73479 Ellwangen/a.d.Jagst

2. *Adamovich*, DDr.Dr.h.c. Ludwig, Professor
Roosevelt-Platz 4, A-1090 Wien, (00 43-1) 4 08 55 70;
Präsident des österreichischen Verfassungsgerichtshofs
Judenplatz 11, A-1010 Wien, (00 43-1) 5 31 22-4 15

3. *Alexy*, Dr. Robert, o. Professor,
Klausbrooker Weg 122, 24106 Kiel, (04 31) 54 97 42;
Universität Kiel, 24098 Kiel, (04 31) 8 80 35 43

4. *Antoniolli*, Dr. Dr.h.c. Walter, Universitätsprofessor,
Hasnerstr. 3/I, A-3100 St. Pölten, (00 43 27 42) 7 59 17;
Universität Wien

5. *Arndt*, Dr. Hans-Wolfgang, o. Professor,
Waldstr. 34, 67434 Neustadt/Weinstr. (0 63 21) 3 33 85;
Universität Mannheim, 68131 Mannheim, (06 21) 2 92–51 95

6. *Arnim*, Dr. Hans Herbert v., o. Professor,
Im Oberkämmerer 26, 67346 Speyer, (0 62 32) 9 81 23;
Hochschule f. Verwaltungswissenschaften,
67324 Speyer, (0 62 32) 6 54 3 43

7. *Arnold*, Dr. Rainer, o. Professor,
Plattenweg 7, 93055 Regensburg, (09 41) 7 44 65;
Universität Regensburg, 93053 Regensburg,
(09 41) 9 43–26 54/5

8. *Autexier*, Dr. Christian, Professor,
Egon-Reinert-Str. 19, 66111 Saarbrücken, (06 81) 37 14 87;
Universität Saarbrücken, Postfach 15 11 50,
66041 Saarbrücken, (06 81) 3 02–21 85

9. *Baade*, Dr. Hans W., Professor,
6002 Mountain Climb Drive, Austin/Texas, USA, 78 731,
(0 01–5 12) 4 52 50 71; dienstl., (0 01–5 12) 4 71 51 51

10. *Bachof*, Dr.Dres.h.c. Otto, o. Professor,
Auf dem Kreuz 3, 72076 Tübingen, (0 70 71) 6 11 44;
Universität Tübingen, Wilhelmstr. 7, 72074 Tübingen,
(0 70 71) 297 25 49

11. *Badura*, Dr. Peter,o. Professor,
Am Rothenberg Süd 4, 82431 Kochel am See, (0 88 51) 52 89;
Universität München, Prof.-Huber-Platz 2, 80539 München,
(0 89) 21 80–35 76

12. *Barfuß*, Dr. iur. Dr. rer. pol. Walter, a.o. Universitätsprofessor,
Tuchlauben 13, A-1014 Wien, (00 43–1) 5 34 37–1 22,
Fax (00 43–1) 5 33–25 21

13. *Bartlsperger*, Dr. Richard, o. Professor,
Schleifweg 55, 91080 Uttenreuth, (0 91 31) 5 99 16;
Universität Erlangen, (0 91 31) 85 28 18

14. *Battis*, Dr. Ulrich, Professor
Beiersdorfer Weg 42, 12589 Berlin-Rahnsdorf,
(0 30) 6 48 19 47;
Humboldt-Universität Berlin, (0 30) 20 93–35 33,
Fax (0 30) 20 93–36 89

15. *Bauer*, Dr. Hartmut, Professor,
Am Hegereiter 13, 01462 Cossebaude, (03 51) 4 52 16 03;
TU Dresden, Juristische Fakultät, 01062 Dresden,
(0 35 1) 4 63 73 13 od. 4 63 73 14, Fax (0 35 1) 4 63 72 07

16. *Bayer*, Dr. Hermann-Wilfried, Professor,
Henkenbergstr. 45a, 44797 Bochum, (02 34) 79 17 44;
Universität Bochum, 44780 Bochum, (02 34) 7 00 57 24

17. *Becker*, Dr. Jürgen, o. Professor,
Kellerstr. 7, 81667 München;
dienstl. (0 89) 4 80 030

18. *Becker*, Dr. Ulrich, LLM. (EHI), Professor,
Pfarrsiedlungsstr. 9, 93161 Sinzing, (0 94 04) 34 78;
Juristische Fakultät, Universität Regensburg,
Universitätsstr. 31, 93053 Regensburg
(09 41) 9 43–26 07, Fax (09 41) 9 43–36 34

19. *Berchthold*, Dr. Klaus, Universitätsprofessor,
Bräunerstr. 4–6/22, A-1010 Wien, (00 43–1) 53 14 34

20. *Berg*, Dr. Wilfried, o. Professor,
Waldsteinring 25, 95448 Bayreuth, (09 21) 9 31 25;
Universität Bayreuth, 95440 Bayreuth, (09 21) 55 28 76

21. *Berka*, Dr. Walter, o. Universitätsprofessor,
Birkenweg 2, A-5400 Hallein, (00 43–62 45) 7 67 58;
Inst. f. Verfassungs- und Verwaltungsrecht der Universität
Salzburg, Kapitelgasse 5–7, A-5020 Salzburg,
(00 43–6 62) 80 44 36 21, Fax (00 43–6 62) 8 04 43 03

22. *Bernhardt*, Dr. Dr. h.c. Rudolf, o. Professor,
Gustav-Kirchhoff-Str. 2a, 69120 Heidelberg,
(0 62 21) 41 36 99;
MPI für Ausl. Öffentliches Recht und Völkerrecht,
69120 Heidelberg, (0 62 21) 48 22 53

23. *Bethge*, Dr. Herbert, o. Professor,
Am Seidenhof 8, 94034 Passau, (08 51) 4 16 97;
Universität Passau, (08 51) 50 91 97

24. *Bettermann*, Dr. Dr.h.c. Karl-August, o. Professor,
Alte Landstr. 173, 22339 Hamburg, (0 40) 5 38 40 64;
Universität Hamburg, (0 40) 41 23–45 57

25. *Beyerlin*, Dr. Ulrich, apl. Professor,
Luisenstr. 7, 69151 Neckargmünd;
MPI für Ausl. Öffentliches Recht und Völkerrecht,
Im Neuenheimer Feld 535, 69120 Heidelberg,
(0 62 21) 48 22 36

26. *Biaggini*, Dr. Giovanni, Privatdozent,
Luisenstr. 41, CH-3005 Bern, (00 41 31) 352 62 55;
c/o Bundesamt für Justiz, Bundeshaus West,
CH-3003 Bern, (00 41 31) 322 41 61, Fax (00 41 31) 312 20 45

27. *Bieber*, Dr. Roland, o. Professor,
5, chemin du Chateau Sec, CH-1009 Pully/Lausanne;
Universität Lausanne, CH-1015 Lausanne-Dorigny,
(00 41-21) 6 92 27 91, Fax (00 41-21) 6 92 27 85

28. *Binder*, Dr. Bruno, Universitätsdozent,
Mozartstr. 1, od. Wischerstr. 30, A-4020 Linz,
(00 43-70) 27 51 10 od. 23 99 26;
Universität Linz, Altenbergerstr. 69,
A-4040 Linz, (00 43-70) 23 13 81-4 11

29. *Birk*, Dr. Dieter, o. Professor,
Borkumweg 43, 48159 Münster, (02 51) 21 84 78,
Fax (02 51) 21 84 78;
Universität Münster, 48143 Münster,
(02 51) 83 22 795, Fax (02 51) 83 28 386

30. *Blanke*, Dr. Hermann-Josef, Privatdozent,
Mayener Str. 14, 50935 Köln;
Institut für Öffentl. Recht und Verwaltungslehre,
Universität zu Köln, Albertus-Magnus-Platz, 50923 Köln,
(02 21) 4 70-22 89

31. *Blankenagel*, Dr. Alexander,Professor,
Güntzelstraße 63, 10717 Berlin, (0 30) 85 49 582;
Humboldt-Universität Berlin, (0 30) 20 93-19 45,
Fax (0 30) 20 93-19 39

32. *Bleckmann*, Dr. Dr. Albert, Universitätsprofessor,
Thomas-Morus-Weg 10f, 48147 Münster,
(02 51) 23 58 67;
Universität Münster, 48143 Münster, (02 51) 83 20 21

33. *Blümel*, Dr. Willi, Universitätsprofessor,
Angelhofweg 65, 69259 Wilhelmsfeld, (0 62 20) 18 80;
Hochschule f. Verwaltungswissschaften, 67324 Speyer,
(0 62 32) 6 54-3 62/3 60, Fax (0 62 32) 9 10-2 08
od. 9 10-2 90

34. *Blumenwitz*, Dr. Dieter, o. Professor,
Tannenstr. 2, 85598 Baldham, (0 81 06) 3 32 52;
Universität Würzburg, (09 31) 31 23 08,
Fax (09 31) 31 23 17

35. *Böckenförde*, Dr. iur. Dr. phil. Dr. h.c. Ernst-Wolfgang,
o. Professor,
Türkheimstr. 1, 79280 Au bei Freiburg, (07 61) 40 56 23;
Universität Freiburg, 79098 Freiburg,
(07 61) 2 03 22 63 od. 22 62

36. *Böckstiegel*, Dr. Karl-Heinz, Professor,
Parkstr. 38, 51427 Bergisch-Gladbach,
(0 22 04) 6 62 68;
Universität Köln, Albertus-Magnus-Platz, 50923 Köln,
(02 21) 4 70 23 37

37. *Böhm*, Dr. Monika, Professor,
Lessingstr. 24, 65719 Hofheim/Ts., (0 61 92) 24 829,
Fax (0 61 92) 24 814;
Juristische Fakultät, Universität Halle-Wittenberg,
Universitätsring 2, 06108 Halle, (03 45) 55-23 210 od. 211
Fax (03 45) 55-27 093

38. *Bogdandy*, Dr. Armin v. M.A., Professor,
Fürstenbergerstr. 200, 60325 Frankfurt am Main;
Institut für Öffentliches Recht,
Johann-Wolfgang-Goethe-Universität,
Senckenberganlage 31-33, 60054 Frankfurt am Main
(069) 798 28072; Fax (069) 798 28073
e-mail: Bogdandy@jur.uni-frankfurt.de

39. *Bogs*, Dr. Harald, o. Professor,
Dresdenerstr. 7, 37120 Bovenden, (05 51) 8 15 95,
Fax (05 51) 8 35 98;
Universität Göttingen, (05 51) 39 73 92, Fax (05 51) 39 48 72

40. *Bothe*, Dr. Michael, Universitätsprofessor,
Theodor-Heuss-Str. 6, 64625 Bensheim,
(0 62 51) 43 45;
Universität Frankfurt am Main,
60054 Frankfurt am Main, (0 69) 7 98 2 22 64

41. *Brandt*, Dr. Edmund, Professor,
FB Umweltwissenschaften,Universität Lüneburg,
21332 Lüneburg, (0 41 31) 78 25 21, Fax (0 41 31) 78 25 29

42. *Brenner*, Dr. Michael, Professor,
Bauerstr. 21, 80796 München, (0 89) 2 71 85 24;
Lehrstuhl für Deutsches und Europäisches Verfassungs- und Verwaltungsrecht, Universität Jena, Carl-Zeiss-Str.3,
07743 Jena, (0 36 41) 94 22 40 od. -41, Fax (0 36 41) 94 22 42

43. *Breuer*, Dr. Rüdiger, Professor,
Buschstr. 56, 53113 Bonn, (02 28) 21 79 72,
Fax (02 28) 22 48 32;
Universität Bonn, Adenauerallee 44, 53113 Bonn,
(02 28) 73 91 51, Fax (02 28) 73 55 82

44. *Brohm*, Dr. Winfried, o. Professor,
Wydenmööslistr. 11, CH-8280 Kreuzlingen,
(00 41 71) 688 15 25;
Universität Konstanz, (0 75 31) 88 21 69 od. 21 76

45. *Brünneck*, Dr. Alexander v., Professor,
Blumenhagenstr. 5, 30167 Hannover, (05 11) 71 69 11;
Europa-Universität Viadrina, Frankfurt/Oder,
(03 35) 55 34-2 64 od. 2 95, Fax (03 35) 55 34-305

46. *Brugger*, Dr. Winfried, LL.M., Universitätsprofessor,
Blumenstr. 16, 69115 Heidelberg, (0 62 21) 16 13 19;
Universität Heidelberg, Friedrich-Ebert-Anlage 6-10,
69117 Heidelberg, (0 62 21) 5 47 4 62,
Fax (0 62 21) 5 47 6 54

47. *Brunner*, Dr. Georg, o. Professor,
Belvederestr. 94, 50933 Köln, (02 21) 4 97 35 94;
Institut für Ostrecht der Universität zu Köln,
Klosterstr. 79d, 50931 Köln, (02 21) 4 70-55 83
od. -55 75 od. -55 81, Fax (02 21) 4 70-55 82

48. *Bryde*, Dr. Brun-Otto, o. Professor,
Stettiner Str. 10, 35435 Wettenberg,
(0 64 06) 7 41 91;
Universität Gießen; Hein-Heckroth-Str. 5,
35390 Gießen, (0 64 1) 99–2 10 60/61
Fax (06 41) 99–2 10 69, e-mail: brun.o.bryde@recht.uni-giessen.de

49. *Bull*, Dr. Hans Peter, o. Professor,
Falckweg 16, 22605 Hamburg,
Tel./Fax (040) 88 05 652;
Universität Hamburg, Seminar für Verwaltungslehre,
Schlüterstraße 28, 20146 Hamburg,
(040) 41 23–35 03, Fax (040) 41 23–50 62

50. *Bullinger*, Dr. Dr.h.c. (Universität de Dijon), Martin,
o. Professor,
Altschlößleweg 4, 79280 Au bei Freiburg,
(07 61) 40 23 89;
Universität Freiburg, 79085 Freiburg,
(07 61) 2 03 22 48 od. 22 47

51. *Burgi*, Dr. Martin, Privatdozent,
Scheffelstr. 33, 78476 Allensbach,
Tel. / Fax (0 75 33) 44 10

52. *Burmeister*, Dr. Joachim, o. Professor,
Schlehecker Str. 1, 53797 Lohmar, (0 22 05) 8 88 16;
Universität Köln, Albertus-Magnus-Platz, 50923 Köln,
(02 21) 4 70–44 54, Fax (02 21) 4 70–51 35

53. *Campenhausen*, Dr. Axel *Frhr. v.*, Professor,
Oppenbornstr. 5, 30559 Hannover, (05 11) 52 81 74;
Kirchenrechtliches Institut der EKD, Goßlerstr. 11,
37073 Göttingen
Tel. (05 51) 5 77 11 / Fax (05 51) 53 10 51

54. *Classen*, Dr. Claus Dieter, Professor,
Knud-Rasmussen-Str. 21, 17493 Greifswald,
(0 38 34) 84 49 63;
Ernst-Moritz-Arndt-Universität Greifswald,
(0 38 34) 86 21 21 od. 21 24, Fax (0 38 34) 86 20 02

55. *Czybulka*, Dr. Detlef, Universitätsprofessor
Heinrich-Reck-Str. 5a, 18211 Admannshagen;
Allg. und Bes. Verwaltungsrecht, Verwaltungslehre,
Staats- und Finanzrecht, Universität Rostock,
18051 Rostock, Hausanschrift: Richard-Wagner-Str. 31,
(Haus 1), 18119 Rostock-Warnemünde,
(03 81) 5 72 26, Fax (03 81) 5 72 16

56. *Dagtoglou*, Dr. Prodromos, Professor,
Hippokratous 33, GR-Athen 144, (00 30–1) 3 22 11 90;
dienstl., (0 03 01) 3 62 90 65

57. *Danwitz*, Dr. Thomas v., Professor,
Sechtemer Straße 8, 50321 Brühl, (02 232) 31 624;
Lehrstuhl für Öffentliches Recht u. Europarecht,
Universität Bochum, 44780 Bochum, (02 34) 700–28 18,
Fax (02 34) 70 94–281

58. *Davy*, Dr. Benjamin, Universitätsprofessor,
Korte Geitke 5, 44227 Dortmund, (02 31) 77 99 94;
Fachgebiet Bodenpolitik, Bodenmanagement und kommunales
Vermessungswesen, Fakultät Raumplanung,
Universität Dortmund,
44221 Dortmund, (02 31) 7 55 22 28, Fax (02 31) 7 55 48 86,
e-mail: BDavy@www.raumplanung.uni-dortmund.de

59. *Davy*, Dr. Ulrike, Professorin,
Korte Geitke 5, 44227 Dortmund, (02 31) 77 99 94;
Universität Bielefeld, Postfach 10 01 31, 33501 Bielefeld,
(05 21) 1 06 44 00 o. 43 00, e-mail: udavy@post.uni-bielefeld.de

60. *Degenhart*, Dr. Christoph, Universitätsprofessor,
Stormstr. 3, 90491 Nürnberg, (09 11) 59 24 62,
Fax (09 11) 59 24 62;
Juristenfakultät, Universität Leipzig,
Otto-Schill-Str. 2, 04109 Leipzig, (03 41) 97–3 51 91,
Fax (03 41) 97–3 51 99

61. *Delbrück*, Dr. Jost, Professor,
Schoolredder 20, 24161 Altenholz;
Universität Kiel, 24098 Kiel, (04 31) 8 80 21 49,
Fax (04 31) 8 80 16 19

62. *Denninger*, Dr. Erhard, Professor,
Am Wiesenhof 1, 61462 Königstein, (0 61 73) 7 89 88;
Lehrstuhl für Öffentliches Recht u. Rechtsphilosophie II,
Universität Frankfurt, Senckenberganlage 31,
60325 Frankfurt am Main, (0 69) 7 98 2 26 54

63. *Depenheuer*, Dr. Otto, Professor,
Sürther Hauptstr. 190, 50999 Köln,
(0 22 36) 38 17 28 , Fax (0 22 36) 38 17 29;
Universität zu Köln, Seminar für Staatsphilosophie
und Rechtspolitik, Albertus-Magnus-Platz, 50923 Köln
(02 21) 4 70 22 30, Fax (02 21) 4 70 50 10

64. *Detterbeck*, Dr. Steffen, o. Professor,
Stettinerstr. 60, 35274 Kirchhain, (0 64 22) 45 31;
Institut für Öffentliches Recht, Universität Marburg,
Universitätsstr. 6, 35032 Marburg, (0 64 21) 28 31 23,
Fax (0 64 21) 27 38 53

65. *Dietlein*, Dr. Johannes, Priv.-Doz.,
Sonnenscheinstr. 18, 53175 Bonn-Bad Godesberg, (0228) 3868039;
Universität zu Köln, Institut f. öffentliches Recht
u. Verwaltungslehre,
Albertus-Magnus-Platz, 50923 Köln, (0221) 470 2289; Fax: (0221) 470 5126

66. *Di Fabio*, Dr. Dr. Udo, Professor,
Theodor-Körner-Str. 8 a, 82049 Pullach, (0 89) 79 36 70 21;
Institut für Politik und Öffentl. Recht, Universität München,
Prof.-Huber-Platz 2, 80539 München (0 89) 21 80 33 35

67. *Dittmann*, Dr. Armin, o. Professor
Karl-Brennenstuhl-Str. 11, 72074 Tübingen,
(0 70 71) 8 24 56;
Universität Hohenheim – Schloß,
Postfach 70 05 62, 70593 Stuttgart,
(07 11)4 59–27 91, Fax (07 11)4 59–34 82

68. *Doehring*, Dr. Dr. h.c. Karl, o. Professor,
Mühltalstr. 117/3, 69121 Heidelberg,
(0 62 21) 40 98 80;
Universität: (0 62 21) 54 74 46;
MPI für Ausl. Öffentliches Recht und Völkerrecht,
Im Neuenheimer Feld 535, 69120 Heidelberg, (0 62 21) 4 82–264

69. *Dörr*, Dr. Dieter, Professor,
Am Wildgraben 6, 55128 Mainz, (0 61 31) 36 58 22;
Lehrstuhl für Öffentliches Recht, einschl. Völker- und Europarecht, Universität Mainz, 55099 Mainz,
(0 61 31) 39 26 81 od. 39 30 44, Fax (0 61 31) 39 56 97

70. *Dolderer*, Dr. Martin, Privatdozent,
Erwinstr. 48, 79102 Freiburg,
(07 61) 7 81 06

71. *Dolzer*, Dr. Dr. Rudolf, Professor,
Am Pferchelhang 4/1, 69118 Heidelberg, (0 62 21) 80 33 44;
Rechts- und staatswissenschaftliche Fakultät,
Universität Bonn, Adenauerallee 24–42,
53113 Bonn, (02 28) 73 91 72, Fax (02 28) 73 91 71

72. *Dreier*, Dr. Horst, o. Professor,
Bismarckstr. 13, 21465 Reinbek, (0 40) 7 22 58 34;
Lehrstuhl für Rechtsphilosophie, Staats- und Verwaltungsrecht, Universität Würzburg,
Domerschulstraße 16, 97070 Würzburg,
(09 31) 31 23 21, Fax (09 31) 31 29 11

73. *Dreier*, Dr. Ralf, o. Professor,
Wilhelm-Weber-Str. 4, 37073 Göttingen, (05 51) 5 91 14;
Universität Göttingen, 37073 Göttingen, (05 51) 39 73 84

74. *Eberle*, Dr. Carl-Eugen, Professor,
Kapellenstr. 68a, 65193 Wiesbaden, (06 11) 52 04 68;
ZDF, 55100 Mainz, (0 61 31) 70–41 00,
Fax (0 61 31) 7 05 4 52

75. *Ebsen*, Dr. Ingwer, Professor,
Alfred-Mumbächer-Str. 19, 55128 Mainz, (0 61 31) 33 10 20;
FB Rechtswissenschaft, Universität Frankfurt,
Postfach 11 19 32,
60054 Frankfurt am Main, (0 69) 7 98 2 27 03

76. *Ehlers*, Dr. Dirk, Professor,
Am Mühlenbach 14, 48308 Senden, (0 25 97) 84 15;
Institut für Wirtschaftsverwaltungsrecht, Universität Münster,
Universitätsstr. 14–16, 48143 Münster, (02 51) 832 27 01,
Fax (02 51) 832 83 15

77. *Ehmke*, Dr. Horst, o. Professor,
Am Römerlager 4, 53117 Bonn

78. *Ehrenzeller*, Dr. Bernhard, Univ.-Professor,
Tannenstraße 21, CH–9000 St. Gallen, (00 41 71) 244 26 08;
Universität St. Gallen, Hochschule für Wirtschafts-, Rechts- und Sozialwissenschaften, Bodanstraße 4, CH–9000 St. Gallen,
(00 41 71) 224 24 40 od. –46, Fax (00 41 71) 224 24 41,
e-mail: Bernhard.Ehrenzeller@RWA.UNISG.CH

79. *Eichenberger*, Dr. Dr. h.c. Kurt, o. Professor,
Bärenbrunnenweg 4, CH–4144 Arlesheim bei Basel,
(00 41 61) 7 01 33 86;

80. *Enders*, Dr. Christoph, Universitätsprofessor,
Bußstraße 32, 79102 Freiburg, (07 61) 7 12 70;

81. *Engel*, Dr. Christoph, Professor,
Königsplatz 25, 53173 Bonn, (02 28) 9 56 34 49,
Fax (02 28) 9 56 39 44;
Max-Planck-Projektgruppe Recht der Gemeinschaftsgüter,
Poppelsdorfer Allee 45, 53115 Bonn
(02 28) 9 14 16–10, Fax (02 28) 9 14 16–11

82. *Epiney*, Dr. Astrid, Professeur associée,
Avenue du Moléson 18, CH–1700 Fribourg,
(00 41 26) 323 42 24;
Universität Fribourg, Seminar für Völkerrecht und Öffentliches Recht, Route d'Englisberg 7,
CH–1763 Granges-Paccot, (00 41 26) 300 80 94,
Fax (00 41 26) 300 97 76

83. *Epping*, Dr. Volker, Hochschuldozent,
Stolzestraße 3, 44139 Dortmund, (02 31) 13 68 37,
Fax (02 31) 13 68 37;
Juristische Fakultät, Ruhr-Universität Bochum,
44780 Bochum,
(02 34) 7 00–28 23 od. –28 20, Fax (02 34) 70 94 139

84. *Erbel*, Dr. Günter, Professor,
Burbacher Str. 10, 53129 Bonn;
Universität Bonn, Adenauerallee 24–42, 53113 Bonn,
(02 28) 73 55 83

85. *Erbguth*, Dr. Wilfried, Professor,
Friedrich-Franz-Str. 38, 18119 Rostock-Warnemünde;
Universität Rostock, 18109 Rostock, (03 81) 71 41 12,
Fax (03 81) 71 41 29

86. *Erichsen*, Dr. Hans-Uwe, o. Professor,
Falkenhorst 17, 48155 Münster, (02 51) 3 13 12;
Kommunalwissenschaftliches Institut, Universität Münster,
Universitätsstr. 14–16, 48143 Münster, (02 51) 83 27 41

87. *Faber*, Dr. Heiko, Professor,
Wunstorfer Str. 1, 30989 Gehrden, (0 51 08) 22 34;
Universität Hannover, Königsworther Platz 1,
30167 Hannover, (05 11) 7 62–82 06

88. *Fastenrath*, Dr. Ulrich, Professor,
Liliensteinstraße 4, 01277 Dresden, (03 51) 254 05 36;
Juristische Fakultät der TU Dresden, Bergstr. 53,
01069 Dresden, (03 51) 4 63–73 33, Fax (03 51) 4 63–72 13

89. *Fechner*, Dr. Frank, Privatdozent,
Juristische Fakultät, Universität Tübingen, Wilhelmstraße 7,
72074 Tübingen, (0 70 71) 297–74 504

90. *Felix*, Dr. Dagmar, Privatdozentin,
Ahornweg 16, 94121 Salzweg, (08 51) 9 44 21 11;
Universität Passau, 94030 Passau, (08 51) 5 09–23 43,
Fax (08 51) 5 09–23 42

91. *Fiedler*, Dr. Wilfried, o. Professor,
Am Löbel 2, 66125 Saarbrücken-Dudweiler,
(0 68 97) 76 64 01;
Rechts- und Wirtschaftswissenschaftliche Fakultät,
Fachbereich Rechtswissenschaften, Universität des Saarlandes,
Postfach 15 11 50, 66041 Saarbrücken, (06 81) 3 02–32 00,
Fax (06 81) 3 02–43 30

92. *Fink*, Dr. Udo, Univ.-Professor,
Calsowstraße 45, 37085 Göttingen, (05 51) 48 66 36;
Institut für Völkerrecht, Georg-August-Universität Göttingen,
Platz der Göttinger Sieben 5, 37073 Göttingen,
(05 51) 39 46 61 od. 46 62, Fax (05 51) 39 47 67

93. *Fleiner-Gerster*, Dr. Dr.h.c. Thomas, o. Professor,
rte. Beaumont 9, CH-1700 Fribourg, (00 41 26) 424 66 94;
Institut f. Föderalismus, Universität Fribourg,
rte. Englisberg 7, CH-1763 Granges-Paccot,
(00 41 26) 300 81 25 od. 28, Fax (00 41 26) 300 97 24

94. *Folz*, Dr. Hans-Ernst, Professor,
Bispinger Weg 11, 30625 Hannover,
(05 11) 57 57 19 od. 56 28 92;
Universität Hannover, Königsworther Platz 1,
30167 Hannover, (05 11) 7 62-82 48 od. 82 49

95. *Frank*, Dr. Dr. h. c. Götz, Professor,
Cäcilienplatz 4, 26122 Oldenburg, (04 41) 7 56 89;
Carl von Ossietzky Universität Oldenburg,
(04 41) 7 98-83 38 oder 82 71, Fax (04 41) 7 98-82 87

96. *Frankenberg*, Dr. Dr. Günter, Professor,
Robert-Mayer-Str. 54, 60468 Frankfurt am Main;
Institut für Öffentl. Recht, Universität Frankfurt am Main;
Senckenberganlage 31; 60054 Frankfurt am Main,
(0 69) 7 98 2 29 91,
Fax (0 69) 7 98 2 83 83

97. *Friauf*, Dr. Karl Heinrich, o. Professor,
Eichenhainallee 17, 51427 Bergisch-Gladbach,
(0 22 04) 6 19 84;
Universität Köln, 50923 Köln

98. *Fromont*, Dr. Dr.h.c. Michel, Professor,
12, Boulevard de Port Royal, F-75005 Paris,
(00 33 1) 45 35 73 71;
Universität Paris I Panthéon-Sorbonne, Etudes
Internationales et Européennes, 12, place du Panthéon,
F-75231 Paris Cédex 05, (00 33 1) 46 34 97 32

99. *Frotscher*, Dr. Werner, Professor,
Habichtstalgassse 32, 35037 Marburg/Lahn,
(0 64 21) 3 29 61;
Universität Marburg, Universitätsstr. 6,
35037 Marburg/Lahn,
(0 64 21) 2 83-1 22

100. *Frowein*, Dr. Dr. h. c. Jochen Abr., o. Professor,
Blumenthalstr. 53, 69120 Heidelberg, (0 62 21) 47 46 82;
MPI für Ausl. Öffentliches Recht und Völkerrecht,
Im Neuenheimer Feld 535, 69120 Heidelberg, (0 62 21) 4 82–258

101. *Funk*, Dr. Bernd-Christian, o. Professor,
Schönbrunngasse 46a, A-8010 Graz,
(00 43–3 16) 3 10 82;
dienstl., (00 43–3 16) 3 80–33 66 od. 33 68

102. *Gallent*, Dr. Dr. Kurt, Universitätsprofessor,
Obersenatsrat i.R.
Pestalozzistr. 1/III, A-8010 Graz, (00 43–3 16) 84 76 22

103. *Gallwas*, Dr. Hans-Ulrich, Professor,
Hans-Leipelt-Str. 16, 80805 München, (0 89) 32 83 66;
Universität München, Prof.-Huber-Platz 2, 80539 München,
(0 89) 21 80–32 62

104. *Gassner*, Dr. Ulrich M., Mag.rer.publ.,M.Jur. (Oxon), Professor,
Scharnitzer Weg 9, 86163 Augsburg, (08 21) 63 250;
Universität Augsburg, Eichleitnerstr. 30, 86135 Augsburg,
(08 21) 598–45 46, Fax (08 21) 598–45 47

105. *Geis*, Dr. Max-Emanuel, o. Professor,
Mögginger Steig 20, 78315 Radolfzell, (0 77 32) 13 575;
Universität Konstanz, Postfach 55 60 D 115, 78434 Konstanz,
(0 75 31) 88–23 13 od. 34 58, Fax (0 75 31) 88–25 63
e-mail: max-emanuel.geis@uni-konstanz.de

106. *Gersdorf*, Dr. Hubertus, Professor,
Bahrenfelder Str. 30, 22765 Hamburg,
(0 40) 39 90 57 45 Fax (0 40) 39 90 57 61;
Universität Rostock, Lehrstuhl f. Kommunikationsrecht,
Möllner Straße 10, 18109 Rostock
(03 81) 4 98–37 88, Fax (03 81) 4 98–37 70,
E-Mail: hubertus.gersdorf@jurfak.uni-rostock.de

107. *Goerlich*, Dr. Helmut, Professor,
Juristenfakultät, Universität Leipzig, Otto-Schill-Str. 2,
04109 Leipzig, (03 41) 97–3 51 71, Fax (03 41) 97–3 51 79

108. *Göldner*, Dr. Detlef, Privatdozent,
Wilhelmshavener Str. 20, 24105 Kiel, (04 31) 8 16 44

109. *Götz*, Dr. Volkmar, o. Professor,
Geismarlandstr. 17a, 37083 Göttingen, (05 51) 4 31 19;
Universität Göttingen, (05 51) 39–73 91 od. -47 61

110. *Gornig*, Dr. Gilbert, Professor,
Pfarracker 4, 35043 Marburg-Bauerbach,
(0 64 21) 16 35 66, Fax (0 64 21) 16 37 66;
Institut für Öffentliches Recht, Universität Marburg,
Universitätsstr. 6, 35032 Marburg,
(0 64 21) 28–31 31 od. 28–31 27, Fax (0 64 21) 28–38 53

111. *Grabenwarter*, DDr. Christoph, Universitätsprofessor,
Nothartgasse 21, A-1130 Wien, (00 43 1) 80 46 640;
Institut f. Verwaltungsrecht u. Verwaltungslehre,
Johannes Kepler Universität Linz, Altenberger Str. 69,
A-4040 Linz, (00 43–732) 24 68–490

112. *Gramm*, Dr. habil. Christof Gerhard,Privatdozent,
Austraße 12 c, 53604 Bad Honnef, (0 22 24) 48 34;
Bundesministerium der Justiz, Heinemannstr. 6,
53175 Bonn, (02 28) 58–44 50

113. *Gramlich*, Dr. Ludwig, Professor,
Justus-Liebig-Str. 38 A, 64839 Münster;
Fakultät für Wirtschaftswissenschaften,
TU Chemnitz-Zwickau, Postfach 9 64, 09009 Chemnitz
(03 71) 5 31 4164, -65, Fax (03 71) 5 31 39 61

114. *Grawert*, Dr. Dr. h.c. Rolf, o. Professor,
Aloysiusstr. 28, 44795 Bochum, (02 34) 47 36 92;
Universität Bochum, 44721 Bochum, (02 34) 7 00 28 09

115. *Grewe*, Dr. Dr. h.c. Wilhelm G., o. Professor,
Zum kleinen Ölberg 28, 53639 Königswinter,
(0 22 44) 68 74;

116. *Grewlich*, Dr.jur.Dr.sc.econ. (HEC Lausanne) LL.M. (Berkeley),
Klaus W., Privatdozent,
Prinz Albertstr. 31, 53113 Bonn, (02 28) 26 51 29;
Universität Freiburg, 79085 Freiburg/i.Br.

117. *Griller*, Dr. Stefan, Universitätsprofessor,
Hungerbergstr. 11–13, A-1190 Wien, (00 43–1) 32 24 05;
Forschungsinstitut für Europafragen, Wirtschaftsuniversität
Wien, Althanstr. 39–45, A-1090 Wien,
(00 43–1) 3 13 36–41 35 od. 41 36, Fax (00 43–1) 3 13 36 -7 58

118. *Grimm*, Dr. Dieter, o. Professor, Bundesverfassungsrichter, Universität Bielefeld, Universitätsstr. 25, 33615 Bielefeld, (05 21) 1 06–44 05; Bundesverfassungsgericht, Postfach 17 71, 76006 Karlsruhe, (07 21) 91 01–220

119. *Gröschner*, Dr. Rolf, o. Professor, Stormstr. 39, 90491 Nürnberg, (09 11) 59 14 08; Rechtswissenschaftliche Fakultät, Universität Jena, Carl-Zeiss-Straße 3, 07743 Jena, (0 36 41) 94 22 20 od. -21, Fax (0 36 41) 94 22 22

120. *Grupp*, Dr. Klaus, Universitätsprofessor, Stephanienufer 5, 68163 Mannheim, (06 21) 82 21 97, Fax (06 21) 82 21 97; Universität des Saarlandes, Am Stadtwald, 66041 Saarbrücken, (06 81) 3 02–35 08 od. –35 48, Fax (06 81) 3 02–42 13

121. *Gusy*, Dr. Christoph, Professor, Rockwinkeler Heerstr. 128, 28355 Bremen, (04 21) 2 57 45 73; Universität Bielefeld, Universitätsstr. 25, 33615 Bielefeld, (05 21) 1 06 43 97

122. *Häberle*, Dr. Dr. h.c. Peter, o. Professor, Universität Bayreuth, Universitätsstraße 30, 95447 Bayreuth, (09 21) 55 29 47, Fax (09 21) 55 29 85

123. *Häde*, Dr. Ulrich, Univ.-Professor, Bergstraße 146, 15230 Frankfurt/Oder, (03 35) 68 57 438; Europa-Universität Viadrina, LSt. f. Öffentl. Recht, insbes. Verwaltungsrecht, Finanzrecht u. Währungsrecht, Postfach 7 76, 15207 Frankfurt/Oder, (03 35) 55 34–670 Hausanschrift: Große Scharrnstr. 59, 15230 Frankfurt/Oder

124. *Häfelin*, Dr. Ulrich, o. Professor, Müseliweg 1, CH–8049 Zürich, (00 41–1) 56 84 60

125. *Hänni*, Dr. Peter, o. Professor, Stadtgraben 6, CH–3280 Murten, (00 41–26) 670 58 15; Lehrstuhl für Staats- und Verwaltungsrecht, Universität Fribourg, Les Portes de Fribourg, Route d'Englisberg 7, CH–1763 Granges-Paccot, (00 41–26) 300 81 29, Fax (00 41–26) 300 97 24

126. *Hafner*, Dr. Felix, Professor,
Hirzbrunnenschanze 67, CH-4058 Basel,
(00 41-61) 6 91 40 64;
Titularprofessor f. öffentl. Recht, insbes. Kirchenrecht
der Universität Basel
Justizdepartement des Kantons Basel-Stadt, CH-4001 Basel,
(00 41-61) 2 67 81 19, Fax (00 41-61) 2 67 81 37

127. *Hahn*, Dr. Dr. h.c. Hugo J., LL.M. (Harvard), o. Professor,
Frankenstr. 63, 97078 Würzburg, (09 31) 28 42 86;
Universität Würzburg, (09 31) 31 23 10, Fax (09 31) 31 23 17

128. *Hailbronner*, Dr. Kay, o. Professor,
Toggenbühl, CH-8559 Fruthwilen, (00 41-71) 664 19 46;
Universität Konstanz, (0 75 31) 88 22 47

129. *Hain*, Dr. Karl-E., Privatdozent,
Burgstr. 4, 37073 Göttingen,
(05 51) 5 82 23;
Juristisches Seminar der Georg-August-Universität,
Platz der Göttinger Sieben 6, 37073 Göttingen,
(05 51) 39 21 22

130. *Haller*, Dr. Herbert, a.o. Professor,
Felix-Mottl-Str. 48, Haus 2, A-1190 Wien,
(00 43-1) 3 42 93 82;
Wirtschafts-Universität Wien, (00 43-1) 3 13 36-46 68

131. *Haller*, Dr. Walter, o. Professor,
Burgstr. 264, CH-8706 Meilen, (00 41-1) 9 23 10 14;
Universität Zürich, Institut f. Völkerrecht u. ausländ.
Verfassungsrecht, Hirschengraben 40, CH-8001 Zürich,
(0041-1) 6 34-20 52, Fax (00 41-1) 6 34-49 93

132. *Hangartner*, Dr. Yvo, o. Professor,
Am Gozenberg 2, CH-9202 Gossau, (00 41-71) 85 15 11;
Hochschule St. Gallen

133. *Hatje*, Dr. Armin, Professor,
Hebelstraße 6, 79356 Eichstätten, (0 76 63) 9 98 01;
Universität Bielefeld, Fakultät für Rechtswissenschaft,
Postfach 10 01 31, 33501 Bielefeld, (05 21)1 06 44 12

134. *Haverkate*, Dr. Görg, Universitätsprofessor,
Klingenweg 26, 69118 Heidelberg, (0 62 21) 80 05 81;
Universität Heidelberg, Friedrich-Ebert-Anlage 3,
69117 Heidelberg (0 62 21) 54 77 23

135. *Heckel*, Dr. iur. Dr. theol. h.c. Martin, o. Universitätsprofessor,
Lieschingstr. 3, 72076 Tübingen, (0 70 71) 6 14 27;

136. *Heckmann*, Dr. Dirk, Universitätsprofessor,
Am Wimhof 33, 94034 Passau, (08 51) 75 38 83;
Universität Passau, Innstraße 40, 94032 Passau,
(08 51) 509-22 90, Fax (08 51) 509-22 92

137. *Heintschel von Heinegg*, Dr. Wolff, Professor
Hegelstr. 22, 45219 Essen-Kettwig, (0 20 54) 47 77,
Fax (0 20 54) 1 67 82;
Universität Augsburg, Eichleitnerstr. 30, 86159 Augsburg

138. *Heintzen*, Dr. Markus, Professor,
Freie Universität Berlin, Fachbereich Rechtswissenschaft,
Van't-Hoff-Str. 8, 14195 Berlin, (0 30) 8 38-24 79,
Fax (0 30) 8 38-21 05

139. *Hellermann*, Dr. Johannes, Privatdozent,
Am Pappelkrug 3, 33619 Bielefeld,
(05 21) 16 00 38

140. *Hendler*, Dr. Reinhard, Universitätsprofessor,
Tulpenstraße 21, 35096 Weimar/Lahn, (0 64 21) 7 73 05;
Universität Regensburg, Universitätsstr. 31, 93040 Regensburg,
(09 41) 9 43-26 57 oder 26 56, Fax (09 41) 9 43-19 74

141. *Hengstschläger*, Dr. Johann, o. Universitätsprofessor,
Auf der Halde 16, A-4020 Linz, (00 43-70) 28 10 81;
Universität, (00 43-70) 24 68-4 01 od. -4 55,
Fax (00 43-70) 2 46 89 01

142. *Herdegen*, Dr. Matthias, Professor,
Ahornweg 2, 53359 Rheinbach, (0 22 26) 29 83;
Rechts- und Staatswissenschaftliche Fakultät,
Universität Bonn, Adenauerallee 44, 53113 Bonn,
(02 28) 73 55 70 / 73 55 80, Fax (02 28) 73 79 01

143. *Hermes*, Dr. Georg, Professor,
Egenolffstr. 21, 60316 Frankfurt am Main
Tel. / Fax (0 69) 43 05 77 50;
Fachbereich Rechtswissenschaft, Professur für Öffentliches Recht
Postfach 11 19 32, 60054 Frankfurt am Main,
Senckenberganlage 31, 60325 Frankfurt am Main

144. *Herrmann*, Dr. Günter, Professor,
Wankweg 13, 87642 Buching/Allgäu, (0 83 68) 16 96;
Universität München, Prof.-Huber-Weg 2, 80539 München

145. *Herzog*, Dr. Roman, Professor, Bundespräsident,
Schloß Bellevue, Spreeweg 1, 10557 Berlin,
(0 30) 3 90 84–7 00

146. *Hesse*, Dr. Dres.h.c. Konrad, o. Professor,
Schloßweg 29, 79249 Merzhausen, (07 61) 40 38 11;
Universität Freiburg, 79085 Freiburg,
(07 61) 2 03 35 14

147. *Heun*, Dr. Werner, Professor,
Bürgerstraße 5, 37073 Göttingen, (05 51) 70 62 48;
Universität Göttingen, Institut für Allgemeine Staatslehre
und Politische Wissenschaften, Goßlerstraße 11,
37073 Göttingen, (05 51) 39–4693

148. *Heyen*, Dr. iur. lic. phil. Erk Volkmar,
Universitätsprofessor,
Arndtstraße 22, 17489 Greifswald, (0 38 34) 50 27 16;
Ernst Moritz Arndt-Universität, Domstr. 20,
17489 Greifswald, (0 38 34) 63–248,
Fax (0 38 34) 63–340

149. *Hidien*, Dr. Jürgen W., Professor,
Königsstr. 37, 48143 Münster,
(02 51) 4 78 77

150. *Hilf*, Dr. Meinhard, Universitätsprofessor,
Schelpsheide 12, 33613 Bielefeld, (05 21) 88 92 82;
Universität Hamburg, (0 40) 41 23–45 64,
Fax (0 40) 41 23 63 52

151. *Hill*, Dr. Hermann, Professor,
Habichtstr. 15, 67373 Dudenhofen;
Hochschule für Verwaltungswiss., Postfach 14 09,
67324 Speyer, (0 62 32) 6 54–3 28

152. *Hillgruber*, Dr. Christian, Professor,
Weide 8, 96047 Bamberg;
Universität Erlangen - Nürnberg, Juristische Fakultät,
Lehrstuhl für Öffentliches Recht, Völkerrecht, Rechtsphilosophie
Schillerstr. 1, 91054 Erlangen, (0 91 31) 8 52 22 60

153. *Hobe*, Dr. Stephan, LL.M., Universitätsprofessor,
Heideweg 40, 53229 Bonn, (02 28) 9 48 93 00;
Universität zu Köln, Rechtswissenschaftliche Fakultät,
Gottfried-Keller-Str. 2, 50931 Köln, (02 21) 47 03 834

154. *Höfling*, Dr. Wolfram, Professor, M.A.,
Bruchweg 4, 52441 Linnich, (0 24 62) 36 16;
Justus-Liebig-Universität Gießen, Licher Str. 64,
35394 Gießen, (06 41) 7 02–50 25, Fax (06 41) 7 02–50 97

155. *Hoffmann*, Dr. Dr. h.c. Gerhard, o. Professor,
Ernst-Lemmer-Str. 10, 35041 Marburg, 06421/8 16 45;
Universität Marburg, 35037 Marburg

156. *Hoffmann-Riem*, Dr. Wolfgang, Professor,
Universität Hamburg, FB Rechtswissenschaft
Edmund-Siemers-Allee 1, 20148 Hamburg,
(040) 4123–5416, Fax (040) 4123–2700

157. *Hofmann*, Dr. Hasso, o. Professor,
Christoph-Mayer-Weg 5, 97082 Würzburg, (09 31) 8 73 88,
od. Torstr. 176, 10115 Berlin, (0 30) 2 81 30 75;
Humboldt-Universität zu Berlin, Unter den Linden 6,
10099 Berlin, (0 30) 20 93–25 68, Fax (0 30) 20 93–29 36

158. *Hofmann*, Dr. Dr. Rainer, Universitätsprofessor,
Bergstr. 83, 69121 Heidelberg, (0 62 21) 40 10 04;
Direktor des Walther-Schücking-Instituts für Internat.
Recht der Christian-Albrechts-Universität zu Kiel,
Olshausenstr. 40, 24098 Kiel,
(04 31) 880–21 89 od. –17 33, Fax (04 31) 880–16 19

159. *Hollerbach*, Dr. Alexander, o. Professor,
Hugstetten, Parkstr. 8, 79232 March, (07665)22 51;
Universität Freiburg, Europaplatz, 79085 Freiburg,
(0761) 203 22 07

160. *Holoubek*, Dr. Michael, Universitätsprofessor,
Liechtensteinstr. 25/15, A-1090 Wien, (00 43 1) 3 17 73 72;
Institut für Staats- und Verwaltungsrecht,
Wirtschaftsuniversität Wien, Althanstraße 39–45,
A-1090 Wien, (00 43 1) 3 13 36/46 60,
Fax (00 43 1) 31 33 6/7 13, e-mail: michael.holoubek@wu-wien.ac.at

161. *Holznagel*, Dr. Bernd, LL.M., Professor,
Ahrensburger Weg 129 B, 22359 Hamburg, (0 40) 6 09 57 35,
Fax (0 40) 6 09 11 647;
Inst. f. Informations-, Telekommunikations- u. Medienrecht (ITM),
Fachbereich Rechtswissenschaften, Universität Münster,
Universitätsstr. 14–16, 48143 Münster, (02 51) 83–28 411
Fax (02 51) 83–21 830

162. *Hoppe*, Dr. Werner, o. Professor,
Erphostr. 36, 48145 Münster, (02 51) 39 18 99,
Fax (02 51) 39 24 71;
c/o Gleiss, Lutz, Hootz, Hirsch & Partner (07 11) 8 99 73 29,
Fax (07 11) 85 50 96

163. *Horn*, Dr. Hans-Detlef, Privatdozent,
Oberölschnitz Nr. 2b, 95517 Emtmannsberg, (0 92 09) 14 38;
Lehrstuhl f. Öffentliches Recht u. Verwaltungswissenschaften,
Universität Bayreuth, 95440 Bayreuth,
(09 21) 55 29 44, Fax (09 21) 55 29 96
e-mail: Hans-Detlef.Horn@uni-Bayreuth.de

164. *Hotz*, Dr. Reinhold, Professor,
Rötelistr. 12, CH–9000 St. Gallen, (00 41 71) 24 67 77;
dienstl., (00 41 71) 22 03 03

165. *Huber*, Dr. Peter M., o. Professor,
An der Osterwiese 12, 07749 Jena, (0 17 15) 25 50 36;
Lehrstuhl für Staats- und Verwaltungsrecht, Öffentliches
Wirtschafts- und Umweltrecht, Universität Jena,
Carl-Zeiss-Str.3, 07740 Jena, (0 36 41) 94 22 00 od. -01,
Fax (0 36 41) 94 22 02

166. *Hufen*, Dr. Friedhelm, o. Professor,
Backhaushohl 62, 55128 Mainz, (0 61 31) 3 44 44;
FB Rechts- und Wirtschaftswissenschaften, Universität Mainz,
55099 Mainz, (0 61 31) 39–23 54 od. –30 45

167. *Ibler*, Dr. Martin, Privatdozent,
Stegemühlenweg 14, 37083 Göttingen

168. *Ipsen*, Dr. Jörn, o. Professor,
Luisenstr. 41, 49565 Bramsche, (0 54 61) 44 96,
Fax (0 54 61) 63 462;
Institut für Kommunalrecht, Universität Osnabrück,
49069 Osnabrück, (05 41) 969–61 69 od. –61 58,
Fax (05 41) 969–61 70

169. *Ipsen*, Dr.Dr.h.c. mult. Knut, o. Professor,
Nevelstr. 59, 44795 Bochum, (0234) 43 12 66;
Universität Bochum, 44780 Bochum, (0234) 700 28 20

170. *Isensee*, Dr. Josef, o. Professor,
Meckenheimer Allee 150, 53115 Bonn, (0228) 69 34 69;
Universität Bonn, Adenauerallee 24–42, 53113 Bonn,
(0228) 73 79 83

171. *Jaag*, Dr. Tobias, o. Professor,
Bahnhofstr. 22, CH–8022 Zürich, (00 41–1) 2 11 25 50;
Universität, (00 41 1) 2 57 31 70

172. *Jachmann*, Dr. Monika, Univ.-Professorin,
Meichelbeckstr. 5, 85356 Freising;
Juristische Fakultät, Friedrich-Schiller-Universität Jena,
Carl-Zeiss-Str. 3, 07743 Jena, (0 36 41) 94 22 50 od. –51,
Fax (0 36 41) 94 22 52

173. *Jaenicke*, Dr. Günther, Professor,
Waldstr. 13, 69181 Leimen, (0 62 24) 7 25 71;
Universität Frankfurt, 60054 Frankfurt am Main

174. *Jakob*, Dr. Wolfgang, o. Professor,
Wilhelmstr. 25, 80801 München, (0 89) 39 05 06;
Universität Augsburg, 86159 Augsburg

175. *Janssen*, Dr. Albert, apl. Professor, Landtagsdirektor
Langelinienwall 16, 31134 Hildesheim, (0 51 21) 13 11 12;
Niedersächsischer Landtag, Hinrich Wilhelm Kopf-Platz 1,
30159 Hannover, (05 11) 30 30–20 61

176. *Jarass*, Dr. Hans D., LL.M. (Harvard), o. Professor,
Baumhofstr. 37 d, 44799 Bochum, (02 34) 77 20 25;
Institut für Umwelt- und Planungsrecht, Universität Münster,
Universitätsstr. 14–16, 48143 Münster, (02 51) 83 297 93,
Fax (02 51) 83 292 97

177. *Kadelbach*, Dr. Stefan, LL.M., Professor,
Friedberger Landstraße 105, 60318 Frankfurt am Main;
Universität Münster, Lehrstuhl für Öffentliches Recht einschl.
Völker- und Europarecht, Universitätsstr. 14–16,
48143 Münster,
(02 51) 83-2 20 21, Fax (02 51) 83-2 20 43

178. *Kästner*, Dr. Karl-Hermann, o. Professor,
Alt-Rathausstr. 5, 72511 Bingen, (0 75 71) 32 23,
Fax (0 75 71) 32 12;
Universität Tübingen, Wilhelmstraße 7, 72074 Tübingen,
(0 70 71) 29 72 971, Fax (0 70 71) 29 50 96

179. *Karpen*, Dr. Ulrich, Professor,
Oldenfelder Str. 32, 22143 Hamburg, (0 40) 6 77 83 98;
Universität Hamburg, Schlüterstr. 28, 20146 Hamburg,
(0 40) 41 23-30 23 od. -45 14 od. -45 55

180. *Kempen*, Dr. iur. Bernhard, Universitätsprofessor,
Am Hohlweg 21, 97286 Winterhausen, (0 93 33) 14 79,
Fax (0 93 33) 14 79;
Bayerische Julius-Maximilians-Universität Würzburg,
Domerschulstraße 16, 97070 Würzburg, (09 31) 31 23 09,
Fax (09 31) 31 23 19

181. *Khol*, Dr. Andreas, Universitätsprofessor,
Cuviergasse 23, A-1130 Wien, (00 43-1) 84 15 73;
dienstl., (00 43-1) 40 110-44 00

182. *Kilian*, Dr. Michael, Professor,
Richter am Landesverfassungsgericht Sachsen-Anhalt
Am Burgwall 15, 06198 Brachwitz;
Juristische Fakultät, Universität Halle-Wittenberg,
Advokatenweg 37, 06114 Halle, (03 45) 55 23 171,
Fax (03 45) 55 27 201

183. *Kirchhof*, Dr. Ferdinand, o. Professor,
Panoramastraße 95, 72766 Reutlingen, (0 71 21) 49 02 81,
Fax (0 71 21) 47 94 47;
Juristische Fakultät, Universität Tübingen, Wilhelmstr.7,
72074 Tübingen, (0 70 71) 297-25 61 od. -81 18,
Fax (0 70 71) 297 43 58

184. *Kirchhof*, Dr. Paul, o. Professor, Bundesverfassungsrichter, Am Pferchelhang 33/1, 69118 Heidelberg, (06221) 80 14 47; Universität Heidelberg, 69117 Heidelberg, (06221) 54 74 57, od. Bundesverfassungsgericht, Postfach 1771, 76131 Karlsruhe, (07 21) 91 01-3 25

185. *Kirn*, Dr. Michael, o. Professor, Rummelsburgerstr. 3, 22147 Hamburg, (0 40) 6 47 38 42; Universität der Bundeswehr, Postfach 70 08 22, 22043 Hamburg, (0 40) 65 41-27 82

186. *Kisker*, Dr. Gunter, Universitätsprofessor, Waldstr. 74, 35440 Linden, (0 64 03) 6 10 30; Universität Gießen, 35394 Gießen, (06 41) 7 02 50 25

187. *Klein*, Dr. Eckart, Universitätsprofessor, Heideweg 45, 14482 Potsdam, (03 31) 70 58 47; Lehrstuhl für Staatsrecht, Völkerrecht und Europarecht, Universität Potsdam, Postfach 90 03 27, 14439 Potsdam, (03 31) 9 77-35 16, od.-35 11, Fax (03 31) 9 77-32 24

188. *Klein*, Dr. Hans Hugo, o. Professor, Heilbrunnstr. 4, 76327 Pfinztal-Söllingen, (0 72 40) 73 00; Universität Göttingen (05 51) 39 46 35

189. *Kley*, Dr. Andreas, Professor, Institut für Öffentliches Recht, Hochschulstr. 4, CH-3012 Bern, +41 (0)31 6 31 88 96, Fax +41 (0)31 6 31 38 83

190. *Kloepfer*, Dr. Michael, o. Professor, Davoser Str. 13 a, 14199 Berlin, (0 30) 8 25 24 90, Fax (0 30) 8 25 26 90; Institut für Öffentliches Recht und Völkerrecht, Humboldt-Universität zu Berlin, Unter den Linden 9-11 (Palais), 10099 Berlin, (0 30) 20 93-33 40 od. -33 31, Fax (0 30) 20 93-34 38

191. *Kluth*, Dr. Winfried, Professor, Blumenstr. 17, 06108 Halle (Saale) (01 72) 9 51 31 09; Martin-Luther-Universität Halle-Wittenberg, Lehrstuhl für Öffentliches Recht, Universitätsplatz 10 a, 06099 Halle (Saale) (03 45) 5 52 32 22, Fax (03 45) 5 52 72 65

192. *Knemeyer*, Dr. Franz-Ludwig, o. Professor,
Unterdürrbacher Str. 353, 97080 Würzburg, (09 31) 9 61 18;
Universität Würzburg, 97070 Würzburg, (09 31) 31 28 99,
Fax (09 31) 31 23 17

193. *Knies*, Dr. Wolfgang, o. Professor,
Am Botanischen Garten 5, 66123 Saarbrücken, (06 81) 39 98 88;
Universität Saarbrücken, Postfach 11 50, 66041 Saarbrücken,
(06 81) 3 02 31 58, Fax (06 81) 3 02–31 98

194. *Knöpfle*, Dr. Franz, em. Professor,
Höhenweg 22, 86391 Stadtbergen;
Universität Augsburg, Eichleitnerstr. 30, 86159 Augsburg,
(08 21) 5 98–45 45

195. *Koch*, Dr. Hans-Joachim, Professor,
Wendlohstr. 80, 22459 Hamburg, Tel./Fax (0 40) 5 51 88 04;
Universität Hamburg, FB Rechtswissenschaft II,
Edmund-Siemers-Allee 1, 20146 Hamburg,
(0 40) 41 23–39 77 od. 54 43, Fax (0 40) 41 23–62 80

196. *Koenig*, Dr. Christian, LL.M. (London), Universitätsprofessor,
Wettergasse 8, 35037 Marburg;
Lehrstuhl für Öffentliches Recht, Universität Marburg,
Universitätsstr. 6, 35032 Marburg,
(0 64 21) 28–31 32 od. 38 08, Fax (0 64 21) 28–89 82

197. *König*, Dr. Dr. Klaus, Universitätsprofessor,
Albrecht-Dürer-Str. 20, 67346 Speyer, (0 62 32) 29 02 16;
Hochschule f. Verwaltungswissenschaften Speyer,
Postfach 14 09, 67324 Speyer, (0 62 32) 654–369 od. -350 od. -355

198. *Kokott*, Dr. Dr. Juliane, LL.M. (Am. Un.),
S.J.D. (Harvard), Universitätsprofessorin,
Mönchhofstr. 42, 69120 Heidelberg, (0 62 21) 45 16–16;
Universität Düsseldorf, Lehrstuhl für deutsches und ausländisches öffentliches Recht, Völkerrecht und Europarecht, Universitätsstr. 1, 40225 Düsseldorf, (02 11) 81 11–436 od. –426 oder (0 62 21) 45 16 18, Fax (02 11) 81 11–456 oder (0 62 21) 45 16 18
e-mail: kokott@uni-duesseldorf.de

199. *Kopetzki*, DDr. Christian, Universitätsdozent,
Institut für Staats- und Verwaltungsrecht, Universität Wien,
Schottenbastei 10–16, A-1010 Wien

200. *Korinek*, Dr. Karl, o. Professor,
Mitglied des Österreichischen Verfassungsgerichtshofs,
Auhofstr. 225–227, A-1130 Wien, (00 43–1) 8 76 48 76;
Institut für Staats- und Verwaltungsrecht, Universität Wien,
Schottenbastei 10–16, A-1010 Wien,
(00 43–1) 42 77–3 54 42, Fax (00 43–1) 42 77–3 54 49

201. *Korioth*, Dr. Stefan, Professor,
Rechts- u. staatswissenschaftl. Fakultät,
Ernst-Moritz-Arndt-Universität, Domstraße 20a,
17489 Greifswald, (0 38 34) 86 21 51, Fax (0 38 34) 86 20 02

202. *Krause*, Dr. Peter, o. Professor,
Weinbergstr.12, 54317 Korlingen, (0 65 88) 73 33;
Universität Trier, 54286 Trier, (06 51) 201–25 87,
Fax (06 51) 201–38 03

203. *Krawietz*, Dr. Werner, o. Professor,
Nienbergweg 29, 48161 Münster, (02 51) 86 14 51;
Lehrstuhl für Rechtssoziologie, Universität Münster,
Bispinghof 24–25, 48143 Münster, (02 51) 83 25 91

204. *Krebs*, Dr. Walter, Professor,
Kaulbachstraße 33–35, 12247 Berlin, Tel/Fax (030) 771 07 58;
Freie Universität Berlin, Boltzmannstr. 4, 14195 Berlin,
(0 30) 8 38–59 21, Fax (0 30) 8 38–59 22

205. *Kreßel*, Dr. Eckhard, Professor,
Spiegelstr. 1, 97070 Würzburg;
Universität Würzburg, 97070 Würzburg, (09 31) 3 13 05

206. *Kriele*, Dr. Martin, o. Professor,
Dorf 11, A-6900 Möggers, (00 43) 55 73–83 772,
Fax (00 43) 55 73–83 772;
Universität Köln, Albertus-Magnus-Platz 1, 50923 Köln,
(02 21) 470–22 30, Fax (02 21) 470–50 10

207. *Kröger*, Dr. Klaus, Universitätsprofessor,
Hölderlinweg 14, 35396 Gießen, (06 41) 522 40;
Universität Gießen, 35394 Gießen, (06 41) 99 23 130,
Fax (06 41) 99 23 059

208. *Küchenhoff*, Dr. Erich, Professor,
Dachsleite 65, 48157 Münster, (02 51) 24 72 71;
Universität Münster, 44780 Münster,
(02 51) 83-27 06 od. -27 05

209. *Kühne*, Dr. Jörg-Detlef, Professor,
Münchhausenstr. 2, 30625 Hannover, (0511) 55 65 63;
Universität Hannover, Königsworther Platz 1,
30167 Hannover, (05 11) 7 62–82 25 od. -82 26

210. *Kunig*, Dr. Philip, Professor,
Institut f. Staatslehre, Staats- u. Verwaltungsrecht,
FU Berlin, Thielallee 52, 14195 Berlin,
(0 30) 8 38–30 10, Fax (0 30) 8 38–30 11

211. *Lange*, Dr. Klaus, Universitätsprofessor,
Lilienweg 22, 35423 Lich, (0 64 04) 56 81;
Universität Gießen, (06 41) 99 211 80 od. 211 81,
Fax (06 41) 99 211 89

212. *Laubinger*, Dr. Hans-Werner, M.C.L., Professor,
Philipp-Wasserburg-Str. 45, 55122 Mainz, (0 61 31) 4 31 91;
Universität Mainz, 55099 Mainz, (0 61 31) 39 59 42

213. *Laurer*, DDr. Hans René, a.o. Universitätsprofessor,
Scheffergasse 27a, A-2340 Mödling, (00 43–26 36) 2 04 02;
Wirtschafts-Universität, Augasse 2–6, A-1190 Wien,
(00 43–1) 31 336 od. 46 69 od. 41 58

214. *Lecheler*, Dr. Helmut, o. Professor,
FU Berlin, Institut für Völkerrecht, Europarecht
u. ausl. öffentl. Recht, Ehrenbergstraße 17, 14195 Berlin,
(0 30) 838 49 49, Fax (0 30) 838 20 71

215. *Lege*, Dr. Joachim, Professor,
George-Bähr-Str. 18, 01069 Dresden, (03 51) 4 70 04 73;
Juristische Fakultät der Technischen Universität,
Bergstr. 53, 01069 Dresden, (03 51) 4 63–73 68

216. *Lehner*, Dr. Moris, Universitätsprofessor,
Holsteinische Str. 26, 10717 Berlin;
Ludwig-Maximilians-Universität, Lehrstuhl für öffentliches Recht,
insbesondere öffentliches Wirtschaftsrecht und Steuerrecht,
Ludwigstr. 28 (Rgb.), 80539 München,
(0 89) 21 80 27 18, Fax (0 89) 33 35 66

217. *Leisner*, Dr. Dr. Walter, o. Professor,
Pienzenauerstr. 99, 81925 München, (089) 98 94 65;
Universität Erlangen, 91054 Erlangen, (09131) 85 22 60

218. *Lerche*, Dr. Peter, o. Professor,
Junkersstr. 13, 82131 Gauting, (0 89) 8 50 20 88;
Universität München, Professor-Huber-Platz 2,
80539 München, (0 89) 21 80–33 35

219. *Link*, Dr. Heinz-Christoph, o. Professor,
Staffelweg 4, 91054 Erlangen, (0 91 31) 20 93 35;
Hans-Liermann-Institut für Kirchenrecht, Hindenburgstr. 34,
91054 Erlangen, (0 91 31) 85 22 42

220. *Lipphardt*, Dr. Hanns-Rudolf, apl. Professor,
Auf der Weide 7, 69126 Heidelberg, (0 62 21) 38 23 12;
Universität Heidelberg, 69120 Heidelberg, (0 62 21) 41 11 98,
Fax (0 62 21) 40 06 75

221. *Listl*, Dr. Joseph, o. Professor,
Universitätsstr. 10, 86159 Augsburg, (08 21) 59 827 20 od. –30;
dienstl. (stets für die Post benutzen!):
Institut f. Staatskirchenrecht der Diözesen Deutschlands,
Lennéstr. 15, 53113 Bonn

222. *Löwer*, Dr. Wolfgang, Professor,
Hobsweg 15, 53125 Bonn, (02 28) 25 06 92,
Fax (02 28) 25 04 14;
Universität Bonn, Adenauerallee 24–42, 53113 Bonn

223. *Lorenz*, Dr. Dieter, o. Professor,
Bohlstr. 21, 78465 Konstanz, (0 75 33) 68 22;
Universität Konstanz, Postfach 55 60 D 100,
78434 Konstanz, (0 75 31) 88 25 30

224. *Losch*, Dr. Dr. Bernhard, Professor,
Dürerstr. 9, 42119 Wuppertal, (02 02) 42 35 25;
Bergische Universität – Gesamthochschule Wuppertal, FB 1,
Gesellschaftswissenschaften, Gaußstr. 20, 42097 Wuppertal,
(02 02) 4 39–22 85/22 81, Fax (02 02) 4 39–29 27

225. *Loschelder*, Dr. Wolfgang, Professor,
Sonnenlandstr. 5, 14471 Potsdam,
(03 31) 97 36 80; Fax (03 31) 9 51 19 95;
Universität Potsdam, Postfach 90037,
August-Bebel-Str. 89, 14439 Potsdam, (03 31) 9 77–34 12

226. *Luchterhandt*, Dr. Otto, Professor,
Im Wendischen Dorfe 28, 21335 Lüneburg Tel. / Fax (0 41 31) 23 29 65;
Seminarabteilung für Ostrechtsforschung,
Universität Hamburg, Moorweidenstr. 7, 20148 Hamburg
(0 40) 41 23-26 30/39 86

227. *Lübbe-Wolff*, Dr. Gertrude, Professorin,
Kollwitzstr. 55, 33613 Bielefeld, (05 21) 88 26 59;
Universität Bielefeld, Universitätsstr. 25, 33615 Bielefeld,
(05 21) 106–43 86

228. *Lücke*, Dr. Jörg, LL.M. (Berkeley), Universitätsprofessor,
Körnerstr. 5 a, 53173 Bonn, (02 28) 35 61 10;
FB Rechts- und Wirtschaftswissenschaften,
Universität Mainz, Jakob-Welder-Weg 9, 55099 Mainz,
(0 61 31) 39–33 75, Fax (0 61 31) 39–35 29

229. *März*, Dr. Wolfgang, Privatdozent,
Bismarckstr. 54, 70197 Stuttgart, (07 11) 6 36 25 32 od. 33;
Juristische Fakultät der Universität Rostock, Lehrstuhl für
Öffentliches Recht und Verfassungsgeschichte, Möllner Str. 10,
18109 Rostock, (03 81) 4 98 37 90, Fax (03 81) 4 98 37 70
e-mail: wolfgangmaerz@jurfak.uni-rostock.de

230. *Magiera*, Dr. Siegfried, o. Professor,
Feuerbachstr. 1, 67354 Römerberg, (0 62 32) 8 48 98;
Hochschule Speyer, Freiherr-vom-Stein-Str. 2–6,
67324 Speyer, (0 62 32) 65 43 48 od. -331,
Fax (0 62 32) 65 42 08

231. *Majer*, Dr. Diemut, Professorin,
Welfenstr. 35, 76137 Karlsruhe, (07 21) 81 65 50 od-41 12;
Fachhochschule f. Öff. Verwaltg., Bundeswehrverw.,
Seckenheimer Landstr. 8–10, 68163 Mannheim,
(06 21) 41 80 91

232. *Mangoldt*, Dr. Hans v., Professor,
Goetheweg 1, 72147 Nehren, (0 74 73) 79 08;
Universität Tübingen, Wilhelmstr.7, 72074 Tübingen,
(0 70 71) 297 33 02

233. *Manssen*, Dr. Gerrit, Universitätsprofessor,
Konrad-Adenauer-Allee 15, 93051 Regensburg, (09 41) 92 845;
Juristische Fakultät, Universität Regensburg,
93040 Regensburg, (09 41) 943–32 55, Fax (09 41) 943–32 57

234. *Mantl*, Dr. Wolfgang, o. Universitätsprofessor,
Wiener Str. 256/XI/33, A-8051 Graz XIII,
(00 43-3 16) 68 13 06;
Universität Graz, (00 43-316) 3 80-33 70

235. *Marko*, Dr. Joseph, Universitätsdozent,
Kasernstr. 35, A-8010 Graz, (00 43-3 16) 46 22 38;

236. *Marti*, Dr. Hans, a.o. Professor,
Waldriedstr. 29, CH-3074 Bern, (00 41 31) 52 12 66;
dienstl., (00 41 31) 22 16 83

237. *Masing*, Dr. Johannes, Professor,
Puccinistraße 15c, 86199 Augsburg
(08 21) 9 98 43 09, Fax (08 21) 9 98 43 08;
Juristische Fakultät der Universität Augsburg
86135 Augsburg
(08 21) 5 98-45 45, Fax (08 21) 5 98-45 47

238. *Maurer*, Dr. Hartmut, o. Professor,
Säntisblick 10, 78465 Konstanz, (0 75 33) 13 12;
Universität Konstanz, (07 53 1) 88 36 57,
Fax (07 53 1) 88 31 96

239. *Mayer-Tasch*, Dr. Peter Cornelius, Professor,
Am Seeberg 11, 86938 Schondorf, (0 81 92) 86 68;
Universität München, Prof.-Huber-Platz 2, 80539 München,
(0 89) 21 80-30 20 od. -30 21, Fax (0 89) 21 80-30 22

240. *Meessen*, Dr. Karl Matthias, Professor,
Am Horn 55, 99425 Weimar, (0 36 43) 40 28 60,
Fax (0 36 43) 40 28 61;
Jean-Monnet-Lehrstuhl für öffentliches Recht,
Europarecht, Völkerrecht und Internationales Wirtschaftsrecht,
Carl-Zeiss-Str. 3, 07740 Jena (0 36 41) 94 22 60 od. -61,
Fax (0 36 41) 94 22 62

241. *Meissner*, Dr. Dr.h.c. Boris, o. Professor,
Kleine Budengasse 1, Haus „Im Römer", 50667 Köln,
(02 21) 2 58 09 35, Fax (02 21) 2 57 05 16

242. *Melichar*, Dr.Dr.h.c. Erwin, o. Universitätsprofessor,
Schulerstr. 20, A-1010 Wien I;
dienstl. (00 43-1) 5 13 12 70

243. *Meng*, Dr. Werner, Universitätsprofessor,
Lafontainestr. 26, 06114 Halle, (03 45) 522 36 45;
Martin-Luther-Universität Halle-Wittenberg, Advokatenweg 37,
06114 Halle, (03 45) 55 23 181, Fax (03 45) 55 27 201

244. *Menger*, Dr. Christian-Friedrich, o. Professor,
Bohlweg 3, 48147 Münster, (02 51) 4 82 84 36;
Universität Münster, (02 51) 83 27 41

245. *Merli*, Dr. Franz, Universitätsprofessor,
Zähringerstr. 71, 69115 Heidelberg;
od. Grieskai 50/6, A-8020 Graz;
Juristisches Seminar, Universität Heidelberg,
Friedrich-Ebert-Anlage 6–10, 69117 Heidelberg,
(0 62 21) 54 77 08, Fax (0 62 21) 54 76 54

246. *Merten*, Dr. Dr. Detlef, o. Professor,
Von-Dalberg-Str. 8, 67487 St. Martin, (0 63 23) 18 75;
Hochschule für Verwaltungswiss., Freiherr-vom-Stein-Str. 2–6,
67346 Speyer, (0 62 32) 6 54–3 49; od. -3 30

247. *Meyer*, Dr. Dr. h. c. Hans, Professor,
Am Kupfergraben 6 A, 10117 Berlin, (0 30) 2 04 18 76,
Fax (0 30) 20 16 61 11;
Präsident der Humboldt-Universität zu Berlin,
Unter den Linden 6, 10099 Berlin, (0 30) 20 93 21 00,
Fax (0 30) 20 93 27 29

248. *Meyn*, Dr. Karl-Ulrich, Professor,
Leyer Str. 36, 49076 Osnabrück, (05 41) 12 64 82;
Universität Jena, Carl-Zeiss-Str. 3, 07740 Jena,
(0 36 41) 94 22 10 od. -11, Fax (0 36 41) 94 22 12

249. *Mößle*, Dr. Dr. Wilhelm, o. Professor,
Heinr.-Heine-Str. 22, 95447 Bayreuth, od.
Postfach 100 808, 95408 Bayreuth;
Universität Bayreuth, Universitätsstr. 30, Gebäude RW,
95447 Bayreuth, (09 21) 55 28 66

250. *Mössner*, Dr. Jörg Manfred, Professor,
Uhlandstr. 53, 49134 Wallenhorst, (0 54 07) 5 92 96,
Fax (0 54 07) 45 09, e-mail: moessner@rz.uni-osnabrueck.de;
FB 10, Universität Osnabrück, Martinistr. 10,
49069 Osnabrück, (05 41) 9 69–61 61, Fax (05 41) 9 69–61 67

251. *Morlok*, Dr. Martin, Professor,
Poßbergweg 51, 40629 Düsseldorf, (02 11) 28 68 68;
c/o FernUniversität Hagen, Postfach 9 40, 58084 Hagen,
(0 23 31) 9 87-28 77, Fax (0 23 31) 9 87-3 24

252. *Morscher*, Dr. Siegbert, o. Universitätsprofessor,
Tschiggyfreystr. 11a, A-6020 Innsbruck, (00 43-5 12) 28 62 10;
Universität Innsbruck, (00 43-5 12) 5 07-82 10 od. -82 11,
Fax (00 43-5 12) 5 07-28 28

253. *Mosler*, Dr. Dr.h.c. Hermann, Professor,
Mühltalstr. 117a, 69121 Heidelberg, (0 62 21) 48 00 82

254. *Muckel*, Dr. Stefan, Universitätsprofessor,
Ringstraße 122, 42929 Wermelskirchen, (0 21 93) 53 10 74;
Universität zu Köln, Institut für Kirchenrecht, 50923 Köln
(02 21) 4 70-37 77 oder 4 70-26 79

255. *Müller*, Dr. Georg, o. Professor,
Sugenreben 10, CH-5018 Erlinsbach, (00 41-62) 8 44 38 73,
Fax (00 41-62) 8 44 42 04;
Universität Zürich, Wilfriedstr. 6, CH-8032 Zürich,
(00 41-1) 6 34 44 41, Fax (00 41-1) 6 34 49 38

256. *Müller*, Dr. Jörg Paul, o. Professor,
Kappelenring 42a, CH-3032 Hinterkappelen,
(00 41 31) 901 05 70;
Seminar für Öffentliches Recht, Hochschulstraße 4,
CH-3012 Bern, (00 41-31) 631 88 94 oder 88 99,
Fax (00 41-31) 631 38 83

257. *Müller-Volbehr*, Dr. Jörg, Universitätsprofessor,
Universität Marburg, Universitätsstr. 6, 35037 Marburg,
(0 64 21) 2 83-8 10

258. *Münch*, Dr. Dr. h.c. Ingo v., Professor,
Hochrad 9, 22605 Hamburg, (0 40) 82 96 24;
Universität Hamburg, (0 40) 41 23 46 01,
Fax (0 40) 4123 6262

259. *Murswiek*, Dr. Dietrich, Universitätsprofessor,
Lindenaustr. 17, 79199 Kirchzarten, (0 76 61) 99 237;
Institut für Öffentliches Recht, Universität Freiburg,
79085 Freiburg, (07 61) 2 03-22 37 od. -22 41,
Fax (0 761) 2 03-22 40

260. *Mußgnug*, Dr. Reinhard, o. Professor,
Keplerstr. 40, 69120 Heidelberg,
(0 62 21) 43 62 22, Fax (0 62 21) 40 83 09;
Universität Heidelberg, Institut für Finanz- und Steuerrecht,
Friedrich-Ebert-Anlage 6–10, 69117 Heidelberg,
(0 62 21) 54 74 66, Fax (062 21) 54 76 54,
e-mail: Reinhard.Mussgnug@urz.uni-heidelberg.de

261. *Mutius*, Dr. Albert v., o. Professor,
Drachenbahn 20, 24159 Kiel-Schilksee, (04 31) 37 11 04;
Universität Kiel, 24098 Kiel, (04 31) 8 80 –45 40 oder –15 05

262. *Neumann*, Dr. Volker, Professor,
Juristische Fakultät, Universität Rostock,
Möllner Str. 10, 18109 Rostock, (03 81) 4 98 37 95,
Fax (03 81) 4 98 37 70

263. *Nicolaysen*, Dr. Gert, Professor,
Bockhorst 68a, 22589 Hamburg, (0 40) 8 70 17 47;
Universität Hamburg, (0 40) 41 23–45 68,
Fax (0 40) 41 23–62 52

264. *Nierhaus*, Dr. Michael, Professor,
Am Moosberg 1 c, 50997 Köln, (0 22 36) 6 36 29;
Universität Potsdam, Juristische Fakultät,
Postfach 90 03 27, 14439 Potsdam,
(03 31) 9 77–32 84, od. –35 19, Fax (03 31) 9 77–35 35;
Geschäftsführender Direktor des Kommunalwissenschaftlichen
Instituts der Universität Potsdam, (03 31) 9 77–32 52 od. –32 15,
Fax (03 31) 9 77–45 31

265. *Nolte*, Dr. Georg, Professor,
Kleinschmidtstr. 14, 69115 Heidelberg,

266. *Novak*, Dr. Richard, o. Professor,
Thadd.Stammel-Str. 8, A-8020 Graz, (00 43–3 16) 5 35 16;
Universität, (00 43–3 16) 3 80–33 71

267. *Oberndorfer*, Dr. Peter, o. Professor,
Wolfauerstr. 94, A-4045 Linz, (00 43–70) 34 96 94

268. *Oebbecke*, Dr. Janbernd, Universitätsprofessor,
Kronacher Weg 36, 40627 Düsseldorf, (02 11) 27 48 34;
LSt. für Öffentliches Recht und Verwaltungslehre,
Universität Münster, Universitätsstr. 14–16, 48143 Münster,
(02 51) 83–2 18 06, Fax (02 51) 83–2 18 33

269. *Öhlinger*, Dr. Theo, o. Universitätsprofessor,
Tolstojgasse 5/6, A-1130 Wien, (00 43–1) 8 77 12 60;
Universität Wien, Schottenbastei 10–16, A-1010 Wien,
(00 43–1) 4 01 03–31 36

270. *Oeter*, Dr. Stefan, Professor,
Wilhelmsfelder Str. 66, 69118 Heidelberg;
MPI für ausländ. öffentl. Recht und Völkerrecht,
Im Neuenheimer Feld 535, 69120 Heidelberg,
(0 62 21) 4 82–2 37, Fax (0 62 21) 4 82–2 88

271. *Oldiges*, Dr. Martin, Universitätsprofessor,
Am Voßberge 6, 33615 Bielefeld, (05 21) 12 18 32;
Universität Leipzig, Juristenfakultät, Otto-Schill-Str. 2,
Postfach 10 09 20, 04009 Leipzig, (03 41) 9 73 51 31,
Fax (03 41) 9 73 51 39

272. *Olshausen*, Dr. Henning v., o. Professor,
Johann-Fesser-Str. 10, 67227 Frankenthal, (0 62 33) 2 05 04;
Universität Mannheim, (06 21) 2 92–55 97 od. –56 31

273. *Oppermann*, Dr. Dr. h.c. Thomas, o. Professor,
Burgholzweg 122, 72070 Tübingen, (0 70 71) 4 95 33,
Fax (0 70 71) 4 47 02;
Universität Tübingen, (0 70 71) 297 81 01,
Fax (0 70 71) 297 43 58

274. *Ossenbühl*, Dr. Fritz, Professor,
Im Wingert 12, 53340 Meckenheim, (0 22 25) 1 74 82;
Universität Bonn, 53113 Bonn, (02 28) 73 55–72 od. –73

275. *Osterloh*, Dr. Lerke, Professorin, Richterin des Bundesverfassungsgerichts
Esperantostr. 28, 60598 Frankfurt am Main, (0 69) 6 31 16 38;
Institut für Öffentliches Recht, Universität Frankfurt,
Postfach 11 19 32, 60054 Frankfurt am Main,
(0 69) 7 98 2 27 11 od. 2 86 11, Fax (0 69) 79 8 2 25 62

276. *Papier*, Dr. Hans-Jürgen, o. Professor,
Mitterfeld 5 a, 82327 Tutzing, (0 81 58) 99 32 40/41,
Fax (0 81 58) 96 94;
Institut für Politik und Öffentliches Recht,
Universität München, Prof.-Huber-Platz 2, 80539 München,
(0 89) 21 80–62 94 od. –6295, Fax (0 89) 34 14 40

277. *Pauger*, Dr. Dietmar, Universitätsprofessor,
Engelgasse 51, A-8010 Graz, (00 43-3 16) 3 17 97;
Universität Graz, Universitätsstr. 15/3, A-8010 Graz,
(00 43-3 16) 3 80-33 75, Fax (00 43-3 16) 38 40 93

278. *Pauly*, Dr. Walter, o. Professor,
Lehrstuhl für Öffentliches Recht, Rechts- und
Verfassungsgeschichte,
Rechtsphilosophie, Universität Jena, Carl-Zeiss-Str. 3,
07740 Jena, (0 36 41) 94 22 30 od. -31, Fax (0 36 41) 94 22 32

279. *Pechstein*, Dr. Matthias, Universitätsprofessor,
Lindenallee 40, 14050 Berlin, (0 30) 3 01 94 17,
Fax (0 30) 3 01 94 17;
Jean-Monnet-Institut für Öffentliches Recht u. Europarecht,
Europa-Universität Viadrina Frankfurt/Oder,
Große Scharrnstr. 59, 15230 Frankfurt/Oder,
(03 35) 5 53 47 60

280. *Peine*, Dr. Franz-Joseph, Professor,
Kurpromenade 71 b, 14089 Berlin, (0 30) 3 65 61 93;
Georg-August-Universität, Platz der Göttinger Sieben 6,
37073 Göttingen, (05 51) 39 47 23, Fax (05 51) 39 79 78

281. *Pernice*, Dr. Ingolf, Universitätsprofessor,
Laehrstraße 17a, 14165 Berlin, (0 30) 8 45 09 160,
Fax (0 30) 8 45 09 162;
Lehrstuhl für Öffentliches Recht, Völker- u. Europarecht,
Humboldt-Universität Berlin, Unter den Linden 6,
10099 Berlin, (0 30) 20 93-34 40, Fax (0 30) 20 93-34 49

282. *Pernthaler*, Dr. Peter, o. Universitätsprofessor,
Philippine-Welser-Str. 27, A-6020 Innsbruck,
(00 43-5-12) 41 82 84;
Universität Innsbruck, Innrain 80, A-6020 Innsbruck,
(00 43-512) 5 07 26 70

283. *Pesendorfer*, Dr. Wolfgang, Universitätsprofessor,
Vizepräsident d. Verwaltungsgerichtshofs Wien,
Judenplatz 11, A-1014 Wien 1, (00 43-1) 0222 53 111-254,
Fax (00 43-1) 0222 53 28 921

284. *Pestalozza*, Dr. Christian *Graf v.*, o. Professor,
FU Berlin, Thielallee 52, 14195 Berlin, (0 30) 8 38-30 14

285. *Petersmann*, Dr. Ernst-Ulrich, o. Professor,
35, Chemin des Voisons, CH-1246 Coppet,
(00 41-22) 7 76 57 30;

286. *Pielow*, Dr. Johann-Christian, Privatdozent,
Stiepeler Str. 66, 44799 Bochum (02 34) 7 46 33;
Institut für Berg- und Energierecht der
Ruhr-Universität Bochum,
Universitätsstr. 150, 44780 Bochum
(02 34) 7 00 73 33, Fax (02 34) 7 09 42 12,
e-mail: Johann.C.Pielow@ruhr-uni-bochum.de

287. *Pieroth*, Dr. Bodo, Professor,
Gluckweg 19, 48147 Münster, (02 51) 23 32 91, Fax (02 51) 23 32 94;
Lehrstuhl für Öffentliches Recht, Universität Münster,
Wilmergasse 28, 48143 Münster, (02 51) 51 04 90,
Fax (02 51) 51 04 919

288. *Pietzcker*, Dr. Jost, Professor,
Hausdorffstr. 95, 53129 Bonn, (02 28) 23 39 54;
Universität Bonn, 53113 Bonn, (02 28) 73 91 77

289. *Pirson*, Dr. Dr. Dietrich, o. Professor,
Brunnenanger 15, 82418 Seehausen, (0 88 41) 4 78 68;
Universität München, Prof.-Huber-Weg 2, 80539 München,
(0 89) 21 80-27 15

290. *Pitschas*, Dr. Rainer, o. Universitätsprofessor,
Hermann-Jürgens-Str. 8, 76829 Landau-Godramstein,
(0 63 41) 96 93 81, Fax (0 63 41) 96 93 82;
Deutsche Hochschule für Verwaltungswissenschaften Speyer,
Postfach 14 09, 67324 Speyer, (0 62 32) 654-338,
Fax (0 62 32) 654-208

291. *Potacs*, Dr. Michael, Professor,
Leidesdorfgasse 11-13/1/14, A-1090 Wien,
(00 43-1) 3 24 66 23;
Universität Klagenfurt, Universitätsstr. 65-67, A-9020 Klagenfurt
(00 43-463) 27 00-879; Fax (00 43-463) 27 00-868),
e-mail: michael.potacs@uni-klu.ac.at
292.*Preuß*, Dr. Ulrich K., Professor,
Eichendorffstr. 15, 28211 Bremen;
Freie Universität Berlin, FB Politische Wissenschaft,
Ihnestraße 22, 14195 Berlin, (0 30) 8 38-47 22 od. -49 48,
Fax (0 30) 8 38-50 96

293. *Püttner*, Dr. Günter. o. Professor,
Mörikestr. 21, 72076 Tübingen, (0 70 71) 6 63 94;
Universität Tübingen, 72074 Tübingen,
(0 70 71) 297 52–62 od. –63, Fax (0 70 71) 297 49 05

294. *Puhl*, Dr. Thomas, o. Professor,
In der Aue 26a, 69118 Heidelberg, (0 62 21) 80 36 64;
Universität Mannheim, Schloß W 115, 68131 Mannheim,
(06 21) 292 15 33

295. *Quaritsch*, Dr. Helmut, o. Professor,
Otterstadter Weg 139, 67346 Speyer, (0 62 32) 6 31 81;
Hochschule für Verwaltungwiss., Freiherr-vom-Stein-Str. 2–6,
67346 Speyer, (0 62 32) 6 54–3 34, Fax (0 62 32) 6 54–3 05

296. *Rack*, Dr. Reinhard, a.o. Universitätsprofessor,
Obere Teichstr. 19, A-8010 Graz, (00 43–3 16) 43 88 42;
Universität Graz, (00 43–3 16) 3 80–33 73

297. *Randelzhofer*, Dr. Albrecht, o. Professor,
Wulffstr. 12, 12165 Berlin, (0 30) 7 92 60 85;
FU Berlin, Ehrenbergstr. 17, 14195 Berlin

298. *Raschauer*, Dr. Bernhard, o. Universitätsprofessor,
Pfeilgasse 7/2/6, A-1080 Wien, (00 43–1) 4 08 33 53;
Universität Wien, Schottenbastei 10–16, A-1010 Wien,
(00 43–1) 40 1 03 31 44, Fax (00 43–1) 5 35 52 02

299. *Rasenack*, Dr. Christian A.L., LL.M., Professor,
Taunustr. 8, 12309 Berlin, (0 30) 7 45 25 43;
TU Berlin, Institut für Rechtswissenschaft, H 81,
Straße des 17. Juni 135, 10623 Berlin,
(0 30) 31 42–58 74 od. –58 75, Fax (0 30) 7 45 25 43

300. *Rauschning*, Dr. Dr. h.c. Dietrich, o. Professor,
Rodetal 1, 37120 Bovenden, (0 55 94) 93 174,
Fax (0 55 94) 93 175;
Institut für Völkerrecht, Universität Göttingen,
Platz der Göttinger Sieben 5, 37073 Göttingen,
(05 51) 39 47 51

301. *Reinhardt*, Dr. Michael, LL.M., Professor,
Auf dem Stumpelrott 9, 50999 Köln, (02 21) 35 17 30;
Universität Trier, FB V, 65286 Trier, (06 51) 201–25 78

302. *Rengeling*, Dr. Hans-Werner, Universitätsprofessor,
Langeworth 143, 48159 Münster, (02 51) 21 20 38,
Fax (02 51) 21 20 44;
Institut für Europarecht der Universität Osnabrück,
Martinistr. 8, 49069 Osnabrück, (05 41) 9 69–45 05
od. –45 04, Fax (05 41) 9 69–45 09

303. *Ress*, Dr.iur.Dr.rer.pol.Dr. iur. h.c.mult., Georg,
Universitätsprofessor,
Am Botanischen Garten 6, 66123 Saarbrücken, (06 81) 3 02 30 55;
Lehrstuhl für öffentliches Recht, Völkerrecht u. Europarecht,
Universität des Saarlandes, Europa-Institut, Postfach 15 11 50,
Cour Européenne des Droits de l'Homme, Conseil de l'Europe,
F-67075 Strasbourg Cedex, Tel. (00 33 390) 21 44 91

66041 Saarbrücken, (06 81) 3 02–25 03 od. –36 53,
Fax (06 81) 3 02 43 69;
Cour Européenne des Droits de l'Homme, Conseil de l'Europe,
F-67075 Strasbourg Cedex, (00 33–3 90) 21 44 91

304. *Rhinow*, Dr. René, o. Professor, Ständerat,
Jurastr. 48, CH–4411 Seltisberg, (00 41–61) 9 11 99 35,
Fax (00 41–61) 9 11 82 88;
stets für Post benutzen: Institut für Rechtswissenschaft,
Maiengasse 51, CH–4056 Basel,
(00 41–61) 2 67–25 67, Fax (00 41–61) 2 67–25 68

305. *Riedel*, Dr. Eibe H., Universitätsprofessor,
Haagwiesenweg 19, 67434 Neustadt, (0 63 21/8 48 19;
Lehrstuhl für Deutsches und Ausländisches Öffentliches Recht,
Völkerrecht und Europarecht, Universität Mannheim,
Schloß/Westflügel, 68131 Mannheim,
(06 21) 2 92–56 07 od. –56 31 od. –33 69,
Fax (06 21) 2 92 57 04

306. *Rill*, Dr. Heinz Peter, Universitätsprofessor,
Peter-Jordan-Str. 145, A-1180 Wien, (00 43–1) 4 79–86 74;
Wirtschaftsuniversität Wien, (00 43 1) 3 13 36 46–65 od. –66

307. *Rinken*, Dr. Alfred, Professor,
Treseburger Str. 37, 28205 Bremen, (04 21) 44 07 62;
Universität Bremen, Bibliothekstr. 1, 28359 Bremen,
(04 21) 2 18–21 36

308. *Robbers*, Dr. Gerhard, Universitätsprofessor,
Dagobertstr. 17, 54292 Trier, (06 51) 5 37 10;
Universität Trier, Postfach 38 25, 54286 Trier,
(06 51) 20 12 542, Fax (06 51) 2 01–39 05

309. *Rodi*, Dr. Michael, M.A., Universitätsprofessor,
Lange Str. 65, 17489 Greifswald, (0 38 34) 89 75 65;
Ernst-Moritz-Arndt-Universität Greifswald,
Lehrstuhl für Öffentliches Recht, Finanz- und Steuerrecht,
17487 Greifswald, (0 38 34) 86 21 00
e-mail: mrodi@rz.uni-greifswald.de

310. *Roellecke*, Dr. Gerd, o. Professor,
Kreuzackerstr. 8, 76228 Karlsruhe, (07 21) 49 17 39;
Universität Mannheim, 68131 Mannheim,
(06 21) 2 92 51 86

311. *Ronellenfitsch*, Dr. Michael, o. Professor,
Augusta-Anlage 15, 68165 Mannheim, (06 21) 41 23 34;
Universität Tübingen, Wilhelmstr. 7, 72074 Tübingen,
(0 70 71) 297 21 09, Fax (0 70 71) 297 49 05

312. *Rossen-Stadtfeld*, Dr. Helge, Privatdozent,
Johannistal 33, 33617 Bielefeld,
(05 21) 14 16 31;
Fakultät für Rechtswissenschaften, Universität Bielefeld,
Universitätsstr. 25, 33615 Bielefeld,
(05 21) 1 06–4408, Fax (05 21) 1 06–6048

313. *Rozek*, Dr. Jochen, Universitätsprofessor,
Friedrich-Hegel-Str. 16, 01187 Dresden;
Lehrstuhl für Öffentliches Recht unter besonderer
Berücksichtigung von Verwaltungsrecht,
Juristische Fakultät, Technische Universität Dresden
01062 Dresden, (03 51) 4 63–73 39, Fax (03 51) 4 63–72 14
E-Mail: rozek@jura.tu-dresden.de

314. *Ruch*, Dr. Alexander, o. Professor,
Gartenstr. 85, CH–4052 Basel, (00 41–61) 2 72 36 22;
ETH Zentrum, D-REOK, Rämistr. 101, CH–8092 Zürich,
(00 41–1) 6 32 60 01

315. *Rudolf*, Dr. Walter, o. Professor,
Rubensallee 55a, 55127 Mainz, (0 61 31) 7 19 42;
FB Rechts- und Wirtschaftswissenschaften, Universität Mainz,
55099 Mainz, (0 61 31) 39–24 12, Fax (0 61 31) 39–54 39

316. *Rüfner*, Dr. Wolfgang, Professor,
Hagebuttenstr. 26, 53340 Meckenheim, (0 22 25) 71 07;
Institut für Staatskirchenrecht der Diözesen Deutschlands,
Lennéstr. 15, 53113 Bonn
(02 28) 22 32 33, Fax (02 28) 22 04 43

317. *Rühl*, Dr. Ulli F.H., Privatdozent,
Pfinztalstr. 81, 76227 Karlsruhe, (07 21) 9 41 69 97;
Universität Bielefeld, Universitätsstr. 25, 33615 Bielefeld

318. *Ruland*, Dr. Franz, Professor,
Im Langenfeld 17a, 61350 Bad Homburg, (0 61 72) 3 11 09;
Verband der Deutschen Rentenversicherungsträger,
Eyssenneckstr. 55, 60322 Frankfurt am Main, (0 69) 1 52 22 00

319. *Rupp*, Dr. Hans Heinrich, o. Professor,
Am Marienpfad 29, 55128 Mainz, (0 61 31) 3 45 88

320. *Sachs*, Dr. Michael, Universitätsprofessor,
Dattenfelder Str. 7, 51109 Köln, (02 21) 84 46 57,
Fax (02 21) 84 06 70;
Lehrstuhl für Staats- und Verwaltungsrecht, Universität
Düsseldorf, Universitätsstr. 1, 40225 Düsseldorf,
(02 11) 8 11 53 51, Fax (02 11) 8 11 14 60

321. *Salzwedel*, Dr. Jürgen, o. Professor,
Siebengebirgsstr. 86, 53229 Bonn, (02 28) 48 17 10;
c/o Gaedertz, Vieregge, Quack, Kreile, Köln,
(02 21) 77 16-2 16, Fax (02 21) 77 16-1 10

322. *Sattler*, Dr. Andreas, Professor,
Ludwig-Beck-Str. 17, 37075 Göttingen, (05 51) 2 23 40

323. *Schachtschneider*, Dr. Karl Albrecht, o. Professor,
Hubertusstraße 6, 94091 Nürnberg, (09 11) 59 94 36;
Wirtschafts- u. Sozialwissenschaftliche Fakultät,
Universität Erlangen-Nürnberg, 90403 Nürnberg,
(09 11) 53 02-3 29

324. *Schäffer*, Dr. Heinz, o. Universitätsprofessor,
Große Neugasse 6/14, A-1040 Wien, (00 43-1) 58 11 721;
Universität Salzburg, Kapitelgasse 5-7, A-5020 Salzburg,
(00 43 6 62) 80 44-36 31, Fax (00 43 6 62) 80 44-3 03

325. *Schambeck*, Dr.Dr.h.c. mult. Herbert, o. Universitätsprofessor,
Hofzeile 21, A-1190 Wien, (00 43–1) 36 34 94;
Universität Linz, (00 43–7 32) 24 68/4 24

326. *Schefold*, Dr. Dian, Universitätsprofessor,
Mathildenstraße 93, 28203 Bremen, (04 21) 72 576;
Fachbereich Rechtswissenschaft der Universität Bremen,
Universitätsallee, GW 1, Postfach 33 04 40, 28334 Bremen,
(04 21) 2 18–21 66, Fax (04 21) 2 18–34 94

327. *Schenke*, Dr. Wolf-Rüdiger, o. Professor,
Beim Hochwald 30, 68305 Mannheim, (06 21) 74 42 00;
Universität Mannheim, 68131 Mannheim, (06 21) 2 92 52 14

328. *Scherer*, Dr. Joachim, LL.M., apl. Professor,
Privatweg 9, 64342 Seeheim-Jugenheim, (0 62 57) 23 14;
Kanzlei Döser Amereller Noack / Baker & McKenzie,
Bethmannstr. 50–54, 60311 Frankfurt am Main,
(0 69) 29 90 81 89, Fax (0 69) 29 90 81 08

329. *Scherzberg*, Dr. Arno, Privatdozent,
Rottkamp 6, 48341 Altenberge

330. *Scheuing*, Dr. Dieter H., o. Professor,
Finkenstr. 17, 97204 Höchberg, (09 31) 4 83 31,
Fax (09 31) 40 81 98;
Universität Würzburg, 97070 Würzburg,
(09 31) 31 23 24, Fax (09 31) 31 23 17

331. *Schiedermair*, Dr. Hartmut, o. Professor,
Wittelsbacher Str. 7, 53173 Bonn - Bad Godesberg;
Institut für Völkerrecht und ausländisches öffentliches Recht,
Universität Köln, Gottfried-Keller-Str. 2, 50931 Köln,
(02 21) 470 23 64

332. *Schilling*, Dr. Theodor, Privatdozent,
13, rue de Moutfort, L-5355 Oetrange, (0 03 52) 35 85 76;
Gerichtshof der EG, L-2925 Luxemburg, (0 03 52) 43 03–34 13

333. *Schindler*, Dr.Dr.h.c. Dietrich, Professor,
Lenzenwiesstr. 8, CH–8702 Zollikon;
Universität Zürich, (00 41–1) 3 91–71 18 od. 41 40,
Fax (00 41–1) 3 91–71 18

334. *Schlaich*, Dr. Klaus,o. Professor,
Wolkenburgstr. 2, 53757 St. Augustin, (0 22 41) 33 75 09;
Universität Bonn, (02 28) 73 91 25

335. *Schlieffen* Dr. Katharina *Gräfin v.*, Universitätsprofessorin,
Fachbereich Rechtswissenschaft, FernUniversität Hagen,
Feithstraße 133/Bredelle, 58084 Hagen, (0 23 31) 9 87-28 78,
Fax (0 23 31) 9 87-395

336. *Schlink*, Dr. Bernhard, Professor,
Endenicher Allee 16, 53115 Bonn, (02 28) 65 23 58;
Institut für Öffentliches Recht und Völkerrecht,
Humboldt-Universität zu Berlin, Unter den Linden 6,
10099 Berlin, (0 30) 20 93-34 54 od. -34 72,
Fax (0 30) 20 93-34 52

337. *Schmid*, Dr. Gerhard, Professor,
Hochwaldstr. 24, CH-4059 Basel, (00 41-61) 3 31 84 25;
c/o Wenger, Mathys, Plattner, Aeschenvorstadt 55,
CH-4010 Basel, (00 41-61) 2 79-70 00,
Fax (00 41-61) 2 79-70 01

338. *Schmidt*, Dr. Reiner, o. Professor,
Bachwiesenstr. 5, 86459 Gessertshausen, (0 82 38) 41 11,
Fax (0 82 38) 49 37;
Lehrstuhl für Öffentliches Recht, Wirtschaftsverwaltungsrecht
und Umweltrecht, Universität Augsburg, Universitätsstr. 2,
86135 Augsburg, (08 21) 5 98-45 50, Fax (08 21) 5 98-45 52

339. *Schmidt*, Dr. Walter, Universitätsprofessor,
Brüder-Knauß-Str. 86, 64285 Darmstadt, (0 61 51) 6 47 10;
Universität Frankfurt, 60054 Frankfurt am Main,
(0 69) 7 98 2 21 89

340. *Schmidt-Aßmann*, Dr. Eberhard, o. Professor,
Höhenstr. 30, 69118 Heidelberg, (0 62 21) 80 08 03;
Universität Heidelberg, 69117 Heidelberg, (0 62 21) 54 74 28

341. *Schmidt-De Caluwe*, Reimund, Privatdozent,
Asterweg 48, 35390 Gießen (06 41) 3 45 66;
Fachbereich Rechtswissenschaft der Justus-Liebig-Universität,
Hein-Heckroth-Str. 5, 35390 Gießen,
(06 41) 99-2 10 92, Fax (0641) 99-2 10 99,
e-mail: Reimund.Schmidt-De-Caluwe@recht.uni-giessen.de

342. *Schmidt-Jortzig*, Dr. Edzard, o. Professor,
Bundesminister der Justiz
Bundesministerium der Justiz, 53170 Bonn,
(02 28) 58-0, Fax (02 28) 58-45 25;
Universität Kiel, 24118 Kiel, (04 31) 8 80-35 45

343. *Schmidt-Preuß*, Dr. Matthias, o. Professor,
Am Römerlager 23, 53117 Bonn, (02 28) 67 80 91;
Lehrstuhl für Öffentliches Recht, Institut für Staats- und Verwaltungsrecht, Universität Erlangen-Nürnberg,
Schillerstr. 1, 91054 Erlangen, (0 91 31) 8 54-7 81,
Fax (0 91 31) 85 64 39

344. *Schmitt Glaeser*, Dr. Dr. h. c. Walter, o. Professor,
Rübezahlweg 9 A, 95447 Bayreuth, (09 21) 3 20 70;
Universität Bayreuth, 95440 Bayreuth, (09 21) 55 29 42,
Fax (09 21) 55 29 96

345. *Schmitt-Kammler*, Dr. Arnulf, Universitätsprofessor,
Renthof 33, 35037 Marburg/Lahn, (0 64 21) 6 49 02;
Universität Köln, Rechtswissenschaftliche Fakultät,
Albertus-Magnus-Platz, 50923 Köln,
(02 21) 4 70-35 44 od. -35 00

346. *Schnapp*, Dr. Friedrich E., o. Professor,
Efeuweg 22, 44869 Bochum, (0 23 27) 7 42 13;
Universität Bochum, 44780 Bochum, (02 34) 7 00 22 39

347. *Schneider*, Dr. Hans, o. Professor,
Ludolf-Krehl-Str. 44, 69120 Heidelberg, (0 62 21) 48 03 81;
Universität Heidelberg, 69117 Heidelberg, (0 62 21) 54 74 46

348. *Schneider*, Dr. Dr. h.c. Hans-Peter, o. Professor,
Rominteweg 1, 30559 Hannover, (05 11) 51 10 50,
Fax (05 11) 51 10 50;
FB Rechtswissenschaften, Universität Hannover,
Königsworther Platz 1, 30167 Hannover,
(05 11) 7 62-81 85 od. 81 86

349. *Schneider*, Dr. Litt.D.h.c. Peter, o. Professor,
Goldenluftgasse 4, 55116 Mainz, (0 61 31) 22 32 73

350. *Schoch*, Dr. Friedrich, o. Professor,
Kastelbergstr. 19, 79189 Bad Krozingen, (0 76 33) 948 104,
Fax (0 76 33) 948 105;
Institut für Öffentliches Recht, Universität Freiburg,
Postfach, 79085 Freiburg, (07 61) 2 03-22 57 od. 22 58

351. *Schöbener*, Dr. Burkhard, Privatdozent,
Am Glösberg 27, 97342 Obernbreit, (0 93 32) 50 00 04;
Lehrstuhl für Völkerrecht, allgemeine Staatslehre, deutsches und bayerisches Staatsrecht sowie politische Wissenschaften,
Domerschulstr. 16, 97070 Würzburg,
(09 31) 31 23 08

352. *Scholler*, Dr. Heinrich, Professor,
Zwengauerweg 5, 81479 München, (0 89) 79 64 24;
Universität München, Institut für Politik und Öffentliches Recht, Ludwigstr. 28/RG, 80539 München,
(0 89) 21 80–27 24

353. *Scholz*, Dr. Rupert, o. Professor,
Koenigsallee 71 a, 14193 Berlin;
Universität München, Institut für Politik und Öffentliches Recht, Ludwigstr. 28/RG, 80539 München,
(089) 21 80–21 13

354. *Schröder*, Dr. Meinhard, o. Professor,
Zum Wingert 2, 54318 Mertesdorf, (06 51) 5 78 87;
Universität Trier, 54286 Trier, (06 51) 2 01 25 86

355. *Schulte*, Dr. Martin, Professor,
Thomas-Mann-Straße 10, 01219 Dresden, (03 51) 47 22 550;
Lehrstuhl für Öffentliches Recht, Umwelt- und Technikrecht, Juristische Fakultät, TU Dresden, von-Gerber-Bau,
Bergstr. 53, 01069 Dresden, (03 51) 4 63–73 62,
Fax (03 51) 4 63–72 20

356. *Schulze-Fielitz*, Dr. Helmuth, Professor,
Drosselbartstr. 8, 81739 München, (0 89) 60 10 469,
Fax (0 89) 60 10 462;
Institut für Öffentliches Recht, Umweltrecht und Verwaltungswissenschaften, Universität Würzburg,
Domerschulstr. 16, D-97070 Würzburg, (09 31) 31 23 31/2,
Fax (09 31) 31 23 17

357. *Schuppert*, Dr. Gunnar Folke, Professor,
Kaiserdamm 28, 14057 Berlin, (0 30) 30 61 21 68;
Humboldt-Universität, Ziegelstr. 13, 10099 Berlin,
(0 30) 20 93–35 02, Fax (0 30) 20 93–33 44

358. *Schwabe*, Dr. Jürgen, Professor,
Erlenweg 1, 21614 Buxtehude, (0 41 61) 8 71 41
Fax (0 41 61) 72 26 00;
Universität Hamburg, 20146 Hamburg, (0 40) 41 23 44 54

359. *Schwarze*, Dr. Jürgen, Professor,
Universität Freiburg, Institut für Öffentliches Recht,
Europaplatz 1, 79098 Freiburg, (07 61) 2 03–22 38, od. -22 51,
Fax (07 61) 2 03–22 34

360. *Schwarzer*, Mag., Dr. Stephan, Universitätsdozent,
Rodlergasse 7/10, A-1190 Wien, (00 43–1) 3 69 17 46;
Bundeswirtschaftskammer, Wiedner Hauptstr. 63,
A-1045 Wien, (00 43–1) 5 01 05–41 95

361. *Schweitzer*, Dr. Michael, Professor,
Göttweiger Str. 135, 94032 Passau, (08 51) 3 45 33;
Universität Passau, 94032 Passau, (08 51) 5 09–3 13 od. -3 11

362. *Schweizer*, Dr. Rainer J., o. Professor,
Webergasse 8, CH–9000 St. Gallen, (00 41–71) 2 23 56 24;
Hochschule St.Gallen, Forschungsgemeinschaft für
Rechtswissenschaften, Tigerbergstr. 21, CH–9000 St.Gallen,
(00 41 71) 22 42 836, Fax (09 41 71) 22 42 162

363. *Schwerdtfeger*, Dr. Gunther, Universitätsprofessor,
Hülsebrinkstr. 23, 30974 Wennigsen/Deister, (0 51 03) 13 11;
FB Rechtswissenschaften, Universität Hannover,
Königsworther Platz 1, 30167 Hannover, (05 11) 7 62–82 80

364. *Seewald*, Dr. Otfried, o. Professor,
Schärdingerstraße 21 A, 94032 Passau, (08 51) 35 145,
Fax (08 51) 35 145;
Universität Passau, Innstr. 40, Postfach 25 40, 94030 Passau,
(08 51) 50 9–23 40 od. –23 41, Fax (08 51) 5 09–23 42

365. *Seidl-Hohenveldern*, Dr. Dr. h.c. Ignaz, o. Professor,
Schwertgasse 4, A-1010 Wien I, (00 43–1) 5 33 15 60,
Fax (0043–1) 5 33 15 60

366. *Selmer*, Dr. Peter, Professor,
Akazienweg 9, 22587 Hamburg, (0 40) 86 47 43,
Fax (0 40) 41 23 30 28;
Universität Hamburg, 20146 Hamburg, (0 40) 41 23 45 76

367. *Sieckmann*, Dr. Jan-Reinhard, Professor,
Sozial- und Wirtschaftswissenschaftliche Fakultät,
Otto-Friedrich-Universität Bamberg, Feldkirchenstr. 21,
96051 Bamberg

368. *Siedentopf*, Dr. Dr. h.c. Heinrich, o. Professor,
Hauptstr. 170, 76829 Landau, (0 63 41) 6 07 57;
Hochschule für Verwaltungswissenschaften,
Freiherr-vom-Stein-Str. 2-6, 67324 Speyer,
(0 62 32) 6 54-3 65 od. -3 58

369. *Siekmann*, Dr. Helmut, Professor,
Hustadtring 143, 44801 Bochum;
Ruhr-Universität Bochum, Juristische Fakultät,
44780 Bochum, (02 34) 7 00 52 52

370. *Silagi*, Dr.Dr. Michael, Privatdozent,
Institut für Völkerrecht, Universität Göttingen,
Platz der Göttinger Sieben 5, 37073 Göttingen,
(05 51) 39-47 34

371. *Skouris*, Dr. Wassilios, Professor,
Nikolaou Manou 18, GR-54643 Thessaloniki,
(00 30-31) 83 14 44;
Universität Thessaloniki, (00 30 31) 47 34 03,
Fax (00 30-31) 43 41 00

372. *Sodan*, Dr. Helge, Universitätsprofessor,
Mimberger Straße 4, 90592 Schwarzenbruck, (0 91 28) 15 495;
Fachbereich Rechtswissenschaft, LSt. für Staats- und
Verwaltungsrecht, Öffentl. Wirtschaftsrecht, Sozialrecht,
Freie Universität Berlin, Van't-Hoff-Str. 8, 14195 Berlin,
(0 30) 8 38-39 72 od. -39 73, Fax (0 30) 8 38-44 44

373. *Söhn*, Dr. Hartmut, o. Professor,
Eppanerstr. 9, 94036 Passau, (08 51) 5 85 20;
Universität Passau, 94032 Passau, (08 51) 50 91 92

374. *Sommermann*, Dr. Karl-Peter, Universitätsprofessor,
Lehrstuhl für Öffentl. Recht, Staatslehre u. Rechtsvergleichung,
Deutsche Hochschule für Verwaltungswiss., Postfach 14 09,
67346 Speyer, (0 62 32) 654-344, Fax (0 62 32) 654-305

375. *Spannowsky*, Dr. Willy, Universitätsprofessor,
Am Stockacker 9c, 67705 Trippstadt, (0 63 06) 99 31 00;
Lehrstuhl für Öffentliches Recht, Postfach 30 49,
67653 Kaiserslautern, (06 31) 2 05–39 75
Fax (06 31) 2 05–39 77

376. *Staff*, Dr. Ilse, Universitätsprofessorin,
Am Forum 4, 65779 Kelkheim, (0 61 95) 33 08;
Universität Frankfurt, 60054 Frankfurt am Main

377. *Starck*, Dr. Christian, o. Professor,
Schlegelweg 10, 37075 Göttingen, (05 51) 5 54 54;
Universität Göttingen, Juristisches Seminar,
Platz der Göttinger Sieben 6, 37073 Göttingen,
(05 51) 39–7412 od. 13, Fax (05 51) 39–7414

378. *Steiger*, Dr. Heinhard, Universitätsprofessor,
Oberhof 16, 35440 Linden, (06 41) 2 32 52;
Universität Gießen, 35394 Gießen, (06 41) 99 211–50 od. –51,
Fax (06 41) 99 211–59

379. *Stein*, Dr. Ekkehart, o. Professor,
Magdebergstr. 16 b, 78224 Singen, (0 77 31) 94 85 71;
Universität Konstanz, Postfach 55 60 D 104,
78434 Konstanz, (0 75 31) 88 23–29 od. –28

380. *Stein*, Dr. Torsten, Universitätsprofessor,
Ludolf-Krehl-Str. 1 b, 69120 Heidelberg,
Tel/Fax (0 62 21) 48 04 38;
Universität des Saarlandes, Europa-Institut,
Am Stadtwald, 66041 Saarbrücken,
(06 81) 3 02–45 67 od. –36 95, Fax (06 81) 3 02–48 79

381. *Steinberg*, Dr. Rudolf, Universitätsprofessor,
Wingertstr. 2a, 65719 Hofheim;
Universität Frankfurt, Senckenberganlage 31,
60054 Frankfurt am Main, (0 69) 7 98 2 24 38

382. *Steinberger*, Dr. Helmut, o. Professor,
MPI für Ausl. Öffentliches Recht und Völkerrecht,
Im Neuenheimer Feld 535, 69120 Heidelberg,
(0 62 21) 482–261, Fax (0 62 21) 482–288;
Juristisches Seminar, Universität Heidelberg,
Friedrich-Ebert-Anlage 6–10, 69117 Heidelberg
(0 62 21) 54–74 54 od. –74 55, Fax (0 62 21) 54–77 44

383. *Steiner*, Dr. Udo, o. Professor,
Bundesverfassungsrichter,
Am Katzenbühl 5, 93055 Regensburg, (09 41) 70 09 13;
Universität Regensburg, 93040 Regensburg,
(09 41) 9 43-26 66 od. -26 67, Fax (09 41) 9 43-49 93,
od. Karlsruhe (07 21) 91 01-217, Fax (07 21) 91 01-382

384. *Stelzer*, Dr. Manfred, Universitätsprofessor,
Neblingergasse 8-10/11, A-1130 Wien, (00 43-1) 8 23-01-13;
Universiät Wien, Schottenbastei 10-16, A-1010 Wien,
(00 43-1) 4 01 03-31 41, Fax (00 43-1) 5 35 57 41

385. *Stern*, Dr. Dr. h.c. mult. Klaus, o. Professor,
Am Stockberger Busch 10, 51515 Kürten, (0 22 68) 61 67;
Universität Köln, 50923 Köln, (02 21) 4 70 22 89

386. *Stettner*, Dr. Rupert, Professor,
Alpenstr. 11 a, 85221 Dachau, (0 81 31) 27 89 96,
Tel. u. Fax (0 81 31) 27 89 98;
Institut für Staatswissenschaften, Universität der
Bundeswehr München, Werner-Heisenberg-Weg 39,
85579 Neubiberg, (0 89) 60 04-38 64 od. -37 02 od. -20 43,
Fax (0 89) 60 04-28 41

387. *Stober*, Dr. Rolf, Professor,
Am Blütenhain 33, 48163 Münster, (0 25 36) 17 34,
Fax (0 25 36) 68 38;
Institut für Recht der Wirtschaft, Universität Hamburg,
Max-Brauer-Allee 60, 22765 Hamburg, (040) 41 23-46 37,
Fax (040) 41 23-64 41

388. *Stock*, Dr. Martin, Professor,
Lina-Oetker-Str. 22, 33615 Bielefeld, (05 21) 12 19 95;
Fakultät für Rechtswissenschaft, Universität Bielefeld,
Postfach 10 01 31, 33501 Bielefeld, (05 21) 1 06 43 89,
Fax (05 21) 1 06 60 37

389. *Stolleis*, Dr. Michael, Universitätsprofessor,
Waldstr. 15, 61476 Kronberg;
Universität Frankfurt, 60054 Frankfurt am Main
(0 69) 7 98 2 31 92

390. *Stolzlechner*, Dr. Harald, o. Universitätsprofessor,
Gneiser Straße 57, A-5020 Salzburg, (00 43-6 62) 82 39 35;
Universität Salzburg, (00 43-6 62) 80 44 36 01

391. *Streinz*, Dr. Rudolf, o. Professor,
Waldsteinring 26, 95448 Bayreuth, (09 21) 9 47 30;
Rechts- und Wirtschaftswiss. Fakultät, Universität Bayreuth,
95440 Bayreuth, (09 21) 55 35 20, Fax (09 21) 55 28 97

392. *Tettinger*, Dr. Peter J., o. Professor,
Bergstr. 30, 50999 Köln, (0 22 36) 6 68 56;
Institut für öffentliches Recht und Verwaltungslehre der
Universität zu Köln, Albertus-Magnus-Platz, 50931 Köln,
(02 21) 4 70 22 89, Fax (02 21) 4 70 51 26)

393. *Thieme*, Dr. Werner, Professor,
Am Karpfenteich 58, 22339 Hamburg, (0 40) 5 38 49 92;
Universität Hamburg, 20146 Hamburg, (0 40) 41 23 45 69

394. *Thienel*, Dr. Rudolf, a.o. Universitätsprofessor,
Pfeilgasse 31/10, A-1080 Wien;
Institut für Staats- und Verwaltungsrecht,
Universität Wien, Schottenbastei 10–16, A-1010 Wien,
(00 43–1) 4 01 03–32 60, Fax (00 43–1) 5 33 40 99

395. *Thürer*, Dr. Daniel, o. Professor,
Abeggweg 20, CH–8032 Zürich, (00 41–1) 3 62 65 47;
Universität Zürich, Institut f. Völkerrecht u. Ausländ.
Verfassungsrecht,
Hirschgraben 40, CH–8001 Zürich, (00 41–1) 6 34–20 64 od. -20 59,
Fax (00 41–1) 6 34–49 93

396. *Tomuschat*, Dr. Christian, Professor,
Humboldt-Universität zu Berlin, Institut für Völker- und
Europarecht,
Unter den Linden 6, 10099 Berlin, (0 30) 20 93–33 35
od. -33 05 od. -33 22,
Fax (0 30) 20 93 33 65

397. *Trute*, Dr. Hans-Heinrich, Universitätsprofessor,
Wettinplatz 3, 01896 Pulsnitz, (03 59 55) 4 53 01;
TU Dresden, Juristische Fakultät, Mommsenstr. 13,
01062 Dresden, (03 51) 4 63–73 17 od. –73 18,
Fax (03 51) 4 63 72 08

398. *Trzaskalik*, Dr. Christoph, Professor,
Stockheimer Str. 30, 55128 Mainz, (0 61 31) 36 94 14;
Universität Mainz, 55099 Mainz,
(0 61 31) 39 21 38

399. *Tsatsos*, Dr. Dimitris Th., o. Professor,
Kockenhof 12, 58093 Hagen, (0 23 34) 95 47 47;
Fernuniversität Hagen, 58097 Hagen, (0 23 31) 9 87–28 76,
Fax (0 23 31) 9 87–3 24

400. *Uber*, Dr. Giesbert, o. Professor,
Roseneck 5, 48165 Münster, (02 51) 31 59;
Universität Münster, (02 51) 83 27 01

401. *Umbach*, Dr. Dieter C., Professor,
Steinstr. 23, 76133 Karlsruhe, (07 21) 69 11 34,
Fax (07 21) 37 37 22;
Universität Potsdam, (03 31) 9 77–32 64

402. *Unruh*, Dr. Georg-Christoph v., o. Professor,
Steenkamp 2, 24226 Heikendorf, (04 31) 23 14 59;
Universität Kiel, L.v.Stein-Institut, 24106 Kiel,
(04 31)8 80 35–22 od. -29

403. *Vallender*, Dr. Klaus A., Professor,
Unterbach 4, CH–9043 Trogen, (00 41 71) 94 27 69;
Universität St. Gallen,
Bodanstr. 4, CH–9000 St. Gallen, (00 41 71) 22 42 519

404. *Vedder*, Dr. Christoph, Professor,
Sollner Str. 33, 81479 München, (0 89) 79 10 03 83,
Fax (089) 79 10 03 84;
Juristische Fakultät, Universität Augsburg, Postfach,
86135 Augsburg, (0821) 598–4570, Fax (0821) 598–4572

405. *Vesting*, Dr. Thomas, Universitätsprofessor,
Habsburgerstr. 3, 80801 München, (0 89) 39 21 44;
Juristische Fakultät, Universität Augsburg,
Eichleitnerstraße 30, 86159 Augsburg, (08 21) 5 98 45 335 od. 36,
Fax (08 21) 598 45 03

406. *Vitzthum*, Dr.Dr.h.c. Wolfgang *Graf*, o. Professor,
Im Rotbad 19, 72076 Tübingen, (0 70 71) 6 38 44,
Fax (0 70 71) 6 38 88;
Universität Tübingen, Juristische Fakultät, Wilhelmstr. 7,
72074 Tübingen, (0 70 71) 297 52 66, Fax (0 70 71) 297 49 05

407. *Vogel*, Dr. Klaus, o. Professor,
Ottostr. 36, 82319 Starnberg, (0 81 51) 1 32 21 u. 88 81;
Institut für Politik und Öffentliches Recht,
Professor-Huber-Platz 2, 80539 München,
(0 89) 21 80–27 18, Fax (0 89) 34 14 40

408. *Volkmann*, Dr. Uwe, Privatdozent,
Schönbornweg 4, 60431 Frankfurt am Main,
(0 69) 51 86 73,

409. *Voßkuhle*, Dr. Andreas, Professor,
Sternwaldstr. 7, 79102 Freiburg,
Tel. / Fax (07 61) 7 07 52 11;
Universität Freiburg, Institut für
Staatswissenschaft und Rechtsphilosophie,
Postfach, 79085 Freiburg,
(07 61) 2 03 22 09, Fax (07 61) 2 03 21 44

410. *Waechter*, Dr. Kay, Professor,
Ceciliengärten 12, 12159 Berlin;
FB Rechtswissenschaft, Universität Hannover,
Königsworther Platz 1, 30167 Hannover, (05 11) 7 62–82 27

411. *Wagner*, Dr. Heinz, o. Professor,
Tietzenweg 54, 12203 Berlin, (0 30) 8 33 21 67;
FU Berlin, 14195 Berlin, (0 30) 8 38 36 39

412. *Wahl*, Dr. Rainer, o. Professor,
Hagenmattenstr. 6, 79117 Freiburg, (07 61) 6 59 60;
Universität Freiburg, Institut für Öffentliches Recht VI,
Werderring 10, 79085 Freiburg,
(07 61) 2 03–22 52 od. –22 53, Fax (07 61) 2 03 22 93

413. *Wall de*, Dr. Heinrich, Professor,
Reichardtstr. 16, 06114 Halle, (03 45) 5 20 12 26;
Juristische Fakultät, Universität Halle-Wittenberg,
Universitätsplatz 10 a, 06099 Halle
(03 45) 5 52 32 21

414. *Wallerath*, Dr. Maximilian, Universitätsprofessor,
Gudenauer Weg 86, 53127 Bonn, (02 28) 28 32 02;
Universität Greifswald, Rechts- und
Wirtschaftswissenschaftl. Fakultät, 17487 Greifswald,
(0 38 34) 86 21 44

415. *Weber*, Dr. Albrecht, Professor,
Weidenweg 20, 49143 Bissendorf, (0 54 02) 39 07;
Universität Osnabrück, 49069 Osnabrück,
(05 41) 6 08–61 88

416. *Weber*, Dr. Karl, o. Universitätsprofessor,
Noldinstr. 14, A-6020 Innsbruck, (00 43-5 12) 57 45 37;
Universität Innsbruck, Innrain 80, A-6020 Innsbruck,
(00 43-5 12) 5 07-26 87

417. *Weber-Dürler*, Dr. Beatrice, o. Professorin,
Ackermannstr. 24, CH-8044 Zürich, (00 41-1) 2 62 04 20;
Universität Zürich, Rechtswissenschaftliches Seminar,
Wilfriedstraße 6, CH-8032 Zürich, (00 41-1) 6 34 44 40

418. *Wendt*, Dr. Rudolf, o. Professor,
Schulstr. 45, 66386 St. Ingbert-Hassel, (0 68 94) 5 32 87;
Universität des Saarlandes, Institut für Finanz- und Steuerrecht, Postfach 11 50, 66041 Saarbrücken,
(06 81) 3 02-31 04 od. -21 04

419. *Wenger*, DDr. Karl, Universitätsprofessor,
Meytensgasse 18, A-1130 Wien, (00 43-1) 8 22 72 44

420. *Wiederin*, Dr. Ewald, Universitätsdozent,
Institut für Staats- und Verwaltungsrecht,
Universität Wien, Schottenbastei 10-16, A-1010 Wien

421. *Wieland*, Dr. Joachim LL.M., Universitätsprofessor,
Johann-Strauß-Str. 17, 33647 Bielefeld,
(05 21)43 29 293 od. 295, Fax (05 21)43 29 294;
Fakultät für Rechtswissenschaften, Universität Bielefeld,
Universitätsstraße, 33501 Bielefeld, (05 21) 1 06-44 22,
Fax (05 21) 1 06-60 48

422. *Wielinger*, Dr. Gerhart, Universitätsdozent,
Bergmanngasse 22, A-8010 Graz, (00 43-3 16) 31 87 14;
dienstl. (00 43-3 16) 70 31 24 28

423. *Wieser*, DDr. Bernd, ao. Universitätsprofessor,
Wittenbauerstr. 76, A-8010 Graz;
Institut f. öffentl. Recht, Politikwissenschaft u. Verwaltungslehre,
Karl-Franzens-Universität Graz, Universitätsstr. 15/C3,
A-8010 Graz,
(00 43-3 16) 3 80-33 81 od. -33 83, Fax (00 43-3 16) 3 80-94 50

424. *Wildhaber*, Dr. Luzius, o. Professor,
Auf der Wacht 21, CH-4104 Oberwil, (0041 61) 401 25 21;
Europäischer Gerichtshof für Menschenrechte, Europarat,
F-67075 Strasbourg Cedex, (00 33-3 88) 41 23 91

425. *Wilke*, Dr. Dieter, Universitätsprofessor a. D.,
apl. Professor (FU Berlin), Präs. d. OVG,
Hardenbergstr. 21, 10623 Berlin;
dienstl., Kirchstr. 7, 10557 Berlin, (0 30) 39 79–89 26,
Fax (0 30) 39 79- 88 08

426. *Wilms*, Dr. Heinrich, o. Professor
Zum Klausenhorn 2b, 78465 Konstanz;
Juristische Fakultät, Universität Konstanz, Fach D 110,
78457 Konstanz, (0 75 31) 88–26 73 od. –41 43
Fax (0 75 31) 88–40 08

427. *Wimmer*, Dr. Norbert, o. Universitätsprofessor,
Hörtnaglstr. 16, A-6020 Innsbruck, (00 43–5 12) 83 02 63;
Universität Innsbruck, Innrain 80, A-6020 Innsbruck,
(00 43–5 12) 5 07 26 71

428. *Winkler*, Dr. DDr. h.c. Günther, o. Universitätsprofessor,
Reisnerstr. 22/5/11, A-1030 Wien, (00 43–1) 7 13 44 15;
Universität Wien, Schottenbastei 10–16, A-1010 Wien,
(00 43–1) 4 01 03–31 31

429. *Winter*, Dr. Gerd, Professor,
Fachbereich 6: Rechtswissenschaft, Universität Bremen,
Postfach 33 04 40, 28334 Bremen,
(04 21) 2 18–1, Fax (04 21) 2 18–34 94

430. *Wittmann*, Dr. Heinz, a.o. Universitätsprofessor,
Steinböckengasse 4/14, A-1140 Wien, (00 43–1) 9 14 31 75;
Verlag Medien und Recht GmbH, Danhausergasse 6,
A-1040 Wien, (00 43–1) 5 05 27 66

431. *Wolf*, Dr. Joachim, Professor,
Am Schrebergarten 8, 44625 Herne, (0 23 23) 45 96 25;
Juristische Fakultät, Ruhr-Universität Bochum,
Umweltrecht, Verwaltungsrecht und Verwaltungslehre,
Gebäude GC, Universitätsstr. 150, 44789 Bochum,
(02 34) 700–49 50 od. –52 52, Fax (02 34) 70 94

432. *Wolff*, Dr. Heinrich Amadeus, Privatdozent,
Schillerstr. 8, 69226 Nußloch, (0 62 24) 1 30 84;
Bundesministerium des Inneren, Graurheindorfer Str. 198,
Haus 8, 53117 Bonn, (02 28) 6 81 51 17 o. (02 28) 6 89 68 57 (abends)

433. *Wolfrum*, Dr. Rüdiger, o. Professor,
Mühltalstr. 117, 69121 Heidelberg, (0 62 21) 47 52 36;
MPI für Ausl. Öffentliches Recht und Völkerrecht,
Im Neuenheimer Feld 535, 69120 Heidelberg,
(0 62 21) 48 22–55 od. –56, Fax (0 62 21) 48 22 88

434. *Wollenschläger*, Dr. Michael, Professor,
An den Forstäckern 15, 97204 Höchberg, (09 31) 4 91 96;
Universität Würzburg, 97070 Würzburg,
(09 31) 31 23 05, Fax (09 31) 31 23 17

435. *Wolter*, Dr. Henner, Privatdozent,
RAe Burghard Seybold Tscherch Wolter, Potsdamer Str. 99,
10785 Berlin, (0 30) 25 43 96–0, Fax (0 30) 25 43 96–16;
Institut für Öffentliches Recht und Völkerrecht, Humboldt-Universität zu Berlin, Unter den Linden 6, 10099 Berlin,
(0 30) 20 93–34 72, Fax (0 30) 20 93–34 52

436. *Würtenberger*, Dr. Thomas, o. Professor,
Beethovenstr. 9, 79100 Freiburg, (07 61) 7 86 23;
Universität Freiburg, Postfach, 79085 Freiburg
(07 61) 2 03–22 46 od. –22 49

437. *Wyduckel*, Dr. Dieter, Professor,
Juristische Fakultät, TU Dresden, 01062 Dresden,
(03 51) 4 63–73 21, Fax (03 51) 4 63–72 09

438. *Zacher*, Dr.Dr.h.c.mult. Hans F., o. Professor,
Starnberger Weg 7, 82343 Pöcking, (0 81 57) 13 84;
MPI für Ausl.und internationales Sozialrecht,
Leopoldstraße 24, 80802 München, (0 89) 38 60 2–338

439. *Zeh*, Dr. Wolfgang, Professor, Ministerialdirigent,
Gotenstr. 157, 53175 Bonn, (0228) 37 86 95;
Deutscher Bundestag, Bundeshaus, Görresstr. 15,
53113 Bonn, (02 28) 1 62 23 00 od. –30 44,
Fax (02 28) 1 68 68 03

440. *Zezschwitz*, Dr. Friedrich v., Universitätsprofessor,
Petersweiher 47, 35394 Gießen, (06 41) 4 51 52, Fax (06 41) 49 45 67
Universität Gießen, Fachbereich Rechtswissenschaft,
Hein-Heckrothstr. 5, 35393 Gießen, (06 41) 9 92 10 90

441. *Ziekow*, Dr. Jan, Universitätsprofessor,
Gartenstraße 3, 67361 Freisbach, (0 63 44) 59 02,
Fax (0 63 44) 59 02;
Hochschule für Verwaltungswissenschaften Speyer,
Postfach 14 09, 67324 Speyer, (0 62 32) 6 54–0

442. *Ziemske*, Dr. Burkhardt, o. Professor
Rennbahnstraße 61, 90453 Nürnberg, (09 11) 63 60 46;
Universität Erlangen, Schillerstr. 1, 91054 Erlangen,
(0 91 31) 8 52 28 20, Fax (0 91 31) 8 52 63 81

443. *Zimmer*, Dr. Gerhard, Professor,
Bamberger Str. 22, 10779 Berlin, (0 30) 8 54 46 56;
Universität der Bundeswehr Hamburg, 22043 Hamburg,
(0 40) 65 41 21 35

444. *Zippelius*, Dr. Reinhold, o. Professor,
Niendorfstr. 5, 91054 Erlangen, (0 91 31) 5 57 26;
Universität Erlangen-Nürnberg, 91054 Erlangen,
(0 91 31) 85 28 20

445. *Zitzelsberger*, Dr. Heribert, Privatdozent,
Willi-Stammer-Str. 9, 82031 Grünwald, (0 89) 6 41 27 85;
Bundesfinanzministerium, Graurheindorfer Str. 108, 53117 Bonn,
(02 28) 6 82 45 34, Fax (02 28) 6 82 44 40

446. *Zuleeg*, Dr. Manfred, Professor,
Kaiser-Sigmund-Str. 32, 60320 Frankfurt am Main,
(0 69) 56 43 93;
FB Rechtswissenschaft, Institut für Öffentl. Recht,
Völker- und Europarecht, Universität Frankfurt,
Senckenberganlage 31, 60325 Frankfurt a.M.,
(069) 7 98 2 23 82, Fax (069) 7 98 2 87 50

Satzung

(Nach den Beschlüssen vom 21. Oktober 1949, 19. Oktober 1951
14. Oktober 1954, 10. Oktober 1956, 13. Oktober 1960
5. Oktober 1962, 1. Oktober 1971, 6. Oktober 1976 und
3. Oktober 1979)

§ 1

Die Vereinigung der Deutschen Staatsrechtslehrer stellt sich die Aufgabe:

1. wissenschaftliche und Gesetzgebungsfragen aus dem Gebiet des öffentlichen Rechts durch Aussprache in Versammlungen der Mitglieder zu klären;
2. auf die ausreichende Berücksichtigung des öffentlichen Rechts im Hochschulunterricht und bei staatlichen und akademischen Prüfungen hinzuwirken;
3. in wichtigen Fällen zu Fragen des öffentlichen Rechts durch Eingaben an Regierungen oder Volksvertretungen oder durch schriftliche Kundgebungen Stellung zu nehmen.

§ 2

Mitglied der Vereinigung kann werden, wer auf dem Gebiet des Staatsrechts und mindestens eines weiteren öffentlich-rechtlichen Fachs

a) seine Befähigung zu Forschung und Lehre durch hervorragende wissenschaftliche Leistung nachgewiesen hat[1] und

b) an einer deutschen oder deutschsprachigen Universität[2] oder der

---

[1] Mit der oben abgedruckten, am 1. 10. 1971 in Regensburg beschlossenen Fassung des § 2 hat die Mitgliederversammlung den folgenden erläuternden Zusatz angenommen: „Eine hervorragende wissenschaftliche Leistung im Sinne dieser Vorschrift ist eine den bisher üblichen Anforderungen an die Habilitation entsprechende Leistung."

[2] In Berlin hat die Mitgliederversammlung am 3. 10. 1979 die folgende zusätzliche Erläuterung angenommen:
„Universität im Sinne dieser Vorschrift ist eine wissenschaftliche Hochschule, die das Habilitationsrecht in den Fächern des öffentlichen Rechts und die Promotionsbefugnis zum Doctor iuris besitzt und an der Juristen durch einen Lehrkörper herkömmlicher Besetzung ausgebildet werden."

Hochschule für Verwaltungswissenschaften in Speyer als Forscher und Lehrer tätig ist oder gewesen ist.

Das Aufnahmeverfahren wird durch schriftlichen Vorschlag von drei Mitgliedern der Vereinigung eingeleitet. Ist der Vorstand einstimmig der Auffassung, daß die Voraussetzungen für den Erwerb der Mitgliedschaft erfüllt sind, so verständigt er in einem Rundschreiben die Mitglieder von seiner Absicht, dem Vorgeschlagenen die Mitgliedschaft anzutragen. Erheben mindestens fünf Mitglieder binnen Monatsfrist gegen die Absicht des Vorstandes Einspruch oder beantragen sie mündliche Erörterung, so beschließt die Mitgliederversammlung über die Aufnahme. Die Mitgliederversammlung beschließt ferner, wenn sich im Vorstand Zweifel erheben, ob die Voraussetzungen der Mitgliedschaft erfüllt sind. Von jeder Neuaufnahme außerhalb einer Mitgliederversammlung sind die Mitglieder zu unterrichten.

§ 3

Eine Mitgliederversammlung soll regelmäßig einmal in jedem Jahre an einem vom Vorstand zu bestimmenden Orte stattfinden. In dringenden Fällen können außerordentliche Versammlungen einberufen werden. Die Tagesordnung wird durch den Vorstand bestimmt. Auf jeder ordentlichen Mitgliederversammlung muß mindestens ein wissenschaftlicher Vortrag mit anschließender Aussprache gehalten werden.

§ 4

Der Vorstand der Vereinigung besteht aus einem Vorsitzenden und zwei Stellvertretern. Die Vorstandsmitglieder teilen die Geschäfte untereinander nach eigenem Ermessen. Der Vorstand wird am Schluß jeder ordentlichen Mitgliederversammlung neu gewählt. Zur Vorbereitung der Mitgliederversammlung kann sich der Vorstand durch Zuwahl anderer Mitglieder verstärken. Auch ist Selbstergänzung zulässig, wenn ein Mitglied des Vorstandes in der Zeit zwischen zwei Mitgliederversammlungen ausscheidet.

§ 5

Zur Vorberitung ihrer Beratungen kann die Mitgliederversammlung, in eiligen Fällen auch der Vorstand, besondere Ausschüsse bestellen.

§ 6

Über Eingaben in den Fällen des § 1 Ziffer 2 und 3 und über öffentliche Kundgebungen kann nach Vorbereitung durch den Vorstand oder einen Ausschuß im Wege schriftlicher Abstimmung der Mitglieder beschlossen werden. Ein solcher Beschluß bedarf der Zustimmung von zwei Dritteln der Mitgliederzahl; die Namen der Zustimmenden müssen unter das Schriftstück gesetzt werden.

§ 7

Der Mitgliedsbeitrag wird von der Mitgliederversammlung festgesetzt. Der Vorstand kann den Beitrag aus Billigkeitsgründen erlassen.

Bei Fragen zur Produktsicherheit wenden Sie sich bitte an:
If you have any questions regarding product safety,
please contact:

Walter de Gruyter GmbH
Genthiner Straße 13
10785 Berlin
productsafety@degruyterbrill.com